MEMÓRIAS DE UM
SOBREVIVENTE

LUIZ ALBERTO MENDES

MEMÓRIAS DE UM SOBREVIVENTE

Copyright © 2001 by Luiz Alberto Mendes Júnior

Grafia atualizada segundo o Acordo Ortográfico da Língua Portuguesa de 1990, que entrou em vigor no Brasil em 2009.

Capa
Jeff Fisher

Preparação
Márcia Copola

Revisão
Adriana Moretto
Renato Potenza Rodrigues

Dados Internacionais de Catalogação na Publicação (CIP)
(Câmara Brasileira do Livro, SP, Brasil)

Mendes, Luiz Alberto
    Memórias de um sobrevivente / Luiz Alberto Mendes. São
Paulo : Companhia das Letras, 2009.

    ISBN 978-85-359-1575-4

    1. Mendes, Luiz Alberto 2. Presidiários — Brasil —
Autobiografia I. Título.

09-10844   CDD-365.6920981

Índice para catálogo sistemático:
1. Brasil : Presidiários : Autobiografia 365.6920981

2009

Todos os direitos desta edição reservados à
EDITORA SCHWARCZ LTDA.
Rua Bandeira Paulista, 702, cj. 32
04532-002 — São Paulo — SP
Telefone: (11) 3707-3500
Fax: (11) 3707-3501
www.companhiadasletras.com.br

Aos meus dois filhos: Renato e Jorlan

A miséria e a desgraça não vêm como a chuva, que cai do céu, mas através de quem tira lucro com isso.
BERTOLT BRECHT

Não importa o que o mundo fez de você, importa o que você faz com o que o mundo fez de você.
JEAN-PAUL SARTRE

APRESENTAÇÃO

Durante o ano de 1999, tive uma pequena convivência com alguns detentos e funcionários do Complexo Penitenciário do Carandiru, em São Paulo, quando, convidado por Sophia Bisilliat, desenvolvemos oficinas literárias na Casa de Detenção.

Se é sabido que a palavra empenhada é muito forte num presídio, é bom saber que a palavra escrita também o é. Cartas, diários, poemas... embora "aqui fora" raramente nos interessemos por essas manifestações, elas representam, se não o único, o principal meio de reflexão e expressão do mundo afetivo e espiritual de milhares de brasileiros postos para mofar nas nossas cadeias.

Nesse período, tive o prazer de ficar amigo de Luiz Alberto Mendes, o Professor, como era conhecido entre nós. De fato, ele tinha muito o que nos ensinar: pouco tempo depois de ele começar a frequentar as reuniões semanais da "turma da literatura", eu também era um de seus alunos. Luiz me guiou generosamente por entre os meandros da malandragem, ajudando-me a entender um mundo cultural de ética particularíssima.

Fruto de uma de suas inúmeras propostas, organizei, com o auxílio de Drauzio Varella, Arnaldo Antunes e do funcionário Waldemar Gonçalves, um concurso de contos e poesias entre os moradores da Casa. Com o patrocínio da Universidade Paulista (Unip), os prêmios foram entregues no final de 1999. Na categoria Conto, a escolha foi unânime: "Cela-forte", de Luiz Alberto Mendes.

Dias depois, Luiz me trouxe um calhamaço coberto por uma letra limpa e uniforme. Era o original deste livro. Comecei a lê-lo como um documento da vida prisional, na perspectiva de quem poderia dar alguns palpites para uma eventual revisão.

No entanto, poucas páginas lidas já me davam a medida do que tinha nas mãos. Muito longe de ser "caso de revisão", era, e é, exemplo de obra acabada. Um relato ao mesmo tempo seco e extremamente poético da trajetória de um jovem na selva urbana brasileira em formação dos anos 1960 e início dos 70, o curto período de liberdade na vida de Luiz.

O Brasil é uma terra de doutores. E não falo apenas de "doutores de leis". Se o *modus operandi* de nossa sociedade quase sempre frustra as aspirações de ascensão social, no quadro da literatura a possibilidade de tal ascensão é ainda mais remota.

Como ousa um presidiário autodidata dominar um código que os "homens de bens" têm como sua propriedade?

Luiz foi e é teimoso. Seu desejo de se expressar supera veleidades linguísticas, para forjar um estilo único, denso e amoral. Em nenhum momento o leitor vai encontrar um autor que teve pruridos consigo mesmo ou com a realidade. Luiz não quer se salvar dentro de seu livro e de suas histórias. Como todo artista de compromisso vital, Luiz se salva ao se expressar. Tira de si um peso que não juntou sozinho, para devolver, aos que se sentem tranquilos em suas coberturas dúplex, algo novo: indignação e sensibilidade radicais. Um usufruto da língua que muitos escritores passam a vida procurando sem conseguir encontrar.

Luiz, o sobrevivente deste verdadeiro romance de formação, nos oferece uma chance. A chance de nos conhecermos melhor. A chance de transformar o que é inaceitável mas que costuma arrancar de nós pouco menos que esgares caridosos.

Agradeço ao Luiz a deferência de me convidar para apresentar sua obra.

Seja bem-vindo, leitor, ao surrealismo da tragédia brasileira.

Fernando Bonassi
2001

1

Dona Eida, minha mãe, dizia que até os seis anos eu era um santo. Meu pai, seu Luiz, dizia que eu era débil mental. Disso lembro bem. Diziam que me colocavam sentado em qualquer cadeira e ali eu permanecia durante todo o tempo. Quieto. Sem sair nem reclamar.

Depois, fui para a escola. Dizem que de santo virei diabo. Lembro da primeira professora, de régua em punho, exigindo disciplina. E não obtinha, pelo menos não de mim. Enfiava a régua sem dó, ao menor descuido. Odiei escola, odiei professores.

Sei que era menino inquieto, desesperado. Vivia buscando ser aceito pelos meninos mais velhos que eu. Muito cheio de medo e assustado, fazia tudo para não demonstrar, como qualquer outro menino, só que com diferentes resultados. Eu era danado, segundo todos diziam.

Meu pai, desde que me lembro, já bebia. Passava dias fora de casa, sem dar notícias. Quando voltava, dizia que fora preso em brigas pelos bares onde enchia a cara. Chegava xingando, brigando e falando alto. Fedia a cachaça e perfume barato.

Minha mãe era coitadinha. Amava aquele homem bruto, sabia que era tudo mentira, mas tinha o maior medo de enfrentá-lo. Era agressivo, violento, não batia nela, mas ameaçava de montão, e dona Eida morria de medo.

Quando ele chegava bêbado em casa (e era quase todo dia), eu me escondia na casinha da cachorra, Dinda. A cadela era meu maior amigo. Ficava me lambendo, feliz de estar comigo, qual eu fosse mais um de seus inúmeros cachorrinhos.

O homem chegava ensandecido, procurando motivo para

brigar e bater. Acredito que para justificar seu estado deplorável e não permitir questionamentos. Claro que, de minha parte, sempre encontrava. Jamais, após os seis anos, fui propriamente um santo, até muito pelo contrário. Me apavorava, vivia sobressaltado, com medo dele. Ele dizia que eu tinha medo mas não tinha vergonha. Medo eu sabia de quem, mas vergonha de quê, de ser menino?

Por qualquer motivo, mandava que eu fosse buscar o cinturão de couro no armário e dizia, sadicamente, que iríamos ter uma conversa. Era uma tortura, era mesmo! Pegava pelo braço e batia, batia, batia... até ficar sem fôlego. Eu sentia que era com raiva, prazer até. Qual quisesse apagar todos os males de sua vida miserável. Eu gritava até não ter mais voz, pulava, esperneava e tentava me defender dando a parte menos dolorida do corpo às cintadas. Se é que havia alguma parte menos dolorida. Então me largava num canto, escondido do mundo; inteiramente só, chorando... Todo cortado por vergões roxos, querendo morrer para que ele sentisse culpa de minha morte.

Minha mãe ficava na cozinha chorando, sem nada fazer. Para ela aquilo fazia parte da educação de uma criança, era normal. Quando menina, seu pai, um estúpido brutamontes, era superviolento. Se estivesse batendo em um dos filhos e houvesse mais alguém por perto, ele saía batendo em todos os que estivessem ao seu alcance. Era um tal de gente correndo para as portas e pulando pelas janelas... Embora ela fizesse questão de destacar: "Foi um homem trabalhador, jamais deixou faltar nada em casa". Grande mérito, para ela. Quando morreu, todos os filhos, sem exceção, deram graças a Deus.

Para seu Luiz, espancar era o melhor, se não o único, método de educar filhos. Pelo menos para mim isso era superevidente, não havia a menor dúvida. Sua mãe, viúva de um ex-boxeador alcoólatra, criara sozinha cinco filhos e só conseguira controlá-los a tamancadas. Meu pai dizia arrepender-se das tamancadas de que se esquivara. "Que cara de pau!", pensava eu.

Para mim, aquilo era o fim do mundo. Odiava-o com todas as forças do meu pequeno coração. Vivi a infância toda fermentando ódio virulento àquele meu algoz e envenenando minha pobre existência. Quis crescer, ser grande e forte para arrebentá-lo a socos e pontapés.

Desde muito cedo vivi desesperado por liberdade, louco para viver solto como os outros meninos. Meu pai pouco me deixava sair de casa. Primeiro por conta de seu preconceito contra pais que deixavam crianças soltas na rua, depois por conta de me castigar devido ao meu péssimo comportamento na escola.

Quando saía escondido, era para caçar confusão, brigar com os outros meninos e apanhar de meu pai na volta. Havia Carlito (que hoje é policial militar), garoto mais velho que eu, filho de mãe solteira e já visto como futuro marginal. Vivia fazendo de mim uma espécie de capanga. Me colocava em choque com outros garotos só para ver briga, ação. Eu adorava esse sujeito. Andava atrás dele feito um cachorrinho a obedecer às suas ordens. Induzia-me a roubar frutas na feira, dinheiro em casa, garrafas de bebida dos caminhões etc. Se me recusasse, seria desprezado e afastado do bando. E eu fazia de tudo para andar com ele. Ser amigo de Carlito era ser alguém nas ruas do bairro.

Não suportava a reduzida prisão que se tornara minha casa. O quintal era pouco maior que a cela de uma cadeia. Tudo ali era velho demais para mim, já tinha visto aquilo tudo milhões de vezes. O assoalho que eu encerava desde pequenino, o telhado cheio de goteiras, os ratos do porão, tudo ali me cansava.

Esquecia das horas jogando bola no campo, empinando pipa ou caçando passarinho no mato. De repente, Dinda estava me puxando pelo calção (ela sempre me acompanhava aonde eu fosse): era certeza que seu Luiz tinha chegado em casa e exigia minha presença, assobiando. Era um assobio fino que cortava. Quando Dinda invadia o campo latindo, meu coração vinha na boca — era ele! Saía correndo para casa, já arrepiado de medo, era surra na certa. Não podia sair de casa sem autorização dele. Chegava no portão, meus passos diminuíam sem querer, precisava de um caminhão de coragem para entrar. A vontade

11

era fugir, sumir. E lá estava, sem nunca falhar, meu carrasco: "Vamos conversar, vá buscar a cinta!".

Já tremendo, acovardado, quebrado em minha vontade, trazia a cinta o mais lentamente possível. Suas cintas estavam todas arrebentadas de tanto ele me bater com elas. Começava a bater e eu a gritar, se ele descuidasse das portas e as deixasse abertas, Dinda entrava e avançava em cima dele, para me defender. Ele a chutava e tornava a me bater. Depois, já cansado, ia bater nela no quintal. Aquilo me doía mais que a surra. Corria para a casinha da cadela, e ela, esquecida já do que apanhara, ficava me lambendo os vergões, qual pudesse suavizá-los. Dinda, sem dúvida, foi o melhor amigo de minha infância.

Ninguém me defendia, com exceção de minha avó, mãe de minha mãe. Quando ia nos visitar, meu pai evitava me bater. Uma vez tentou, e ela se colocou na frente, chamou-o de animal e o enfrentou. Daí para a frente criou-se um antagonismo entre os dois. Eram inimigos declarados. Ele a chamava de velha bruxa, e ela, por sua vez, o chamava de animal e vagabundo.

Ele não podia com minha avó. Além de alcoólatra e arruaceiro, não conseguia trabalhar por muito tempo em emprego nenhum. Empregava-se por um, dois meses, e já brigava com o patrão (era confeiteiro, e dos bons, possuía a arte para os confeitos), ou era surpreendido bêbado em serviço e então despedido sumariamente. Ficava dois, três meses desempregado. Essa era a sua rotina. Atrasava o pagamento do aluguel da casa. Vivíamos apavorados com a possibilidade de despejo. Minha mãe acabava com sua já precária visão na máquina de costura, até altas horas da noite. A vó nos sustentou sempre que pôde. Ajudava a pagar o aluguel e colocava comida em nossa mesa, então ele não podia ter voz ativa com ela, era obrigado a suportá-la.

A vó era quem me vestia e dava brinquedos. Me amava profundamente, tudo fazia por mim. Lembro-a e sinto até um aperto no coração. Não sabia retribuir. Ela sempre foi a principal fonte de minhas parcas alegrias infantis, pelos brinquedos e dinheiro que me dava e pela festa que era sempre sua vinda em casa. Acho que eu não sabia amar, ou amava de forma diferente.

Apesar de tudo, eu amava aquele meu rude pai, apesar de odiá-lo também. Vivia atrás dele, quando sabia que estava sóbrio (o que era raro). Ele era, até certo ponto, um herói para mim. Não posso negar que vivi momentos felizes com meu pai. Ele criava passarinhos de canto. Eu odiava aqueles passarinhos, pois era minha obrigação cuidar deles. Como qualquer garoto, queria era brincar, e tinha de limpar gaiolas malcheirosas e alimentar uns bichinhos que nem podia tocar.

Meu pai sempre me levava quando saía para caçar passarinho ou pescar. Eu adorava pescar! Saíamos em um grupo com seus amigos do bar da esquina, todos alcoólatras. Levávamos uma bengala de pão por cabeça, mortadela e várias garrafas de pinga. Sempre mais pinga que comida. Eles enchiam a cara no mato ou à beira das águas. Era um perigo aquele bando de homens bêbados a fazer palhaçadas, e eu, menino, me divertia demais, sem perceber o risco.

Era viciado em pipas. Aprendi a fazer as mais bonitas da turma da rua. No ar, elas faziam o desenho que eu quisesse, eu as controlava. Fabricava o melhor cortante da localidade. Cola de madeira diluída em água fervente e pó de vidro moído a marretadas. Passava na linha número 10 (que a vó dava dinheiro para que eu comprasse) e lá ia eu, lançar outras pipas no ar. Geralmente, cortava a linha de todos os outros, quando não cortavam a minha logo de cara e eu me enchia de raiva. Fazia tudo escondido, pois meu pai me proibia que empinasse pipas. Dizia que, se não queria saber de estudar, então também não ia brincar.

2

Não sei ao certo por quê, mas a relação de meu pai comigo era sempre ofensiva. Sentia que havia nele algum prazer em me chamar de nomes cujo significado eu ainda não sabia, mas que, pelo tom, sentia que eram para me magoar. Ficaram gravados na mente como bombas-relógios para doerem quando atingisse a compreensão: prostituto, mentecapto, bucéfalo, debiloide — pérolas que aprendia em palavras cruzadas. Havia um prazer mórbido em me irritar, em me enervar; esticar ao máximo meus nervos era uma de suas brincadeiras favoritas. Eu só podia ficar vermelho e chorar de raiva, frustrado. Ai de mim se retrucasse!..., vivia ameaçando caso um dia eu reagisse à sua estupidez.

Minha mãe dizia que ele agia assim devido ao ciúme do amor que ela me devotava. Eu e dona Eida éramos muito apegados. Sentíamos que, na verdade, só tínhamos um ao outro no mundo. Ele não participava desse círculo fechado, jamais fez por merecer. Minha mãe escondia muitas de minhas traquinagens. Sabia que, se ele soubesse, eu seria massacrado. Aquela mulher era muito delicada, extremamente feminina, eu a amava a ponto de chorar às vezes, só de pensar nela. Fisicamente era muito pequena: tivera meningite aos doze anos e não crescera mais.

Uma das lembranças mais doloridas era a solidão em que eu vivia em casa e na creche. Tive muito poucos amigos. Dentro da pasta escolar, carregava um pedaço de cabo de enxada para me proteger dos meninos maiores. Imitava seu Luiz. Fora ele quem serrara aquele cabo, tirando um pedaço para si.

Muitas vezes minha mãe se atrasava, era longe de casa a creche, eu me desesperava. Ficava ali no portão chorando, sentindo-me miseravelmente abandonado.

Havia a tia Ercy, irmã de minha mãe, que era minha madrinha de batismo. Ela nos ajudava muito. Minha mãe fazia faxina em sua casa uma vez por semana. Conforme fui crescendo, foi me passando os trabalhos mais pesados. Encerar, passar a palha de aço no chão, dar lustro etc. era comigo mesmo. A tia era muito boa para nós. Sempre me dava algum dinheiro pelo meu trabalho, além de pagar minha mãe. As melhores roupas e brinquedos que tive ou eram presentes dela ou de minha vó. Chegava ao carinho de fazer a comida que eu mais gostava no dia em que sabia que eu estaria em sua casa. Inúmeras vezes ajudou a pagar nosso aluguel atrasado.

Esse era o maior medo de minha mãe: o despejo. Não ter

onde morar. Vivia apavorada com tal possibilidade, que, diga-se de passagem, era bem concreta. Uma ameaça constante, mensal. Sem querer, ela me passava esse desespero. A tensão em casa era enorme quando se atrasava o aluguel por mais de um mês. Meu pai, para não ter que discutir a responsabilidade dele quanto a nosso sustento e moradia, vivia apavorando minha mãe e a mim, por consequência.

Ele chegava, minha mãe esquentava a comida. Mal começava a comer e já desmaiava de cara no prato, de tão bêbado que estava. Eu, pequeno, dona Eida, pequena também, tínhamos que arrastá-lo da cozinha até o quarto. Depois, com toda a dificuldade do mundo, colocá-lo na cama, despi-lo e cobri-lo. Era muito pesado e ficava dando tapas no ar, semiconsciente. Quando um deles pegava em um de nós, voávamos longe.

Lembro que muitos anos foram assim. Houve intervalos, o homem parava de beber por uns tempos e a vida ficava boa. Nesses breves períodos, acabava a miséria, ele trabalhava e até era um bom pai. Lembro das poucas vezes que ele conversou comigo. Tão poucas que não consigo lembrar um só tema de conversa, a não ser repressões. Nessa parte ele era pródigo, e eu mais ainda em dar motivos.

Com sete, oito anos eu já me julgava sabedor de tudo sobre sexo. Andava só com meninos mais velhos que eu. Meu conhecimento, como era de esperar, era totalmente deturpado. Sexo era algo sujo e condenável (daí por que mais interessante ainda), devia se comentar baixo e escondido. A imagem era de um fruto gostoso, mas proibido.

Não me recordo como aprendi, mas com oito, nove anos já vivia atrás dos garotos menores para comer. Nem tinha nada que pudesse comer alguém. Subornava a garotada oferecendo gibis que roubava de meu pai (ele possuía uma enorme coleção de gibis de bangue-bangue; era sua literatura) e doces comprados com dinheiro ganho da tia e com tudo quanto era moeda ou nota que furtava nas gavetas das casas aonde ia.

Ficava roçando o quase nada que possuía nas bundinhas rosadas dos meninos. Havia uns três deles que até me procuravam para se venderem. Tinha um, em especial, que hoje é casado, pai de família, que eu nem precisava pagar. Cresceu comigo, usei-o por muitos anos. Dominava-o, sei lá como. Seguia minhas ordens como eu fosse seu dono, e eu gostava muito daquilo. Cometia aquilo com o maior sentimento de culpa, sabia que estava fazendo algo errado, mas aquilo era mais forte que o medo de ser pego e apanhar. Meu pai ameaçava bater "como se bate em um homem".

Na época, Vila Maria, meu bairro, na periferia da cidade de São Paulo, era um barro só. Éramos, então, uma turma de garotos e tínhamos nosso esconderijo no campinho, um terreno baldio enorme. Limpamos o mato, colocamos traves de madeira e ali nos ralávamos em peladas. Fizemos uma espécie de vestiário, de madeira e teto de zinco, que era esconderijo secreto e cozinha. Tudo o que pegávamos ou roubávamos (galinha, pato, ganso, coelho, gato e uma vez até cachorro) íamos fritar lá, numa fogueirinha.

Era nossa sede. Ficávamos nos masturbando em grupo, bebendo, fumando, escondidos ali. Foi para comer a garotada ali, comprar cigarro, doce, linha, folha de seda, pião, bolinha, figurinha, essas necessidades de todo garoto naquela época, que comecei a roubar. E roubava da carteira de minha mãe e quase todo dia do bolso de meu pai. Ele desmaiava, bêbado. Ajudava a despi-lo, mas cobrava minha parte. Mexia no dinheiro dele, tirava notas pequenas, sabendo que ele acordaria de ressaca, sem saber quanto possuía.

Choviam ameaças. Dizia que do filho dele, se fosse ladrão, ele cortaria as mãos. Julgava-se o suprassumo da esperteza, e eu, um menino bobo e medroso de quem ele possuía absoluto controle. Dizia que eu jamais o enganaria. Acho que era mais por isso que o roubava, e quase todo dia. Adorava o desafio, era gostoso rir por dentro enquanto ele arrogava sua esperteza. Roubei-o por décadas, e ele jamais desconfiou de minha ousadia. Só que essa impunidade me fez ficar cada vez mais ousado e audacioso.

* * *

Certa vez, no meu caminho para a escola, reparei que na vitrine de uma relojoaria que olhava todo dia (sempre gostei muito de relógios) colocaram uma espécie de arma automática em exposição. Fiquei namorando aquela arma qual fosse o mais belo brinquedo do mundo. Até que um dia, voltando da escola acompanhado por dois irmãos vizinhos, paramos para namorá-la.

"Quer apostar que passo por trás dessa vitrine e roubo aquela arma?", falei de brinquedo, como qualquer menino que fantasia poder fazer coisas impossíveis, como voar, por exemplo.

"Não acredito que você tenha coragem!", contrapôs Joel.

"Também não acredito!", acompanhou Jailton.

Não podia ser desafiado. Sempre que meu medo era atingido, eu reagia fazendo exatamente aquilo de que mais tinha medo, para provar que possuía coragem. Era importante ter coragem, a admiração deles me era preciosa. Me abaixei entre as prateleiras detrás do balcão de atendimento, enfiei a mão por trás da vitrine e apanhei a arma. Ganhei a porta da rua e corri até perder o fôlego. Ninguém veio atrás, a não ser os dois irmãos.

Fomos examinar a arma, e não era arma. Que decepção! Era um desses isqueiros antigos com o formato de uma pequena pistola. Mas, mesmo assim, era um belo objeto, um brinquedo dos mais disputados. Já era respeitado na rua pelos outros garotos como um sujeito com quem não se podia mexer sem receber o troco. Criara essa imagem, cuidadosamente. Depois dessa façanha, o respeito cresceu enormemente. E isso era tudo o que eu queria: ser famoso e temido. Tinha de ser o melhor em tudo. Gostava quando os garotos ficavam falando de meus feitos, cheios de admiração, puxando o saco. Isso era mais importante que tudo, e faria o que fosse preciso para manter tal admiração. Jamais pensei que poderia ser pego.

Sempre possuía dinheiro para os doces, para os brinquedos

e para os garotos que comia. Era só esvaziar uma casa da vizinhança, que eu e Renato, meu melhor amigo, subíamos no forro e fazíamos a limpeza nos fios de eletricidade. Levávamos os fios para o campinho, queimávamos o revestimento e logo vendíamos tudo no depósito de ferro-velho. Não podia ver nenhum material de cobre, metal ou alumínio. De onde houvesse, eu levava: de quintais vizinhos ou das casas aonde ia com minha mãe. Transformava tudo em dinheiro.

No caso do isqueiro-pistola, eu o havia escondido no fundo da minha gaveta de roupas. Minha mãe, que vivia revistando minhas coisas, o achou. Nossa! Quando me mostrou, amarelei, minhas pernas bambearam.

"Onde você roubou isso?"

"Achei, mãe!"

"Onde você roubou? Fala a verdade, menino, senão conto para seu pai!"

"Conta não, mãe: ele vai me matar, cortar minhas mãos."

"Então fala logo onde foi!"

"Foi em uma relojoaria lá na avenida Guilherme, mãe."

"Então vamos lá, você vai devolver com suas próprias mãos."

"Ah! Não, mãe. Não vou!"

"Então vou contar pro seu pai."

"Vamos então."

Minha mãe me arrastou até a relojoaria. Conversou com uma moça do balcão e me obrigou a devolver o isqueiro com minhas próprias mãos. Aquilo me matou de vergonha! Mas, no fundo, me senti apenas aliviado. Havia encenado bastante, fora fácil escapar daquela; eu já não tinha vergonha na cara.

A mãe do meu pai era uma portuguesa rude por quem jamais tive estima alguma e de quem sempre fui mantido à distância. Morava junto com a tia Ilda, seu marido e três filhos. Desde pequeno, sempre fui colocado como o parente a ser evitado nessa casa. Sabia que não era bem-vindo. A vó era toda carinho e atenção com os outros netos, se bem que batia neles também, era uma segunda mãe deles. Lembro-me que a vó ou a tia, quando davam lanches aos meus primos, levavam-nos às escondidas para a cozinha. Lá sempre havia bolachas e refrigerantes para eles. Como certa vez a vó me pegara comendo seu neto querido, achava que a atitude delas tinha a ver com isso. Mais uma culpa a se acumular a outras tantas.

Soube aos dezoito anos que havia era preconceito contra mim, por eu ser bastardo. Ninguém me dissera nada. Meu pai era casado quando conheceu minha mãe em um salão de dança, no bairro da Liberdade. As irmãs dela (Elsa, Eni e Ercy) eram assíduas frequentadoras desse salão e a levaram nas férias. Ela estudava em um colégio interno protestante. Seu Luiz, emérito dançarino (era até professor de dança), interessou-se por ela. Logo estavam ambos apaixonados.

Depois de algum tempo de namoro no portão de casa, meu tio Enos descobriu que o sujeito que namorava sua irmã era casado. Ela de nada sabia e foi prontamente convencida por seu Luiz de que fazia muito tempo que ele não vivia com a esposa. Dona Eida ficou terminantemente proibida pelo seu irmão mais velho de ver o sujeito. Mas o mal já estava feito. Ela fez as malas, jogou pela janela e saiu dizendo que iria na padaria. Nunca mais voltou.

Foram viver em Ferraz de Vasconcelos. Segundo dona Eida, no começo foram muito felizes. Ele trabalhava, vinha para casa cedo e se amavam muito.

Minha vó os encontrou e quis trazê-la de volta. Dona Eida não aceitou. Engravidou duas vezes e, com dinheiro dado por sua mãe, abortou. Até que na terceira vez quis ter seu bebê. Com o dinheiro que minha vó deu, comprou um armarinho de cozinha. Assim, nasci.

Havia até uma conversa de que eu não vingaria. Não era um bebê saudável, estava sempre com problemas. Minha vó apaixonou-se por mim e me protegeu o quanto pôde. Faleceu em 1969, e minha mãe dizia que de desgosto pelo desamor de seus filhos. Muitas vezes fiquei revoltado com o tratamento que minhas tias dispensavam a ela: desprezavam-na qual ela fosse louca.

União familiar mesmo, jamais vivi. O que mais se aproximava disso era quando estava com a família da Benedita, amiga de infância de dona Eida. Era uma mulher valente de verdade. Sustentou e criou seis filhos, pois o marido perdera uma perna e estava inutilizado para o trabalho. O seu Adolfo era homem introspectivo, mas bom e amigo. A amizade entre as duas mulheres permaneceu até o túmulo.

No fundo, eles foram os únicos a nos aceitar sem distinções. Só meu pai não era aceito ali. Eram muito amigos de minha mãe para aceitar o causador de seus males. Fui tratado pelos filhos da Benedita como irmão. O Zé e o Adolfinho tinham mais ou menos a mesma idade que eu. Brincávamos e brigávamos juntos, éramos iguais e amigos. Hoje estão ambos formados e bem de vida, casados, com filhos e vida mansa. Lutaram muito e trabalharam desde crianças. A casa deles foi o único lugar onde jamais roubei nada. Além de serem tão pobres quanto nós, amava aquela gente simples que nos acolhia com tanta amizade.

Sempre passei de ano, jamais repeti. Frequentava escola na marra, não gostava nem um pouco. Era inteligente, aprendia tudo muito fácil. O problema era que meu comportamento era o pior da classe. Não conseguia parar quieto. Estava sempre causando problemas.

Adorava os riscos, embora os temesse o mesmo tanto. Não era um menino querido nas classes. Os colegas ou me temiam ou me batiam. Jamais aprendi a conquistar pessoas. Sempre fui um fracasso nessa arte.

As notas de aplicação sempre foram acima da média. As de comportamento, sempre abaixo. Cada vez que era preciso mostrar o boletim a meu pai, pois ele tinha de assinar, era uma daquelas surras de deixar vergão para todo lado e mês inteiro proibido de sair de casa. Odiava escola!

Não conseguia reverter esse processo. Parecia compulsório.

Tinha de fazer bagunça na classe, chamar atenção sobre mim. Então, com algodão embebido em cândida, apagava a nota da professora e, em cima, botava nota razoável. Até ser descoberto e o espancamento redobrado. Nos bilhetes das professoras comunicando meu comportamento lastimável, falsificava a assinatura de meu pai. Mil e uma maneiras de enganar a tantos quantos pudesse.

3

Aos dez anos consegui o diploma do curso primário. Na marra, como dizia meu pai, de medo de ter de enfrentá-lo caso fosse reprovado. Era verdade. Para mim a escola sabia a prisão. O prédio do Grupo Escolar João Vieira de Almeida, esse ilustre desconhecido, parecia com prisão: possuía grades e tudo o mais.

Ganhei o meu primeiro terno da tia Ercy. A cunhada da tia, a Lavínia, deu dinheiro para que comprasse uma bicicleta usada. Era pessoa livre, malfalada na família, as mulheres a difamavam muito. Generosa, sabendo que tudo o que eu desejava na vida era uma bicicleta, resolveu cometer mais um ato de sua tão criticada liberdade. Era linda, cheia de charme, a partir daí, passei a venerá-la.

Alertei a todos de que se dessem o dinheiro nas mãos de meu pai, eu jamais veria uma bicicleta. Não deixei espaço para esse tipo de canalhice dele. Encontrei uma bicicleta enorme, aro 28, numa bicicletaria. Quando arrastei meu pai para vê-la, ele acabou até colocando algum dinheiro na parada e comprou-me a bicicleta.

Caí inúmeras vezes, precisava passar a perna pelo quadro, pois não alcançava o selim. A bicicleta era um ente, adaptou-se a mim ou eu a ela, de repente já fazia parte de mim e estava na minha medida. Eu estava crescendo, finalmente!

Fui matriculado em um curso de admissão ao ginásio. O colégio era pago, tia Ercy financiava. Situava-se no Belenzinho.

Eu fazia o percurso de ida e volta de bicicleta, por muitos e acidentados quilômetros.

No Colégio Manoel da Nóbrega, vivi a primeira experiência de classe mista. Bastante confuso misturar-me às meninas. Elas, até então, eram outra raça, desprezíveis, não prestavam para nada que me interessasse. Só Regina, irmã de Renato, era admitida em meu círculo de relações. Gostava muito dela, estava sempre conosco, jogava bola e atirava de estilingue.

Meu negócio era matar passarinho a estilingada; quebrar vidraças; brigar com a molecada da rua de cima; empinar pipa; andar em carrinho de rolimã; jogar bolinhas; bater figurinhas; caçar rãs; fazer balão; pegar balão; pescar nas lagoas etc. Meninas gostavam de bonecas, pular corda, e tinham o maior medo de nós. Nos evitavam como fôssemos leprosos.

Já agora, as meninas da classe, de um outro modo, me interessavam. Pensava em namorar, em comer; fazia de tudo para ver suas calcinhas, e ficávamos, os meninos, cogitando como seria o sexo delas. Meus horizontes estavam se alargando, a bicicleta me levava aonde eu quisesse.

Numa brincadeira de taco (beisebol de pobre), tomei uma paulada no olho. Fiquei dias com o olho tapado, tipo pirata. Na época, fiz exames para o ginásio e fui aprovado. Nem sei como, porque não estudava. Não tinha tempo para essas bobagens e detestava. Aprendia o que os professores ensinavam na classe, apenas e tão somente.

Fui matriculado no Colégio Barão de Mauá. Colégio pago mas superdecadente. Uma porcaria de colégio com pouquíssimos e péssimos professores, mas de preço acessível. O fato era que se fosse a um colégio do Estado, não seria admitido. As vagas eram tão disputadas como o são hoje nas universidades do governo. Nem todos os garotos foram além do primário, não lembro de nenhum dos meninos do bairro que tenha ido além do que fui.

Meu pai achava o máximo aquilo de estudar em colégio pago. E era mesmo, um luxo. Para mim era maravilhoso. As classes eram mistas, e as meninas me interessavam mais ainda. Em frente havia o Cine Universo e ao lado o Cine Rox. Ambos com matinês no meu horário de escola. Mandei fazer um carimbo de "compareceu" e eu mesmo carimbava minha carteira de estudante.

Cabulava aula frequentemente. Toda semana assistia aos dois filmes que ficavam em cartaz nos dois cinemas. Muitas vezes fazia pescarias na lagoa da empresa Nadir Figueiredo, no próprio bairro. O capital para tais atividades saía dos assaltos ao bolso de meu pai, dos metais, cobre e alumínio, que roubava para vender e dos pequenos furtos que fazia em todo lugar aonde fosse. Aos dez anos já era um ladrãozinho bastante bem-sucedido e oportunista.

Na escola, se ia mal por conta das faltas, nos exames mensais sempre tinha boas notas. Assimilava fácil as poucas aulas a que assistia, e havia as colas. Era o rei da cola. Possuía vários métodos de ludibriar o professor. Escrevia na carteira e no braço; levava cola pronta e olhava enquanto alguém distraía o professor; ia ao banheiro consultar os livros que deixava lá; enfim, sempre dava um jeito de ser aprovado.

Minha necessidade de dinheiro aumentava geometricamente. Queria levar as meninas ao cinema para passar a mão, dar beijinhos... Precisava pagar sorvetes, sundae, banana split, frapê de coco, milk-shake etc. para as garotas a fim de suborná-las para sair com elas. Ficava puto da vida quando não tinha capital e via outros garotos ao lado das meninas. Vivia a procurar de onde tirar dinheiro para viver o sucesso com as meninas. Com onze anos já comprava minhas relações. Não sabia conquistar amigos. Sentia-me desinteressante e tinha a impressão de que ninguém ligava para mim. Julgava-me diferente dos outros, e para pior. Pagava as contas para que ficassem comigo e para ser diferenciado para melhor.

Comecei a elaborar roubos mais arriscados. Ludibriava a secretária do colégio para que assinasse minha carteira de estudante como se eu houvesse pago a mensalidade e embolsava o dinheiro. Furtava à tia, avó, mãe, ao pai, a vizinhos, era uma compulsão. Precisava de dinheiro.

Passei para o segundo ano do ginásio raspando, com média de notas apenas suficiente. Não queria estudar. Queria trabalhar para ter o meu dinheiro. A escola sempre fora uma tortura para mim. Nunca soube me relacionar bem com colegas e professores. Meus furtos já estavam sendo falados na família, estava sendo vigiado por onde fosse. Fui pego várias vezes com objetos roubados, apanhei demasiadamente por isso. Meus pais concluíram que a solução seria que trabalhasse mesmo, para aprender a valorizar o dinheiro suado. Fui para as aulas noturnas. Comecei a procurar por emprego.

Seu Luiz dizia, constantemente, que se um dia eu saísse de casa sem ordem dele, ao voltar não me deixaria mais entrar. Numa dessas minhas escapadas, quando voltei, disse que ficasse pela rua, que não me queria mais em casa. De certo modo era apenas um novo estilo de tortura, antes da surra. Sadismo puro. Só que acreditei em sua ameaça, e ele não contava com isso. Era Carnaval, aproveitei o fato de ter acreditado e saí com o Carlito e outros rapazes para a avenida Guilherme, para assistir ao desfile de escolas de samba.

A avenida estava repleta de gente, a alegria havia tomado conta daquele povo. Na esteira dos rapazes, saí pulando, estranhamente feliz. Sentia-me livre. Pela primeira vez na vida, senti a liberdade pulsando em minhas veias. Participava da euforia geral. Era eu o próprio Carnaval.

Bebi a pinga dos companheiros maiores e passei mal, não antes de pular, gritar e ficar louco de alegria! Acordei em casa, ainda bêbado, sentindo que ia morrer. Minha mãe velava a cabeceira de minha cama, e eu vomitava a alma!...

Meu pai me procurara a noite toda em seu táxi. Havia pouco tempo largara dos confeitos. Dizia não aguentar mais trabalhar em ambientes fechados. Optara por ser motorista de táxi, no que se deu muito mal. Dona Eida o atazanara até que me procurasse, talvez com remorsos, noite adentro. O Carlito me trouxera, desmaiado de tão bêbado. Seu Luiz não podia me espancar, dona Eida não permitiria. Percebi que o assustei. Nesse dia senti que ele até gostava de mim. Foi minha primeira fuga. A liberdade, a irresponsabilidade da rua, as luzes da noite, me fascinavam...

Faltei muito à escola. As luzes da cidade, as cores, as vitrines, as pessoas, tudo me enchia a alma de vontade de fazer parte daquilo, daquela vida. Foram tantas as faltas e as mensalidades sem pagar (porque ao me apropriar do dinheiro da mensalidade não consegui mais registrar que havia pago), que fui expulso do colégio.

Fiquei uns três meses carimbando o "compareceu" e dando-me notas na carteira escolar. Além, é claro, de embolsar o dinheiro da mensalidade. Passeava pelo centro da cidade, frequentava cinemas, jardins ou ficava na Vila, brincando com a molecada, até dar a hora de voltar para casa. Pensava que quando descobrissem, me atiraria do viaduto do Chá. Tinha um monte de ideias suicidas. Procurava não me preocupar com o futuro. Quando descobrissem, me atiraria do viaduto e pronto, não se pensava mais nisso. Fui várias vezes inspecionar o lugar mais adequado do viaduto para me atirar.

Minha mãe desconfiou, não lembro por quê, e foi ao colégio. Quando voltou, contou-me chorando, antes de dizer a meu pai. Doeu muito fazê-la sofrer daquele jeito. Passei a mão em todo o dinheiro que havia na casa, vesti a melhor roupa, minha primeira camisa de náilon, e novamente fugi. E para a cidade, dessa vez.

Passei o dia a andar pelas ruas, comendo doces e chupando sorvetes. À noite, quando o sono pegou, fui para a casa de minha vó. Todos perceberam que eu havia fugido. Acolheram-me, mas senti que logo cedo iriam avisar meus pais. Cedinho levantei, e antes que alguém acordasse já estava nas ruas novamente, com todo o dinheiro que pude roubar de minha vó e das tias.

A saudade de minha mãe começou a pegar, jamais dormira longe dela, mas o medo de meu pai fez com que ficasse pelas ruas. Dormi debaixo de marquises, dentro de carros velhos estacionados ou em jardins. Passava os dias a vagar, só, chorando pelas ruas, morto de saudade de minha mãe. O dinheiro acabou, e comecei a passar fome e frio. Não podia voltar para casa, pensava que meu pai me mataria de tanto bater.

Naquele tempo, entre 1963 e 64, havia muitos restaurantes com mesas na calçada, no centro de São Paulo. Eu pedia, nas mesas, que me dessem um pouco de comida. As pessoas, principalmente as mulheres, davam, mandavam até servir refeições para mim. Tinha uns doze anos, mas era muito miúdo, aparentava bem menos. Depois me enchiam de perguntas e queriam me entregar para a polícia. Corria assim que conseguia comer. Sabia que se um guarda me pegasse, seria levado para casa, e isso eu temia mais que a fome.

O medo de meu pai era algo que me alucinava. Fazia o maior frio, e eu só tinha minha camisa de náilon, já toda imunda. Eu era uma imundice só. Fazia minhas necessidades nos banheiros públicos e só lavava a cara, mais nada. Ficava debaixo das marquises, tremendo de frio e chorando desesperado, chamando minha mãe, como se ela fosse se materializar do nada e me salvar. Sabia que ela devia estar sofrendo muito por minha causa. Isso doía demais, mas o pavor de meu pai era maior. Fiquei doente, com febre, pensei que fosse morrer. Desmaiei debaixo de uma marquise da avenida São Luís.

Recordo que fui carregado para uma viatura da polícia. Na delegacia, alimentaram-me com café com leite quente e pão com manteiga. Um homem vestido de branco deu-me duas injeções, e nem consegui reagir, embora tivesse o maior medo de injeção. Dali fui conduzido a um prédio bem velho, na rua Asdrúbal do Nascimento. Era o funesto juizado de menores. Colocaram-me no meio de um montão de crianças sujas e maltrapilhas, na maioria escuras, algumas com ranho escorrendo do nariz para a boca. Dormi num cantinho, envolto em cobertor, quentinho.

Dia seguinte, colocaram todos nós em um ônibus e nos levaram para a avenida Celso Garcia. Num prédio, homens rudes perguntaram nome e endereço. Dei o nome certo, mas o endereço da tia Ercy. Acho que estava preferindo morrer a ter que enfrentar meu pai. Minha casa era o inferno, e meu pai o diabo a me esperar com o tridente em brasa para me espetar.

Conduziram-me para um enorme alojamento, cheio de beliches. Era o plantão do SAT (sigla de, segundo me recordo, Serviço de Assistência e Triagem), local onde eram recolhidos os meninos de rua com menos de catorze anos que viviam de pequenos roubos na cidade. Uns garotos mais velhos tomavam conta de nós. O alojamento estava cheio.

Conheci rapidamente dois garotos da minha idade e tamanho, Saci e Chepinha — que mais tarde seria o famigerado Chepa, superbandido; fiz logo amizade. Eu era um branquinho robusto, e ambos eram mulatinhos e bem magros. O Chepinha era um negrinho doce, com sua roupa limpa e bem cuidada; todo asseado, carregava a escova de dentes (na qual havia uma ponta, como um estoque) para onde fosse. Saci não tinha família, fora criado nas ruas e no juizado. O Chepinha tinha família na Zona Sul, mas estava fugindo de casa, como eu.

Os maiores que tomavam conta de nós batiam à menor falha. Havia garotos débeis mentais, e esses apanhavam mais, pois não entendiam as ordens. Nós os orientávamos, com dó. Os meus novos amigos eram perseguidos e vigiados pelos maiores porque eram fujões. Já haviam fugido várias vezes dali.

Havia os maiores que eram chamados de bocas de fogo. Explicaram, eles comiam os meninos mais bobos, principalmente os débeis. Um deles, o Tonhão, quis me dar uma blusa, claro que recusei, apesar do frio enorme. Meu medo era do que ele viria cobrar depois. Esses garotos maiores eram do Instituto Modelo, um prédio próximo. Crianças sem pai que o governo criava desde o berçário. Trabalhavam ali, tomando conta de nós, para pagar o pão que comiam.

Meus dois novos amigos planejavam fugir. Muito bobão, fui convencido a ajudá-los. Era necessário que alguém ficasse embaixo, para que um deles subisse em seus ombros, e o outro, por sua vez, subisse nos ombros deste último e lhe desse a mão quando alcançasse o muro. Ingênuo de tudo, fiquei embaixo, não queria fugir. De repente, já não senti peso em meus ombros, os dois haviam desaparecido. Eu estava só, e os maiores que tomavam conta de nós gritavam: "Fuga, fuga, fuga!". E corriam para mim.

Quando me alcançaram, choveram socos e pontapés em cima de mim. Gritava e pulava, tentava escapar, mas era pequeno e fraco. Fui arrastado para o dormitório, e ali, à vista dos dois funcionários, os maiores me bateram até que desmaiasse. Pensei que fossem me matar, passei o maior pavor de minha vida naqueles momentos.

Acordei numa enfermaria. Tudo doía. Na boca, gosto de sangue, sentia que meu rosto estava enorme, latejava. Passei cerca de dez dias na enfermaria sendo tratado por um enfermeiro rude, mas eficiente. Logo estava bem novamente, pronto para outra, como dizia meu pai. Só os olhos estavam roxos e vermelhos, e havia marcas de chutes nas pernas e nas costas.

Os funcionários que incentivaram o linchamento vieram me procurar. Quando os reconheci, tremi. Será que ia apanhar mais? Estava com medo de todo mundo. Para minha surpresa, me trataram bem, deram doces. Deixaram claro o que queriam de mim. Que não denunciasse o espancamento. Argumentavam que era impossível controlar os maiores, já que com a fuga eles poderiam perder o cargo que ocupavam. Apanhei daquele jeito como exemplo para que ninguém mais tentasse fugir. Eu sabia, sentira na pele, bateram com ódio, eram como meu pai, havia prazer neles, e eu lembrava que os funcionários riam, expressando claro prazer, também, em assistir ao espancamento.

No décimo dia, fui reconduzido ao alojamento. Os espancadores vieram ter comigo. Trouxeram calça e camisas limpas, as minhas estavam rasgadas e cheias de marcas de sangue. Tomei banho e me vesti, comecei a me sentir bem novamente, o medo foi se dissipando. Os grandes passaram a me tratar como malandro por eu não os haver denunciado e por haver participado de uma fuga. Odiava-os demais para lhes ser amigo. Só queria sair dali.

Houve outras fugas, mas nem pensei em participar. Estava

com medo da surra, caso não desse certo. Depois, fugir para onde? Eu queria minha casa, minha mãe. Enfrentaria a surra de meu pai. Ia doer, arrancar a pele, mas eu aguentaria e ficaria em casa. Queria trabalhar, ter o meu dinheiro, ter minha cama para dormir, comida e... minha mãe!

De repente, chamaram meu nome. Colocaram-me em uma perua. Um funcionário gordo perguntou como chegar em minha casa e se meus pais estariam lá. Não sabia como a tia me receberia, mas indiquei o caminho.

Sorte que, ao chegar, eles deixaram que eu fosse buscá-la dentro da casa. Encontrei tia Ercy no quintal. Espantou-se, expliquei o que acontecera e que o funcionário aguardava-a na perua. Entendeu, pois sabia das surras violentas de meu pai, e assinou o papel de meu recebimento. A tia fez com que eu prometesse não fugir, disse que minha mãe estava desesperada me procurando. Também a fiz prometer nada dizer a meu pai e só procurar minha mãe.

Na tarde do dia seguinte, minha mãe apareceu. Nos agarramos chorando. Meu Deus, quanta emoção, quanta saudade! Ela era parte de mim, sua pele era minha pele, e eu era a cara dela. Jamais poderia fazê-la sofrer como havia feito, via a dor em seus olhos. O sentimento de culpa era maior que a minha capacidade de absorvê-lo.

"Por que você fugiu, meu filho?"

"Estava com medo do pai. Ele ia me matar de tanto bater se soubesse que fui expulso do colégio."

"Mas você não pensou em mim, que ia sofrer muito com isso? Você não gosta de mim, não se importa que eu sofra?"

"Mãe, o medo era maior. Não dava para ficar, ele me massacraria! Gosto da senhora, mas tenho medo dele. Também sofri muito sua falta, mas estava apavorado com o pai."

"Você vai voltar comigo."

"Não, não vou porque ele vai me bater! Vou fugir de novo!"

E como sabia que ele batia mesmo, procurou uma saída. Propôs que eu fosse para a casa de dona Cida, em Guaianases.

Dona Cida tinha seis filhos, todos mais novos que eu, uma verdadeira escadinha humana. Seu marido, seu Heros, era da extinta Guarda Civil. Gostava muito deles, aceitei a proposta e fomos para lá.

Enquanto dona Eida conversava com dona Cida, a molecada me rodeou, e saí com eles para que me mostrassem o que havia por lá. Para o Júnior e o Hermes, os dois mais velhos, eu era o que Carlito fora para mim. Um ídolo. Minha mãe acertou tudo, pediu que me comportasse e se foi.

Brincava com os meninos, mas aquilo já me entediava, não interessava mais. A cidade me enfeitiçara, adorava as luzes, as vitrines, o povo indo e vindo... Havia um local que me fascinava. Estava começando a frequentar aquela parte da cidade quando adoeci. A boca do lixo. Aquelas mulheres em trajes sumários, indo e vindo, fazendo escândalo, mexendo com todo mundo, até comigo... As cores berrantes de suas roupas, seus corpos, que elas mostravam para quem quisesse ver... Aquilo me atraía demais.

Exasperava-me pensando em como fazer para comer uma mulher daquelas. Ainda não sabia ao certo o que era uma mulher, o que tinha dentro das calcinhas. Prometia a mim mesmo que na primeira oportunidade iria lá novamente. Era só surgir a oportunidade, e eu iria provar aquilo tudo, aquele mundo misterioso e sedutor.

Depois de uma semana na casa de dona Cida, eis que num domingo vejo chegar meus pais. Ela me abraçou e beijou, alegre, como de costume. Fui pedir a bênção dele. Devia beijar as costas de sua mão esquerda, como fazia desde pequeno. Olhou feio, mas disse, a contragosto: "Deus te abençoe". Eu achava ridículo e humilhante aquele tipo de cumprimento. Sabia que a resposta era automática, senti tensão no ar e já me arrepiei de medo. Depois de conversar com os donos da casa, ambos me levaram para um quarto.

"Por que fugiu?", perguntou meu pai, com raiva contida.

"Porque sabia que o senhor ia me matar de bater por eu ter sido expulso do colégio."

"E você acha que está certo isso? A família te pagando o colégio e você cabulando aulas, você acha certo isso?"

"Não, senhor! Sei que tô errado, estou arrependido, quero voltar para casa."

"E agora, o que vamos fazer de você? Não dá para te colocar em outro colégio porque não vão te aceitar. Você foi expulso. O que faço com você, bato até matar?"

"Não, pai, bate não!"

Dona Eida interfere:

"Você prometeu não bater no menino!"

"Mas o que vou fazer com ele? Ele nos mata de preocupação e sofrimento, e ainda devo recebê-lo como se nada tivesse acontecido?"

"Eu quero trabalhar, pai. Não sirvo para estudar. Quero ganhar o meu dinheiro."

"E pensa que não vai dar nada em casa? Vai trabalhar sim, pois não quero vagabundo em casa. Ou estuda ou trabalha. Mas o seu ordenado vai de envelope fechado para sua mãe. Ela é que decidirá o quanto sobrará para você."

"Para mim tá bom", respondi aliviado.

Sabia, agora, que tudo já fora resolvido. Eta mãe esperta!

Fomos embora. Voltei para a minha saudosa e confortável cama, minhas roupas, minhas coisas. Dia seguinte, bem cedinho, saímos, eu e minha mãe, para tirar minha carteira de trabalho. Pegamos uma fila enorme, e após cansativa espera fiz os exames necessários e consegui o protocolo para retirar a carteira no dia seguinte. Levei também uma folha que seu Luiz precisava assinar, dando a sua autorização, por eu ser menor de catorze anos. Logo já estava documentado para trabalhar. "Pronto! Agora sou um homem", pensava.

Em frente ao bar que seu Luiz frequentava, havia uma fábrica de porcas. O dono era parceiro de dominó de meu pai, no bar. Seu Luiz contou sobre mim, e esse parceiro pediu que me mandasse lá em sua fábrica, no dia seguinte. Pronto! Já estava empregado.

Era uma oficina enorme, com muitos tornos mecânicos

e automáticos. De imediato fiz amizade com Jaci, torneiro de quem fui designado auxiliar. Máquinas me interessavam vivamente. Em uma semana já estava manipulando várias delas, com a orientação paciente de Jaci. Fiquei profundamente interessado em dominar aqueles monstros mecânicos. A dificuldade era com as ferramentas de medição, técnicas demais para um aprendizado tão rápido quanto eu necessitava. Vivia sujo de graxa e óleo dos pés à cabeça.

Era o empregado mais novo ali, virei uma espécie de mascote de todos. Enchiam meu saco quando estávamos no banheiro, zombando do tamanho reduzido de meu pau. Era natural, afinal eu tinha apenas treze anos, só que para mim era humilhante. Meu apelido ficou Pistolinha. Isso me fazia revidar atirando neles porcas enormes, e eles riam, riam, de minha zanga...

Seu Júlio, o patrão, certo dia entrou na oficina e me encontrou quase dentro de um torno automático, tentando entender como é que ele funcionava sozinho. Ficou me olhando sem que eu me desse conta. Quando percebi, dei um pulo, assustado. Entre zombeteiro e professor, perguntou qual o problema. Gaguejando, expliquei que não conseguia compreender que diabo era aquilo que fazia a máquina funcionar sozinha, quando as outras era preciso movimentar manualmente. Ele abriu a portinhola do torno e mostrou o sistema do funcionamento automático. Não entendi quase nada, mas já sabia que havia alguma coisa naquela parte da máquina que fazia com que funcionasse após ser regulada. Inesperadamente, perguntou-me se conhecia o centro de São Paulo. Conhecia como a palma da mão. Disse-me, como que tomando uma decisão, que no dia seguinte viesse mais bem vestido e limpo porque iria trabalhar no escritório dali em diante.

No outro dia, cheio de curiosidade e com minha melhor roupa, lá estava eu na porta do escritório. Era um lugar misteriosamente bonito para mim. Logo na entrada da fábrica, todo envidraçado e com mesas lustradas. Quando seu Júlio chegou, colocou-me para dentro do escritório e apresentou um homem careca, mal-encarado, que martelava uma máquina de escrever. Era o sr. Lopes, o contador.

Meu trabalho consistia em limpar o escritório logo cedo, a chave ficaria comigo. Depois faria serviço bancário na Vila e no centro da cidade, além de outras tarefas que seu Lopes me passaria. Nessa altura, já havia destruído minha bicicleta. Ganhei uma nova para trabalhar.

Adorei o novo trabalho. Andava de bicicleta o dia todo ou então ia para a cidade, e correspondia à confiança que depositavam em mim. Três coisas me desagradavam. A primeira era que não tinha mais tempo para brincar, e eu ainda era um menino; a segunda era que não gostava do seu Lopes nem ele de mim. Vivia de cara amarrada e me maltratando. E, por último, o salário. Quando recebi (metade do salário mínimo), minha mãe ficou com tudo e só me deu uns trocados. Meu pai estava desempregado, as coisas não iam bem em casa, só que eu não entendia nada disso. Só sabia que vivia sem dinheiro, andando pela cidade, vendo as coisas gostosas, e não podia ter nada.

Comecei a reparar como seu Júlio abria o cofre. E foi bem fácil aprender. Eles se julgavam espertos, e eu um menino bobão e ingênuo, daí faziam tudo em minha cara.

Um dia depois de aprender, abri o escritório, fechei a veneziana e fiz a tentativa. De repente, o cofre estava aberto, e havia maços enormes de dinheiro à minha disposição. Abri alguns, tirei uma cédula de cada e fechei. Esperei alguns dias, não houve problemas. Daí para a frente ficou fácil ter sempre bastante dinheiro. Quase todo dia fazia minha expropriação. Corria a fazer meu serviço e então ficava fazendo festa para mim mesmo com doces, almoços em restaurantes caros, e só andava de táxi para todo lado.

Fazia longas incursões na boca do lixo. Ficava ali, todo ansioso, apreciando as mulheres. Estava louco para comer uma delas, mas não tinha coragem nem de conversar com elas. Não sabia ao certo como era o sexo feminino. Aquilo não era tesão; era curiosidade pura, um desafio enorme.

Juntei algum capital e convidei o Benê para ir às bocas

comigo. O combinado foi que eu pagaria para que ele fosse com uma mulher e a convencesse a ir comigo também. Benê já era maior de idade e adorou a ideia. Rondamos as mulheres até que ele achou uma que lhe apeteceu. Dei-lhe o dinheiro, e lá foi ele. Fiquei esperando à porta, pulando de um pé para o outro de ansiedade, até que ele saiu e disse para eu entrar, pois já estava combinado. Bati à porta e entrei, o que me exigiu toda a coragem do mundo.

Ela esperava nua, deitada na cama de pernas abertas. Tomei um susto, não sabia que era assim. Sob seu comando, fui tirando a roupa superinibido. Chamou-me para a cama, me colocou entre suas pernas, encaixou e se pôs a mexer. Não era isso que eu imaginava. A mulher dizia que eu gozasse logo, eu suava, estava muito nervoso. Até que, de repente, me empurrou, mandou que me vestisse e exigiu o dinheiro que lhe fora prometido. Todo trêmulo, apavorado com o modo agressivo dela, paguei e saí.

Nem adolescente era ainda. Não tinha esperma, e foi algo profundamente frustrante. Será que era só aquilo? Mas já podia contar vantagem para a turma. Eu estivera com uma mulher! O que era de grande valor e me tornava superior à molecada toda. Qualquer dúvida, era só chamar o Benê para comprovar.

Nessa época, já era viciado em cigarros. E foi o cigarro que me derrubou. Seu Júlio comprava de pacote de dez maços e deixava na gaveta dele. Constantemente eu roubava um maço. Já procurava meios de roubar mais. Quanto mais dinheiro tinha, mais gastava.

Nessa época também comecei a fumar maconha. Era bem caro. Havia um sujeito da turma da rua de cima que vendia para os rapazes. Eu comprava através de Benê e Dirceu. Fumava com eles. Ficava cheio de fome e rindo à toa. Às vezes ficava paradão, sentindo uma sonolência terrível. A maconha também era status em nosso meio. Eu era aceito pelos rapazes porque eles jamais tinham dinheiro, e eu sempre tinha e financiava tudo. Desde droga até roupas e prostitutas.

Encontrei um meio muito mais rentável de roubar a empresa. Graças às amizades que fiz na oficina, convenci três tornei-ros a retirar um vale alto no dia 25. Na época do pagamento, roubei do cofre os três vales assinados por eles. Como não havia nenhum registro que comprovasse a retirada do dinheiro do vale, eles receberam o pagamento integral. Metade do valor dos vales, recebi como parte do combinado. Logo me arrumaram mais cinco fregueses, que coloquei no esquema.

Seu Júlio estava ganhando tanto em cima do salário mise-rável que nos pagava, que nem se preocupava quando o balan-cete não fechava certinho. Sei lá por quê, julgava justo o que fazia: os torneiros estavam levando quase um terço a mais de seus salários para suas famílias. Eu ganhava mais de cinco vezes o meu salário. Julgava que tanto eu como eles precisávamos, logo, era certo pegar. Não havia uma ideia de roubo em mim, era mais como uma peraltice, um brinquedo. Eu pegava, não roubava.

Fiquei uns oito meses trabalhando ali. Seu Júlio deve ter percebido algo, mas como nunca teve provas, jamais me acusou. Imagino que seu Lopes o tenha alertado. A única prova que possuíam era que eu roubava cigarros. E foi esse o motivo que alegaram a meu pai para me despedir.

Não me disseram nada. Quando cheguei em casa, meu pai me chamou no quarto, trancou a porta e começou a bater. Bateu, bateu, cansou, descansou, tornou a bater, bater, sem parar. Juro que pensei que dessa vez me mataria de tanto bater. Quando saiu do quarto, nem acreditei que tinha parado. Doía tudo, e eu estava todo cortado de cinturão, engasgado e sem voz de tanto gritar e chorar, com todo o corpo queimando.

Fiquei ali no quarto, jogado, só sentindo dor e pensando como a vida era dura para mim. Estava consciente de meu erro, da vergonha que o fizera passar. Apenas sentia que não podia fazer nada. Eu era errado mesmo. Havia algo erra-do em mim, só que eu não sabia o que era. Sempre quando estava prestes a perceber, já estava apanhando. Só então me arrependia, mas já estava apanhando, não adiantava nada. Adormeci, profundamente desesperançado de mim mesmo.

Precisei ficar uns dias escondido, estava todo lanhado, os amigos iam rir de mim.

Quando fiquei bom, comecei a sair cedo de casa, conforme ordens de meu pai, com o jornal *Diário Popular* debaixo do braço. Procurei emprego de office boy no centro da cidade. Não demorou muito, encontrei trabalho nas Lojas Hirai, na avenida Liberdade. O emprego era legal, o salário, um pouco maior que o último. Trabalhava com cobranças bancárias, depósitos, Serviço de Proteção ao Crédito, enfim, fazia o serviço de rua do escritório da empresa.

O trabalho começou bem, eu gostava do que fazia. Já estava me tornando um adolescente. A vontade de possuir as coisas expostas nas vitrines já se instalava em meu espírito. Já gostava de roupas bonitas e da moda. Andava atrás das meninas, louco para arrumar namorada. Eram os mágicos anos 1960. As roupas ganhavam enorme importância para a juventude. As técnicas de venda estavam se sofisticando e fazendo a cabeça dos jovens, mais inocentes e despreparados. Queria usar calça boca de sino, jaqueta três-quartos, camisa com gola olímpica, salto-carrapeta, coisas da moda, que traduziam status social, embora esse processo ainda não fosse consciente para mim.

Na cidade, entre uma entrada e outra em bancos, namorava as vitrines. Até escolhia o que viria a comprar caso um dia tivesse dinheiro. Roberto Carlos estava no apogeu, eu o adorava. A moda era a grife Calhambeque, que num lance publicitário muito esperto ele lançou, fazia a cabeça dos adolescentes como eu. Só que era tudo muito caro e impossível para pobres como eu. Era fã incondicional de Elvis Presley, juntamente com minha mãe. Assim como era fã do Bandido da Luz Vermelha, do Bando do Fusca, destaques nos noticiários policiais. Admirava os assaltantes de banco que começavam a surgir em São Paulo. Julgava-os da maior coragem.

O auxiliar de escritório, meu chefe, começou a me dar dinheiro vivo para depósito em banco. E cada vez mais. Aquilo mexia comigo. Saía pelas ruas, com a pasta cheia de tabletes de dinheiro e sem um tostão no bolso, olhando vitrines, doces, sorvetes etc. Vendo com os olhos e lambendo com a testa. E havia a boca do lixo a me atrair. Já me tornara um adolescente, com ejaculações e tudo a que tinha direito. Não conseguia mais nada com os garotos. Eles tinham medo do tamanho de meu recém-crescido pau. Vivia sem dinheiro. O salário ia para as mãos de minha mãe, que só podia me dar um pouco.

A única coisa boa era que, trabalhando, em casa era respeitado. Quase não via meu pai. Quando nos encontrávamos, podia ficar tranquilo, pois estava trabalhando e ele não tinha moral para mexer comigo. O medo que tinha dele aos poucos ia se apagando. Crescia e julgava que mais algum tempo e já poderia enfrentá-lo. Depois, já conhecia faca, e não seria impossível conseguir um revólver. Sentia-me mais seguro. O tempo de domínio dele estava se acabando.

A rua, a cidade, as pessoas, me atraíam. Todo o meu ser vibrava intensamente sob o clima do programa *Jovem Guarda*. Eu era rock. E era tudo o que significasse liberdade, por mais prisão que fosse, como a maconha, por exemplo. Queria conhecer lugares de que ouvira falar e vivia obcecado por mulheres. Olhava através de buracos de fechadura, vivia correndo atrás de revistas pornográficas, entrando em cinemas proibidos para menores de dezoito anos, pela porta dos fundos. Meu rosto era cheio de espinhas, e vivia cansado.

As meninas não ligavam para mim, que era pequeno e feioso, mas Renato, meu grande amigo, já fazia suas namoradas nas matinês do cinema da Vila. A falta de dinheiro acabava comigo. Já não dava para viver de pequenos furtos. O que parecia peraltice em um garotinho, já era criminoso em um adolescente.

Sempre levava muito dinheiro ao banco, mas certo dia o auxiliar de escritório exagerou. Deu-me tanta grana que encheu minha pasta, e ainda embrulhou um tijolo de dinheiro em jornal, além de muitos cheques ao portador. No momento em que saí, já estava decidido. Era mesmo impossível resistir mais. Estava fugindo com o dinheiro da empresa. Na hora veio à cabeça toda uma programação improvisada. Peguei um táxi, e como se houvesse planejado muito tempo antes, corri bancos retirando o capital dos cheques ao portador. Comprei uma bolsa a tiracolo e lotei de dinheiro. Fui de loja em loja onde havia meses namorava roupas nas vitrines. Comprei calça de helanca (o luxo da época!), jaqueta três-quartos e todos os acessórios da moda. Vesti as roupas novas nas lojas mesmo e joguei a roupa humilde que vestia na primeira lixeira que vi.

Ainda de táxi, fui procurar na Vila alguém que fosse maior de idade e tivesse coragem para me acompanhar em uma viagem para o Rio de Janeiro. Encontrei apenas o Quinha. Era menor de idade como eu, mas tinha tamanho e porte, enganava. Dei-lhe um banho de loja e fomos trocando de táxi até encontrar um motorista ganancioso o suficiente para nos levar ao Rio sem muitas perguntas. A história que contava era que iria visitar uma tia por lá, de surpresa, e pagaria o preço necessário. Viajamos confortavelmente no DKW. Era o carro do momento.

Chegamos de madrugada à praça Mauá, paguei o taxista e já fomos embocando em um táxi local. Queria saber onde havia mulheres. Em poucos minutos, fomos levados ao Mangue. Era um bairro todo de prostituição. A gandaia era geral e irrestrita. As mulheres andavam seminuas pelas ruas, bêbadas, fazendo escândalos, agarrando os homens na rua. Era uma festa para meus olhos! Senti-me como se estivesse em casa.

Observei uma garota nova, moreninha, muito bonita. Olhei tanto que chamei sua atenção. Quando me aproximei, todo tímido, não foram necessárias palavras para ser entendido. Pegou minha mão, olhou em meus olhos, sorriu e foi me conduzindo em direção à porta de uma casa. Dentro, havia uma mulher gorda, horrível, que se assustou com o meu tamanho. Cobrou, mesmo assim, barato, muito barato.

Havia um corredor cheio de portas divididas em duas, tendo parte de cima e de baixo independentes, e ao passarmos, o som que ouvíamos não me era estranho, embora não o entendesse bem. Entramos em uma das portas. A garota, com a maior naturalidade, foi tirando a roupa. Era um pouco mais alta que eu e não muito mais velha. Nu, meio envergonhado, deitei-me a seu lado. Pesquisei seu corpo com as mãos, nervoso, a mente a milhão por hora. Deitei-me por cima dela e, instintivamente, fui fazendo o que era para fazer, sem saber ao certo o quê. Então vieram os primeiros estremecimentos. A garota mexia-se procurando acompanhar o meu ritmo. Senti tipo uma subida, um prazer inteiramente estranho, e depois uma descida em que o corpo perdia as forças e um alívio, um relaxamento total, e parecia que urinava dentro da garota, meu corpo convulsionava-se involuntariamente... Foi meu primeiro orgasmo com uma mulher.

Saí de cima dela, meio decepcionado. Então era aquilo! Bem, não era tudo o que haviam me dito, e não era tão gostoso assim. Mas sentia-me homem. Havia provado uma mulher, completamente. No meu bairro não conhecia um só garoto que houvesse experimentado. Eram outros tempos.

O Quinha nem quis saber de mulher. Estava arrependido, queria voltar. Como não podia ficar sozinho, a contragosto resolvi voltar com ele. Os taxistas do Rio eram mais desconfiados, e um deles cobrou os olhos da cara para nos levar até a cidade de Aparecida do Norte. De lá, fomos até São José dos Campos, e dali para São Paulo. A viagem foi arriscada, os taxistas queriam ver documentos. Achavam que estávamos fugindo de casa. Mas, diante de um maço de notas, não vacilavam.

Em São Paulo, fomos direto à Vila. Mal chegamos ao reduto, já nos avisaram que a polícia estava nos procurando. O Quinha foi para a casa dele, e eu corri para o centro da cidade, assustado. Os donos da loja haviam acionado a polícia, era de esperar. Em casa devia estar a maior loucura! Meu pai devia estar louco para me pegar.

Já estava uma noite sem dormir, e meus olhos fechavam-se sozinhos. Comecei a me preocupar em encontrar lugar para dormir. A bolsa cheia de dinheiro ficava grudada no meu corpo, era minha segurança. Andava a esmo pelas ruas da cidade quando, de repente, quase trombando comigo, Saci passa correndo feito uma bola, com outro menino correndo do lado.

Atrás vinham dois guardas. Não vacilei, corri atrás deles. Era minha salvação; enfim alguém conhecido, estivera só demais.

Depois de entrar e sair por galerias, correndo, pareceu que tínhamos despistado os policiais. Saci me viu e foi parando para que eu os alcançasse.

"Puxa, é você mesmo, aquele menino do SAT?"

"Claro, meu, quanto tempo, né?"

"Vamos entrar naquele bar."

Entramos no bar, ofegantes, cansados. Saci me apresentou o Alemão. Pedimos misto-quente e Coca-Cola. Saci tirou uma carteira de um saco, revistou e contou o dinheiro. Pagou as despesas e dividiu a grana em três, dando-me, generosamente, uma parte. Desde o encontro, estava claro que eles haviam acabado de roubar alguém.

Conversando, correndo, pulando, brincando, como garotos que éramos, contei do pau que tomei após a fuga dele e do Chepinha do juizado e de minha aventura no Rio. Ficaram admirando minha roupa e abriram um sorriso enorme quando abri a bolsa e lhes mostrei o montão de dinheiro que possuía. Contei a façanha do roubo da loja, aumentando, é claro. Para eles, eu já era malandro (e esse era um título que eu queria muito), sujeito esperto a ser respeitado. Adorei o jeito reverente como me tratavam! Gostei mesmo daquilo, deu-me enorme prazer! Quis fumar um baseado. Queria me mostrar mais malandro ainda, aproveitando a oportunidade para formar minha nova identidade de vez. O prestígio era fundamental. Saci foi logo dizendo, marcando sua posição de malandro também, que a onda do momento era tomar Instilaza. Que dava o maior barato. Era um remédio para coriza à base de anfetamina, de fácil aquisição em farmácias. Eu mesmo comprei na farmácia, foi fácil. E comprei três vidros, um para cada.

Correndo, rindo, fazendo festa, atrapalhando os transeuntes como se as ruas fossem nossas, subimos as escadas rolantes da Galeria Metrópole. No terceiro piso, Saci levou-me a um bar que era meio lanchonete, meio boate, muito moderno na época, com uma vitrola de colocar fichas. Nunca tinha visto lugar tão lindo. O Snake era realmente lindo, faiscante de luzes e cores,

40

subiu uma onda de prazer que me arrepiava todo! Estava lotado de jovens. Tocava um rock dos Rolling Stones, "Satisfaction", numa altura alucinante!

Eu vibrava, respirava fundo. Sim, era realmente aquilo que eu queria, aquele lugar! Era isso; seria feliz, finalmente. Sugaria até a última gota de toda aquela liberdade, de toda aquela satisfação. Ninguém me impediria. Acho que foi a primeira vez que me senti realmente livre.

Os dois eram bastante conhecidos ali. Garotas, meninas-moças de jeans desfiados na barra, aos montes. Os homens, todos cabeludos, e no peito, um símbolo estranho, parecendo um foguete a subir. Roupas agarradas aos corpos perfeitos, cores berrantes, vermelhas, azuis, lindas! Todos se moviam no ritmo da vitrola. Movimentos livres, soltos.

Sentamos em banquetas suspensas, presas ao balcão. Tudo aquilo era novidade demais, minha respiração se acelerava qual quisesse trazer aquilo tudo para dentro de mim. Estava alucinado, era muito para minha pequena cabeça!

Saci pediu três Cocas. Ao ser servido derramou um vidro de Instilaza em cada uma. Aconselhou a sacudir até espumar. Bebi um supergole com espuma e tudo. Aos poucos fomos sendo rodeados por garotas e rapazes. Haviam visto Saci preparar as Cocas, eram viciados em Instilaza. Tomei mais um gole e passei a garrafa para uma garota que esfregou os peitos em mim. Agradeceu com mais uma esfregada e ingeriu uma enorme golada.

De repente, a vida mudou. A droga pegou fortíssimo. Tornei-me amigo de todos. A alegria era infinita, eu os amava com toda a minha alma, eram todos mais que meus irmãos! Paguei Cocas e sanduíches, promovi uma festa. Comprei muitas fichas de vitrola e distribuí entre as garotas. Repetiram inúmeras vezes "Satisfaction", gritei, dancei, viajei qual fosse aquele o primeiro dia de minha vida. Todos se tornaram meus amigos, até o japonês, dono do bar, bebeu comigo. Era, como eu via, a comemoração da felicidade que sentia por encontrar minha tribo. Finalmente, meu mundo, meu povo!

Contei que não tinha para onde ir. Quase todos riram, esclarecendo que ali ninguém tinha para onde ir. Quase todos estavam fugidos de casa. Percebia-se que eram filhos de gente de dinheiro, com educação e estudo.

Fui convidado para dormir com um grupo deles, em um apartamento vazio. Haveria cobertores por lá. Saci topou, então aceitei também. Ficamos até a madrugada no bar.

Quando os efeitos da droga se dissiparam, vieram as reações colaterais. Dor de barriga, febre, depressão e cansaço. O mundo cor-de-rosa que encontrara começou a ficar verde com a vontade de vomitar que eu tinha. Saímos dali num bando de uns oito, entre garotas e rapazes, para o apartamento. Meu Deus! Estava muito mal, o medo voltara, e eu me sentia muito doente, quis minha mãe!

Subimos as escadas em silêncio. Não havia porteiro à noite, e uma das garotas tinha a chave do apartamento. Caí no chão, meio morto, enrolei-me em uma manta e acho que desmaiei. Acordei cedo, antes de todos, e fiquei me observando, tentando refletir no dia anterior. Estava tudo embaraçado, um gosto horrível na boca, mas fora magnífico!

O pessoal foi acordando, todos se arrumaram, e saímos. Não sabia quem era quem ali. Imaginei que a noite fora de muita ação, já que as garotas estavam abraçadas nos rapazes.

Paguei café, com tudo a que tinham direito, para todos. Era um prazer pagar tudo. Estava muito curioso por saber como era viver a liberdade que viviam. Conversando, soube que as garotas saíam com velhos ou se prostituíam em carros. Os rapazes saíam com veados. Eram todos menores de dezoito anos. As garotas praticamente sustentavam o grupo. Prostituíam-se, mas não gostavam daquilo, era só sobrevivência, quando já não havia outra alternativa.

Naquele bar da Galeria Metrópole, passei de menino a adolescente. E com muitas responsabilidades. Adotei toda aquela gente diferente como minha família. Amava-os profundamente, conheci a história de cada um. Durante todo o tempo que durou meu dinheiro, sustentei, com prazer, muitos deles, principalmente as garotas. Sentia-me querido, necessário, importante e plenamente aceito. Seus motivos eram bem parecidos com os meus. Filhos de pais repressores, famílias conservadoras e reacionárias ante a revolução que acontecia no mundo todo.

A juventude se levantava contra o conservadorismo e as instituições sociais, inconscientemente. A busca era ser livre a todo custo. Alguns vendiam o corpo, outros roubavam. Havia, é claro, os parasitas, os sanguessugas. Mas esses também eram absorvidos pelo grupo, pois tinham motivos parecidos com os nossos.

Cabelos compridos, calças justas e rock. No fundo era apenas uma vontade de liberdade, de não ouvir mais ninguém. Não havia um pretexto consciente, uma não participação decidida no esquema social. Apenas vadiagem sem esperança. Um ir e vir sem saber para onde, em que rumo, e por quê. Até que a polícia os pegasse e os levasse para o juizado de menores. De onde fugiam ou eram mandados para a casa de seus pais, de onde fugiriam novamente.

Na família, a vida da maioria era de razoável para boa, em termos de conforto e comodidade. Principalmente a das garotas, quase todas de origem burguesa. Mas havia um fascínio pela liberdade que vinham vivendo junto de pessoas que, como eles, não aguentavam mais o esquema familiar. Nem a escola, com seus regulamentos, proibições e limites impostos. Estávamos em época de plena revolução social, sexual e comportamental, e não sabíamos. Apenas os instintos exigiam novas atitudes e novos comportamentos. Seguíamos movidos por uma vontade mais poderosa do que aquilo que os nossos pais nos impunham. Na verdade, o sonho de ser livre começara.

4

A Galeria Metrópole passou a ser minha casa, e aquela gente, minha gente, meu povo. Gostava das meninas daquela tribo e me dava muito bem com elas. Uma delas se aproximou mais de mim, nem sei bem por quê. Para elas eu não era ainda um rapaz; era mais para menino. Não sentiam possibilidades sexuais em mim. E eu só pensava nelas como fêmeas. Não objetos, mas seres que me atraíam loucamente, que me deixavam tarado para possuí-los. Aliás, nessa idade, todas as mulheres mexiam comigo, se não fossem velhas ou crianças.

Zoião era uma garota com enormes e doces olhos castanhos. Muito bonita, devia ter uns dezesseis anos quando a conheci. Estava, segundo ela própria, escolada na vida. Das meninas, era a mais radical, a mais entranhada na moda particular daquela tribo. Suas saias eram realmente míni, e suas calças Lee, uma segunda pele (e que pele!). Possuía sempre seu próprio dinheiro, não tinha dono. Seu corpo era sensual demais, curvas profundas e fartura. Seu olhar me dominava, sempre que estava só, eu me aproximava. Chamava-me de pivete; sentia que me queria bem e gostava de minha companhia.

Jamais me pediu nada. A única das garotas que não me explorou. Não que fossem exploradoras, mas é que eu era a melhor alternativa. Era tão ingênuo e bobo, que para tirar dinheiro de mim bastava fazer carinha de triste, dar um beijinho no rosto, ou me deixar passar a mão, encoxar... Já dava o que me pedissem. Zoião sempre me alertava contra as "sanguessugas" do Snake. Dizia que quando não tivesse mais dinheiro, seria desprezado. Morava numa pensão para os lados da rua da Consolação. Constantemente me chamava para acompanhá-la até lá, na madrugada.

Estava apaixonado e nem sabia o que era isso. Só sabia que precisava dela. Diziam, no bar, que ela era homossexual. Que só se prostituía com mulheres e não dava para homens. Eu não queria saber de nada, só queria estar com ela. Ela me fazia bem. Quando não a via no bar à noite, ia até a pensão saber se estava tudo bem, só para vê-la. Isso de dizerem que ela era machinho me atraía mais ainda.

Fazia mais de um mês que fugira de casa com o dinheiro da empresa. Pensava muito em minha mãe e seu sofrimento por não saber de mim. O remorso doía demais. Esse pensamento sempre me deixava muito triste. Mas era só tomar uma pinga com Coca-Cola que já esquecia. O dinheiro estava no fim, eu o esticara ao máximo.

Certa noite, após uma rodada de Instilaza, saí com Saci para curtir a cidade. Quando saímos do viaduto do Chá, uma perua da polícia se atravessou na nossa frente. Antes que pudéssemos correr, os tiras nos cercaram. Na revista, acharam vidros de Instilaza e tudo o que restava de meu dinheiro. Jogaram-nos no fundo da perua e saíram a rodar. Fizeram um monte de perguntas e ameaças. Pararam em um matagal, nos tiraram para fora, deram muitos socos e pontapés, até coronhadas de revólver. Entraram no carro e foram embora. Claro, com todo o meu dinheiro.

Dei sorte de haver guardado algumas notas grandes no bolsinho do short, por baixo das calças. Zoião que me ensinara isso, ela deixava na calcinha. Ambos, muito machucados, pegamos o ônibus para a cidade.

Na Galeria, quando entrei no Snake, todo sujo e machucado, a Zoião correu a me amparar. Um dos tiras que fizeram aquele assalto foi o Bigode. Quando Saci falou que tinha sido ele, ela ficou revoltadíssima. Não era nem polícia, o sujeito. Era um alcaguete que ajudava a polícia a explorar prostitutas. Um desclassificado. Fizeram buracos em minha cabeça com o cabo do revólver. Zoião me levou à sua pensão para me fazer curativo. O quarto era lindo. Todo enfeitado de bonecas e bibelôs. Sentei-me na cama, preocupado em não sujar a colcha cor-de-rosa.

Feito o curativo, trocou de roupa em minha frente e foi tomar banho. Não usava sutiã, vi seus seios bojudos, saltando, incontíveis. Percebeu meu olhar, sorri maliciosamente, e ela disse que eu era muito criança para ficar olhando-a daquele jeito. Protestei dizendo que deitasse ali na cama para ver se eu era criança mesmo. Riu de mim, achou que fosse uma graça de menino. O que me deixou mais revoltado que a surra que tomara.

Voltamos à Galeria, não desgrudei mais dela. Eu a adorava, faria qualquer coisa por ela dali para a frente. Resolvi interpretar o papel de triste por não ter onde dormir. Não que isso importasse muito. Era só tomar uma dose de Instilaza ou Rinosteg e pronto. Ficaria a noite toda sem sono, aceso para perturbar.

Já havia conseguido ter relações sexuais com várias garotas ali na Galeria. Havia sido quase um rei. Possuía dinheiro e pagava todas as contas. Tudo o que queria era ser legal com todos, principalmente com as garotas. Elas não se vendiam a mim. Apenas, quando estávamos dormindo em algum apartamento vazio, eu começava a mexer em suas roupas, e elas deixavam. Sabia que não havia nelas tesão por mim, apenas deixavam porque eu era um garoto legal e porque eu insistia e queria mesmo. Eu vivia promovendo anarquia e arruaça, não parava quieto um minuto. Era muito criança para empolgá-las como homem.

Depois de eu fazer muita cara triste, Zoião, acostumada a me ver como um azougue a perturbar a paz, veio ver se estava doente. Respondi que a cabeça doía e que eu não tinha onde dormir. Depois de me olhar muito e pensar, resolveu que eu iria passar a noite na pensão. Dormiria no chão, e era para não ter ideias com ela.

No quarto, alta madrugada, subi em sua cama e a agarrei, como fazia com as outras garotas. Fui atirado no chão. Xingou bastante, virou-se e dormiu. Após me masturbar olhando aquela bunda monumental dela, dormi no chão mesmo. Fui ficando por ali. Zoião arrumou um acolchoado e fez uma espécie de cama para mim. Para a dona da pensão, afirmou que eu era seu irmãozinho, que viera passar uma temporada.

Às vezes, em vez de ir passar a noite na Galeria, ficávamos no quarto brincando de atirar travesseiros um no outro, simulando brigas, até que, cansada de repelir minhas tentativas insistentes, concedeu que eu a possuísse. "Só uma vez", disse. Acontece que eu ia pensando em usá-la, como as outras, e fui usado, de tal modo que até me assustou.

De dia me tratava como a uma criança: brigava comigo para que escovasse os dentes e me alimentasse direito. Se me pegasse com droga ou drogado, era briga na certa, e queria me bater. Lavava minha roupa, comprava roupa para mim, cuidava de mim como fosse minha mãe. À noite me devorava. Era ela a dominante, eu gostava muito, pois era a primeira que gostava de fazer aquilo comigo. Às vezes me mordia todo, fazia enormes chupões, machucava-me e dizia ser tarada pelo meu corpo sem pelos. Por tempos, isso foi bem, até que me viu atacando outras garotas da Galeria. Em casa queria me bater, e bateu mesmo; era bem maior que eu e mais forte. Quando queria, me carregava no colo para me arreliar.

Daí para a frente, sempre que saíamos, na volta era briga. Gostava de me bater, mas às vezes eu a acertava também e ganhava a briga. O que começara com travesseiradas e tapas leves, agora era briga feia. Gostava de me imobilizar e ficar apertando até eu chorar, então soltava, e eu voava enlouquecido para cima dela. Não faltaram olhos roxos, bocas partidas e hematomas.

Aquela loucura foi me sufocando, e comecei a fugir dela. Quando menos esperava, estava chegando de táxi onde eu estivesse, feito louca, me batendo no meio da rua. Fiquei com medo dela. Ameaçou me cortar de faca, me capar se não obedecesse. E eu sabia que ela levava um enorme canivete de mola na bolsa.

Saci, após viver quase um mês às minhas custas, voltou a roubar. Ele era especialista em abrir bolsas de mulheres sem que elas percebessem e roubar carteiras. Comecei a sair com ele para dar uma roupa. Distraía a vítima ou andava na sua frente para que os que estivessem vindo na direção dela não vissem o furto. Em poucos dias já estava abrindo bolsas e roubando também. Era fácil. Naquele tempo, as mulheres não acreditavam que isso fosse possível. Para elas, um menino como eu não podia ser ladrão. Criança era criança, nesse tempo. Às vezes entrava na rua Direita, no centro de São Paulo, por um lado e saía pelo outro com meia dúzia de carteiras. As Lojas Americanas da rua Direita eram nossa vítima constante.

A Zoião não queria que eu roubasse. Brigava comigo, até batia por causa disso. Fugia dela. Não fugira da tirania de meu pai para me submeter àquela maluca, por mais gostosa que fosse. Ela rodava a cidade atrás de mim. Para dormir, havia as bichas que sempre apareciam na Galeria ou em algum lugar onde a moçada estivesse dormindo. Dinheiro não faltava. Era só dar um pulo até o centro e pronto. Já voltava capitalizado. Não lavava roupa. Quando ficava suja, comprava nova e jogava fora a suja.

Foi nessa época que encontrei novamente o Chepinha, que fugira do juizado com o Saci. Ele me levou à praça da República e me apresentou a uma molecada que ali frequentava. Eram todos moleques de rua. Dormiam em um mocó no bairro dos Campos Elísios. Fui com eles para lá, fugindo da Zoião. No tal mocó, havia prostitutas e malandros, além da molecada. Havia colchões e cobertores. Cheguei a frequentar outro mocó deles, nas estruturas do monumento do duque de Caxias, na praça Princesa Isabel.

Na praça da República conheci o Bala, Mestiço, Magriça, Ivo, os irmãos Simioto, o Baianinho, Indinho Boa Ventura, Carequinha, Cocada e um monte de ladrõezinhos do centro. Praticavam uma modalidade de roubo diferente para mim. Procuravam casas cujo dono viajara ou simplesmente não estava, casas "em goma", como dizíamos. Arrombavam as portas dos fundos. Quando não dava, estouravam janelas, portinholas, telhados e até paredes, arrumavam um jeito de entrar. Dentro, era mais farra do que roubo.

Éramos crianças, e tudo era brinquedo, alegria e farra para nós. Em São Paulo, naquele tempo, havia pouquíssimos roubos. Era tempo de amarrar cachorro com linguiça, como se dizia. As pessoas deixavam suas casas, tranquilamente, sem ninguém vigiando.

Juntei-me a eles. Éramos vândalos e da pior espécie, aquela

que destrói pelo prazer de destruir. Cagávamos nas mesas das casas; cortávamos estofamentos, cortinas, quadros; quebrávamos vasos, bibelôs, estatuetas, televisores, móveis; rasgávamos tudo o que fosse papel etc. Sei lá por quê, mas ao ver coisas bonitas, coloridas, delicadas, o instinto destruidor vinha à tona. Arrebentamos e destruímos por dentro muitas mansões e casas. Chegamos até a derrubar paredes. Andava com um canivete espanhol de mola que destruía o que aparecesse pela frente. Rasgávamos tudo o que víssemos. Adorava aquilo! Parecia haver encontrado minha família, e aquela era minha diversão favorita. Colocava toda a minha raiva, meu ódio naquela atividade destruidora.

Estava ficando louco de liberdade. Um selvagenzinho alucinado. Vivia dopado de bolinhas que os malandros vendiam. Preludin, Dexamil, Anorexil, Extenamina etc. Ou então bêbado, maconhado.

Não podíamos encontrar um bêbado sozinho (chamávamos de "balão apagado"). Às vezes, saíamos à noite a procurá-los na zona das boates, nos bares da boca. Em bando, tomávamos tudo, até roupa. Depois, os massacrávamos a pontapés e pauladas. Nós os deixávamos quase mortos pelas calçadas, quando não jogávamos fluido de isqueiro neles e colocávamos fogo, só para vê-los correr, endiabrados, e ríamos, ríamos... Eu tinha um ódio todo especial contra os bêbados, ai daquele que pegasse!

À noite, saíamos em bando de quatro, cinco moleques pelas ruas da cidade. Não havia quem pudesse conosco, era como se a cidade fosse nossa, e nós a usávamos. Os veados sofriam conosco. Judiávamos de tudo o que se movesse. Quebrávamos vitrines, saqueávamos lojas, carros e transeuntes.

Eu ia no embalo, alucinado com bolinhas, fazia tudo o que os outros faziam, sem pensar em nada. Estava feliz, por pertencer a um grupo forte, poderoso. Quando aparecia polícia, corríamos cada um para um lado, conhecíamos a cidade como a palma de nossa mão, ninguém nos pegava ali.

Agora possuía dois ambientes. A molecada da praça, com quem roubava, fazia molecagens, vandalismos etc. (o que cha-

49

mávamos de "zoar", "perturbar", "gandaiar"). E o pessoal da Galeria, onde era mais rapaz, procurava mulheres; com eles gastava e me socializava. Quando ficava cheio da molecada, ou a polícia aparecia muito atrás de nós, fazendo-nos correr, correr sempre, voltava para a Galeria. O pessoal da Galeria era mais adolescente, juvenil, o ambiente era mais tranquilo: sexo, droga, liberdade e rock era o que rolava. A molecada da República era mais infantil, e estávamos injetando ampolas de Pervitin na veia. Ficávamos elétricos, superativos, alucinados. Brigávamos muito entre nós.

Para a molecada, era difícil mulher. Poucas eram as garotas que apareciam. E as que apareciam eram curradas rapidamente. Quase todos haviam passado pelo juizado de menores, no grupo, seguiam-se as regras de lá. Eram constantes brigas de canivete ou faca. Se o pivete apanhasse, mas apanhasse brigando, batendo também, era considerado malandro. Se apanhasse e se acovardasse, logo outro estaria batendo nele, e mais outro. Até virar menina, passando a pertencer a alguém ou a todos.

Alguns eram fugitivos de casa, como eu. Outros, sem ninguém no mundo, eram fugitivos do juizado. O certo era que não tínhamos para onde ir, e unidos, mesmo com as divisões e brigas, éramos fortes. Os mais fortes sempre queriam prevalecer. Mas contra os outros, adultos, otários, éramos unidos.

Eu me dava razoavelmente bem no grupo porque, além de estar sempre com dinheiro, estava sempre pronto para tudo e não ficava muito tempo com eles. Alguns dos menores e mais fracos só o eram fisicamente. Sempre acontecia de aparecerem grandões esfaqueados, baleados ou mortos.

Havia até troca de tiros. Quase todos possuíam armas. Nas casas que arrombávamos, sempre apareciam armas. O ambiente era muito perigoso; os mais velhos já estavam se matando. Constantemente, ocorriam mortes, e ninguém sabia quem matara, só os iniciados. Quando isso acontecia, era preciso sumir por uns tempos. Os policiais viriam céleres, como cães ensandecidos. Prenderiam quantos de nós pudessem. A tortura começaria na delegacia, e se não conseguissem saber a autoria do crime, a coisa continuaria no Departamento de Investigação. Logo o assassino seria preso ou morto pelos tiras, e ninguém saberia ao certo quem denunciara. Às vezes se descobria. O caguete era escorraçado e evitado como tivesse doença contagiosa, quando não era morto.

Aprendi rápido as regras. E como era assim, de aparecer e desaparecer por longo tempo, nem era muito notado. Era quase um turista ali. Tinha meus amigos no grupo e aparecia para procurá-los. Não gostava de ficar na praça. Ia até lá mais para conseguir drogas e companheiros para roubar ou zoar na cidade. Além de o ambiente ser muito pesado e perigoso, tinha medo dos tiras, que atacavam sempre para tomar dinheiro da molecada.

Numa dessas minhas idas à praça, fui preso fumando maconha. Só o cheiro, porque o baseado sumiu. Levaram-me para a delegacia num camburão. Fui apresentado ao delegado como Ladrãozinho da Praça. Quando o delegado veio me pressionar, disse que estava apenas passando por ali.

"Mas passando a essa hora da noite e naquele lugar?"

"Estava vindo do meu trabalho. Trabalho como office boy na rua Barão de Paranapiacaba. Fiquei trabalhando até tarde, e ia pegar o ônibus na avenida Rio Branco."

"E os documentos?"

"Estão em casa, não ando com eles para não perder."

"Bem, é a primeira vez que você aparece aqui. Vai embora. Se te pegar mais uma vez naquele lugar, vou te dar um pau! Vou te fazer cagar nas calças, tá?"

"Sim, senhor!", respondi cheio de medo, o homem era muito feio, metia medo em qualquer um.

"Posso ir?"

"Vai, seu pirralho filho da puta!"

Saí correndo da delegacia. Percebi que tinha a maior cara de inocente e que podia enganar facilmente. Tinha sangue-frio e imaginação fértil, principalmente para me defender. Afinal, fora treinado para me defender a infância toda. Dali para a frente, evitei o quanto pude a praça, particularmente à noite.

Aprendi com o Saci que a estação rodoviária era o melhor lugar para roubar bolsas. O pessoal sempre carregava muito dinheiro quando viajava. Saci já estava roubando homens dentro de ônibus, ganhando muito dinheiro, crescendo, e se afastara de nós.

Eu dependia muito da companhia de alguém para conseguir coragem para o roubo. Ainda havia em mim muito medo de ser pego. Jamais saía para roubar se tivesse dinheiro. Só ganhava coragem quando já não havia capital ou quando tinha parceiros. Caso contrário, preferia ficar com o pessoal da Galeria, sem ter que arriscar nada.

No fundo, detestava aquilo tudo. Bebia, tomava bolinhas e picadas para enfrentar o medo, ainda assim a dificuldade era quase intransponível. Sozinho, era menino muito educado, que sabia conversar com as pessoas e gostava dos outros, embora visse ameaça nos adultos e não confiasse neles jamais. Agora, se me juntasse a outros garotos, queria ser um igual, e fazia até pior que eles, pois sempre queria aparecer mais.

Na praça, arrumei um novo companheirinho, o Bidu. Parecia um cachorro buldogue, com sua cara achatada e o cabelo todo embaraçado, caindo na cara. Vestia-se razoavelmente bem, dizia que em sua profissão era preciso disfarçar. Bidu não era um ladrãozinho ocasional, movido pela fome ou sede de aventuras, como eu. Já era um profissional. Sustentava a mãe e irmãos menores. Era o provedor da família. Roubava todo dia, como quem tem um emprego fixo.

Fazíamos arrombamentos juntos porque Bidu me acompanhava, mas ele era especialista em bater carteiras. Fazíamos a festa na rodoviária. Subíamos no piso superior, ficávamos a brincar, observando. Buscávamos as madames, mulheres vestidas com luxo (Bidu foi me ensinando a distinguir ricos de pobres; não roubava pobres, dizia categoricamente) e carregando displicentemente a bolsa, como só fazem os ricos. Eu ou o Bidu já entrávamos na frente, o outro, já na passagem, abria a bolsa num toque sutil e até mágico, às vezes. Esperávamos os passos da vítima, quase como numa dança. Olhávamos dentro da bolsa para saber o conteúdo. Se houvesse carteira ou dinheiro, eu, por ser mais afoito e para provar que era bom na arte, já encostava. Fazia uma forquilha dos dedos e, num átimo, apossava-me da carteira e deixava a vítima seguir, qual faz o toureiro ao dar a facada mortal no touro. Bidu vinha atrás de mim para ver se alguém me seguia. Se deixasse que eu continuasse, é porque estava limpo, ninguém percebera, e a vítima seguia lisamente. Se me ultrapassasse, já sabia que deveria correr o máximo que pudesse, e se me tocasse, deveria jogar a carteira no chão e correr mais ainda. Aplacava-se a ira da vítima devolvendo o produto do roubo.

Conhecíamos tudo em redor da rodoviária. Na correria, não havia quem nos pegasse, nem os tiras. Mas, em pouco tempo, com as corridas que éramos obrigados a fazer, ficávamos visados pelos policiais à paisana. Corriam atrás de nós assim que nos viam.

Montaram um esquema para nos pegar. Certa vez, quando saímos após cometer um furto, um deles apareceu em nossa frente. Sabíamos quem eram os tiras por mais que disfarçassem. Era instintivo. Eles não se coadunavam com a paisagem do local. Corremos de volta, para outra saída. Dois deles nos esperavam atrás de pilastras e nos agarraram quando passávamos.

Nos levaram para um reservado na administração da estação. Deram tapas na cara, sem querer nos machucar. Mas sabiam que era melhor baterem para valer, o rosto era questão de honra. Mas ficou claro que não queriam nos prender de verdade. Deviam estar cheios de raiva da gente, havíamos feito com que corressem atrás de nós dezenas de vezes, sem sucesso. Até zombávamos às vezes. A maneira um tanto quanto amistosa revelava suas intenções. Já havíamos subornado um monte de policiais em nossas andanças, quando eles não nos assaltavam. Bidu, mais experiente, foi logo expondo que ganhávamos bastante dinheiro ali na estação.

53

"E quem quer o dinheiro roubado que vocês têm, seus pivetes filhos da puta?"

"Vocês poderiam tomar muitas cervejas..."

"Está querendo nos subornar, é?"

"Não se trata disso." Eu estava ficando nervoso com o rumo que estavam tomando as negociações. "Apenas não queremos ser presos. Deixaríamos de ganhar muito dinheiro. Somos menores de idade, e é o senhor nos levar para a delegacia para o delegado nos mandar soltar, não fomos pegos em flagrante."

"Olha que o filho da puta tem lábia! Vamos ver quanto dinheiro têm, é tudo roubado!"

Depois de nos tomar tudo o que tínhamos, deram mais uns tapas, um pontapé na bunda de cada um, e nos soltaram. E lá estávamos nós duros e cheios de raiva por termos sido assaltados e humilhados por policiais.

Era tarde da noite, Bidu morava com a família em uma favela na Zona Norte da cidade. Fomos à praça, arrumamos um dinheiro emprestado com o Zé Preto, um engraxate nosso amigo. Bidu foi para casa, e eu para a pensão da Zoião. Fazia semanas que não aparecia.

"Que você quer por aqui?", disse, toda ressentida e linda.

"Não tinha onde dormir e vim pedir para você deixar eu dormir aqui."

"Mas você desapareceu, e só me procura quando está duro e sem ter onde dormir, tá certo isso?"

"Não, não tá, mas não tenho para onde ir, deixa eu ficar aqui."

"Está bem, não precisa fazer drama. Dorme aí, sou uma boba mesmo. Vou acabar prejudicada com esse meu coração mole. Já jantou? Não, né? Tá na cara. Magrelo como um palito, todo sujo, embora essa roupa seja nova. Deixa ver teu braço. Todo furado! Continua tomando picadas. Vai morrer cedo desse jeito, moleque. E é capaz de morrer aqui em meu quarto só para me complicar! Vai tomar banho, vai! Tá fedendo! Esse tênis é novo, mas cheira mal, você não tira do pé nem para dormir! Você é maluco, é, garoto?"

"Acho que não. Mas você também não é certa. Pensa que não sei que se vira, que vive se vendendo pra mulher-macho lá das boates? Não trafica maconha na Galeria e não vive dando para os traficantes de Pervitin só para ganhar umas ampolas? Você é viciada também, não pode falar de mim."

"Veja lá como fala comigo, seu pirralho! Você está certo, mas eu já sou uma mulher, tenho corpo para isso. Você é um menino, nem tem quase pelo no saco."

"Vou fazer quinze anos, e você só tem dezessete, como já é mulher? Só tem dois anos de diferença."

"Tá bom, tá legal, você faz de sua vida o que quiser."

"Faço mesmo, você não é minha mãe. Você é minha mulher!"

"Veja só o 'grande homem' que já tem mulher, ó, ó, ó..."

E caímos na risada, amigos para sempre. Fazia questão de me dar banho como fosse seu filho. Era importante para ela que me alimentasse bem. Às vezes rolava no chão comigo, brincando, como fosse uma menina. Sexo para nós só existia no começo, depois perdeu a graça, e só às vezes dava vontade. Ela gostava mesmo é de mulher, sei lá por quê.

Uma coisa me afastava dela: queria ser dona de mim. Queria determinar o que eu deveria fazer e com quem deveria estar. Liberdade era tudo o que eu tinha, jamais trocaria por nada deste mundo! Acabou amigando-se com uma garota linda que apareceu na Galeria. Costumava passar noites brincando com as duas. Era doido para comer a garota, mas temia a reação da Zoião. Ela poderia envenenar minha comida ou até me esfaquear enquanto estivesse dormindo. Era louca, pirada de tudo, sabia.

Numa dessas noites, duro, procurando um canto para dormir, fui abordado por um sujeito que parecia bicha. Levou-me para tomar um sorvete tipo italiano e me convidou para dormir em seu apartamento. Estava subentendido, eu deveria possuir o cara. No apartamento, não foi difícil praticar o ato. Estava acostumado a comer os garotos no bairro. Depois, esperei o bicha dormir, vesti a roupa, fechei-o no quarto e fui vasculhar o apartamento. Juntei rádio, faqueiro de prata, máquina fotográfica, toca-discos, canetas de ouro e um porta-joias com correntinhas de ouro e anéis com brilhantes, além de dois relógios de pulso.

Voltei para o quarto, o sujeito dormia pesadamente. Peguei roupas no armário e, quando procurava armas, dei com uma caixa de aço, trancada. Parecia um cofre, e pesado. Saí de fininho, com as coisas roubadas em duas sacolas. Tranquei o apartamento por fora, joguei as chaves no poço do elevador só por maldade e desci as escadas. O porteiro dormia na portaria, passei direto, ganhando a rua.

Quando cheguei à Galeria, meus braços doíam de carregar sacolas. Entrei no Snake e, na frente de todos, fui exibindo o material roubado. Quando chegou na caixa de aço, percebi que era quase um cofre e seria preciso arrombá-lo. Dei para o japonês, dono do bar, guardar e procurei saber quem poderia me levar a alguém que pudesse comprar as mercadorias. Uma garota conhecia quem comprava qualquer coisa sem muitas perguntas. Levou-me a uma boate na rua Rego Freitas.

Um velho que atendia no balcão nos levou aos fundos, após ouvir a garota. Seus olhos brilhavam quando viu o faqueiro de prata e os objetos de ouro. Deu preço para arrematar tudo. Era pouco, não concordei. Pensou, pediu que esperássemos. Voltou ao balcão e trouxe uma arma automática, toda niquelada, lindíssima! Ofereceu, além do dinheiro, a arma. Aceitei correndo, feliz da vida!

Saí da boate de arma na cinta sentindo-me malandro. Meu sonho era ser malandro, daqueles que saíam nos jornais. Não sabia nem como funcionava a arma. Fui à praça, mostrei para a molecada, todo cheio de vantagens. China me ensinou a engatilhar e atirar. Era uma 7.65 de fabricação belga. A mola era dura, e eu suava para puxá-la. Era o mais belo brinquedo que jamais possuíra.

Os garotos ajudaram na difícil tarefa de estourar a caixa de metal. Estava cheia de dinheiro. A maioria estrangeiro que não conhecíamos. Dólar, a gente sabia o que era, havia um maço de notas dessa moeda. Distribuí algum dinheiro nacional entre os garotos, e fomos dormir no esconderijo deles.

No dia seguinte, ao chegarmos à praça, soubemos que muitos tiras haviam estado ali. Zé Preto nos disse que eles procuravam quem havia roubado o veado. Estavam prendendo todo mundo. Estavam atrás do dinheiro estrangeiro roubado que, segundo o Zé, era muito. E eu andando com a caixa de aço estourada com todo esse dinheiro. Não sabia o que fazer. Por pouco não joguei tudo no lixo, assustado.

China conhecia o velho Simplício. Se pagasse o táxi, me levaria a ele. O velho compraria todo o dinheiro. Em sua casa, na Vila Munhoz, o velho possuía quartos com beliches onde acoitava a molecada que roubava na cidade. Exigia que os garotos lhe vendessem as coisas que roubavam.

Parecia um velhinho inteiramente inocente e bom, com seus cabelos brancos e sorriso doce. Examinou o capital. A cobiça estampou-se em seus olhos. Ofereceu, por todo o lote de notas esquisitas, uma quantia que julguei irrecusável, em dinheiro nacional. Saí de lá feliz demais. Posteriormente, o Indinho Boa Ventura arrombou uma mansão nos Jardins e levou uma mala cheia de dinheiro estrangeiro para o velho. Recebeu um maço de dinheiro nacional em troca. O velho comprou dois caminhões Mercedes, viajou para a Espanha e ficou rico com essa mala. Anos depois foi denunciado. Cumpriu mais de dez anos de prisão por corrupção de menores e receptação de mercadoria roubada.

Arrombamentos faziam parte da rotina diária da molecada. Como já contei, saíamos em bandos de três ou quatro para bairros ricos e fazíamos vários roubos. Destruíamos as casas por dentro e só levávamos o que pudéssemos vender. Chegávamos ao cúmulo de ficar morando na casa arrombada por dias seguidos, qual fosse nossa, ou de entrar e sair diversas vezes, levando a mudança da casa.

Pensei em minha mãe. Devia estar vivendo na maior miséria, e eu com tanto dinheiro que nem cabia nos bolsos. Não podia levar para ela, não aceitaria de modo nenhum, saberia que era roubado. Tinha medo de meu pai. Mesmo armado, tinha medo dele. Temia não conseguir atirar nele.

Em poucos dias, gastei toda a grana com o pessoal da Galeria e com a molecada da praça. Perdi a arma numa corrida que a polícia nos deu. Não dei um só tiro.

De repente, estava sem dinheiro novamente. Cheio de fome e sem lugar para dormir. Totalmente carente de minha mãe, de um carinho, de alguém que gostasse realmente de mim. Na verdade, não tinha amigos, sabia e sofria isso. E tudo o que desejava era sentir-me querido e importante para as pessoas. Continuava o mesmo solitário de sempre. Vivia com medo da polícia, sempre a correr deles. Com medo dos garotos maiores do que eu, medo das pessoas me pegarem roubando nas ruas e me lincharem. Medo do juizado de menores, da prisão, do frio, da fome, sem ter uma casa, um lugar fixo para ficar. Vivia imerso no medo, tenso, nervoso, sempre correndo, correndo... Só havia alegria quando conseguia bastante dinheiro. Então havia o pessoal da Galeria, os outros garotos, as putas, tóxicos etc.

Numa noite de sábado, duro e sem ter para onde ir, fui roubar na rodoviária. Dei uma rodeada e não vi os temidos tiras de sempre. Ataquei a primeira madame que apareceu. Nem abri a bolsa nem nada, parecia que estava querendo ser preso. Fui chegando, arrancando a bolsa do braço da dona num tranco, e saí correndo, feito louco. Quando atravessei a avenida Duque de Caxias, passaram-me a perna e caí de boca no chão. Fui preso por dois guardas, quando o povo estava se juntando para me linchar. Fomos, eu, vítima e guardas, para a delegacia. Minha boca sangrava e doía demais. Tomei uns pontos logo de chegada.

Quase não apanhei. Parecia que os tiras e o delegado estavam com dó de mim. Fizeram a sindicância e chamaram a perua do juizado de menores para me levar. Quando estava na sala de espera algemado, notei que um dos tiras me olhava muito. Perguntou meu nome e apelido. Saiu. Quando voltou, o delegado estava junto, todo nervoso, e já chegou me enfiando a mão na cara.

"Então você é o Luizinho, né? Foi você quem roubou o apartamento daquele veado na alameda Nothmann!"

"Eu não, não fiz isso! Sou chorro, só bato carteiras, tem um montão de Luizinhos por aí!" E lá veio outro tapa na cara.

"É você mesmo! Teu amigo que te caguetou disse que você era chorro. Falou que você participou de vários arrombamentos com a molecada da praça."

"É mentira! É mentira!" E depois de tapas, socos e pontapés, fiquei chorando, encorujado em um canto da sala, protegendo a cara com os braços.

"Jovino, descasca o moço e prepara para o pau de arara! Vamos ver se pendurado ele diz que é mentira. Vai caguetar até a mãe, que deve ser uma grande puta para parir um animalzinho desses!"

Despiram-me inteiramente. Passaram panos, tipo faixa, pelos meus braços e pernas. Estávamos em uma sala minúscula, cheia de pneus e bicicletas velhas. Enquanto amarravam-me feito um porco, já comecei a chorar, estava desesperado, não sabia o que iam fazer comigo, só sabia que ia doer. Passaram um cano de ferro por trás de meus joelhos. Quando ergueram o cano, fiquei pendurado nele feito um frango assado. Colocaram as pontas do cano sobre duas escrivaninhas velhas, de modo que fiquei no espaço vazio entre ambas, pendurado.

Muito assustado, observei-os desenrolando fios de uma pequena máquina com uma manivela. Amarraram os fios em meus dedos do pé. Já ouvira falar que era assim, mas nada me preparou para o que veio a seguir. Quando o tira virou a manivela da máquina, já fixada na escrivaninha, tudo repuxou. Dei um salto involuntário e um berro de dor e surpresa que deve ter assustado a todos na delegacia.

A máquina era um dínamo, igual aos dínamos dos telefones de campanha da Segunda Guerra Mundial, gerando eletricidade progressiva. Quanto maior a rapidez com que se girasse a manivela, o choque elétrico ficava mais intenso. Eu berrava, pulava enlouquecido de dor, ali manietado. Era demais, o desespero me fez perder a noção de tudo, era insuportável.

O delegado chegou à porta da sala, observou os torniquetes, preocupado que não deixassem marcas em mim, e disse: "Deixa ele amaciar. Não peçam nada para esse filho da puta! Não anotem nada do que ele disser. Primeiro é para ele sentir que não estamos brincando. Choque nele!".

Então veio o choque. Denso e longo como uma cobra que deslizava sobre meus nervos. A sensação era de que me arrancavam as tripas pelo pé, se é que é possível tal sensação. Dor inenarrável, parecia que os fios entravam em minha carne e se grudavam no osso. Havia mesmo um cheiro de carne queimada no ar. Naquele instante pude ver tudo o que eu fizera de errado em toda a minha vida, assim, vertiginosamente. Queria contar, queria mesmo.

Compreendi de imediato o quanto fora idiota ao condenar os garotos que delatavam sob tortura. Eu mesmo estava ali por uma caguetagem, e compreendia. Ah! Sim, como eu compreendia... Gritava, urrava, e uma força estranha parecia tomar conta de mim. Sentia que, se usasse toda a minha força, quebraria aquele cano de ferro que me tangia, em mil pedaços. Pobre ilusão! O tira girava a manivela e ria. Ria às gargalhadas, como se eu estivesse fazendo a maior graça do mundo. Aquilo me enlouqueceu, via a mim mesmo refletido nas gotas de suor que desciam pela cara do animal que me torturava. Sem dúvida, era um especialista. Devia ter muita experiência no assunto. Levava-me ao máximo da voltagem do choque e me mantinha lá, retesado como um fio de aço, por alguns segundos. Depois ia me trazendo de volta da loucura que me dava, lentamente e, parecia, com muito prazer.

Quis falar tudo. Quis ser submisso a eles, fazer exatamente o que mandassem. Mas quando olhava aquela boca aberta a gargalhar, aqueles dentes de ouro faiscando, aqueles olhos esbugalhados, meu ódio envenenava meu corpo, minha alma. E, de repente, o ódio era maior que eu mesmo, maior que a dor, mais violento que minha própria vida, explodia mortalmente, dilacerando mais ainda. A dor crescia também, paralelamente, e eu já não gritava; perdera a voz. Aquilo tudo, ódio e dor, misturava-

-se em meu estômago, produzindo um gosto amargo na boca, como estivesse devorando minhas próprias entranhas. Não era mais gente. Era apenas uma coisa que odiava e se rendia, ao mesmo tempo.

O tira mais novo, rapaz alto, bem-apessoado, cabeludo e com pinta de galã de novela, trouxe um pedaço de pau cuja ponta era redonda e cheia de furinhos. A famosa palmatória. Meus pés estavam virados para o alto, assim como minha bunda. Ele erguia a palmatória bem alto, com as duas mãos, e com toda a força arriava-a na sola de meus pés. Aquilo era um golpe tão violento que eu balançava no cano como uma gangorra. A dor não ocorria na hora, o efeito era retardado. Quando a madeira deixava a sola, então doía. Era um estilhaçamento, desintegração da carne dos pés e dor nos ossos, qual não houvesse carne protegendo-os. Gritei, mesmo sem voz, do fundo do estômago. E deve ter sido um grito tão poderoso que já, de imediato, atocharam uns panos com gosto de óleo e terra em minha boca.

A palmatória descia e subia, numa sucessão de dores e sensações dilacerantes que, de repente, uniam-se num estado único e insuportável de dor. O rapaz parecia disputar com o tira mais velho quem era mais competente em provocar dor. Era uma luta, e eu, o alvo, não tinha nem quinze anos.

Atrás do joelho doía, o braço doía, doía muito. Todo o meu peso apoiado nos ossos contra o cano, parecia que o cano estava entrando nos ossos. Sentia que me desarticulava; os ossos davam a impressão de que rasgariam a pele e saltariam para fora, tal a pressão.

O delegado, gordão e barbudo, parecendo o João Bafo de Onça do gibi, observava. Seus olhos eram sinistros. Brilhavam, cintilando, no meio de toda a gordura que era sua cara. Eu o via no relance de lucidez, entre uma dor e outra. Em dado momento, deve ter achado que chegara a hora do interrogatório. Eu odiava, mas era preciso responder, senão, sabia por antecipação, viria mais dor. Fui obrigado a admitir que fora eu quem roubara o veado. Mas prometi, na hora, para mim mesmo, que, de mim, aqueles cães não saberiam mais nada. Eu os mataria, eu

61

os trucidaria cortando-os em pedaços a machadadas, na primeira oportunidade. O ódio zumbia em mim, vencendo o medo. Eles eram meu pai, eram a fome, o frio, a miséria, a solidão e a ausência de minha mãe. Eles eram tudo o que odiava no mundo. Queriam saber o que fizera com o dinheiro estrangeiro e os objetos que levara do apartamento da vítima.

Inventei uma história num átimo. Fora vender as coisas a um tal de Zito, malandro do centro da cidade, e ele me tomara tudo e não pagara nem um centavo. Não fui acreditado, porque quem me caguetou disse que eu abrira a caixa de aço e vendera o dinheiro estrangeiro. E lá vieram os choques e as palmatórias. E doía, doía...

Era só levantar o dedo quando quisesse dizer a verdade. Levantei o dedo imediatamente. Essa era a verdade, não havia outra. Dei as características de um Zito imaginário. Mais choque, mais dor, e minhas pernas pareciam pedras, já não as sentia.

Levantei novamente o dedo, apavorado. Aquilo estava indo longe demais, comecei a realmente entrar em pânico, o ódio não me dava mais força. Contei que o Zito andava assaltando a molecada da praça, que todos o conheciam. Que eu abrira de fato a caixa, e ele, após demonstrar interesse em comprar o dinheiro, tomara tudo, me dera uma coronhada com um revólver e me pusera para correr.

Estava absolutamente crente no que dizia. Sempre fora um excelente mentiroso. Os tiras sabiam que os malandros roubavam e tomavam o produto do roubo da molecada, na praça. Já vários deles haviam aparecido mortos por conta desses abusos, os moleques matavam mesmo. Era ponto de honra matar quem abusasse. Senti que os tiras amainavam a violência de seus golpes. Também percebi que quase não sentia mais o corpo. Batiam, davam choques, e eu já estava amortecido. Sentia apenas parte da violência. Só o cano de ferro, que insistia em penetrar em minhas pernas.

O delegado, acho que cansado e voltado ao que lhe restava de humanidade, de repente, deu como certa a minha história.

Exatamente no momento em que eu me entregava, já ia contando toda a verdade sobre o velho da boate e o velho Simplício, que compraram as coisas roubadas. Não dava mais para suportar, eu fora até onde dava, lamentável, pensava. Ô que alívio! Escapei!

Queria saber onde encontrar o Zito. Afirmei que ele era do Brás e que vinha à cidade nos fins de semana. Tomei mais uma sessão de choques para confirmar a história. Fingi dor imensa, mas quase nada senti; precisava fazer o jogo, sabia, instintivamente, alimentar o prazer sádico dos caras. O delegado deve ter percebido. Mandou que me descessem do cano e parassem a tortura.

Afinal, eu era menor de idade, pouco mais que uma criança. Meu corpo era bem infantil ainda, e ele só queria me assustar. Teria que me mandar para o juizado de menores. Não que isso, caso eu estivesse machucado, complicasse, mas era conveniente evitar qualquer azar. Eu podia até morrer ali, de repente, e daí, como ficava? Não ficava. Era só me colocar num saco de estopa, com umas pedras, e jogar no rio. Muitos dos meus amigos da praça desapareceram em delegacias. Sempre soube disso.

Tiraram os panos. Protegeram a carne do cano, não deixaram marcas. A perfeição do torturador é causar o maior volume de dano e jamais deixar vestígios. Mandaram que me levantasse. Tentei. Não senti as pernas. Parecia um monte de roupas molhadas, moles. Da cintura para baixo, eu não existia. Assustei-me. Mas estava por demais aliviado para me preocupar com pernas. Era como após as surras de meu pai, o alívio era tão grande que até dava uma espécie fina de prazer. Ficava a dor, mas era uma doce dor.

O tira mandou que fizesse massagens nas pernas. Tentei, mas de nada adiantou. Arrastaram-me para a carceragem, abriram a porta de uma cela cheia de homens e me jogaram dentro. Alguns malandros vieram em meu socorro. Carregaram-me para um canto, delicadamente, e me puseram em cima de um cobertor. Haviam escutado meus gritos, sentiram minha tortura.

Não conhecia quase ninguém ali, a não ser o Arizão. Malandro velho, que comprava objetos roubados da molecada. E o Célio, garoto, como eu, da praça. Célio veio para junto de mim, mandou que me deitasse de bruços. Começou a me massagear as pernas. Aos poucos fui sentindo dor onde ele massageava. A circulação do sangue voltara ao normal. E, com ela, a dor atrás do joelho. Meus pés incharam, ficaram enormes.

Arizão quis saber se eu fora buscar alguém com a polícia. Se havia caguetado. Fiquei indignado com tal suspeita. Disse, fanfarrão, que se fosse só aquilo, aguentaria muito mais. Minha mãe dizia que eu possuía o couro grosso e calejado de tanto apanhar de meu pai.

Não fora buscar o velho Simplício, que me comprara o dinheiro, nem o gerente da boate, que era o que os tiras queriam. Receptadores. Não para prender, mas para tomar dinheiro deles com ameaça de processá-los como receptadores de produto de roubo e corrupção de menores.

Os garotos que haviam experimentado o pau de arara exageraram, para mim. Dava para aguentar, arrogava eu agora, após sair da tortura, mas na hora... O que não sabia era que, por ser tão criança, eles só me deixaram no pau por, no máximo, quinze minutos. O que realmente é relativamente fácil de suportar, mas, para mim, representou horas — parecia que o tempo havia parado para que eu sofresse. É daí para a frente que as coisas começam a esquentar, numa tortura para valer. Eles só queriam me assustar. O costume é passar de hora e meia de tortura. Não sabia e me considerei malandro, durão, firme. Passara na prova. Os malandros do xadrez me colocaram para deitar do lado dos que comandavam as ações ali. Isso era uma honraria sem precedentes.

Por dentro, lá no fundo, sabia que não fora buscar o velho e o gerente por um triz. O nome deles e o endereço desenharam-se em minha mente a cada choque, a cada palmada. Nem eu mesmo sabia por que aguentara. Comi a lavagem que nos serviam de comida e adormeci.

Dia seguinte, já estava inteiramente bom, pronto para

outra, como diria meu pai. Os pés estavam inchados, e os dedos um pouco chamuscados. Estava bem, pensando que passara pelo teste e agora seria mandado para o juizado de menores e lá manobraria uma fuga. Até já planejava como fugir, logo de chegada. Pularia da janela do ônibus. Observava os presos no xadrez. Já estava lotado, e à noite mais alguns foram colocados ali. À medida que acordavam, lavavam a cara e sentavam, esperando o café.

Após café com pão, chamaram meu nome. Fui atender, era o tira que me torturara, o mais velho. Abriu a cela, tirou-me para fora, algemou-me e me conduziu pelas escadas. Lá estava novamente na sala da tortura, gelei. Fiquei pelado, novamente o ritual de panos e torniquetes. Quando me dei conta, já estava pendurado entre as escrivaninhas, e o desespero me tomou inteiro. O tira saiu, fechou a porta, fiquei ali pendurado, esperei, esperei, uma eternidade, rezando para que me esquecessem. Nada. As pernas começaram a doer de modo insuportável. Chorava e gania como um cão, de dor. Então entraram o delegado Bafo de Onça e os dois tiras.

"E agora, seu merda? Não acreditei naquela história do Zito. Mas pode ser verdade. Quero saber agora de outros roubos que fez. Das gomas que você arrombou e dos intrujões que compraram as coisas que você roubou."

"Não sou gomeiro, sou chorro, bato carteiras. Pelo amor de Deus, tira eu daqui, já sofri muito. Fui preso batendo carteira, como posso ser gomeiro?"

"Me informaram que você andava com o China, o Indinho, o Bala e outros. Eles são gomeiros, você roubou com eles. O China já apontou uma casa que vocês arrombaram no Morumbi. E daí? Quero mais!"

"Andava com os pivetes da praça. Mas jamais saí com eles para roubar. Sou da leve, ganho muito mais que eles batendo carteiras. Mexo com dinheiro vivo, e não com coisas. O Chininha só pode ter me envolvido para me complicar, pois eu briguei com ele. Traz na minha frente para dizer em minha cara que roubou comigo. O China é ladrão de galinha, nem anda comigo. Depois, eu conheço pelo menos dois Luizinhos na praça. Um deles foi até morto no mês passado!"

"Seu moleque desgraçado, vamos ver se sustenta o que diz! Eu não acredito! Vocês, essa molecada toda, fizeram muita safadeza na minha área, vou acabar com vocês! Nunca mais roubarão por aqui, nem que eu tenha de matá-los!"

"Ai, ai, ai..."

Ele falava e dava tapas na cara, socos na cabeça. Pegou um cacete de borracha e batia em minhas pernas e costas. Cada cacetada queimava, cortava. A dor era demasiada, jamais sofrera tanta dor em minha vida. Gritava, berrava, na maior agonia, desesperado. O homem não parava de bater, parecia possesso! Não sabia mais o que fazer, estava enlouquecido, inconsciente de dor.

O delegado mandou me amordaçar. A maquininha de choque foi instalada na escrivaninha. O tira mais novo arregaçou meu pobre pau, que parecia ter sumido, enrolou um dos fios em volta da glande e o outro colocou em meu ânus. O choque veio em ondas de dor e repuxamento, os nervos do corpo todo se encolhiam. Sentia como se houvessem me decepado o pau. A cabeça parecia que ia estourar como um melão. Levantei o dedo, rapidamente.

Contei das vitrines que arrombei. Queriam saber com quem estourara as vitrines e, é claro, a quem vendera os objetos roubados. Afinal, aquilo era algo relativo a grana, nada pessoal. Dei nome fictício aos companheiros e disse que vendera as mercadorias para as prostitutas da boca do lixo.

O delegado ficou louco de raiva. Dizia que eu estava dando diploma de otário para eles, e desceu a borracha, sem dó. E eu pulava, bufava, morria um pouco a cada borrachada, a cada choque. Até que ele errou, e a borracha pegou no meu rosto.

O sangue esguichou da boca e do nariz, atingidos violentamente. Os tiras se assustaram, e eu mais ainda, com aquela coisa quente escorrendo pela cara. O Bafo de Onça mandou que me tirassem da tortura. Disse que eu não ia escapar, no dia seguinte ia querer saber daquelas vitrines estouradas. Que eu não era chorro coisa nenhuma, que estava era fazendo arrombamentos.

De manhã cedo, queimava de febre, o rosto todo inchado, as costas e as pernas pretas. Não dava para me mexer direito. Tudo doía muito. Os tiras vieram me buscar. Os malandros do xadrez disseram que eu estava muito mal e que não deixariam me levar para bater mais. Os tiras foram buscar o Bafo de Onça.

Com a maior cara de bandido mau, o delegado entrou no xadrez, olhou-me, os malandros mostraram as marcas pretas, sem dizer uma só palavra, saiu. Era terrorismo puro. O homem era frio como gelo. Logo o carcereiro trouxe-me um monte de comprimidos, explicou para o Arizão, que mais se preocupava comigo, como devia dá-los a mim. Fora o delegado quem comprara os remédios. Só de saber que não ia apanhar mais, já me senti melhor, e a febre cedeu. Estava apavorado com o homem, parecia um diabo!

Os dias foram se arrastando no xadrez. Quando chegava alguém que não fosse muito conhecido, eles se juntavam em bando de três ou quatro para "conversar" com o sujeito. Os valentões, sob ameaças e porradas, tomavam tudo o que o sujeito tivesse. Se a vítima se intimidasse, sem reação, então estava perdida. Apanhava a toda hora. Os malandros de cadeia os colocavam para lavar roupas, fazer faxina, todo dia sob chuva de porradas. Às vezes os faziam ficar de quatro no chão, montavam em cima e passeavam pelo xadrez, qual estivessem num cavalo. Era humilhante demais.

Uma noite, antes que eu percebesse o que acontecia, eles pegaram o Célio. Bateram bastante, depois levaram para o banheiro. Enrabaram o menino, saíram do banheiro de pau para fora depois de o machucarem. Ele gania como um cãozinho. Vários foram no embalo dos malandrões e comeram Célio, um atrás do outro. Eu me arrepiava a cada gemido e me encolhia como fosse eu a próxima vítima daquela barbaridade.

De madrugada, cansados de tanto judiar, deixaram que o menino saísse do banheiro. Ficou encorujadinho num canto, humilhado, machucado. Quando seus olhos me atingiram, havia neles horror, vergonha e algo de loucura misturados, estremeci. Queria conversar com ele, porém Ari disse que não deveria. Agora ele era garoto do Jorjão, um negrão mal-encarado. Aquilo me revoltava, porque ele havia me ajudado muito. Eu o conhecia como ladrão cheio de apetite, que se destacava por haver roubado bastante dinheiro. Isso era status entre nós.

Ari explicou que o Célio já havia pertencido a outros sujeitos em outras prisões onde estivera. Por isso fora currado. Mesmo assim fiquei agredido com aqueles tarados, o garoto era indefeso. Fiquei já na defensiva, pensava que a qualquer momento eles podiam querer fazer o mesmo comigo. Eu era o menor e o mais frágil ali.

No xadrez imperava a lei do mais forte e da covardia. Os presos do grupo dominante viviam batendo e judiando daqueles que estavam sozinhos. Muitos dos que apanhavam eram mais ladrões e conceituados, no submundo do crime, do que os que batiam. A vantagem do grupo dominante era que todos ali eram da boca do lixo e se conheciam, eram unidos. Na verdade, eram indivíduos desclassificados até para os malandros autênticos, profissionais do crime. Na maioria, eram cafetões de prostitutas, ou pobres-diabos que viviam de pegar bêbados pelo pescoço para sobreviver. Não saíam daquele xadrez; "chaves de cadeia", eram assim denominados. Havia malandros da linha ali. Mas esses não se imiscuíam na patifaria daqueles arruaceiros, que de malandro só tinham o nome.

Quando entrava algum malandro conhecido no xadrez, os arruaceiros respeitavam. Tinham mesmo medo. Conheci alguns deles. Quando me viram ali, menino e todo machucado, procuraram falar comigo, curiosos. Muitos me aconselhavam que voltasse para a casa de meus pais, diziam que aquela vida de malandragem não pagava a pena, que sofreria muito nas mãos da polícia etc.

Era levado por todos qual fosse uma criança. E eu era mesmo infantil. Meu comportamento, minha voz, corpo, tudo era de menino. Malandro, em sua maioria, costuma gostar de criança e respeitar. As crianças são as únicas que os aceitam sem perguntar nada acerca do que fazem para ganhar a vida. Amam sem discriminar jamais.

Depois de dez dias de xadrez, quando já comecei a achar que não saía mais, o delegado mandou os tiras me buscarem. Estava imundo, fedendo como um gambá. Não havia água no xadrez, a torneira era para o lado de fora. Era um xadrez convencional, de curta permanência e muito trânsito. Devo ter emagrecido, pois quase não comia a lavagem de porcos que nos serviam. Vivia de pão. Olhou e se afastou de mim como eu fora algo nojento, apenas disse:

"Você vai assinar sindicância agora. Depois, à noite, você vai direto para o juizado. Dá sorte de ter só catorze anos, senão ia direto para o RPM, onde moleques como você têm o tratamento que merecem. Lá é onde o filho chora e a mãe não vê."

"Acho que estou doente, minha vista está escurecendo, e estou com a maior tontura..."

"Lá eles cuidarão de você. Por mim, saindo dessa delegacia, quero que você morra! Sei que vai fugir de lá como os outros moleques da praça que já mandei. Mas se te pegar em minha área de novo, aí então você vai ver com quantos paus se faz uma canoa. Isso foi só uma amostra grátis!"

Eu o odiei até a última fibra de meu ser! Aquele animal ainda dizia que era amostra! Ah! Se eu o pegasse lá fora... Eu o mataria como a um cão: a pauladas! Como odiava aquele homem... Ele sentia isso, zombava de minha impotência.

Em seguida um dos tiras me levou para o cartório da delegacia. O escrivão mandou que assinasse alguns papéis que nem me deixou ler. Fiquei em uma sala, algemado a um banco, a manhã toda. Trouxeram sanduíches na hora do almoço, por ordem do João Bafo de Onça. Após alimentar-me, conduziram-me à sala do delegado. Quase dei uma topada com a vítima. Levei um susto... O cara queria me agredir.

"É ele mesmo, doutor. É esse animalzinho que roubou meu apartamento!"

"Mas por que o senhor levou um menino de rua para seu apartamento, àquela hora da noite?"

"Eu o vi na rua, tremendo de frio, com fome. Fiquei com dó e decidi levá-lo para casa para alimentá-lo e agasalhá-lo. Mas ele é mau; veja o que fez em troca, roubou todas as minhas economias!"

"Não sei por que o senhor tinha tantos dólares, marcos e libras em casa."

"Viajo muito, sou representante comercial de várias empresas europeias no Brasil. Vendo artigos de beleza, então ganho em moedas estrangeiras, que economizo há anos e guardo comigo."

"Por que não guarda no banco?"

"Porque eles iriam converter em moeda nacional, e quando me aposentar, pretendo viver na Europa, e assim meu capital jamais perde o valor."

"Esses pirralhos mereciam nascer mortos. O que vai dar um moleque desses? Futuro bandido. Vai matar e roubar muita gente até ser caçado e morto. Veja: o senhor queria lhe dar um abrigo, matar sua fome, e o desgraçado o rouba! Tenho de mandá-lo para o juizado de menores, por causa disso, nem posso dar um corretivo, pois é menor de idade. Devíamos exterminar esses animaizinhos antes que se tornem um problema insolúvel para o futuro. Vai para o juizado e é provável que amanhã mesmo já esteja aí nas ruas atacando algum trabalhador!"

Fui arrancado da sala violentamente. Atiraram-me escada abaixo, caí na carceragem. Levantei, estava inteiro, muita sorte, até o tira admirou-se. Percebi-o me observando, procurando algo quebrado. O carcereiro apressou-se em me colocar dentro do xadrez. Os malandros ficaram inquietos vendo o carcereiro dar com as chaves em minha cabeça e me chutar para dentro.

À noite, como esperava, fui tirado da cela aos trambolhões e jogado numa perua do juizado. Rodamos o centro. Parecia fazer um século que não via aquelas luzes, aquele povo apressado. Que saudade! Desembocamos na Asdrúbal do Nascimento.

Novamente de volta àquele edifício antigo, àquelas crianças imundas, cheias de muquiranas e piolhos.

Dormi nos bancos. De manhã começou tudo novamente. Nome, endereço, sexo etc. Como sabia que iria fugir, nem me importei em dar o endereço certo. No ônibus não deu para pular a janela porque os funcionários estavam no corredor, vigiando. Ao chegar no plantão do SAT, encontrei Bidu, Zezé e outros meninos da cidade. Já era considerado malandro, havia um certo respeito por mim. Os maiores já não mexiam mais comigo, mas senti que me vigiavam. Bidu contou que tentaria fugir domingo, pelo telhado. Já quis ir junto, sem nem conhecer o plano dele.

Domingo à tarde subimos no forro do banheiro. Ganhamos o forro do dormitório. Andamos em cima do madeiramento, evitando os fios de eletricidade, fomos até o fundo do alojamento. Tiramos algumas telhas e subimos no telhado. Já nos encaminhávamos, em cima do telhado, para o muro, quando fomos avistados. Passei o tempo todo transido de medo, prevendo aquele momento, parecia que sabia que ia me dar mal. Só estava indo naquela por impulso, estava apavorado, chegava a tremer de bater os dentes, quando o funcionário começou a gritar: "Fuga, fuga, acudam, eles estão no teto, fuga, fuga!".

Corremos para o muro, quebrando telhas, e saltamos para a rua. Caí de mau jeito e destronquei o tornozelo. Corremos, eu mancando, e os pega-ladrão correndo atrás de nós. Fui alcançado, Bidu conseguiu ganhar a avenida Celso Garcia e foi embora. Fui conduzido, já apanhando, para o alojamento.

No alojamento, os funcionários pegaram pedaços de pau e bateram com vontade. Eu gritava, pulava, chorava, e lá vinha paulada para todo lado. Havia prazer neles em bater, parecia que nunca mais iriam parar. Quando decidiram que eu apanhara o suficiente, jogaram-me, nu, dentro de um quartinho escuro.

Estava todo quebrado, dolorido demais, querendo minha mãe. Ainda gritava por minha mãe quando me batiam, como uma criança. Adormeci, cansado, para acordar em seguida, sufocado pela água que um funcionário jogou em mim com um balde.

Meu pé estava inchado, dolorido, não dava para me manter em pé. As pontas de minhas costelas doíam, barbaridade. O corpo todo era uma ferida viva. Fazia frio, e a água esfriou mais ainda. Fiquei ali jogado, chorando desesperado, sem saber o que fazer. Acho que assim adormeci novamente. Criança dorme fácil.

De manhã, cedinho, um funcionário me deu pão e café com leite quente. Perguntou como eu estava, quis mentir que não ajudou a me bater. Fiz que não o vi batendo. Pedi minhas roupas, pois morria de frio. Saiu e logo voltou com outro funcionário para ver o meu estado. O funcionário assustou-se.

Fui levado até a enfermaria, velha conhecida. Fingi estar pior do que realmente estava. O enfermeiro mediu a febre e deu uma injeção doloridíssima, na marra, pois não queria tomar. Passou um líquido colorido que queimava pacas onde estava ferido, colocou tampão com esparadrapo no olho esquerdo. Quando tentou pôr meu tornozelo no lugar, quase desmaiei de dor! Acertou meu pé, enfaixou e imobilizou. Colocaram-me numa cama da enfermaria.

Passei três dias na enfermaria e, mancando, voltei ao alojamento. Os funcionários olhavam, caçadores. A vigilância redobrava em cima de mim. Ficaram me seguindo o tempo todo, não me perdiam de vista. Nem pensei mais em fugir, fiquei com o maior medo da surra que me prometiam, caso tentasse. Decidi esperar o meu destino.

5

Quando menos espero, sou colocado em uma perua e levado para casa. Fiquei apavorado. Já fazia ano que fugira de casa. Meu pai devia estar uma fera comigo. Rezava para demorar a chegar, mas era tão perto...

Chegamos, o funcionário bateu à porta. Dona Eida veio

atender. Quando me viu, desatou a chorar. Achei minha mãe linda! Comecei a chorar também, nos abraçamos fortemente. Quando se acalmou, assinou o papel de recebimento e me levou para dentro de casa.

Amava aquela mulher. Nem imaginava quanto. Só frente a frente com ela pude sentir quanta falta me fizera. Estava no centro de minha vida, o ser mais querido e amado do mundo! A única pessoa no mundo que, eu tinha certeza, gostava de mim de verdade.

Ela me olhava quase sem acreditar que eu estava ali, o seu menino. Crescera, estava do tamanho dela. Magro, maltratado, mas, ainda assim, o menino dela. Quanta emoção em seus olhos, quanta devoção! Choramos juntos, abraçados, por longos momentos. Por ela, eu tentaria novamente. Enfrentava meu pai, desse no que desse.

Agora vinham os fatos, a realidade. Meu pai me aceitaria em casa novamente? Dona Eida achava que sim, por causa dela. Perguntou se eu não queria viver com ela. Era tudo o que queria naquele momento. Amava-a demais, jamais a esquecera, fora um vazio impreenchível em minha alma. Se procurei tirá-la da mente, foi para poder sobreviver. Caso contrário, a sofrença que me causava saber do sofrimento dela por minha causa, me destruiria. Estar com minha mãe me fazia bem. Deixava-me seguro, querendo levar uma vida normal.

Naquele momento, eu não gostava da vida das ruas. Embora soubesse que, depois de um tempo em casa, voltaria a gostar. Era uma confusão. Minha casa, meu pai, a miséria, a falta de liberdade, o clima de guerra que havia, me sufocavam, depois de um tempo com eles. Então voava para as ruas, que me enchiam de liberdade o coração. A aventura me embriagava os sentidos. Mas, quando muito tempo longe de minha mãe, a paz, a segurança que o amor dela me trazia, a falta, me faziam querer voltar.

Decidi enfrentar meu pai. Valia a pena. Minha mãe merecia que eu fosse homem e enfrentasse a surra que viesse. Depois, o que era uma surra de cinta em comparação ao pau de arara e aos sofrimentos da rua?

Quando seu Luiz chegou do trabalho, ficou espantado ao me encontrar. Olhou curioso, naquele momento, me senti seu filho, só havia tristeza em seus olhos. Nenhum rancor. Dona Eida disse que devíamos conversar e nos entender, porque ela me queria em casa.

"Você sabe que os donos da loja queriam que eu pagasse o que você roubou? Você sabe quantas noites sua mãe chorou por você? Você acha que ela merece isso?"

"Não, pai. Sei que não merece. Por isso estou aqui, por isso quero ficar."

"Por quanto tempo fica?"

"Para sempre."

"Só vou aceitar por causa de sua mãe. Para não vê-la mais chorar. Porque em você não acredito mais. Só que vai ter que ir comigo à delegacia para ver como ficou esse seu roubo. Se não tiver que ficar preso, para ficar em casa, vai ter de trabalhar, não quero vagabundo aqui!"

"Tudo bem, pai. Mas não precisa ir à delegacia porque eu vim do juizado. Se houvesse algum problema, eles não deixariam eu voltar para casa. Amanhã mesmo vou tirar documento e já começo a procurar emprego essa semana. O senhor pode ficar tranquilo que não terá mais problemas."

Ele não acreditou. Não acreditaria mais. Não tinha mais esperanças em mim. Só aceitara porque era pai e tinha dó de minha mãe. Quebrou-se algo. Nem em bater ele pensava mais.

Depois de tirar os documentos, comecei a procurar emprego. Em esperteza e conhecimento das ruas de São Paulo, ganhava de qualquer candidato na disputa de vaga para office boy. Na mesma semana, já estava trabalhando na Indústria de Óleos Alimentícios Lótus S/A.

O trabalho era o mesmo de sempre. Conta corrente bancária, entrega de faturas, levar e trazer documentos, efetuar pagamentos e serviços gerais de escritório. Éramos três boys comandados por uma moça belíssima, a caixa da empresa. Em um mês de trabalho firme, conquistei a simpatia de Leonice, minha chefe. Gostou de mim ao me ver, foi a responsável pela minha contratação. Apaixonei-me ao bater os olhos nela, perdidamente.

Era menino para ela. Por mais que me esforçasse para ser homem sério e responsável, era sempre menino para ela. Sofria por isso. Ela era livre, devia ter uns vinte e cinco anos. Já fora amasiada e tinha uma filha de dois anos.

Leonice era mulher. Muito mulher. Sensualíssima, isso me incomodava demais. Vivia procurando ver suas calcinhas. Ela não ligava muito ao meu assédio, parecia que estava acostumada. Almoçávamos na marmita trazida de casa. Ela esquentava a minha junto com a dela e dividia a mistura comigo, pois a minha mistura era sempre pobre.

Em casa, meus pais discutiam. Como sempre. Meu pai apelava, me colocava na encrenca deles. Vivia falando do filho bandido de minha mãe. Ela se ofendia muito com isso. Estava vendo a hora de eles se pegarem. Eu jamais aceitaria que ele batesse nela. Se batesse, já estava preparado para acabar com a raça dele. Meu pai era muito forte e brigava bem demais. Teria de pegá-lo pelas costas.

Só não entendia uma coisa: por que não o odiava mais? Acho que porque agora não me batia. Tentei ser amigo dele. Por estranho que pareça, até amava aquele homem tão misterioso que jamais conheci. Tenho a impressão de que meus sentimentos por ele mudavam de minuto a minuto.

Tapava a boca dele trabalhando certinho e trazendo meu salário para minha mãe. Ele respeitava isso. Eu adorava esse respeito dele. Era um alcoólatra inveterado, mas não assumia. Eu achava que como estava me comportando, em pouco tempo minha moral estaria maior que a dele. Eu o derrotaria moralmente! Vivia a exigir dignidade, pois iria provar ser mais digno que ele jamais fora! Era minha vingança!

Tinha a maior vontade de fumar um baseado, comer doces caros, e já fazia tempos que não tinha nenhum contato sexual. Estava apaixonado, e isso era mais importante do que tudo o que não tinha. Vivia a me masturbar imaginando as pernas e os seios de Leonice.

Sempre quando a sós com ela, dava um jeito de as conversas se desviarem para sexo. Cheguei a me declarar apaixonado e a dizer que não aguentava mais me masturbar tanto. Usei todas as estratégias, até a chantagem emocional. Mostrei que estava emagrecendo — e estava mesmo —, mas que me resignava. Ela era inacessível para mim.

Procurava atingir sua sensibilidade: que tivesse dó de mim por tanta paixão. Às vezes era mais ousado. Passava a mão em seu corpo, pegava em seus seios enormes. Ela protestava veementemente e exigia que a respeitasse. Levava revistas pornográficas para ela: ela folheava, ficava mexida, ria e brincava comigo. Célere, subia a mão por suas coxas, impunemente.

Estava alucinado pela mulher. Acho que se não fosse menor e mais fraco que ela, eu a possuiria de qualquer jeito. Roubei beijos, encoxei, enfiei a mão em seu sexo, e não bastava: estava louco para possuir aquela mulher!

Estava trabalhando havia três meses. Constantemente encontrava meus amigos da rua. Alguns me invejavam, queriam uma chance, como eu estava tendo. Outros zombavam, dizendo que sempre souberam que eu era bunda-mole; meu prestígio e status de malandro veio abaixo. Isso me atingia, magoava, e dava vontade de provar que não era bem assim. Gostava de ser malandro.

Na Vila, aos sábados e domingos, ficava com a molecada a jogar bola, pescar, caçar, mas aquilo já não me atraía. Queria mais, vivia obcecado por mulheres, garotas, sexo. E, na Vila, não conseguia nada.

Leonice estava em litígio com os nossos patrões. Eram chineses e nos pagavam muito mal, enquanto prosperavam a olhos vistos com o nosso trabalho. Ela tinha oferta de trabalho em várias empresas, pois era competente. Queria aumento de salário. Fazia cinco anos que trabalhava na empresa, e nunca lhe pagaram o justo. Agora queria ganhar mais, pois acumulava cargos. Os chineses não queriam pagar mais. De repente ela tomou uma decisão: pediu as contas. Para mim, o choque foi enorme. Fiquei sem saber o que fazer.

Leonice arrumara um emprego em Campinas. Iria ganhar quase o dobro, e lá era a terra dela. Não teve dúvidas. Estava fora de minha vida. Nos despedimos no depósito. Deu-me um beijo, apertou-me junto ao peito, e umas lágrimas rolaram por seu rosto. Disse, acho que para me alegrar, que se eu fosse só um pouquinho mais velho, seria o homem dela. Eu sempre fora o mais carinhoso e atencioso com ela, na empresa. Na cara de pau, aproveitei a comoção e pedi sexo.

Respondeu ser impossível, pois eu era um menino para ela. Se permitisse, iria se sentir muito mal por haver feito algo que julgava censurável. Que eu tinha idade para ser filho dela. Foi quando soube que ela tinha mais de trinta anos e não os vinte e cinco que eu pensara. Aquilo doeu. Era muito difícil para mim admitir que as coisas não podiam ser conforme eu queria.

Não acreditei que não a veria mais. No dia seguinte, em vez de ir trabalhar, fui a seu apartamento. Encontrei-a empacotando coisas para levar para Campinas. Brinquei com sua filha, ajudei-a a empacotar e passei o dia perseguindo-a de pau duro, por toda a casa. Quis derrubá-la na cama. Ela zangou-se, disse que estava abusando, mandou-me embora. Percebi que havia ido longe demais. Pedi perdão e até chorei. Riu e disse que estava tudo certo, que me compreendia, mas que eu era um garoto maluquinho.

Voltei para casa desolado. Passei a semana sem ir trabalhar. Voltei a frequentar a Galeria e fumei maconha a semana toda. Por mim, não ia mais trabalhar. Sentia-me roubado, mais uma vez. E os malditos chineses eram os culpados. Justo que pagassem. De imediato, me reanimei.

Na segunda, logo cedo, estava no trabalho. Já possuía um plano. Ia roubar aqueles chineses filhos da puta! Em casa, olhava longamente minha mãe. Adiei mais uma semana o roubo, vacilante, por causa dela. Dava a maior tristeza, sabia que ia abandoná-la novamente, covardemente. E isso doía, doía... Estava indeciso, angustiado.

O ambiente em casa era irrespirável. Minha mãe estava passando de sofredora conformada a revoltada, contestadora sistemática de meu pai. Ambos estavam se agredindo fortemente, com palavras. Ele xingava, ela retrucava chamando-o de vagabundo, alcoólatra, irresponsável etc.

Meu pai estava desempregado novamente e enchia a cara de pinga de manhã à noite. O ambiente que ele frequentava trabalhando à noite como taxista deteriorava mais ainda seu caráter. Eu não suportava mais aquela guerra. Eu era sempre colocado como bode expiatório dele. Era sim uma guerra, e eu parecia estar em pleno campo de tiro.

Sabia que ia abandonar dona Eida novamente, eu que era a única motivação da vida dela. Como a fazia sofrer! Isso raspava minhas entranhas. Mas a vida me chamava, a cidade com suas luzes me queria, e o amor àquela mulher me segurava. Vivi esse conflito mais de mês, até que me decidi ao sentir que não adiantava resistir. Mais dia, menos dia, eu iria embora, de qualquer jeito. Prometi a mim mesmo que viria visitá-la, desse modo, encobri minha consciência culpada.

A chave e a combinação do cofre ficavam com a Leonice. Com sua saída, nós três, os boys, fazíamos, precariamente, o serviço de caixa. Nosso trabalho dependia do movimento do caixa. Eu, por ter mais intimidade com Leonice, aprendera mais sobre seu trabalho contábil. Ajudava-a sempre pelo prazer de estar junto à mulher que queria. Já sabia a combinação e tirei cópia da chave do cofre. Os chineses eram espertos e, até contratar uma substituta, quase não deixavam dinheiro no cofre. Faziam depósitos constantes, desconfiados de nós, boys.

A Vera começou a trabalhar um mês após a saída de Leonice. Ensinamos o trabalho a ela. Em pouco tempo, já estava mandando e impondo trabalho a nós. Além de feia, era antipática, desconfiada conosco.

Numa sexta em que vi o cofre abarrotado de dinheiro ao passar pela sala dela, quando todos saíram para almoçar, me escondi dentro de um armário. Vera, tão esperta, não havia trocado a combinação do cofre. Foi fácil abri-lo. Joguei numa pasta os maços de dinheiro, com a cinta do banco ainda, e fiquei esperando abrir o escritório. Quando o pessoal entrou, saí, sem que percebessem que havia ficado ali durante o almoço.

Para mim, estava certíssimo. Os chineses haviam me afastado da criatura que eu mais amava. Apenas cobrava deles, em dinheiro, a imensa infelicidade que me causaram. Era justo, fora por dinheiro, por não querer pagar um pouquinho mais para quem trabalhava havia tantos anos para eles, portanto, nada mais justo que tivessem aquele prejuízo. A única tristeza era minha mãe. Doía minha consciência, mas era mais forte que eu. Precisava viver minha liberdade.

Já na rua, corri lojas comprando roupas que namorava fazia dias. Viajaria para Santos. Adorava aquela cidade. Havia estado lá várias vezes com meus pais, no apartamento da tia Ercy.

Fui de trem. Com quase quinze anos, crescera bastante, sentia-me um homem. Havia um desequilíbrio em mim, sabia. Algo a ver com a emoção. Mas o que importava isso? Tinha liberdade e grana, estava tudo bem.

Rapidamente estava em Santos. Não tinha para onde ir. As pensões não me aceitariam por eu ser menor de idade. Haveria de arrumar um jeito. Sabia que o pessoal da Galeria, quando ia a Santos, costumava frequentar as proximidades do Hotel Atlântico. Havia uma boca de fumo ali, e era o ponto de encontro dos homossexuais da cidade.

Foi nesse lugar que encontrei o Branco. Rapaz de seus dezesseis anos, por aí, que vivia de prostituir-se a pederastas em São Paulo, na avenida Ipiranga. Frequentava a Galeria, e foi lá que o conheci. Demonstrei estar com muito dinheiro e disse que precisava de um local para ficar. Pagava bem. Branco era muito bonito. Loiro e de sorriso largo, dava-se muito bem em seu trabalho. Estava morando com um homossexual e me levou ao apartamento dele.

O sujeito me recebeu muito bem. Era um rapaz novo, muito bem-apessoado, magro e muito alto; só em pequenos detalhes se percebia sua homossexualidade. Era de São Paulo, chamava-se Lúcio. Trabalhava em um banco em São Paulo e ia para o apartamento da Baixada Santista somente nos fins de semana. Estava havia quatro meses com o Branco, que o acompanhava em Sampa também. Eram tipo amasiados. Em mim não havia censura para eles. Principalmente porque me permitiram morar na sala, num enorme sofá-cama, e de graça, até encontrar outro lugar para ficar.

Logo cedinho, fomos os três à praia. Ah! que delícia o mar... Não sabia nadar e temia morrer afogado, mas penetrava mar adentro, louco de liberdade e alegria! O sol, a areia, a maresia, as garotas de biquíni, aquilo tudo me embriagava de emoção, não conseguia nem falar. Era lindo, lindo demais! Aquela era a vida que eu queria, como havia perdido tempo! À noite peguei um táxi e fui para a boca do lixo santista.

Já havia passado por lá de carro com meu tio e meu pai. Ouvira o comentário deles sobre as mulheres. A luminosidade dos néons das boates me atraía demais. Mas não estava preparado para o que vi. Era demais! Só na rua Conselheiro Ramalho, havia mais de vinte boates. Som das vitrolas de fichas, portas abertas ao mundo, e mulheres. Mulheres aos montes, muitas mesmo, e jovens, diferentes, chamativas em roupas coloridas. Muitos marinheiros, quase todos caindo de bêbados. Fiquei andando por ali, abobado, hipnotizado com as luzes, cores e corpos provocantes. Estacionei na boate Flamingo e por ali fiquei, tomando Coca e me deliciando com o ambiente.

Na porta da Flamingo parou uma garota que parecia ter minha idade. Estava meio assustada, assim destoando no ambiente de risadas e fumaça de cigarro. Era toda composta de delícias. Linda, gostosíssima! Todos a olhavam cobiçosos, caminhou para dentro e encostou no balcão, perto de mim. Parecia estar vigilante, temendo algo. Chamei sua atenção, tímido. Olhou-me, ofereci uma bebida já suando de nervoso. Mediu-me de cima a baixo, sorriu e se aproximou.

Chamava-se Vivian e queria um martíni doce. Pensei se o garçom serviria a bebida, já que ela era flagrantemente menor de idade. Serviu, sem pestanejar; ela era conhecida ali. Estava com medo do juizado de menores, que, segundo ela, baixava ali sempre. Eu mesmo corria perigo. Havia pensado nessa eventualidade, ainda estava com a carteira de trabalho, registrada na Lótus S/A, e a carregava no bolso.

Apresentei-me como malandro de São Paulo, de passagem. Quis saber se estava disponível, vencendo toda a minha inibição. O termômetro por dentro das calças não me deixava alternativa. O desejo desesperado me atirava. Estava livre, como um táxi, mas cobrava antecipado e alto. Dinheiro não era problema, respondi. Mostrei logo um bagaço de notas. Seus olhos cresceram desmesuradamente.

Paguei a conta, e saímos. Ela foi me conduzindo pela mão. Próximo à boate, entramos por uma porta, desembocamos em um corredor cheio de mulheres seminuas, que nos olhavam, curiosas. Demos de cara com um homem pequeno demais, atrás de uma mesa, a quem, conforme a garota indicou, eu devia pagar o quarto. No quarto disse que não podia ficar muito tempo. Tinha filho para sustentar e precisava ganhar bastante dinheiro. Dinheiro não era problema, disse-lhe. O preço do michê era o mais baixo que eu já vira. Pedi que calculasse quanto ganharia a noite toda e já paguei dobrado.

Conhecia prostitutas e cheguei a ter garotas, como a Zoião e outras da Galeria, que haviam tido prazer comigo. Mas não estava preparado para aquela garota. Vivian era prostituta porque gostava de fazer sexo muitas vezes seguidas. Ela dava com vontade e prazer. E dava tudo. Foi a primeira mulher que fez completo comigo. Eu a possuía com tara, com violência. Havia algo de sádico, de instinto e fúria naquela diversidade de posições e tomadas. Ela gostava da minha agressividade, e percebendo, me liberava mais ainda. Nossa! Foi loucura! A moreninha parecia um bicho que coleava, corcoveava, saltava. Seus olhos pretos soltavam faíscas, sua boca babava literalmente. Chegou a me assustar. Havia algo de satânico na garota, diabólico!

De manhã cedo, voltei ao apartamento, havia ficado com chaves. O casal havia subido para São Paulo. Comecei a vida que pedira a Deus: praia todos os dias, longos passeios pela orla

81

marítima, aquário, cais do porto, navios, passeios de lancha... à noite, o quarto com o bichinho chamado Vivian, onde podia tudo e tudo era instintivo, muito gostoso, animal!

Naquele pique, meu dinheiro levaria meses para acabar, se não ano. Sentia-me bem, tranquilo, que vidão!...

De tanto insistir, Vivian acabou por me levar à sua casa. Era no bairro do Marapé, casa alugada, de paredes descoradas, velha. Parecia com a de meus pais. Conheci sua mãe, uma senhora que me pareceu doente, pequena, mas com olhinhos muito vivos, parecia entender tudo. Seu menino era uma graça! Um mulatinho de três anos, assim esperto, logo gostou de mim, e eu mais dele ainda.

Fomos os três para a praia, divertimo-nos demais. Três crianças a correr na areia. Levei-a ao apartamento, ela não queria mais receber de mim. Foi com ela que comecei a perceber como a mulher tem seu prazer. Mostrava-me os caminhos de si. Comecei a sentir que o prazer da parceira era a parte talvez mais importante de meu prazer.

Dei-lhe vários banhos de loja. Comprei roupas e brinquedos de montão para o Dinho, seu filho. Sua mãe, que tudo via, fingia não ver nada e me tratava como eu fosse da casa. De certo modo, eles preenchiam parte do vazio que ficara no lugar que era de minha mãe.

Ela bebia demais. Eu também bebia, mas não suportava bêbados. Brigamos um dia porque ela, já tocada pela bebida, queria ir para as bocas curtir e eu não queria. Nas bocas ela não era respeitada, era puta, e andar com ela era uma agressão para mim. Quis lhe bater, ela apanhou uma faca e ameaçou. Depois, peguei-a desarmada na cama e a enchi de socos, ela bateu também, foi uma briga. No fim, machucados, fizemos sexo, mas com raiva um do outro.

Fui embora. Quando voltei, três dias depois, ela, na maior cara de pau, disse que ia se amigar com um velho. Este lhe prometera apartamento e boa vida. Desesperei, agredi, tentei acabar com ela. Joguei-a no chão, pisei, chutei, fiquei furioso, queria matá-la! Depois que sua mãe nos apartou, ela se tran-

82

cou no banheiro. Seu menino estava na casa da vizinha, não viu nada. Fiquei na cozinha, esperando que saísse. Saiu calma, estava com a boca e o nariz machucados. Disse que entre nós nada precisava mudar, que precisava pensar em seu filho e no futuro.

Meu futuro, eu via negro. Quando acabasse o dinheiro (e, de repente, já não dava mais para esbanjar), iria passar maus bocados. Sabia que, depois de toda alegria, vinha o sofrimento. Era fatalidade, tinha de pagar um alto preço por cada gota de felicidade vivida. Liberdade custava caro. Não sentia mais firmeza em mim para roubar. Temia demais a polícia, o pau de arara, os malandros na rua e na prisão, as prisões, as vítimas, o famoso Recolhimento Provisório de Menores, o RPM, para onde agora eles me mandariam, caso fosse preso, temia a tudo e a todos.

O medo era visceral, nascia de minhas entranhas e me sufocava. A cada passo era preciso dominar o pânico. Na verdade, meu pai me criara preso ao medo. Aquilo se introjetava em meu espírito de tal forma que eu vivia esse pesadelo continuamente.

Queria ser dono da Vivian. Ela era minha e não podia fazer aquilo comigo. Não conseguia aceitar que vivesse com o velho e comigo. Já estava até desenvolvendo ideias homicidas com esse filho da puta desse velho. Desde que a conhecera, ela nunca mais se vendera nas ruas. Estava sofrendo aquela novidade. Não podia fazer nada, só se a matasse ou ao velho. Sei lá por quê, em vez de brigar, bater o pé ou ir para cima do velho, fugi. Fugi dela, fugi da dor. Voltei para o apartamento do Lúcio, onde fui bem recebido.

O dinheiro foi acabando. Gastara em demasia com Vivian. Teria que controlar os gastos e viver de migalhas novamente. O desespero me engolfava quando pensava em voltar à vidinha de pequenos furtos e longas corridas. Pensei seriamente em me matar.

De repente, sob o domínio de tais pensamentos, como que

hipnotizado, fui para a praia e penetrei mar adentro. Nunca conseguira aprender a nadar. Logo o mar me encobriu e fui engolindo água pela boca, pelo nariz, sem sentir o chão, eu ia morrer. Só então percebi que estava me matando. Não era só uma fuga da realidade, eu estava de fato me matando! Aí percebi que queria viver, precisava viver! Não queria me matar coisa nenhuma! Debati-me, tentei voltar, mas o mar me tragava. Na mente, vivi minha vida todinha num flash. O desespero tomou conta de mim e vi que ia morrer mesmo. Foi quando senti mãos me puxando. Elas me traziam do fundo. Quando o rapaz me colocou no seguro da praia, desmaiei.

Acordei num hospital sentindo fortes ânsias de vômito. Uma enfermeira veio saber o que se passava comigo e me deu uma colher de um líquido amargo pacas. Queria saber meu nome e endereço para avisar meus pais. Quando ela saiu do quarto, saí atrás. Estava fraco, tonto, só de calção de banho, mas fui me encaminhando para a saída. Cheguei a um pátio cheio de carros, vi um táxi. Entrei e mandei tocar para o bairro do José Menino, onde morava o Lúcio. Ele estava em casa, pagou o táxi, subimos no elevador, expliquei o que acontecera. O enjoo ainda era forte, mas a tontura passara.

Lúcio brigara com o Branco, já não estavam mais juntos. Ficou claro que eu também já não era mais bem-vindo. Fiquei mais três dias e, diante de uma certa agressividade de Lúcio, peguei minhas roupas e fui para São Paulo, para não cair na tentação de acabar com ele.

6

Chegando em São Paulo, fui à Galeria com mochila e tudo. Tudo havia se modificado muito por ali. Encontrei os elementos menos expressivos, não vi nenhum de meus amigos. Desci a rua da Consolação para a pensão da Zoião. Dei sorte. Lá estava ela, morando com a Cristina, aquela garota linda com quem ela havia se amigado. Contou-me que andavam dando muitas batidas na Galeria. Que muitos estavam presos, outros voltaram para a família e alguns estavam viajando. Quis saber se eu tinha onde ficar. Convidou-me para ficar por ali, até que arrumasse um canto para mim. Guardei meus pertences pessoais em seu armário e fui para a praça.

Encontrei Bidu e Samba. Os irmãos Simioto haviam sido mortos pela polícia, e o Luizinho, meu xará, havia sido morto pelo Nelsinho. O Bala, Chepa, Magriça, Ivo, Carequinha, estavam presos no RPM. Perguntei por que não fugiam. Bidu respondeu que de lá não dava para fugir. Eles iriam ser mandados para o Instituto de Menores de Mogi-Mirim. Se o RPM era o purgatório, pela imagem que passavam do Instituto, lá seria o inferno. Estremeci de medo. Passamos a noite tomando bolinhas e fazendo arruaça nas ruas. Bidu nem foi para casa.

Lá estava eu, de volta àquela vida, meio a contragosto. Crescera, já até morara com uma garota, já não dava mais para ter as alegrias que tinha com as criancices de outrora. Estava sem rumo, perturbado, sem saber o que fazer da vida. Decidi, então, visitar minha mãe.

Desci as escadas, receoso, tentando descobrir se meu pai estava em casa. Senti saudade daquela casa, daqueles móveis. Dona Eida estava sozinha, que sorte! Estava a noite sem dormir e sob o efeito das bolinhas. Sujo, cabeludo e com má aparência. Entrei em casa, dona Eida assustou-se ao me ver. Em seguida voou para mim, me abraçou forte e me beijou, chorando.

Já estava maior que ela, o que não era muita coisa, pois ela só tinha um metro e quarenta e dois. Colocou o almoço na mesa e contou que meu pai viria almoçar mais tarde. Seu Luiz não me queria mais em casa, definitivamente. A polícia, mais uma vez, viera me procurar por causa do roubo da Lótus S/A. Senti nela um certo desespero, como se eu fosse massa fluídica que desapareceria assim que ela fechasse os olhos.

Como sofria minha mãe por minha causa! Deu-me uma dor no coração vê-la desesperando daquele jeito, vontade de chorar, não pude me conter. Por que eu era assim louco? Estava tudo bem, de repente colocava tudo a perder. Não conseguia

85

compreender aquilo. Sempre acabava por fazer sofrer a pessoa que mais amava no mundo. Bem que eu poderia suportar meu pai, ela merecia que eu fizesse isso. Mas agora o problema já não era mais meu pai. A sede de viver livre e com dinheiro para fazer o que quisesse era avassaladora. Não conseguia controlar.

Antes que meu pai chegasse, saí de casa, com o coração na mão. Sabia que agora o processo era irreversível. Seguiria meu caminho, mas sempre visitaria minha mãe. Não a esqueceria jamais.

Conheci um sujeitinho muito esperto, o Paulistinha. Era um garoto muito bonito, de chamar atenção. Os pederastas viviam a olhá-lo, enamorados. Trouxera do Rio uma nova modalidade de ganhar dinheiro dos homossexuais. Aceitava seu convite, mas só ia para o apartamento ou a casa deles, jamais para hotel. Quando chegava, começava a fazer escândalo, dizendo que era menor de idade, que o pederasta queria violentá-lo. A vítima se apavorava, então ele entrava com a chantagem. Se não dessem a quantia que ele queria, continuaria o escândalo. Pressurosas, as vítimas faziam questão de pagá-lo.

Comecei a andar com ele porque conseguiu arrumar um hotel para nós morarmos. O porteiro era malandro velho e não ligava para a idade da gente. Tentei usar a técnica dele. A primeira vez deu certo. Era uma dessas mariconas cansadas e deu-me tudo o que tinha de dinheiro em casa. Na segunda vez, o sujeito tentou abafar o escândalo, me batendo fortemente. E conseguiu. Pulei a janela e me arrebentei no chão. Nem pensei mais nisso. Muita coragem do Paulista.

Era um sujeitinho cheio de truques. Conhecia um vendedor de bilhetes de loteria que falsificava bilhetes. Nós dois, bem vestidos e com cara de bons meninos, procurávamos encostar em incautos que rodeavam casas lotéricas. Mostrávamos o bilhete falsificado e dizíamos que o nosso pai (nos apresentávamos como irmãos) mandara que conferíssemos mas não sabíamos como fazer. O otário, pensando ajudar dois meninos simpáticos, conferia na listagem da premiação.

O bilhete estava premiado em uma centena, e quem o apre-

86

sentasse tinha direito a outros prêmios que até hoje não compreendo bem. O Paulista jogava o laço, dizendo que não sabia como receber, se o trouxa conhecia alguém que pudesse comprar. A vítima crescia os olhos e tentava nos ludibriar. Paulista fazia charme, às vezes me deixava nervoso com seu perfeccionismo no golpe. Discutia o preço, vendia a imagem de perfeito otário, crente na honestidade da vítima. Recebíamos o capital e saíamos fora rapidamente, pois era só o sujeito colocar o bilhete contra a luz que a falsificação berraria feito cabrito.

Enganamos alguns "espertos". Até que, num desses golpes, parece que o sujeito era da polícia e apanhou o Paulista pelo braço. Corri feito louco. Escapei. Avisei o bilheteiro que nos fornecia e sumi das redondezas. Não acreditei que o Paulistinha aguentasse o pau de arara. Me denunciaria, assim como ao bilheteiro.

Sumi do hotel e voltei à pensão da Zoião, que agora já era sócia da dona. Fiquei uma semana escondido. Fui à praça e soube que, de fato, o Paulista estava dentro de um carro da polícia, fazendo perguntas sobre o meu paradeiro.

Voltei a roubar com o Bidu. Bidu não crescia, continuava do mesmo tamanho. Pelas conversas, estava assaltando também. Disse que qualquer dia me levaria para conhecer uns bandidos do bairro dele, Vila Brasilândia.

Estava doido para conhecer um assaltante de fato. Os que conhecera fora nas delegacias. O que contavam na prisão era só vantagem, nada a ver com a real. Sabia que a vida do crime não era assim feliz como eles queriam passar. Eu, que não era assaltante, com catorze anos fora para o pau de arara e sofrera tanto, imagina o assaltante, como não apanharia. Queria conhecer esses heróis. Sim, para mim eram heróis. Perturbava o Bidu para que me levasse logo até um deles.

Bidu era um sujeito esquisito. Falava pouco. Era pequeno só de tamanho, sua coragem era enorme. Conheci poucos ladrões tão corajosos quanto ele. Num de nossos ataques à cidade, conseguimos levantar um dinheiro alto. E, numa demonstração de amizade e confiança, decidiu me levar a seu hábitat. Foi levar dinheiro à mãe. Era a maior favelona. Seu barraco, embora de madeira, não era dos piores, tinha até televisão. Vangloriava-se de haver roubado pessoalmente a TV para seus irmãozinhos.

Sua mãe era mais calada ainda. Doente, expressava tristeza comovente no rosto. Ele que sustentava o barraco. De seus três irmãos menores, dois estavam na escola, e o menor ficava rodeando-o como ele fosse o pai. Bidu tinha uns dezesseis anos, mas já era o homem da casa havia três anos, quando o pai os abandonara.

Saímos de sua casa, atravessamos a favela e subimos o morro. Num barraco bem no topo do morro, encontramos vários rapazes. Eles já nos observavam quando subíamos. Bidu foi recebido como cria da casa. Apresentou-me como companheiro, e todos me saudaram. Mostraram uma lata de vinte litros cheia de maconha e disseram que podia me servir. Era uma boca de fumo.

Fumamos um baseado, e Bidu pediu que o Babalu, um moreninho com cara triangular de diabo, me mostrasse as máquinas. Este saiu, voltou em seguida com uma bolsa a tiracolo. Colocou-a no chão, a meus pés, o Bidu disse que podia mexer. Estava aberta e continha várias armas. Revólveres de vários tipos e marcas, e automáticas.

Fiquei maravilhado com aquele tesouro! Eram como brinquedos caros para mim. Passei meia hora mexendo em um por um. Depois coloquei tudo na bolsa e devolvi ao Babalu, que conversava com o Bidu:

"Como é, Bidu, vai sair com a gente?"

"Num tô a fim. Arrumei uma grana legal na cidade e vai dar para passar uns dias. Não estou a fim de arriscar a sorte. Mas o parceiro aqui é firme, já passou até pelo pau de arara e não foi buscar ninguém com a polícia. Se quiser ir com vocês, é com vocês mesmos."

"Por enquanto, não. Nunca assaltei e nem sei como se faz. Temo agir errado e estragar tudo. Vou passar por aqui, sempre, gostei do ambiente e de vocês, daí, quem sabe, um dia desses acompanho. Vocês assaltam a pé ou de carro?"

"Às vezes, quando não arrumamos um piloto, vamos a pé mesmo. Assaltamos bares, posto de gasolina, farmácia, motorista de táxi, pedestre, tudo o que tiver dinheiro. Depois corremos. Mas quando o Paulo Maluco pilota para a gente, então procuramos padarias, depósitos de material de construção, armazéns, o que aparecer pela frente. Nossa finalidade é grana."

"E você, Bidu, tem ido nessas?"

"Às vezes, quando não ganho nada na cidade, vou. Mas é perigoso. A polícia vem atrás, dando tiros até na sombra da gente."

"E então, o que vocês fazem?", perguntei, supercurioso.

"Corremos e damos tiros também. Eles nunca perseguem muito quando a gente enfrenta e arma tiroteio."

"Legal isso. Qualquer dia, crio coragem e experimento. E o capital, ganha-se muito dinheiro?"

"Claro, quanto quiser. Só paramos quando estamos abarrotados de grana. Tem vez que é tanto dinheiro que só aproveitamos as notas graúdas, as menores a gente dá para a molecada da favela. Às vezes a gente só sai uma vez por semana e é o suficiente."

"Tudo bem, na continuação vou nessa!"

Passei a noite na casa do Bidu. De manhã, logo cedo, saímos para o roubo. Tinha bastante dinheiro, mas Bidu dizia que a melhor situação para o ladrão atacar é quando ele tem dinheiro para pagar sua liberdade, caso seja preso. Ele era um pouco filósofo, suas máximas sempre se comprovaram na prática. Eu o segui um tanto a contragosto.

Meu companheirinho tinha um certo prazer em roubar. E gostava mesmo de roubar as madames. Quando percebia que a vítima era rica, tinha prazer de roubar tudo o que houvesse na bolsa. Gostava de pegar os documentos para pôr fogo neles e ficar rindo, vendo-os queimar. Dizia que era vingança. Possuía, já então, a certeza de que a miséria de sua mãe e seus irmãozinhos provinha daquela gente que vivia a ostentar suas riquezas. E não procurava justiça, queria apenas vingança.

O horário das oito às dez horas da manhã era o melhor horário para o punguista na cidade. Era o horário em que as madames faziam compras, e a polícia dormia até mais tarde.

Nós estávamos sempre a correr de dois tiras da Delegacia de Vadiagem. Eles ficavam nas principais praças e no centro. Não sabíamos como, eles descobriram que éramos ladrões. Onde nos viam, corriam atrás. Nós ríamos deles, despistando-os pelas galerias ou mesmo atravessando ruas movimentadas. Conhecíamos o centro de São Paulo como a palma da mão. Tínhamos quinze, dezesseis anos, e eles já eram quarentões. Vivíamos a correr da polícia desde pequenos; jamais nos pegariam no pique.

Bidu era mesmo um sujeitinho extraordinário. Tinha ideias sempre avançadas, além de nosso tempo. Eu o admirava, e se tínhamos quase a mesma idade, no aprendizado do crime nas ruas da cidade ele me ultrapassava de longe. Era uma mente privilegiada, se houvesse sido aproveitada, se Bidu tivesse nascido em um lar rico, seria um gênio. Aceitava seu comando naturalmente, ele era muito mais esperto que eu.

Nesse dia, como já estávamos com dinheiro, ele me fez ficar parado em frente de um banco, um tempão. Mostrava cada pessoa que saía do banco com envelope pardo, dizia que era dinheiro. Ou então mostrava bolsas explodindo de pacotes de dinheiro.

Naquele tempo, em São Paulo, o pessoal do dinheiro não era tão assustado e ostentava suas riquezas. Não havia tanta miséria como há hoje. Logo, não havia tanta gente marginalizada. Lembro Bidu chamando minha atenção para dois guardas bancários que, com extrema dificuldade, atravessavam o viaduto do Chá carregando imenso malote.

"Olha lá. Aquilo ali dentro é tudo dinheiro!"

"Tem certeza? Tenho a impressão que é muita coisa para ser só dinheiro."

"Tenho, já os segui. Constantemente esses guardas passam aqui com esse malote. Vão a um banco, lá na praça Patriarca."

"Puxa, um monte de dinheiro, né?"

"Pois é, ninguém toma, ninguém tem coragem de fazer isso."

"É muito arriscado. Se o povo pega, vai linchar sem dó!"

"É, mas um dia ainda alguém vai resolver esse problema e ficará rico."

Almoçamos e ao sair do restaurante, demos de cara com os dois tiras que nos perseguiam. Quase nos pegam. Bidu caiu, rasgou a calça, ralou fortemente o joelho. Voltou mancando para casa, com a minha ajuda. A mãe passou-lhe um remédio na ferida que ele urrava de dor. Enfaixou e imobilizou-lhe a perna. No dia seguinte, o joelho do companheirinho virou uma bola. A mãe o levou na farmácia, e eu fiquei tomando conta das crianças. Quando voltaram, saí para dar um passeio na favela.

O pessoal da favela era super-humilde. Mais gente de cor. As crianças corriam peladas, com o maior barrigão cheio de vermes e ranho no nariz. Sempre tivera curiosidade por saber como viveriam as pessoas mais pobres que eu e meus pais. Aquela gente parecia pacata, medrosa. Meu pai tinha o maior preconceito contra favelados. Achava difícil de entender — talvez eu fosse burro — por que uma condição de tanto sofrimento e privação, de repente, em vez de ser motivo de lamento, era motivo para condenação. Aquilo não era injusto apenas, era absurdo. Ele dizia que os favelados eram todos vadios, viciados, ladrões. E ali estava eu, seu filho, que não era favelado, mas ladrão e viciado, a observar o sofrimento daquela gente ordeira por demais.

Bidu ficou em casa, e eu fui ficando também. Pelo menos havia um teto, e gastava-se pouco para viver na favela. Quando ele sarou, voltamos à nossa rotina de correria e à relação íntima que tínhamos com a cidade. Amávamos aquela cidade tão conhecida. Fomos presos várias vezes. Na maioria das vezes, tomavam nosso dinheiro e nos soltavam. Quando não, nos prendiam uns dias na delegacia e logo soltavam. Na rua, éramos lucrativos para a polícia. Presos, não poderíamos produzir dinheiro para que nos assaltassem com suas carteirinhas de policiais. Éramos tipo galinhas de ovos de ouro, para eles.

Fiquei conhecendo muitos ladrões na cidade. Havia um lugar, no vale do Anhangabaú, que eles frequentavam. Era um bar enorme, de esquina com a avenida São João.

Comecei a sair para roubar com outros sujeitos. O Bidu foi ficando mais no bairro, mais tendendo para o assalto. Julgava-se bandido, ficou até prepotente comigo, e me afastei. Eu já morava tranquilamente em hotéis da boca do lixo, estava crescendo, com quase dezesseis anos.

Bidu foi morto por tiras em seu barraco, covardemente, após depor armas para que não atirassem em sua família. Aquilo me doeu profundamente... Fui ao enterro e jurei vingança. Como ficaria sua família agora? Já vi seu irmãozinho mais velho junto com Babalu no enterro e imaginei como ia ser.

Novamente voltei às picadas. As famosas garrafinhas de Pervitin. Em cada uma delas, horas de alegria e felicidade. Depois o efeito esmagador do revertério. Depressão aguda, ideias suicidas, nada mais me interessava, e não havia nada que me agradasse mais, nas correrias pela cidade. Em pouco tempo, roubava só para sustentar o vício. Bidu fazia falta. Sempre levantava meu moral quando eu ficava deprimido.

E foi sob o efeito esmagador da droga que fui preso mais uma vez na praça. Estava tomando uma picada à luz do poste, quando a polícia chegou. Nem corri, parecia que queria ser preso. Estava letárgico, abobalhado, impregnado de tanto tóxico e álcool. Na delegacia, nem quiseram conversar comigo. No mesmo dia o delegado me encaminhou para o RPM, o Recolhimento Provisório de Menores.

Não conhecia, só ouvira falar do lugar. Agora ia saber ao vivo. Não estava ligando muito. Estado de inércia e tristeza se abatera sobre mim. Não ligava mais para nada. Minha vida não me satisfazia, tudo me cansava. Já não estava conseguindo roubar dinheiro suficiente para pagar a polícia para continuar livre a sustentar meu vício. Não havia ânimo, emagrecera, parecia um zumbi. Sentia estar morrendo em vida.

7

Foi de manhã cedinho que cheguei ao plantão do Recolhimento Provisório de Menores. Fui conduzido ao prédio administrativo daquele estabelecimento correcional. Colocaram-me dentro de uma espécie de engradado, denominado Chiqueirinho. Passei o dia ali.

Estava inteiramente apático. Não ligava para o que me fizessem. À noite, fui levado por um policial militar para uma espécie de carceragem, onde outro PM registrou meus dados pessoais em uma ficha. A seguir, me fizeram ultrapassar dois pátios (sempre escoltado) e entrar em uma sala enorme. Nessa sala, sentados em longos bancos de madeira, muitos meninos assistiam televisão. A sala fedia. O PM da escolta mandou que me sentasse num daqueles bancos. Todos me olhavam. Senti uma certa intimidação.

O local era assustador. Os PMs, sentados em cadeiras no palco onde estava a TV, olhavam-me com extrema hostilidade. Senti na pele o que seus olhos diziam, o mal que me queriam.

De repente, fui chamado lá na frente e perguntaram meu nome. Mandaram que me sentasse novamente. Na TV passava um desenho. Os garotos, maltrapilhos, estavam entretidos no desenho. Todos com cabelos enormes, emaranhados.

Fui reconhecido pelo Budrim, um garoto do Mercado Municipal, que já havia roubado comigo. Cumprimentei-o e fiquei tentando reconhecer mais alguém. Observei mais uns dois ou três conhecidos, que pareciam querer desconhecer-me.

Prestei atenção nos PMs. Notei que me observavam também. Todos me observavam silenciosamente. Aquilo me intimidava, deixava nervoso, tenso. Chamavam aquela sala de recreativa. Ninguém falava comigo. Só me olhavam. Era proibido conversar, percebi então.

Os policiais bateram palmas, dando a entender que terminara a recreação. Os menores, em silêncio, foram saindo. Assim, banco por banco, ordenadamente, pela porta por onde eu entrara, formando filas enormes em direção ao pátio. Pareciam robôs. Acompanhei-os.

Formavam filas por altura, fui lá para o fim das filas. Percebi que era um dos mais pequenos ali. Então, todos formados à distância de um braço, fomos contados como gado. Os guardas não falavam. Eles gritavam, e quase sempre ofensas. Palavrões. Nas mãos portavam umas borrachas de pneu de caminhão bastante estranhas. Tinham uns quatro centímetros de largura, eram longas, chegavam quase a um metro, e, na ponta, alargavam-se.

A ordem foi dada aos berros, e as filas, como se não fossem humanas, foram entrando, uma a uma, em dois alojamentos. Era o estágio A e o estágio B. No estágio A ficavam os meninos primários e os que tinham cometido infrações penais consideradas leves. No B, já estavam os reincidentes ou aqueles com problemas penais mais sérios. Fui designado para o estágio A.

O alojamento era um salão enorme com camas-beliches em linha, encostadas na parede. Ninguém ainda conversara comigo. Estava assustado, com medo. Todos foram para seus devidos beliches.

Um dos guardas, ao me notar sem rumo, mandou que me encostasse à porta. Ria ao me olhar, avaliando-me. Quando levantei a vista, os outros meninos já estavam de calção em frente aos beliches. De dez em dez, ao comando do guarda com a borracha na mão, corriam para o que, imaginei, fosse um banheiro. Mais alguns minutos e lá vinham eles correndo, sempre em silêncio, molhados e se enxugando, para seus lugares nos beliches. Outros dez já partiam em desabalada carreira. Observava a eficiência do comando e da disciplina, imaginando o que me esperava. Estava no ar algo que sentia, e era contra mim e ia doer.

Após os garotos tomarem seu pseudobanho, entrou no alojamento um PM enorme. Vinha falando alto, escandaloso: "Vamos lá, putada, tá na hora de dormir. Quem der um pio vai conversar comigo aqui! E hoje estou disposto". E apontando para mim, disse: "E esse aí?".

O outro guarda afirmou que eu era mais um novato. Tinha chegado havia pouco.

"Então é hoje que a casa cai e a puta apanha!"

O homem estava com uma espécie de chicote nas mãos. Na verdade, era um pedaço de fio de telefone, com mais ou menos um metro. Tremia dos pés à cabeça, me apavorei diante o que seus olhos me ameaçavam. Será que iria bater? Mas eu não fizera nada ali... apenas chegara.

Como já conhecia a técnica, muito usada no SAT, de intimidar para controlar, preferi acreditar que era só ameaça. Os garotos todos tomaram banho e já estavam cobertos, era pleno inverno. Percebi que todos aguardavam alguma coisa. Havia uma expectativa no ar, e era comigo.

De repente, o PM com o fio de telefone veio para o meu lado. Perguntou, de modo jocoso, por que eu havia ido parar ali. Contei a verdade.

"Ah, então temos aqui um viciado em picadas! Deixa ver teus braços. Tudo furado. Vamos começar a lição. Você precisa aprender onde está. Para começar, você precisa aprender a tomar bolo. Coloca as mãos juntas, esticadas para a frente. Assim, assim. Não tira enquanto eu não bater! Se tirar vai na cabeça e nas costas!"

Ajeitou minhas mãos paralelamente, com as palmas para cima. Sabia que ele bateria com o fio de telefone. Sabia também que teria de suportar a dor. Já suava de medo quando o homem ergueu o chicote e o vibrou no ar. Empregando todo o peso do corpo, arriou o fio de telefone em minhas mãos. A dor foi tão grande que, no susto, pulei e caí no chão. Parecia que minhas mãos haviam sido cortadas. Queimavam. Olhei, e lá estavam minhas mãos, com um risco vermelho vivo, insensíveis. Fui tão surpreendido pela dor que perdi a voz na hora. E todos riam, inclusive os meninos...

O homem gritava comigo para que eu colocasse as mãos novamente. Não conseguia dizer que doía muito ainda. Julgou que eu o desafiasse, então deu com o fio de telefone em minha cabeça. Então consegui gritar. Senti o fio entrar em minha

95

cabeça, queimando. O sujeito ainda exigia que eu colocasse as mãos. Gritava comigo, possesso, indignado com minha demora em me submeter à tortura.

Assustadíssimo, ao seu comando, coloquei as mãos novamente. Ele chicoteou. Mais uma queda e uma dor despedaçadora explodindo pelos braços no corpo todo. Segurou minhas mãos e colocou na altura que desejava para um maior impacto. Eu chorava, implorava piedade. E lá veio a dor. Dessa vez mais forte, já que acertou em cima da primeira pancada. Desesperado, saí correndo para o fundo do alojamento, e ele atrás, chicoteando no ar. Enfiei-me entre a parede e um beliche, encolhi-me todo. O carrasco, totalmente fora de si pela minha ousadia de correr dele, começou a bater às queimas, para acertar onde acertasse. E doía, doía... Lembrava meu pai, era quase a mesma tortura, só que ali doía infinitamente mais.

Quando o sangue desceu dos buracos na cabeça para o meu rosto, percebi que o animal se assustou. Parou de bater e me mandou correr para o banho. Esgueirando-me pelos beliches, passei por ele, morrendo de medo, e corri para o banheiro. Tirei a roupa depressa e entrei debaixo do chuveiro gelado.

Doía o corpo todo. Minha cabeça parecia furada em vários lugares. Na ponta do chicote devia ter algo que também furava. O outro guarda, mais idoso, jogou-me uma toalha. Mandou que me enxugasse rápido que ele vinha vindo. A toalha ficou toda manchada de sangue. Vesti a roupa sem sentir as mãos.

Saí do banheiro e dei de cara com o carrasco. Ergueu o fio e deu mais uma lambada nas minhas costas, enquanto eu corria. Pulei, corcoveei e gani de dor. O guarda mais velho estava à frente, escondi-me atrás dele. Este mandou que eu caísse em um beliche próximo. Mais do que depressa, pulei na cama e me cobri com um cobertor fedido. Fiquei ali tremendo, desconsoladamente.

Ainda não entendia o que estava acontecendo. Onde me encostava na cama, queimava. Ardia. Sentia-me como que cortado em fatias. Comecei a chorar baixinho, querendo minha mãe, sentindo a maior solidão do mundo. Acho que assim sofrendo, cansado, adormeci.

Logo cedinho, quando começou a clarear o dia, fui acordado por um barulho estranho. Assustado, olhei para o lugar de onde vinha. Era o tal do PM com o fio de telefone que estava batendo com um banco no chão: "Acorda, putada! Está na hora de trocar plantão. Vamos rápido escovar os dentes e lavar essas caras sujas!".

O companheiro da cama de cima avisou-me que era para correr para o banheiro, senão sobrava bolo. Como um lince, pulei da cama e corri para onde todos corriam. Foi então que senti as dores pelo corpo. Olhei para minhas mãos e braços, e havia calombos grossos e roxos. Meu cabelo estava empastado de sangue seco.

No banheiro enfiei a cabeça na água gelada, e queimou, ardeu muito. Corri, e ao passar pelo PM com o fio de telefone, ele ria de mim e avançava para meu lado. Acelerei, atropelei todos em minha frente e escapei. Mandaram que saíssemos ao pátio.

Formamos filas, realizou-se a contagem e a troca de plantão dos guardas. Em seguida, ainda em fila, fomos para outro pátio, desembocando em outra sala grande, era o refeitório. Todos ali eram dominados pelo medo, tudo funcionava à lei da borracha e do terror consequente.

O refeitório era cheio de mesas enormes, guarnecidas de bancos coletivos. Passamos por uma espécie de balcão, onde uma senhora mal-encarada nos dava um pãozinho com margarina. Ao fundo pegávamos uma caneca de alumínio e éramos servidos de café com leite. Ordenadamente, íamos lotando as mesas, nos assentando para comer.

Tomei o café com leite, que, diga-se de passagem, estava muito gostoso. Saí quando os outros garotos saíram também. Desembocamos num pátio, e parecia que podíamos ficar à vontade. Quando todos saíram, seu Mascarenhas, chefe do plantão, bateu palmas para que entrássemos em forma novamente. Percebi que aquilo parecia um quartel, os PMs nos tratavam como a recrutas do exército, disciplina militar; éramos os órfãos da ditadura. Ordenou que nos sentássemos no chão e autorizou que fumássemos.

Seu Mascarenhas era um guarda bastante fanfarrão, mas de coração bom. Nós só podíamos fumar em forma e na frente dos guardas. Se pegassem alguém fumando escondido, era motivo para um monte de bolos nas mãos. Ainda tinha um maço de Minister quase cheio. Acendi um diante olhos ávidos. Ofereci aos que me cercavam e quase fiquei sem o maço. Após a fumaça, fomos dispensados e pudemos andar pelo pátio, à vista de três PMs. Sentei num canto e fiquei admirando os vergões roxos em meu corpo. Ardiam, mas o pior já passara, imaginava eu. Sentia dó de mim mesmo, lambendo minhas feridas, quando fui abordado por dois garotos do meu tamanho.

"Ei, de onde você é, qual é o teu pedaço?"

"Sou da Vila Maria e do centro, por quê?"

"Nada, nada. O que você fez? Qual é tua arma?" Perguntava sobre minha modalidade de crime.

"Bato carteiras, faço gomas e até assalto."

Olhavam-me incrédulos, mas, na dúvida, podia ser.

"Por que foi preso?"

"Porque me pegaram com um arpão."

"Você toma picadas?"

Senti novamente a dúvida.

"Tomo sim. Olha minhas veias." E expus veias dos braços cheias de pontinhos pretos, sinais de inúmeras picadas. Percebi que fui valorizado por isso.

Um deles me avisou para tomar cuidado com os grandes. Eles iam me requisitar para conversar. Costumavam bater, tomar tudo o que se tivesse, judiar, e até comer na marra os mais pequenos e fracos. Aquilo me assustou; mais sofrimento ainda, não bastava a polícia? Procurei não demonstrar. Aprendera que o medo é algo que não deve ser demonstrado em hipótese alguma. Era o malandro sentir medo na vítima, para se aproveitar e apavorar mais, para dominar, como os animais.

Nesse primeiro dia, após o diálogo com esses garotos, observei bastante e já percebi a turma dos grandes. Eles ficavam juntos, num canto do pátio. Lá para as onze horas, formamos novamente e fomos almoçar em bandejão. Arroz, feijão, mistura e um pedaço de marmelada. Comi isso como um cavalo. Estava cheio de fome, e assim, de início, a comida me pareceu gostosa; depois vi que não era tão boa assim. Quando não tomava picadas, sentia muita fome.

Passamos a tarde no pátio, inativos e ociosos. Fiquei sentado e apático, olhando o movimento. Uns brincavam de pegar, outros batiam figurinhas, jogavam damas ou dominó. Ao escurecer fomos para a recreativa.

Fomos contados, trocou plantão. O plantão dos guardas à noite era sempre mais rígido. Exigiam silêncio de nós. Eu já julgava que exigiam silêncio unicamente para nos bater. Tinham prazer e se divertiam nos batendo.

Era impossível ficar sem falar muito tempo, por mais medo que tivéssemos de que nos espancassem. Éramos crianças, e crianças falam mesmo. Quase todos fumavam, quase ninguém tinha cigarros. Vivíamos caçando bitucas. Enrolávamos em qualquer papel e fumávamos, como fosse um ato de liberdade.

Constantemente, o guarda ao lado da TV mandava que um de nós subisse. Esse fora pego conversando. Automaticamente, colocava as mãos à mercê do carrasco. E lá vinha a borracha de pneu de caminhão (os guardas zombavam dizendo que era o produto do Amazonas), assobiando, nas mãos do infeliz. Era sempre de cinco bolos para cima, a conta do sadismo dos guardas.

Quando o elemento era reincidente ou a falha era maior, faziam que ele sentasse encostado na parede, com as pernas esticadas. Juntavam os pés da vítima entre seus próprios pés e desciam a borracha. Para mim parecia que doía mais ainda, uma vez que os gritos eram mais agoniados. Já apanhara na sola dos pés na ocasião em que fora posto no pau de arara. Sabia o quanto doía.

O ato dos PMs era tão conscientemente criminoso, que procuravam bater apenas onde não ficassem marcas duradouras. As palmas das mãos e as plantas dos pés. Só quando a vítima não se submetia àquele tipo de tortura é que eles batiam às queimas. E tínhamos pavor às surras às queimas. Eram borrachadas para todos os lados.

99

Só hoje sei que é muito mais fácil suportar uma surra geral do que sofrer tortura. Dói mais fisicamente, mas é muito menos danoso no nível psicológico. Quando judiavam muito de um de nós, vigiavam-no para não lhe dar chances de denunciar. Quando as marcas eram muitas, colocavam-no no castigo, na cela-forte da triagem, para escondê-lo da família. Depois, quando sumiam as marcas, procuravam dar doces, balas, cigarros para comprar a vítima. E, por incrível que pareça, éramos tão carentes que aceitávamos suborno. Mesmo porque, se denunciássemos a tortura a nossos pais, em geral não fariam nada. E se fizessem, denunciassem a tortura, difícil acreditar que isso redundasse em alguma punição para os PMs. Tortura era uma instituição no país, praticada nos mais altos escalões da nação. Não acreditávamos em justiça. Quem iria se importar conosco?

Passei três dias mais ou menos tranquilos. Senti falta de cigarros, picada, maconha e liberdade. Doía imensamente ser movido a bater de palmas. Era terrível ver a garotada apanhar ao menor descuido, sabendo que bem podia ser eu a vítima. Tudo ali doía em mim. Mas ainda estava em suspense, sentia na pele que o pior estava por vir.

No quarto dia, fui chamado ao boi, como era denominado o banheiro. Já então, sabia quem eram os valentões. Esses se destacavam porque viviam a perturbar e perseguir os mais pequenos. Tomavam sobremesas, misturas, roupas, sempre oprimindo os mais fracos e frágeis. Haviam assimilado o modo de os PMs nos tratarem, até bolos davam nos menores.

E eram eles que me mandavam chamar. Fui, iludido que era malandro e, em uma conversa, faria com que percebessem isso. Saberia me explicar, e tudo ficaria bem. Mas não houve conversa, fiquei sem entender nada. Lá estava o Trombada, o Mário, o Osório, exatamente aqueles que, na formação das filas por altura, ficavam à frente.

Fui pego pela camisa e atirado no reservado da privada, onde choveram socos e pontapés por todo o meu corpo. Procurei defender o rosto, mas era uma chuva de golpes tão fortes que não aguentei e caí. Pior para mim, que fiquei ao alcance dos pés. Os chutes vinham de todo lado. Desesperado diante tal covardia, quando notei uma brecha, me atirei e pulei para o pátio, correndo na direção oposta de onde estavam os policiais. Estes pareciam coniventes, pois fingiam não ver nem ouvir. Achavam que só se fôssemos dar queixa é que podiam tomar atitude disciplinar. Queriam promover a delação. Eu já fora educado no crime, onde vale tudo, menos caguetar e dar a bunda. De modo que me encolhi num canto e fiquei chorando, escondido para ninguém ver.

O Budrim e os outros que conhecia estavam no estágio B. Era um outro pátio de recreação, outro dormitório, outro mundo. Nos encontrávamos apenas na recreativa, e lá era proibido falar. Não podia pedir apoio. Não entendi jamais por que me bateram. A única explicação era o sadismo, o prazer de judiar. Era o único divertimento deles: judiar dos mais pequenos.

O tal de Mário começou a me perseguir mais particularmente. Não podia me ver que vinha mexer comigo. Passava a mão na minha bunda, se grudava em mim, tentando me humilhar. Ficava louco com isso, uma fera! Mas não podia reagir, não podia com ele. Era bem maior que eu e muito mais forte, dava uns dois de mim. Depois, se o vencesse teria de enfrentar a turma dele. Vivia evitando-o, fugindo dele, correndo dele, passando longe. Mas o sujeito adorava me irritar. Parecia que quando queria rir, zombar de alguém, humilhar, então me procurava pelo pátio. E não havia como fugir.

Havia uns meninos mais bobinhos, mesmo débeis mentais (uma boa parte dos mais novos eram debiloides), que acovardavam-se quando os grandões os oprimiam. Os maiores, então, conseguiam diversão por algum tempo. Eles faziam pressão em todos, alguns cediam, coitados desses. Faziam fila para usar os pobres-diabos. E não era apenas uma ou duas vezes. Sempre, até que a criança não aguentasse mais e denunciasse, ou ficasse machucada demais e precisasse ir para a enfermaria. Quando não caguetavam, ficavam como cãezinhos. Todos batiam e judiavam, até aqueles que já haviam sido vítimas dos mesmos abusos, antes.

Alguns como que casavam. Arrumavam um protetor. Só davam para ele e eram protegidos contra os outros. Tinha a maior pena, sempre que seus donos não estavam por perto, conversava com eles. Ninguém conversava, tinham medo do dono se aborrecer com isso. Eram seres frágeis que viviam em pavor constante. O medo que vivenciavam fazia com que se desumanizassem, tornavam-se subservientes para não apanhar.

Observei muitos que os grandões comiam na base da pressão e da porrada se vingarem caguetando-os. Para esses, a vida ficava pior ainda. Delatores eram estigmatizados, desprezados e odiados por todos, fortes ou fracos. E viviam apanhando e caguetando, num moto-contínuo. Apanhavam porque caguetavam e caguetavam porque apanhavam. Até os policiais não gostavam de delatores, embora, paradoxalmente, os incentivassem. Temiam que os denunciassem também.

Eu lutava contra os grandões continuamente. Não que os enfrentasse. Era loucura, e eu não era exatamente um menino corajoso. Mas era rebelde ao domínio deles. Não me submetia. Viviam me batendo, socando, e eu fugindo, correndo, escapando. Resistia como podia e vivia em permanente vigilância para evitar estar no caminho dos maiores.

A vida ali era uma guerra constante. Então chegou o Paulão. Um negrão enorme, do meu bairro, traficante de maconha. Conversamos, havia sido pego com alguns parangos (enrolados de porção de maconha a granel) lá na Vila. Como era enorme e forte, os maiores, em vez de tentar qualquer agressão, procuravam incluí-lo em seu meio. Em poucos dias de estada ali, Paulão começou a judiar de alguns menores também. Comigo não mexia. Eu era da Vila, dizia. Sob a liderança dele, os maiores ficaram comedidos. Só abusavam daqueles que se submetiam e dos caguetes.

Fiz amizade com um mineirinho recém-chegado de Minas. Era ladrão de bolsas. Andávamos sempre juntos. Mas um branquinho, o Gavião, que fora preso com ele, ficou com ciúmes de nossa amizade. Sozinho, estava apanhando e sendo possuído pelos grandões. Nós dois, juntos, já éramos mais respeitados. Acabou arrumando uma intriga entre nós.

102

Havia um costume segundo o qual, quando dois garotos queriam brigar e não ser punidos, iam aos guardas e pediam uma ala, que era permissão para brigar sob a vista deles. Os policiais adoravam isso. Era um circo perfeito. Ninguém queria perder para não ser desprestigiado, então se agrediam feito feras. Os guardas até apostavam entre si e faziam torcida.

O mineirinho pediu ala comigo. Fui para não parecer covarde, mas não queria brigar, o sujeito era meu amigo. Acabei apanhando, estava sem convicção, e ele possuía técnicas de briga desconhecidas para mim. Isso eliminou minha única amizade e me desprestigiou com os maiores.

No dia seguinte, lavei meu belo short de helanca e deixei para secar. O Paulão pegou o short e disse que estava tomado. Conversei. Puxa, éramos do mesmo bairro, e não ficava bem aquilo. Deu-me um safanão e disse que não tinha conversa, que estava tomado mesmo.

Quando os maiores viram que até o malandro do meu bairro tomava minhas coisas, voltaram a me perseguir. Agora era só passar ao alcance de alguns deles para que tomasse um soco, um pontapé, uma passada de mão, quando me distraía. Tentavam, de todas as formas, me desmoralizar. Eu era o único dos mais pequenos que não havia me submetido às suas taras e domínio. Apesar de não poder reagir, não me submetia. Era uma resistência absurda, cheia de revolta e ódio. Eles sentiam, viam em meus olhos, e isso mexia mais com eles ainda. Fui combatendo-os com minha teimosia em viver com certa dignidade, apesar deles.

Apanhava bastante. Mas era preciso que me pegassem de surpresa, porque se me chamassem, não compareceria. Sabia como eles arrumavam os xavecos, as armadilhas deles. Se viessem para meu lado, eu corria.

O fato de ser pequeno e não ser lá muito bom de briga, colocava-me em desvantagem até psicológica. Estava convencido que não podia com nenhum deles. Nunca fora, também, quando sozinho, um sujeito violento. Sobressaía sempre pela astúcia e ousadia. E ali não era local onde tais virtudes pudessem ser consideradas. Predominava a lei dos mais fortes. Era a força bruta. Tendo a polícia, por fora, para oprimir e barbarizar a todos. Embora tendessem a oprimir sempre os mais fracos, que pareciam os mais desorientados. Inúmeras vezes vi os "valentes e valorosos" policiais militares surrando a borrachadas débeis mentais que nem sequer tinham total coordenação de seus movimentos. Os loucos, os débeis e os fracos eram o alvo favorito de todos naquele depósito de vidas humanas.

Qualquer um de nós, dos menores, estaria com o futuro comprometido. A pressão que vivíamos era contínua, alucinante. E isso apenas no nível de pressão da convivência. Mas havia mais. As muquiranas. Os alojamentos eram infectados de muquiranas. Nossas vorazes inimigas. Um animalzinho de muitas patas, que corre rápido, mestre em se camuflar nas roupas. Tão esperto que é capaz de se mimetizar de acordo com as cores das roupas. E pica (sei lá se pica mesmo ou se rasga) nosso corpo para sugar nosso sangue. Aquelas vampiras! Sua picada coça a ponto de dilacerarmos a pele de tanto arranhá-la. Quando conseguíamos dormir, apesar delas, as danadinhas não deixavam de nos picar. Cortávamos nossa pele com as unhas, dormindo. De manhã cedo, o lençol estava todo sujo de sangue. Não havia preocupação da administração em nos vestir. Apenas quando o menor estava sem roupa alguma é que eles davam uniforme. Com certeza "uniformes para todos" constava na planilha de custos da instituição. Alguém devia lucrar com isso. Quase todos nós estávamos com os restos das roupas com que viéramos da rua. Isso equivale a dizer que estávamos rotos e rasgados.

As muquiranas faziam morada em nossas imundas vestes. Dentro do banheiro, no pátio, onde tomávamos água, os coitados lavavam as roupas dos valentões. Lavava minhas roupas sempre que arrumava um pedaço de sabão e sabia que ia ter visitas.

De manhã cedo, ao sol, um dos passatempos mais rotineiros era a caça às muquiranas em nossas roupas, pois os ovinhos que punham nelas não saíam nem mesmo depois de as lavarmos. Eram minúsculos; os bichinhos saíam dos ovos, se disseminavam pelas roupas, crescendo e engordando com nosso sangue. Faziam parte da tortura e opressão geral. Quem conhece a muquirana, sabe a força do que estou dizendo.

Um mês após estar preso naquele inferno, fui chamado à carceragem. Pensei que fosse alguma coisa boa. Era apenas o assistente social que me requisitava no hospital. Um soldado me algemou e determinou que o acompanhasse. Abriu as portas, e vi o mundo novamente. Árvores, sol, vida. Já aquilo me inebriou. Fiquei emocionado. Ainda existia o mundo, e eu já esquecera o quanto podia ser belo, luminoso e brilhante.

Saí andando ao lado do PM, a passos trôpegos. Bebendo com os olhos tudo aquilo que entrava, invadindo a alma de beleza, de encanto. Em uma outra construção, atrás das instalações do pátio, localizava-se o hospital. Maior contraste: tudo muito limpo, encerado: cartão de visita.

Entrei com o soldado. Uma moça nos atendeu, enquanto explicava aonde o PM deveria me levar, eu a admirava. Como eram lindas as mulheres! Parecia que naquele momento eu me apercebia da graça, da delicadeza da natureza feminina. Subimos alguns degraus da escada, virei a cabeça para a última olhada na garota. Ela me olhava, e senti compaixão em seu olhar. O soldado abriu uma porta, pediu licença e me introduziu na sala. Havia um homem gordo, imenso, atrás de uma mesa de escritório.

"Sente-se", disse-me, mostrando com os olhos uma cadeira. "Você é Luiz Alberto Mendes Júnior?"

"Sim, senhor."

"Você foi preso portando uma seringa hipodérmica, e aqui consta que apresentava sinais de perfurações nos braços. Você é viciado em picadas?"

"Não, não sou."

"Fale-me um pouco de você. Sou assistente social, estou encarregado do seu caso. Não tema nada de mim. Não lhe farei mal algum. Estou aqui para lhe ajudar. Pode falar, sem receio. Preciso conhecer você para poder compreender seu caso e poder lhe ajudar."

Quase chorei ao ouvir aquelas palavras. Senti que podia confiar naquele gordão, sua cara era de pessoa boa, confiei nele logo de início. Quanto tempo que ninguém era bom comigo. Parecia que nunca ninguém o havia sido. Aquelas palavras me emocionaram demais, fiquei feliz e radiante, repentinamente. Voltei a confiar que podiam existir pessoas boas no mundo. Até então, parecia que só existiam as que queriam me fazer mal.

"Estou mesmo precisando de ajuda. O que o senhor quer que lhe conte de mim, por onde quer que comece?"

"Sua família. Fale-me de seus pais, o endereço deles para que possamos avisá-los que você está aqui. Devem estar desesperados à sua procura."

Falei de meu pai alcoólatra que me batia, das fugas de casa e da vida nas ruas, assim, resumidamente. De minha mãe, que só sabia sofrer por mim e por meu pai. Desabafei. Prometeu procurar minha mãe, conversar com ela e trazê-la para me visitar, aquela semana ainda. Deu-me um maço de cigarros, apertou minha mão, e notei profunda piedade em seus olhos, o que quebrou o encanto. Ele chamou o soldado para me conduzir de volta ao pátio. A piedade me constrangia, deixava triste. Tinha algo dentro de mim que não sabia o que era. Era algo a ver com a resistência; como se a piedade dos outros me ameaçasse, enfraquecesse.

Apesar disso, fiquei contente com a entrevista. Acreditei no homem. Parecia pessoa realmente a fim de ajudar. Sabia que assim que avisasse minha mãe, ela viria correndo me socorrer, me tirar daquele inferno. Imaginava que só por ver o meu estado, e por tudo o que contaria a ela sobre a vida miserável a que era submetido, daria um jeito de me tirar dali, no mesmo dia. Já vivera as maiores crises de tristeza em dias de visita. As mães dos outros garotos vinham, e a minha nunca vinha. Isso doía muito. Queria minha mãe, ela me salvaria, com certeza!

Domingo, lá estava eu, com as roupas rasgadas, mas limpas, encostado, desde cedo, à porta onde éramos chamados à visita. Demorou, demorou, e quando já estava entrando em pânico, chamaram meu nome. Que felicidade! O coração saltou-me à

106

boca, quase não consegui dizer meu nome ao guarda que me chamara, quando me apresentei. Quando entrei na recreativa, minha mãe estava lá, no meio do salão, com uma sacola, me esperando. Voamos um para o outro. Agarramo-nos e começamos a chorar. Choramos abundantemente. Mais ela, eu me controlei logo. Beijou meu rosto, limpou as lágrimas e fomos sentar em um banco.

"Como você está magro, Luizinho!"

"A vida aqui está ruim demais, por isso estou assim, mãe."

"O que você fez para vir parar aqui, meu filho?"

"Fui preso com uma seringa."

"Será que não é pelo roubo das empresas?"

"Acho que não."

"Que alívio te ver! Não sabia onde você estava, como estava, por que você faz isso comigo, meu filho?"

"Não é a senhora, mãe. É mais com o pai. Não aguento viver com ele! E a cidade me atrai, fico louco para andar nas ruas da cidade, ser livre, ter dinheiro, comprar as coisas que gosto, comer bem, me divertir... Morri de saudades da senhora. Mas não dava para voltar para casa, o pai também não me aceitava, a senhora mesmo disse."

"Bem, não vamos discutir esse assunto. E você aí, como está?"

"Aqui é um inferno, mãe. Me tira daqui!"

"Pelo que o assistente social que foi lá em casa disse, você não pode sair de imediato. Falou que vão te estudar psicologicamente. Eu queria que você fosse para um colégio interno do governo. Lá você estaria longe de seu pai e teria uma vida regular, podendo estudar e trabalhar. Mas eles afirmam que você tem pai e mãe, e por isso não pode ser internado. Você retornará para casa assim que te ajudarem."

"É mentira, mãe! Aqui eles batem em nós todo dia, e com borracha de pneu de caminhão e fio de telefone! Eles vão me destruir aqui, mãe!"

O Osório estava com a mãe dele do meu lado, e percebi que ele e a mãe escutavam o que eu dizia. Procurei falar mais baixo, ninguém podia saber que eu estava implorando a minha mãe para que me tirasse dali. Seria um sinal de fraqueza, para os outros.

"Mas, meu filho, batem mesmo em você, ou você está mentindo para sair daqui?"

"Não, mãe, eles batem mesmo, já apanhei muito deles."

"Vou procurar saber disso, meu filho, falarei ao assistente para você sair logo. Mas tem o problema de seu pai. Vou ter de convencê-lo a aceitar você de novo. Depois você apronta de novo, e foge..."

"Dessa vez não, mãe. Aprendi. Não quero mais vir para cá novamente! Quero ficar em casa e vou trabalhar de qualquer jeito. Nunca mais quero ser preso em minha vida!"

E falava com convicção. Sofrera demais naquele mês, preso. Por tudo o que vivera, estava bastante assustado. Queria a paz do meu lar, depois o meu pai já não me espancava mais. Era só trabalhar firme que tudo estaria muito bem. As brigas deles, eu não iria me importar mais com elas. E se meu pai perturbasse muito, eu sempre poderia viver em outro lugar. Trabalhando, todos me aceitariam, e nunca mais seria preso.

"Não acredito muito no que você diz. Você já me mentiu muito. Mas vou fazer o que puder para tirar você daqui. Trouxe uma roupa para você, dois maços de cigarros e alguns doces. Vou vir te visitar todos os domingos, até você sair."

Logo terminou o tempo da visita, nos despedimos, entrei para ser revistado. No pátio, encostei num canto e comecei a chorar. Escondido para ninguém ver. Sentia que minha mãe não confiava mais em mim. Julgava que mentia quando disse que apanhava. E não podia falar que os maiores ali viviam me batendo e que queriam comer minha bunda. Isso seria delatar. Eu já havia introjetado a lei do crime, de modo que era impossível dizer.

Sentia que minha mãe preferia me ver ali do que na rua, fugindo de casa. Pensava que ali estava seguro e protegido e na rua estava para todos os riscos. Naquele momento vivi o terror: estava só contra tudo e todos, nem minha mãe estava fora. Me sentia tão pequeno e frágil!

Mas eu tinha doces, uma roupa limpa e cigarros. Mexi nas coisas que ela trouxera, comi um doce, logo apareceram outros garotos. Comi com eles tudo o que havia, imediatamente, com medo de que os grandões viessem tomar. Após o banho, no dormitório, coloquei roupa limpa e adormeci.

Ouvi falar constantemente na triagem. Era um prédio ao lado do pátio, quando fora ao hospital, o vira. Ali estavam presos os menores de idade tidos como perigosos. Os multirreincidentes, assaltantes, assassinos, estupradores e casos rumorosos. Todos diziam que era como cadeia, com xadrez e tudo. O castigo, a cela-forte, era lá. Quase todos os garotos do pátio que foram para o castigo voltaram desmoralizados. Haviam sido estuprados por lá. Conversei com alguns deles, e eles me pintaram a triagem como o inferno na terra. Tremiam só de pensar em voltar lá, voltavam mansinhos, quase santos. O meu medo de ir para lá era enorme. Não daria motivo, me comportaria excelentemente.

Procurava viver dentro das regras dos guardas. Mas esses eram muito sádicos, viviam caçando motivo para bater em nós. Muitos deles só trabalhavam alcoolizados. Traziam até garrafas de bebidas, passavam a noite bebendo. Se alguém conversasse na recreativa, ou eles suspeitassem que houvera conversa, pronto: mandavam os faladores se apresentar. Caso não o fizessem (e raras vezes alguém tinha coragem para tanto, pois iria ficar com as mãos e os pés queimados de tantos bolos), era motivo para que batessem em todos nós. Possuíam a periculosidade de nos colocar em forma no pátio e ir chamando um por um para apanhar. E era sempre de dez bolos para lá, para cada um. Os mais pequenos não aguentavam e acabavam sempre apanhando mais, tomando borrachadas pelo corpo todo. Ai de nós se nos recusássemos a pôr a mão ou o pé para que batessem. Era borrachada para todo lado. Liberavam todo o sadismo de que eram portadores. Isso acontecia constantemente. Principalmente quando não havia novatos para eles baterem.

Quando chegavam novatos, nós ficávamos contentes. Nós os veríamos apanhar como cães, achando justo que apanhassem também, já que todos apanháramos quando chegáramos. E escaparíamos de apanhar naquele dia. Os guardas já teriam seu passatempo. Era esse o clima que pairava, quando cheguei ali e pressenti algo ruim.

Aos poucos, fui introjetando o ambiente violento, até modificando meu jeito um tanto meigo e infantil. Fazia parte de tudo aquilo já. Se não fosse pequeno, talvez estivesse abusando dos menores, como faziam os grandes.

Testávamos os novatos quando eles apanhavam dos PMs. Aquele que contasse tudo aos primeiros bolos, ou demonstrasse covardia exagerada, já sabíamos, não ia se dar bem em nosso meio. No dia seguinte, os maiores já lhe tomavam as roupas e lhe davam outras rasgadas e cheias de muquiranas. Depois viriam as ameaças e as primeiras porradas. Se fraquejasse, no mesmo dia já era possuído pelos grandes e até obrigado a escolher um deles como marido. Havia vários casados. Viviam nessa posição humilhante por não ter opção. Quando os donos iam embora, emancipavam-se e não permitiam que os montassem mais.

Nem pensei em possuir alguém. Além de ter pena dos menores que eu, precisava era cuidar da minha bunda, que os valentões queriam comer. Jamais abusei de ninguém em prisão alguma. A moral estava na bunda, e a minha era o meu tesouro.

No domingo seguinte, minha mãe veio novamente. Contou que a mãe do Osório, que estava a nosso lado na visita anterior, abordara-a lá fora. Alertara-a para que não contasse a ninguém que éramos espancados ali. Se os guardas soubessem, poderiam nos bater mais, por vingança.

Acho que foi então que ela acreditou no que eu lhe dissera, que éramos espancados. Mesmo assim, sabia que ela me preferia ali, apanhando e tudo, do que nas ruas. Sempre a maldita segurança em primeiro lugar. Ali ela sabia que eu comeria, dormiria numa cama, nenhum carro me atropelaria e nenhum policial me mataria. Isso de apanhar, eu apanhara a vida toda e estava vivo e sadio ali. E mais um pouco não iria me prejudicar muito. Loucuras da lógica maternal.

Conversamos. Minha tia Ercy viria me visitar. Meu pai sabia onde eu estava, quis proibi-la de me visitar, mas ela viria, quer ele quisesse quer não. Quanto ao mais, estava tudo bem. Quando chegasse o momento, iria falar com o assistente social para me liberar. Que momento?, perguntava eu. Tinha que ser já, agora! Pedia que me acalmasse, logo me tiraria dali. Havia um problema: meu pai teria que assinar a minha libertação. Ele não queria.

8

Havia, no corredor entre o pátio e a carceragem, uma pequena oficina. Parece que era do Senai. Nela havia um professor. Interessei-me pelas coisas, máquinas e detalhes que entrevi no local. O professor pareceu-me um sujeito legal. Rapidamente, através de alguns meninos autorizados a frequentar a oficina, encontrei um meio de falar com ele. Com jeito, pedi me deixasse participar do aprendizado que se fazia ali. Consegui.

O sujeito era mesmo muito legal. A oficina era uma espécie de marcenaria, mas havia espaço para outros aprendizados também. Apenas eu e mais uns cinco menores saíamos do pátio para aprender ali. Os outros, quase duzentos meninos, viviam na ociosidade completa, excetuando-se os poucos que trabalhavam na horta.

O professor afeiçoou-se a mim e já me distinguia, levando-me para buscar café na cozinha. Nem sequer pensava em fugir. Havia em mim um sentido de lealdade, já naquela época, com quem me oferecesse confiança e afeto. Poderia fugir tranquilamente. O professor era uma pessoa gorda e despreparada. E eu estava acostumado a correr da polícia, que era preparada para correr.

O mundo exterior me fascinava. Era como se estivesse redescobrindo-o. As árvores, o chão de terra, o sol com suas luzes e cores, as pessoas, as construções... Tudo ganhava novos valores que me seduziam quando saía para a cozinha com o professor. Sentia as coisas diferentemente, como se as estivesse aprendendo novamente, tudo tinha um novo significado. Sentia uma imensa necessidade de ser livre, nos poros, nos ossos. A vida lá fora tinha um cheiro diferente, excitante, e eu a aspirava a longos sorvos. O ar parecia conter partículas de tudo aquilo de bom e belo que enxergava agora no mundo, enchia-me, pelos pulmões, de felicidade!

Com abertura para a oficina, comecei a ter contato com os guardas que escoltavam os meninos para trabalharem na horta. O PM que comandava era todo vermelhão, muito forte, parecia um enorme dínamo de energia. Aparentava estar sempre alegre, embora de uma alegria séria, responsável, bem-humorada. Ele já tinha uma equipe de menores adrede escolhida, que trabalhava com ele. E eram exatamente aqueles que estavam havia mais tempo presos ali.

A rotatividade no pátio era enorme. Os garotos chegavam, passavam pela selvageria dos guardas e pilantragem dos maiores, e, dali a alguns dias, a família era avisada, vinha buscá-los. Eram, às vezes, múltiplas vezes reincidentes. Outros, os motivos de ali estarem eram muitas vezes mais sérios que os meus: roubo de carro, tentativa de homicídio, tentativa de estupro etc.

Às vezes isso me deixava muito desiludido com minha mãe e acumulava mágoa profunda. Creio até que se, por tê-la feito sofrer muito, matara um pouco do amor que ela possuía por mim, aquelas mágoas acabaram também com muito de meu apego a ela. Não entendia por que eu não saía também, por que minha mãe não se empenhava nisso. Parecia que ia me deixando ficar por me sentir seguro ali.

Meu pai, eu sabia, gostava da ideia de me saber preso. Não moveria uma palha no sentido de me tirar dali. Dona Eida talvez não lutasse o suficiente para demovê-lo de sua intenção. Era por aí que eu racionalizava minha estada ali por meses a fio.

As pessoas simples do povo, como minha mãe, acreditavam nas instituições do Estado. Acreditavam na onisciência e onipotência do governo. Dona Eida era janista convicta. Ele era seu herói, politicamente. Fora ele quem fizera todos os benefícios para a Vila Maria, até sua tradicional ponte sobre o rio Tietê.

Na época já se começava a sentir as garras do autoritarismo que caracterizaria a tomada do poder no golpe militar de 1964. Mas, para o povo, pouca coisa parecia haver mudado. O militar era acreditado, digno de crédito, era bom que o militar colocasse ordem na casa. Comunismo era palavrão. Comunista era alguém a ser combatido, visto pelo povo como uma espécie de monstro. Julgava-se que o militar não fosse corrupto, como era o político. Não se falava em golpe, e sim em revolução gloriosa. Para o povo, era algo bom. Nem se imaginava o que se fazia ou se maquinava por trás das portas fechadas.

Aquele ambiente limpo, cheio de doutores e gente bem vestida, no hospital onde falava com o assistente social, a impressionava favoravelmente. Não conseguia acreditar, ou não queria, que naquela instituição seu filho era tratado como um cão selvagem. Com violência extrema, num ambiente totalmente pernicioso, onde não havia a menor preocupação de recuperá-lo socialmente.

Consegui conversar com o PM responsável pela horta. Dialogou rindo e brincando comigo, colocando-me à vontade para lhe falar. Apenas notei-lhe a seriedade quando afirmou que se tentasse fugir, me arrebentaria como se eu fosse um homem. Ficou de colocar-me na primeira vaga que houvesse em sua equipe.

Dias após, ao me encontrar a esperá-lo, como fazia todos os dias, perguntou se ainda queria trabalhar com ele. Se pensara no que ele dissera. Ele como que adivinhara meus pensamentos. Minha intenção era fugir mesmo. Disse que sim, e que era lógico que queria trabalhar com ele.

Dia seguinte, saímos do pátio, em fila indiana, uns quinze menores, escoltados por quatro PMs e o cabo Vermelho. Todos os soldados pareciam fortes e sadios. Dava a impressão de que se corrêssemos, nos pegariam facilmente. Passamos pelo cofre, onde ficavam as meninas que estavam nas mesmas condições

113

que nós, meninos. Passamos pelo SAT e pelo Instituto Modelo. Quando estávamos próximos à avenida marginal, avistei a horta, com suas verduras verde-claras.

Adentramos em uma casinha onde se guardavam as ferramentas de trabalho. O cabo deu-me uma enxada e mandou que o acompanhasse com outros dois menores. Longe dos outros guardas, o cabo tinha um diálogo alegre e brincalhão conosco. Era uma espécie de irmão mais velho para nós.

Em poucos dias, conquistei-lhe a amizade e a confiança. Falou de seu filho, disse que era muito parecido comigo. Comecei a gostar imensamente do cabo. O que eu não faria por um pouco de atenção e cuidado... No começo, os PMs ficaram me marcando. Parecia impossível fugir com aqueles soldados me vigiando o tempo todo, ainda mais em campo aberto.

Depois de algum tempo, minha amizade com o cabo era de tal monta que já não passava pela minha cabeça trair sua confiança. Era um bom homem, o único que conhecera naquele inferno até então, o único que procurava ensinar, educar e ser nosso amigo. Acho que era por isso que trabalhava fora. Era demasiado humano para compactuar com o barbarismo de seus animalizados companheiros de farda.

A horta produzia verduras unicamente para as vender para funcionários. Mas sua finalidade era mascarar o modo desumano e brutal como éramos tratados. Pretendiam, com aquilo, demonstrar que faziam uma terapia de trabalho conosco. De mais de duzentos menores, apenas uns quinze trabalhavam na horta. Nosso trabalho jamais foi pago. Era tido como privilégio o fato de trabalharmos naquele local oito horas por dia com a enxada na mão.

Cresci, tornei-me forte e sadio. Comia verduras que eu mesmo plantava, havia pego amor ao que fazia, tinha orgulho do que produzia. Construía os canteiros, semeava-os e ficava aguando-os, esperando as folhinhas aparecerem. De repente, como um milagre da natureza, o canteiro estava forrado de verde. Era com carinho que transplantava mudas, limpava as tiriricas, ou preparava o adubo para outro canteiro.

Em pouco tempo, conquistara o direito de ter meus próprios canteiros, minha enxada, meu enxadão e carrinho de mão. E era superzeloso com minhas coisas. O chefe me dava responsabilidades à medida que ensinava e percebia que eu aprendia. Fiquei com uma quadra só para mim. O cabo só me dava a semente e parte do adubo e dizia quantos canteiros queria e de quais verduras ou legumes. E lá ia eu com o carrinho cheio de ferramentas executar, com a maior determinação do mundo, o meu trabalho.

Vivia emoções indescritíveis diante da natureza sempre exuberante que nascia de minhas mãos. Criar, com meu suor, aquele montão de verduras era o máximo para mim. E os meus produtos eram sempre os melhores e mais bonitos. Zelava pelas plantas com a intenção de que superassem as outras mesmo. Lutava contra tiriricas e doenças como fossem inimigas pessoais.

Apenas almoçava no pátio, passava o dia na horta. Escapava dos valentões. Agora também era alguém, tinha um status. Trazia um monte de verduras, frutas e sempre possuía cigarros.

Trabalhei na horta uns quatro meses. O cabo, certo dia, me chamou e perguntou se eu desejava aprender uma profissão. Sendo afirmativa a resposta, me colocou à disposição de um sargento de idade avançada que era pedreiro e reformava um prédio da PM ali perto. Estava plenamente disposto a aprender tudo o que me fosse possível.

Aprender coisas era algo fascinante para mim. Além disso, de repente já era um rapaz. Desejava frequentar bailes, festas, namorar, viver como um rapaz normal, quando saísse dali. Queria paz e tranquilidade, viver como um sujeito de minha idade vivia.

O sargento era um homem bastante velho. Mas pleno e trabalhador. Ensinou, primeiro, a fazer a massa. Carregava latas e latas de vinte litros cheias de massa para ele, que ficava nos andaimes. Depois ficava perto dele para aprender a mexer com a colher, o prumo, a desempenadeira e a massa. O homem era bom e me adotou como seu discípulo.

Cedinho me buscava no RPM. Corríamos um pouco juntos, ensinava-me movimentos de ginástica. Na obra, abria uma maleta velha de couro, retirava garrafa térmica com café e conhaque misturados, e dois sanduíches que já trazia de casa, um para ele e um para mim. Comíamos silenciosos, era de poucas palavras, e pegávamos firme no trabalho.

Trabalhava com gosto para aquele homem bom. Ele possuía uma paciência para ensinar inigualável. Às vezes eu o olhava com olhos ternos, marejados de lágrimas. Quando eu estava com preguiça, o velho era rude e estúpido. Xingava e ameaçava bater. Não gostava de vê-lo bravo comigo, era muito importante para mim que ele me admirasse em meu esforço. Seu sorriso com os olhos, quando sentia orgulho ao me ver fazendo as coisas certas, era lindíssimo! Enchia-me de alegria e felicidade! Me obrigava a largar criancices e fazer as coisas o mais certas possível.

Dona Eida devia ter se convencido que daquela vez eu manteria minha palavra. Observava minhas mãos calejadas e sempre com alguma sujeira da obra. Notava o entusiasmo com que falava da nova profissão. Foi contando minha progressão a meu pai, aos poucos foi demovendo-o de sua decisão de não aceitar-me.

Inesperadamente, o assistente social me chamou novamente. Os papéis para minha saída já estavam prontos, segundo ele. Faltava apenas que eu passasse por um exame psicológico, e então já seria solto. Aconselhou-me a que fosse absolutamente sincero com o psicólogo, isso facilitaria minha saída.

Passaram-se alguns dias, e fui chamado à carceragem. Levaram-me à porta de uma sala, no hospital, onde outros meninos aguardavam em fila para serem atendidos. Quando chegou minha vez, entrei à sala e um homem magro, seco, de cabelos grisalhos, mandou que me sentasse em sua frente. Começou a fazer perguntas, e eu a respondê-las, com absoluta sinceridade. Percebera que ele era o psicólogo e que minha liberdade estava em suas mãos. Procurei ser franco e honesto, respondendo tudo com o máximo de correção. Acreditava que, em sendo verdadeiro, seria solto.

Haviam me ensinado que quem fala a verdade, não merece castigo. Falei de meus furtos, da vida nas ruas, dos meus pais e da disposição de viver uma nova vida. Em menos de dez minutos de conversa, fui despachado pelo homem, secamente. Nem bem saí, e já entrou outro garoto para ser entrevistado.

Voltei ao trabalho, tranquilo. Dali a alguns dias, iria embora. Sentiria saudades do sargento e do cabo Vermelho. Mas o mundo me esperava. Eu ia viver, finalmente. Estava desesperado por viver. Já era um adolescente, com sonhos, anseios e com esperanças na vida, como todos, apesar de tudo.

Queria garotas. Vivia a me masturbar na madrugada, eu agora era um homem, imaginava. A relação com as garotas seria algo mais profundo, até mais romântico. Queria namorar, possuí-las, mas amando. Havia um carinho, uma ternura, uma coisa de calor humano envolvendo meus desejos. Queria participar da juventude barulhenta que via na TV, usar roupa da moda, cabelo comprido. Roberto Carlos era ídolo para mim.

De repente, cortaram meu nome da listagem dos menores que podiam sair para trabalhar. O sargento me chamou na carceragem para dizer que nada podia fazer, pois era ordem do juiz que eu não saísse mais. Despedi-me do homem chorando, sem saber o porquê daquele impedimento. Não acreditei, pensei que fosse um engano que logo seria esclarecido.

Não demorou muito, e vieram me buscar, dizendo para arrumar tudo o que era meu, pois seria transferido para a triagem. Meu coração ficou pequeno. Em estado de choque, apanhei minhas parcas coisas e segui o guarda, com a cabeça no maior tumulto. Impossível saber o que acontecera. Num dado momento estava para ser libertado e no outro já estava no inferno da triagem. Estava atoleimado.

Subi as escadas do prédio da triagem. No único andar, um guarda abriu uma porta de ferro e perguntou meu nome e dados, quando a atravessamos. Afirmou que eu estava no estágio D. Estava dentro de uma gaiola com barras de ferro por todos os lados. Abriu uma das portas, disse que entrasse. Quando me virei para perguntar o que acontecia, levei com a porta na cara.

Dentro, uma cela. Havia duas camas, uma ocupada por um sujeito que parecia um homem, peludo e forte. Perguntou-me de onde viera e o que fizera. Expliquei, assustado.

Sentei-me na cama vaga e fiquei ali, sendo investigado pelo companheiro de cela. Parecia intimidativo, mas não violento. Eu estava meio abobado com o que acontecera. Não conseguia concatenar as ideias. Estava com medo, muito medo. Tudo o que ouvira da famosa triagem era realmente de meter medo.

Logo, me ajeitei na cama e, exausto, adormeci. Acordei com o sujeito mexendo em minhas roupas. Percebi que ele desabotoava minhas calças, queria me comer. Me encolhi todo, esperando que me batesse. Não bateu. Ficou a noite inteira insistindo que deixasse que me possuísse. Dormia, ele me acordava para falar do assunto. Negava veementemente, mas ele não se conformava de modo algum. Então amanheceu, a porta se abriu, e ele mesmo me avisou que era preciso descer, em fila, para tomar café no refeitório.

Na fila é que comecei a perceber onde estava. Quase todos os menores eram quase homens, a maioria já com barba. Não dava nem para acreditar que aqueles homens fossem menores de idade. Todos mal-encarados, olhos injetados. Tomamos café com pão, o mesmo do pátio, e, já em fila, fomos conduzidos a um quadrado formado por bancos. Nesse quadrado, batia sol, e nós nos acotovelávamos ali. Fui obrigado a sentar-me contra a parede para não ficar no caminho de nenhum daqueles marmanjos.

Avistei o Zezé. Estava magro, sua perna direita estava mais fina e curta. Ele mancava. Zezé era um batedor de carteiras do centro que começara a assaltar os punguistas de que não gostava. Matou quatro chorros que não se conformaram em ser assaltados por um moleque. Com os pivetes como ele, não mexia. Gostava de pegar os valentões. Conheci todas as vítimas dele, cheguei até a assistir a um de seus crimes.

Embora fosse mais um arrombador (o que era mais fácil mas não tão rentável), o que me caracterizava aos olhos dos outros era a punga, no que era especialista. A triagem era mais para gente da pesada: arrombadores, assaltantes, homicidas etc. Eu era da leve. Chamei Zezé, e este estranhou me ver ali. Conversamos, contou-me que levara um tiro na perna ao reagir à voz de prisão. Mostrou a ferida. Senti um cheiro estranho, de carne estragada. Ele era muito chegado a brincadeiras e gozações, logo deixou-me e foi atender a um chamado.

Fomos almoçar e do refeitório fomos encaminhados à recreativa. Um salão com algumas colunas de sustentação no meio, um banheiro e uma TV. Sentei-me num banco em frente a uma TV que já fora ligada. O pessoal foi entrando, os guardas ficaram para fora.

De repente, do meu lado direito, sentou-se um negrão enorme e mal-encarado. Do lado esquerdo, sentou-se um branquinho com cara de português. Soube depois que ambos eram assaltantes famosos quando em liberdade. Quiseram saber o que eu fizera para ir do pátio para lá. Expliquei que não sabia, que devia ser algum engano. Quando percebi, o português estava com um estilete muito fino na mão direita. Encostou-o em meu peito e disse para que eu escolhesse se queria ser garoto dele ou do negrão, assim, sem mais nem menos. Respondi que de nenhum deles, apavorado. Tremia dos pés à cabeça, mas não acreditei que fosse me espetar, nem me conhecia, puxa, por quê?

O branquinho deu três estocadas em meu peito antes que pudesse reagir. Quando tentei escapar, o negrão me segurou. O sujeito disse que ia me furar todo se não desse a bunda para um deles. Escapei do negrão e corri para o fundo do salão. Correram atrás de mim, e senti várias espetadas na bunda. O negrão me encurralou num canto, dando-me um monte de socos. Caí no chão e fui chutado, espetado e espezinhado pelos dois e mais alguns que pegaram o embalo. Procurei defender apenas o rosto.

Aquilo era loucura, só acreditava que estava acontecendo porque doía demais e machucava muito. Os policiais, do lado de fora, ouvindo o tumulto, entraram. Todos se afastaram de mim, e quando os guardas me viram no canto, jogado como um boneco de pano, sangrando, correram para mim e me arrastaram para fora.

Fui levado imediatamente à gaiola do andar de cima. Mandaram que tirasse as roupas. Com grande dificuldade — todo o corpo doía, a cabeça e a boca sangravam —, tirei a roupa, como queriam.

Quando viram meu peito, braços, costas e bunda furados e sangrando, queriam que eu dissesse quem havia me espetado. Disse que não vira. Que eram muitos e eu não conhecia ninguém, pois chegara no dia anterior. Ameaçaram bater, caso não apontasse quem fizera aquilo. Continuei respondendo que o tumulto fora grande e não dera para que visse direito quem fora. Mandaram que colocasse as mãos para tomar bolo, que iria apanhar até contar quem me espetara. E lá veio a borrachada. A dor passou da carne para os ossos e estalou na cabeça. E vieram várias borrachadas nas mãos e sempre a pergunta: quem foi?

Quando perceberam que eu assimilava os bolos nas mãos, pois estavam cheias de calos, grossas, mandaram que me sentasse no chão. A borracha assobiava no ar e se chocava violentamente com a sola de meus pés. Eu pulava, gania, gritava, implorava para que parassem. Aquilo ultrapassara minha capacidade de suportar violência bruta. E lá vinha a borracha novamente cortando, queimando.

De repente, não aguentei mais e não estiquei mais as pernas. Pisaram em minhas pernas. Dois soldados me segurando para um terceiro bater. Não teve mais jeito. Então a borracha veio no corpo todo e para todos os lados. O PM espumava, possesso. Eu corria, gritava, enlouquecido, em choque, tombava sob as rasteiras dos soldados...

A gritaria foi tamanha que o subtenente, que era o comandante local, subiu as escadas para ver o que estava acontecendo. Os soldados, ao vê-lo, pararam de bater. Abriram a gaiola, e o sub entrou.

Ao me ver todo ensanguentado, sangue pelas paredes e pelo chão, assustou-se. Perguntou o que eu fizera para apanhar tanto. Disseram que eu estava com valentia, que não queria pôr os

120

pés para eles baterem. Que eu havia sido linchado na recreativa pelos outros menores, que fora até espetado. Queriam apenas saber quem me espetara. O subtenente começou chamando-os de animais, disse que eles queriam derrubá-lo do comando com aquela estupidez.

Mandou subir outro soldado e ordenou que me conduzisse à enfermaria para que fosse medicado. Acho que não aconteceu nada aos soldados, pois no plantão seguinte daquela equipe eles estavam lá.

Massacrado, todo dolorido, querendo minha mãe, com dó de mim mesmo, fui conduzido ao médico. Quando perguntou quem me batera e espetara, respondi que não sabia. Não podia denunciar os guardas na presença do soldado que me trouxera. Ele, certamente, contaria aos outros. Então, eu seria perseguido.

Já vira muitos menores sendo perseguidos, apanhavam sem sequer saber por quê. Passou um líquido vermelho escuro nas escoriações, deu pontos em minha cabeça e na boca, sem anestesia. Doía demais, mas eu estava amortecido. Mexeu com algodão e água oxigenada nas perfurações e colocou um remédio que queimava. Por fim aplicou duas injeções e me liberou para que o funcionário me levasse de volta.

Quando cheguei à porta da recreativa, os PMs haviam dado bolos em todos os menores ali presos. Queriam que se apresentassem os que me haviam batido e furado. Ninguém havia se apresentado, mas eles acharam vários estiletes nas janelas. Não me deixaram entrar, nem eu queria, meu medo era enorme. Temia que me matassem, até. Mudaram-me de cela também. Fui morar com um tuberculoso e um rapaz com hepatite.

Pós dois dias fui acometido por febres. O enfermeiro veio dar-me injeções, e tomei vários comprimidos. Estava apavorado com o ambiente. Sentia que meus companheiros de cela conspiravam contra mim. Eu era todo defesa e luta para sobreviver. Pensava que, quando minha mãe viesse, todo aquele engano seria resolvido. Ela me salvaria, só era preciso sobreviver até o domingo da visita.

No terceiro dia, já recuperado, fui obrigado a retornar ao convívio com os outros menores. Só poderia ficar na cela se estivesse doente. O negrão e o branquinho com cara de português lá estavam. Olhavam-me ameaçadoramente. Eu tremia de medo, estava desesperado, certo que dessa vez sobraria bem pouco de mim.

Não podia pedir segurança para os guardas, porque isso era quase o mesmo que caguetar. Tinha de estar ali e sofrer o que viesse. Sentei-me num canto, encolhi e abracei as pernas, escondi o rosto nelas e fiquei esperando o pior. Mas, para minha surpresa, ninguém veio sequer conversar comigo. Por dois dias, ninguém mexeu comigo. Só me olhavam gulosamente, como fosse um petisco.

No xadrez o Índio, o tuberculoso, queria me comer também. Quis bater para intimidar. Reagi, trocamos socos, dentadas e pontapés. Apanhei, ele era bem maior que eu, mas bati também, e bati firme, cheio de raiva. O Hepatite não entrou, deixou que brigássemos à vontade. Na noite seguinte, me agrediu novamente, e já achando que dava para encarar, reagi com toda a violência e ódio que acumulara. Levei-o de roldão, não esperava aquela violência, bati com ele pelas paredes e camas, com uma força saída sei lá de onde. O Hepatite me pegou pelo pescoço, pelas costas, joguei-o para a frente, estava possesso, fora de mim. Rasguei a cara do Índio com as unhas e fui dando com a cabeça do Hepatite no chão para acabar com ele. Nisso os guardas invadiram a cela e me arrancaram a borrachadas de cima do Hepatite.

Apanhamos os três, nas mãos e nos pés. Aguentei firme, sem chorar, como homem; dessa vez eu merecia. O Índio ajoelhou e pediu, implorou que os guardas não lhe batessem mais. Aquilo era covardia, desprestígio, todos escutaram, até o Hepatite chorou. Só Deus sabe o esforço que fiz para não fraquejar, pois por um fio não gritei e chorei cada vez que a borracha zunia no ar. E esse era o objetivo dos guardas: nos fazer gritar, implorar, nos humilhar inteiramente. Voltamos para a cela, dormi com as mãos e os pés dormentes.

122

No dia seguinte, sem que soubesse por quê, passaram-me para outro xadrez, em outra galeria. Era o estágio C. No domingo, recebi a visita de minha mãe. Chorei em seu ombro, desabafei, mas não podia contar o que se passava comigo. Senti que a faria sofrer inutilmente, ou então que ela nem sequer me acreditaria. Mesmo, podia se desesperar se mostrasse os furos que me fizeram e que ainda doíam muito. Talvez tomasse alguma atitude que me prejudicasse mais ainda. Eu já estava construindo uma imagem de que era malandro, não caguetava, sofresse o que sofresse.

Disse que fora chamada pelo assistente social, e que este lhe dissera que o psicólogo me classificara de perigoso. Como fosse possível descobrir isso em uma entrevista de menos de dez minutos. E eu fora tão sincero... Se houvesse mentido, com certeza seria aprovado, era só omitir a vida nas ruas, e pronto. Tudo o que ele queria era uma história para colocar em seu relatório. Daí para a frente odiei todos os psicólogos que pude.

Seria removido para o Instituto de Menores de Mogi-Mirim, logo que houvesse vagas. Já ouvira falar sobre o Instituto. Sabia que ali era o ninho de cobras do juizado de menores. Eles só mandavam para lá menores considerados de máxima periculosidade. Convenhamos, eu não era isso, nem por sombra.

De repente, me acalmei. Sempre fora bastante prático. Aquele era meu destino e pronto. Apenas ficava um ponto de dúvida. Principalmente porque minha mãe contara-me também que ficaria preso até os dezoito anos. Pensava na possibilidade de meus pais terem manipulado essa minha remoção para que eu ficasse preso, longe das ruas. Minha mãe sempre quisera me colocar em colégio interno até os dezoito anos. Ela confiava no governo e na fatalidade da vida. Não importava meu sofrimento; era mais fácil acreditar que eu estava mentindo, eu sempre mentira e aumentara as coisas.

No xadrez 5, onde me colocaram, moravam dois elementos primários e humildes, sem expressão em nosso meio. Como eu, também eram vítimas dos valentões. Mas, em compensação, morava também o Zueirinha, elemento pernicioso, vicioso e degradado. Já era maior de idade e mentira sobre a idade ao ser preso para não ir para a Casa de Detenção. Soube depois que lá ele era vítima, tinha até marido lá. Havia muitos ali naquela condição. Verdadeiros homens barbados no meio de adolescentes e crianças.

Na primeira briga que tive com ele, apanhei bastante. O sujeito brigava bem demais, dava umas rasteiras que me jogavam no chão sempre. Brigávamos muitas vezes, e eu apanhei sempre. Vivia de olho inchado, boca partida, dente quebrado, mas sempre que vinha me bater, eu reagia. Isso o exasperava, queria submissão, como conseguia com os outros dois. Mas por mais que tivesse medo dele, se me batesse a reação era automática. Aos poucos, foi me deixando de lado.

Às vezes ficava pensando se era tão gostoso e bonito assim, para todos ali quererem me comer. No quadrado do sol matinal, me batiam, judiavam. Era soco, pontapé, rasteira, precisava andar com cuidado, e por onde passava precisava vigiar bem, vivia me escondendo. No xadrez, era o Zueirinha que vivia me assediando, perturbando. Era pressionado por todos os lados. Os soldados, à menor falha, batiam, e muito. Tinha de ficar esperto vinte e quatro horas por dia e defender-me com unhas e dentes.

Começaram a chegar rapazes dos juizados de menores do interior. Eram enormes, homens-feitos. Os mais pequenos, já no dia seguinte, tinham sido possuídos, não havia a mínima chance de reação. Havia uma energia sexual enorme ali. Acredito que era assim porque vivíamos contidos naquele espaço reduzido. Era a única válvula de escape, e os pequenos eram o alvo mais visado por serem menos capazes de se defender. A psicologia pode explicar facilmente. Mas o psicólogo ali só servia para julgar se éramos perigosos para a sociedade, e não para resolver os problemas que a borracha parecia controlar. Pelo menos tudo era escondido. Triste ética, a de tais psicólogos.

Certa vez, li, não sei onde, que condenava-se o rio por ser caudaloso e devastador em sua corrente, mas nada se dizia das margens que o limitavam e comprimiam, tornando-o tão violento. Era o caso ali. Queriam proteger a sociedade de nós, mas talvez a solução fosse nos proteger da proteção social. Daí é para se perguntar se éramos animais, como queriam, ou se éramos animalizados, como nos faziam. Marginais e criminosos ou "marginalizados" e "criminalizados"? O resultado se observaria no estrago, na devastação que retribuiríamos, no futuro, à sociedade.

Começou a piorar a vida dos menores, quando esses grandões chegaram. Logo se aliaram aos grandes dali, para oprimir os pequenos e indefesos. E eu era um dos alvos. Entrei no banheiro da recreativa, e, de repente, colocaram um campana (vigia) na porta; pelo que pude perceber em meu desespero, iriam me estuprar.

Apanhei do primeiro que me abordou, do segundo, e assim, sucessivamente, cada um me pressionava e batia um pouco. Tapas na cara, rasteiras, pontapés na coluna. Deixaram-me abobado, tonto, quase desmaiado. Arrancaram minhas calças e tentaram enfiar em mim seus membros enormes, enquanto me seguravam, submetiam. Procurava pular, escapar, sob chuva de porradas. Apertava o ânus, e acho que por ser muito pequeno, não conseguiam enfiar nada em mim, por mais que forcejassem. Parece que, nesse momento, um dos guardas entrou na recreativa, o campana avisou. Jogaram-me na privada, fecharam a porta e saíram. Acho que só então desmaiei.

Acordei com dois meninos, dos mais humildes, que já haviam passado por aquilo várias vezes; me acordaram e me colocaram as calças. Os valentões os haviam mandado fazer aquilo. Ficaram com medo da reação dos guardas, que iriam bater em todos para que se apresentasse quem tentara me estuprar.

Os grandões haviam assimilado o modo de a polícia bater, sem deixar muitas marcas, só causando prejuízo interno. Consegui, com alguma ajuda, sair do banheiro. Fiquei deitado em um canto do salão, recuperando forças. De modo nenhum queria que os policiais me vissem naquele estado. Não queria apanhar mais.

Com a ajuda dos dois companheirinhos, na hora de entrar em forma e passar pelos soldados para ir para a cela, passei cambaleante, mas sem despertar suspeitas. Quando cheguei à cela, caí na cama e ali fiquei, meio morto de cansaço e com dor pelo corpo todo.

O Zueira queria ir tomar satisfações com os caras que me bateram. O Zezé me ofereceu um espeto enorme, feito de ferro de construção. Queriam que me vingasse dos sujeitos.

Não deixei o Zueira fazer nada, pedi, implorei para que deixasse como estava. O Zueira vivia me batendo, mas achava que só ele é que podia me bater, ninguém mais. Os outros tinham que respeitar quem morasse no xadrez dele. Não peguei o espeto, não sei se seria capaz de furar alguém. Implorei para que tudo se acertasse de modo que os grandões apenas me deixassem em paz e não me batessem mais.

Passaram-se dias, os maiores deixaram-me em paz por uns tempos, e pude respirar e me curar. Minha mãe jamais soube que eu fora alvo de tanta violência. Jamais contei as estiletadas, as surras, as pressões. Ela não podia saber, nem iria acreditar; era um mundo muito diverso do dela. E eu já ia me afastando, daí por diante, da necessidade que sentia dela. Estava sofrendo e me virando por mim mesmo.

Briguei novamente com o Zueira. Ele me agrediu, e não suportei, revidei. E, nesse revide, consegui acertá-lo várias vezes. Estava aprendendo a me controlar numa briga e esperar o adversário abrir uma brecha, para agredi-lo. Depois de sermos separados pelos companheiros de cela, ele ameaçou me pegar de espeto na recreativa. Não acreditei que pudesse fazer isso comigo. Dias antes queria comprar briga minha, agora queria me furar. Julguei que fosse apenas mais uma de suas inúmeras ameaças. Havia uma expressão muito usada ali: "sapo seco", que significava "ameaça sem consequências". Vivíamos nos ameaçando uns aos outros.

Eu ameaçava a todos os que me batiam, iria matá-los quando os encontrasse na rua. E tinha mesmo essa intenção, era meu modo de ter alguma dignidade. Eles eram maiores, não podia com eles. Mas lá fora existiam as armas, e eu, então, seria muito mais poderoso que eles, pois os odiava e os pegaria de surpresa. Quando não esperassem, eu estaria chegando, dando tiro até na sombra deles.

Quando cheguei à recreativa, sentei-me num banco e fiquei assistindo a TV. Ele veio por trás, só senti quando o estilete furou minha bunda. Dei um salto, o Zueira pulou em cima de mim. Pegou-me pela camisa e foi me dando espetadas firmes. Procurei rebater com os braços a ponta do ferro, que, para minha sorte, era rombuda e não deixava o ferro penetrar. Tomei várias espetadas pelos braços, uma mais séria no ombro e outra em cima do osso da bacia.

No momento em que outros grandões o separaram de mim, o subtenente entrou no salão. Viera nos buscar para fazer ginástica. Corri ao banheiro, joguei água nos braços, que sangravam, limpei os ferimentos da bacia e do ombro. Ardia, queimava, doía demais, e eu rezava para todo santo para que parasse de sangrar, a dor não importava. Sabia que se os soldados descobrissem, iria apanhar como um cão para dizer quem fizera aquilo.

Entrei em forma e fui fazer ginástica como todos. Estava apavorado, mas fiz os exercícios sem nenhuma demonstração de dor. Mas doía, doíam demais os ossos dos braços atingidos pela ponta do estilete. O medo de ser descoberto era mais forte, então fiquei sempre no meio dos outros, tentando escapar dos PMs. Os outros olhavam-se e afastavam-se qual eu estivesse leproso.

Subimos para as celas e, graças a Deus, os guardas nada viram. Fechou-se a porta, e o Zueira caiu de socos em cima de mim. Estava com medo demais para enfrentá-lo. Minha roupa estava suja de sangue, e isso assustou-o um pouco.

Quando afastou-se de mim, o Paulão, que também havia subido do pátio para a triagem para ir para Mogi-Mirim, como eu, chamou-o, da cela em frente. Pediu que parasse de me bater. Disse que me conhecia do bairro, que eu era um carinha legal. Que ele me dera um monte de estiletadas e eu não caguetara, e isso era prova de que eu era malandro. O Zueira afirmou que

127

queria me comer e eu não queria dar. O Paulão contra-argumentou que, se eu não caguetava e se não dava a bunda, então eu era mais malandro ainda e não merecia aquele tratamento.

Paulão, além de ser um enorme negrão, estava muito prestigiado por causa de Bebeto, que viera aqueles dias de Mogi-Mirim. E era seu amigo. Bebeto era o bambambã do lugar, possuía um poder total, o Zueira só podia ouvi-lo, sob pena de ter esse poder contra si, caso não atendesse o pedido. Daí para a frente, começou até a me proteger, porque, segundo ele, eu provara que era malandro e morava no xadrez dele.

Chegaram e saíram mais menores. A rotina continuou a mesma: os menores apanhando dos maiores, e todos apanhando da polícia. Em nenhum momento, desde que chegara, pensou-se que éramos cerca de cem pessoas ali e que apenas uns cinco soldados nos controlavam, armados apenas com borrachas. Se em vez de nos permitirmos aqueles abusos, nos uníssemos para enfrentar os soldados, os dominaríamos facilmente, e todos iríamos embora.

Fui deixado de lado porque já era um dos mais velhos ali e porque sabia ler e escrever, quando quase todos eram analfabetos. Muitos pediam que eu escrevesse cartas para mães, namoradas. Fazia até poesia para enfeitar. Dessa maneira, fui saindo do sufoco total que vivera por seis meses.

Chegaram garotos que haviam roubado comigo na praça; consegui, então, ter algum status. Voltei a ser alguém, saindo da coisa em que todos podiam bater impunemente. Comecei a tomar atitudes, encarar de frente quem quisesse me bater, brigar firme. Quase sempre apanhava, mas às vezes vencia, e quase sempre eu e o adversário apanhávamos da polícia. Então chorávamos e gritávamos juntos por causa da tortura dos guardas, ficávamos até amigos.

Já não podiam mais bater em mim em grupos. Já possuía meu grupo, e agíamos também em bloco, quando um grandão mexia com um de nós. Já usávamos pedaços de pau, pedras e estiletes nas brigas, estava me tornando um animalzinho mau, agressivo e perigoso.

Odiava os guardas. Odiava do fundo do coração. Eram nossos carrascos e torturadores, maus e impiedosos. Daí para a frente, usou farda, era meu inimigo pessoal, nem bombeiro escapava a meu ódio. Não éramos flores que se cheirassem. Se não fôssemos tratados com disciplina, dificilmente seríamos mantidos ali presos ou os respeitaríamos. Mas eles eram sádicos. Exageravam e tinham prazer mórbido em nos bater.

Inúmeras vezes ficávamos criando castelos de vento na imaginação, de pegá-los na rua. Os mataríamos cortando-os em fatias, se os pegássemos! Isso com o maior prazer do mundo! Sonhava destruir todos os que me judiaram, chegava a criar na mente encontros perfeitos com eles. Eu os trucidaria assim que tivesse oportunidade! Não perdiam por esperar, eu me vingaria deles e do mundo.

O subtenente nos pegou, certo dia, fazendo a maior algazarra na recreativa. Ele exigia ordem, respeito e disciplina. Colocou-nos para fora e em formação, mandou que marchássemos, tipo ordem-unida do exército. Marchamos em todas as direções feito tontos; já estávamos de saco cheio de tanto marchar. Alguns dos mais corajosos pararam de marchar e andar. O Zueira, ao meu lado, também parou. Automaticamente, como malandro que me julgava, parei também. Passamos a andar e conversar. O sub ficou vermelho de raiva e foi nos separando dos que marchavam. Fomos em doze para a cela-forte.

À noite, juntaram-se plantões de guardas do dia e da noite e nos levaram para a gaiola. Tremia de medo, mas tinha de me mostrar firme. Os guardas mandaram que puséssemos as mãos para que batessem. Os grandões se recusaram a colocar. Eu era o menor deles, mas tive de acompanhar o procedimento, não podia falhar. Embora, àquela altura, já estivesse superarrependido de haver me metido naquilo. Então os guardas começaram a pegar de um por um. Meia dúzia de soldados, com as borrachas, surraram até cansar, tomavam um fôlego, uma cachaça, e caíam em cima da vítima seguinte, metódicos.

Fui logo me oferecendo para ser um dos primeiros a apanhar. Coloquei-me à frente, pois a tensão de esperar minha vez vendo os outros apanharem doía mais que a surra propriamente dita. Às primeiras borrachadas, gritei, fiz o maior escândalo e por isso apanhei bem menos que os outros. Havia desenvolvido técnicas de apanhar, aprendera que os guardas gostavam de ver a vítima sofrer bastante, então fingia sofrer o máximo, satisfazendo-os. Voltamos para as celas, lanhados, gemendo, todos com o lombo quente.

Ficamos quatro em cada cela-forte. Eram celas como as outras, apenas que estávamos sem colchões nem cobertores e isolados do resto da prisão. Fiquei com o Diabinho, Brasinha e Devagar. Diabinho achou que devia tentar me comer. Brigamos e ficamos empatados, ambos com a cara ardendo de socos. Eu estava ficando duro e não chorava de jeito nenhum. O Devagar quis entrar na guerra para ajudar o Diabo; era enorme, eu estava perdido. Mas resolvi brigar até o fim. Vieram ambos, socaram, soquei, tomei rasteira, caí no chão, fui pisado. Mas já não estava mais com medo. Estava indignado. Fora solidário com os rebeldes na marcha, apanhamos juntos, e ainda queriam abusar de mim. Era demais!

Zueira ouviu o barulho da briga e o grito do Devagar quando travei os dentes em seus dedos, quase arrancando-os. Chamou Brasinha, que era o malandro mais conceituado ali e que a tudo assistia, rindo. Perguntou o que ocorria, e o Brasa contou a verdade. Chamou Devagar e o Diabinho à grade e ameaçou meter-lhes o estilete se ficassem naquela covardia comigo. Como ele já provara que era mesmo de furar — eu tinha prova disso no corpo —, os dois se acovardaram, e então foi minha vez.

Peguei o Diabinho, que era mais alto que eu, num salto o derrubei, pisei no cara e avancei com as mãos na sua garganta. Senti que o mataria com minhas mãos ali, naquele momento, e era isso que queria, isso me fez rir alto, sei lá por quê. Enlouquecera, provavelmente. Queria despejar naquele pobre-diabo todos aqueles meses de tortura, sofrimento e humilhação que passara ali. Apertei, travei as mãos em sua garganta e ria alto, xingando-o, dizendo que estava matando-o. Comecei a dar com a cabeça dele no chão e na parede, ergui seu corpo no ar, era como um boneco de palha. Minhas forças redobraram, ele era maior que eu, e eu o movia qual fosse uma pluma, sem jamais largar a garganta. O sujeito ficou azul, acho que inconsciente e acredito que já estava indo para o inferno, quando Brasinha e Devagar, cada um pegando em um braço meu e colocando toda a força, conseguiram destravar minhas mãos da garganta do cara. Caí no chão, exausto.

O Brasa e Devagar ficaram abanando a vítima, fazendo-lhe massagens no peito, até que o sujeito deu mostras de estar voltando de muito longe. Passou os três dias que ali ficamos com sérios problemas para respirar, tonto, sem se levantar do chão, com a garganta inchada e morrendo de medo de mim. Os outros também ficaram assustados.

Passávamos os dias conversando aventuras da rua. Em geral, aumentávamos os fatos, colorindo-os, mentindo descaradamente. Era preciso sempre contar uma vantagem maior para aumentar o prestígio, aumentando ao mesmo tempo o conceito de malandro de que tanto gostávamos. Ser considerados malandros era todo o nosso objetivo ali.

Batíamos com os tacos soltos, no chão, fazendo samba. Cada um tinha obrigação de cantar um, pelo menos. Eu seguia o ritmo tentando repicar no breque, e disfarçava a pobreza dos sambas que conhecia. O Brasa sabia um repertório inteiro de sambas de cadeia. Interessante que esses sambas, posteriormente, foram gravados, e teve até quem assumisse sua autoria, e quando vim a conhecê-los, vi que pertenciam ao folclore do RPM. As letras falavam do nosso sofrimento, da nossa miséria, tipo: "Senhor juiz, tenha compaixão/ tira esses menores dessa prisão...", ou exaltavam as qualidades de um bandido, um malandro famoso.

As conversas também iam ao futuro. O que iríamos fazer quando saíssemos. Todas as minhas boas intenções de trabalhar, viver com meus pais numa boa, foram se evaporando na medida exata dos dias que ia passando no inferno. Julgava-me traído, roubado, e pensava que não merecia tudo o que passara.

131

Uma revolta densa ia tomando conta de meu ser. Queria agora era ser bandido mesmo. Viver armado para nunca mais me sentir fraco e indefeso. Queria matar policiais, assaltar qualquer um, sem dó ou piedade. Abrir cabeças a coronhadas, dando tiros, cortando em tiras as vítimas. Todos tinham culpa do que eu passara. Todas as pessoas lá fora eram culpadas, e eu ia cobrar caro, ah, se ia! Não tinha dúvidas, eu trucidaria! Mataria a cada um que apenas pensasse em se colocar em meu caminho. Espumava pelos cantos da boca de rancor e ódio ao expor meus ideais. Sentia-me com o poder de ser cruel ao máximo. Odiava policiais. Jamais tivera qualquer preconceito, mas isso acho que valia como preconceito. Polícia para mim não era gente, e todos mereciam ser mortos da forma mais bárbara possível. Os outros pensavam como eu. Os policiais seriam nossos inimigos vitais, para sempre.

Todos os que estavam naquele xadrez e os outros que completavam os doze rebeldes foram mortos pela polícia, com exceção do Brasinha, que foi morto na Casa de Detenção, a facadas. Sou o único sobrevivente. Aliás, quase todos os que conheci ali na triagem foram mortos pela polícia. Não conheci um só que tivesse se regenerado, os que não estão mortos, estão por aí, nas cadeias.

Estávamos nessas cogitações, quando fomos retirados das celas-fortes e levados para a gaiola. Viajaríamos para Mogi-Mirim. Assustado, pensei que até me adaptar, iria sofrer um bocado nas mãos dos maiores e da polícia. Isso até provar novamente que era digno de respeito. Seguimos para o refeitório, onde tomamos um café reforçado. Viajaríamos em duas peruas Kombi fechadas.

9

Passamos pelo mata-burro do Instituto, com um solavanco que já nos deixou espertos. A perua parou em uma escadaria, em frente à porta principal do edifício central. Subimos a escadaria em silêncio, passamos pela diretoria e seguimos para a prisão propriamente dita. Estava próximo da hora do almoço, e o sol estava a pino, de rachar mamona.

O brilho do sol nos cegava, estávamos havia muitos dias na cela-forte. Passamos pela portaria, cheia de soldados, curiosos por nos ver. Viramos à direita e saímos em um pátio imenso. Subimos uma rampa, ao lado do pátio, entramos à esquerda, desembocando num enorme galpão. Tudo aquilo era surpreendente. Tudo muito grande, enormes espaços. E estranhamos. Não havia presos.

Fomos conduzidos a um alojamento bastante grande. Deram toalhas, tomamos ducha gelada, rasparam nossa cabeça, nos dedetizaram, tomaram as roupas e deram dois uniformes (calça, camisa, calções e botas) a cada um. Recebemos também dois cobertores, dois lençóis, duas colchas e duas toalhas. Tudo novinho. Seguimos esse itinerário em silêncio, imposto pelos soldados que nos escoltavam. Estávamos limpos, com roupas novas e livres de um dos nossos maiores inimigos: a muquirana! Isso já era uma dádiva celeste!

Estávamos com muita fome quando fomos conduzidos ao refeitório. Ao passar novamente pelo pátio, vimos que este já estava repleto de menores, todos limpos e uniformizados. Olhavam-nos curiosos, mas não se aproximavam, um e outro cumprimentavam conhecidos.

No refeitório, os mesmos bandejões, apenas que a comida, a mistura e a salada, eram à vontade. Mas que comida! Após mais de ano comendo a comida insossa, sem tempero, do RPM, aquela comida nos encheu de prazer. Era realmente boa, saborosa. Substanciosa, bem temperada, carne à vontade, sem miséria, legumes e salada bem lavada. Enchemos a barriga até ficarmos empanturrados de tanto comer.

Uma coisa me preocupava. Os guardas eram caipiras da região, estavam sérios demais, não conversavam conosco, não nos mostravam borrachas, não diziam palavrões nem nos ameaçavam. E nós tínhamos a informação de que ali se apanhava como gente grande, nada de bolinhos nas mãos. Nos fora passado que o pau ali era de arrancar o couro. Os soldados impunham respeito pelo modo sisudo, falando baixo; obedecíamos conscientes de que havia uma ameaça velada, subjacente, naquele tratamento respeitoso.

Fomos conduzidos ao galpão. O sr. Lameu, soldado velho, de cabelos brancos e cara de sapo, nos mandou formar por altura. Fiquei entre os últimos. Ele nos observou bastante e, de repente, separou a formação. Mandou que os maiores descessem uma escadaria que saía do galpão para outro pátio e outro galpão. Ali era o pátio dos grandes. Nós ficaríamos ali mesmo, pois ali era o galpão e o pátio dos médios.

Havia uma separação total entre grandes e médios. Fomos liberados para andar. Antes, seu Lameu fez uma preleção. Disse para que seguíssemos as ordens, não brigássemos e que procurássemos agir com acerto. Caso contrário, ali apanharíamos como homens, e a cela-forte mínima era de três meses a cada falta. Assustou bastante o modo tranquilo, sem ameaças verbais, de dizer aquilo. Era uma lei, uma comunicação.

Separei-me do grupo em que viera. Não tinha afinidade com nenhum deles. Andei pelo pátio a observar e sendo observado. Logo o Bala apareceu, depois o Chepinha, Magriça e outros moleques da praça. Fiquei contente em encontrá-los, haviam crescido, estavam fortes e saudáveis. Fumamos vários cigarros e ficamos a recordar nossas andanças pelo centro de São Paulo. Queriam novidades, mas eu já estava preso fazia mais de um ano, pouco ou quase nada sabia de novo.

À tarde, chegaram os menores que trabalhavam nas lavouras externas à prisão. Estavam sujos, suados, queimados de sol, muito fortes, autênticos trabalhadores braçais. Reconheci o Baiano Boca-Murcha do Brás. Depois o Zolinha da Bela Vista, que era meu inimigo desde que nos conhecêramos no centro de São Paulo. Os dois, após o banho, vieram conversar comigo. Zolinha mal chegou e já tentou apagar o cigarro em meu rosto. Não conseguiu, mas me queimou. Afastei-me, estava assustado com a atitude do sujeito e não reagi. Não queria começar mal a vida ali, havia assimilado o que o sr. Lameu dissera.

134

O fato de não haver reagido foi censurado por todos os que me cercavam. Eu estava acostumado a apanhar e ser judiado pelos outros, minha reação era me encolher, com medo. Foi o que de pior me aconteceu. Devia ter me engalfinhado com o Zola, ele era do meu tamanho, provavelmente ganharia a briga. Iria apanhar da polícia como um cão, ficaria meses na cela-forte, mas, de chegada, já conseguiria um conceito com todos.

Aquele também não era o estilo ali. O costume não era brigar. Porque ambos os briguentos apanhariam bastante dos soldados e passariam uma temporada na cela-forte. E cela-forte, ali, era forte mesmo. Ficava-se isolado em uma cela, só de calção, sem contato com ninguém. E ainda havia a cafua. Um quarto escuro e todo trancado, isolado da prisão. Esse era o lugar que todos mais temiam. A escuridão apavorava.

O costume ali era resolver as rixas na base da surpresa. Uma botinada na cara, uma estiletada nas costas, uma gileta-da, uma pombada (pombo sem asa: um tijolo embrulhado em roupa arremessado contra o oponente, de surpresa), um soco etc. Era tudo na escama, ou seja, de surpresa, sem que a vítima pressentisse. E não se podia reagir. Era preciso cuidar rápido do ferimento para que a polícia não percebesse. Pois se tal acontecesse, o agressor teria que se apresentar.

Ali havia, já de modo dominante, o famoso proceder. Conjunto de normas que eram mais fortes que as leis oficiais do Instituto e que nos governavam, implacavelmente. Um sujeito sem proceder era caguete, veadinho, desprezado, sem direito a tomar atitude de homem com quem mexesse com ele. E uma das regras do proceder era que cada um arcasse com as consequências de seus atos. Seria extrema falta de proceder, e portanto colocar-se à execração pública, deixar que outros apanhassem por culpa nossa.

O agredido devia se cuidar, seus aliados deviam chegar junto. Então, quando já estivesse são, deveria tomar atitude, para não ser desprestigiado. Da mesma forma, já esperando, superatento, a reação idêntica do inimigo. Houve guerras que duraram anos ali. Tudo era resolvido de maneira que a polícia não soubesse de nada. Mesmo que o ferimento fosse sério e até houvesse risco de vida, a vítima devia morrer mas jamais se apresentar para a polícia. Essa era a norma, e o descumprimento redundaria em desprestígio, ostracismo.

A partir desse problema com o Zolinha, passei a ser mais ou menos desprezado. Só após uns vinte dias, quando o Zola veio com valentia comigo novamente e lhe dei um socão inesperado na cara que o derrubou no chão, atordoado, é que comecei a construir uma moral, um conceito. Passei a ser considerado malandro. Mas eu derrubara a moral do Zola, e ele era um inimigo perigosíssimo. Tinha de ficar de olho nele o tempo todo. Ele teria de descontar, caso quisesse continuar a ter moral entre nós.

Esse primeiro mês, passei-o humildemente. Sabendo que os outros poderiam mexer comigo, fiquei um tanto quanto isolado. O dormitório limpíssimo. Ganhei uma cama e um armário. Eram quatro armários para as quatro camas que os ladeavam, em dois beliches. Esse espaço era chamado de banca.

Ajeitei minhas coisas sob o olhar curioso e até hostil dos três outros ocupantes da banca. Arrumei a cama e fiquei observando. Logo ao chegar ao alojamento, tínhamos que tomar um banho. Possuíamos pijama também. Havia uma TV, alguns companheiros assistiam. Outros haviam estendido cobertores no meio do alojamento, e jogavam dominó ou conversavam apenas.

Depois de muito observar, desci da cama e fui assistir TV junto com os outros. O Bala trouxe um pedaço de bolo Pullman com um copo de refresco. Algo brilhava nos olhos dele, senti maldade, o alarme dos meus sentidos tocou, mas aceitei e comi. Quase todos por ali eram do meu tamanho. Ficavam quatro policiais conosco no alojamento. O banheiro era aberto, e as privadas só tinham meia porta. Os soldados vigiavam e impunham respeito sem falar muito. Sabíamos que, ao menor deslize, seríamos espancados para valer.

Batiam, ou com aqueles cassetetes de borracha dura dos policiais da rua, ou então com uma vara de pau curtida em óleo para deixá-la flexível. Seu Lameu tinha a periculosidade de fazer uma vara do membro do boi. Ressecava-se ao sol sob tensão contínua e virava uma vara inquebrável e pesada. Ainda havia os coturnos. Os guardas usavam botas com quase dois centímetros de sola. Eram especialistas em pontapés com aqueles pedaços de couro duro. A região atingida doía intensamente por vários dias.

Tinham uma crueldade requintada, só batiam nas juntas e na espinha, evitando a cabeça: não era para matar e nem aleijar, só para encher de medo, o que para eles significava disciplina. Não usavam a mão no corpo. Cada vez que pegavam alguém para bater, era para bater firme, uma, duas horas de surra contínua. Não havia ódio, raiva, parecia algo científico, sem emoção. O ódio, a emoção, nessa espécie de tortura, embora fossem mais violentos em sua manifestação, logo deixariam a vítima inerte e se consumiriam na explosão da ira.

Um bom torturador nunca é emotivo. Tortura desapaixonadamente. Os soldados ultrapassavam a violência normal, eram metódicos. Havia um pico, um ponto de dor e sofrimento a ser infligido à vítima, o qual devia, ao mesmo tempo, dobrar o sujeito e transmitir exemplo saneador aos demais. Depois, o elemento era jogado em uma tina contendo água quente e sal grosso. Dessa forma queimavam-se bem todas as feridas e cortes para não infeccionar. Diziam os que passaram por essa experiência que essa era a pior parte. Que o corpo parecia pegar fogo, transformava-se em uma ferida só.

Após todo esse ritual de tortura, o sujeito era jogado na cafua. Meio morto, é claro. Por cinco ou seis dias, era alimentado na boca (às vezes só de canudinho e pelo canto da boca, tal era o seu estado) por outro menor, que trabalhava na faxina. Depois, quando já pudesse andar, era jogado na cela-forte por três, quatro meses.

Os guardas garantiam que aqueles que passavam por tal experiência não infringiriam os regulamentos da casa, nunca mais. Era verdade. Os valentões saíam mansinhos como cordeiros. Os fujões não queriam mais nem ouvir falar em fuga.

Apesar de sempre haver alguns que, não sei se loucos ou de têmpera mais rígida, embora passassem por tais violências e às vezes ficassem ano todo na cela-forte, ao sair, estavam tentando fugir ou enfiando o estilete em alguém na primeira oportunidade. Eu os considerava super-homens e lhes tinha a maior admiração. Aqueles eram os homens a quem eu gostaria de ser igual. Chegava a bajulá-los, tratá-los com a maior deferência, eram meus heróis!

No segundo dia de estada no Instituto, após tomar o café da manhã, fomos mandados entrar em forma. (Ali tudo funcionava na base das palmas. Era bater palmas, para que entrássemos em forma, automaticamente. Fila para tudo também, e tudo na maior ordem e silêncio do mundo. Ao comando do chefe de plantão, virávamos à direita, volver!) Então um soldado enorme, com um imenso chapelão, foi escolhendo entre nós os que deveriam sair com ele. Era a lavoura da casa. Outros soldados tiravam de formação as lavouras da rua. Não sobrou ninguém, a não ser os faxinas do pátio e o pessoal da lavanderia.

Fui escolhido para a lavoura da casa, assim como todos os que chegaram comigo. Era a norma, os mais novos trabalhariam para a casa, sem ganhar nada. Os mais velhos já se engajavam nas lavouras da rua, que recebiam por dia trabalhado. O capital iria para duas contas que cada menor tinha na administração do Instituto. Uma era a conta-reserva, cujo valor seria retirado para o menor somente quando ele fosse libertado. A outra era a conta-pecúlio, pela qual o menor fazia compras quinzenais, através de pedido de compras.

As lavouras da rua poderiam ser feitas para particulares, em fazendas da região, ou para a prefeitura municipal, nas ruas da cidade. As da cidade eram a da faquinha — que consistia na limpeza das ruas, cortando-se mato entre os paralelepípedos com uma faquinha, e na capinação das ruas — e a da valeta — que fazia as valetas para encanamento de esgoto. Uma vaga nas lavouras da rua era disputadíssima. Era o único meio de capitalizar no Instituto. Eu teria que amargar na lavoura da casa até conseguir uma vaga na da rua, que era o objetivo.

138

Saímos do prédio do Instituto só de botas e calção. O fato de sairmos assim desvestidos era relacionado às fugas. Só de botas e calção não se ia muito longe. O diretor fornecia botas e mantimentos aos caipiras que dessem pistas de menores foragidos. E os caipiras adoravam as botas da casa! Eram especiais, "testa de touro", soladas e ferradas para durar anos.

Dificilmente as fugas do Instituto davam certo. Vi pouquíssimos tentarem e conseguirem. Os soldados eram da região e conheciam o mato como a palma da mão. Quando fugia alguém, eles paravam tudo e saíam atrás. Podiam demorar dias, mas voltavam com o infeliz. Esse vinha apanhando de onde fosse pego até o Instituto. Era tradição da casa, desde sua fundação. Depois era conduzido ao fundo da cela-forte, e então é que começava o pau de verdade. Horas e horas de surra. Salmoura e cafua, e, no plantão seguinte dos guardas, podiam acontecer mais surras e violências. Quando eles paravam e deixavam o pobre infeliz na cela-forte, esse sentia-se feliz da vida! A cela-forte, agora, era o paraíso, todo o desejo da alma dele. Então amargaria por quatro ou seis meses a solidão total, sem ver gente e sem falar com ninguém, a não ser os PMs na hora da água ou da alimentação. E esses não falavam. A vítima, quase que impossivelmente, tentaria fugir novamente. Pensaria mil vezes no que lhe iria acontecer caso não conseguisse sucesso. Embora houvesse os tinhosos, os que metiam as caras mesmo assim, e esses, geralmente, conseguiam fugir na segunda tentativa.

Eu, só de ouvir os gritos desesperados das vítimas, a agonia daqueles gritos, já sentia o corpo se arrepiar todo. Sabia como era aquilo de ficar apanhando, doendo, e não parar nunca. Qualquer ideia de fuga que estivesse alimentando (e eu estava, jamais me conformei em estar preso), a cada vez que ouvia aqueles gritos, esvanecia-se como que por encanto, e, acovardado, já passava a sonhar com meus dezoito anos para sair.

Junto aos que chegaram comigo, veio o Pelezão. Sujeito alegre, muito comunicativo e por quem ninguém dava nada. Parecia um fanfarrão a mais. Não é que o negrão era corajoso e um piloto da melhor qualidade? Pois é. Foi levado, por engano, à lavoura da rua, e na primeira vez que saiu, já fez ligação direta em uma perua Chevrolet e foi embora levando cinco outros menores consigo. Inaugurou um meio de fuga que, daí para a frente, passou a ser muito usado.

Ainda, posteriormente, veio às ruas de Mogi-Mirim com um carro roubado e sequestrou o Bala e Toniquinho da mão dos guardas. O Pelé era foda! Virou herói, todos os menores que trabalhavam na lavoura da rua, dali para a frente, sempre olhavam avidamente os carros que passavam. Podia ser o Pelé! Os guardas também; passaram a nos escoltar com armas escondidas.

Andando em filas e escoltados, chegamos a um grande e maravilhoso pomar. Eu, moleque de periferia, jamais havia visto um pomar. Aquele era fantástico! Fileiras e fileiras de pés de todas as frutas tropicais. É num pomar assim, vasto e diversificado, que um brasileiro sente a magnitude de ser brasileiro! O europeu conhece e cultiva essas frutas bestas, tão comuns, como maçãs, peras e uvas, e outras poucas frutas tradicionais deles, como nozes e avelãs. Nesse pomar, tínhamos essas frutas comuns e mais: manga, abacate, mexerica, laranja, fruta-do--conde, banana, jabuticaba, cereja, amora, morango, jaca, caqui, coquinho, mangaba, melão, mamão etc. Tantas frutas que não dá para lembrar quais. E, de cada uma dessas frutas, ali havia variadas espécies. Manga, por exemplo, havia a coquinho, manteiga, bourbon, coração-de-boi, rosa, espada etc. E tudo plantado e cultivado, por décadas, pelas mãos dos menores que passaram pelo Instituto.

Eu só havia visto frutas assim na feira. Havia inúmeras frutas que jamais havia visto ou provado. Jaqueiras enormes, quase centenárias, com centenas de seus enormes frutos pendentes, dava até medo de passar embaixo. Abacateiros de muitos e muitos metros de altura, com suas copas abrangentes, monumentais! Havia leiras, ruas de frutas, mas muitas mesmo. Eram terras e terras plantadas só de frutas. Deixavam qualquer um extasiado com a beleza e variedade da natureza cuidada e sele-

140

cionada pela mão do homem. Era um fazendão! Tudo era muito limpo, organizado simetricamente, belo mesmo na intencionalidade humana de produzir aquilo. A mão do homem, sua mente e sua arte manifestavam a possível harmonia entre homem e natureza. Era lindo de doer!

Eu, pobre menino da cidade, senti o quanto era insignificante diante beleza tão compacta e concreta. Acredito que foi naquele pomar que tive a primeira visão de arte, a primeira noção de amor ao belo, de estética e de reverência a quem houvesse criado aquilo. Diziam que fora Deus. Mas Deus estava tão longe de mim, que parecia além de qualquer aproximação. Jamais pensara seriamente nisso de Deus, a não ser para criticar e ofender. Na minha existência até então, não me parecia haver muita coisa a agradecer a um possível Criador.

Com uma enxada (instrumento que não era estranho para mim) nas mãos, fui levado ao pomar de laranjeiras. Era uma infinidade de pés de laranja de todo tipo. Os soldados posicionavam cada menor em frente a uma rua de laranjeiras e mandavam que capinássemos. O final da rua era tão longe que nem dava para ver. Até desanimava.

E lá fui eu, contente por fazer alguma coisa e satisfeito diante aquelas pequenas árvores cheirosas e de frutas amarelinhas. Logo minhas mãos se empolaram. Já conhecia aquilo da horta do RPM. Não parei, e as bolhas estouraram por si mesmas. Quando cheguei ao fim de minha rua, pouquíssimos menores haviam chegado, a maioria ainda estava no meio. Voltei, ajudando o parceiro ao lado. Quando senti as mãos superdoloridas e vi bolhas de sangue, mostrei-as para o guarda, e este me mandou parar e descansar.

Na volta para o Instituto, o guarda me levou, junto com os outros novatos, à enfermaria. O enfermeiro lancetou as bolhas, queimou a pele com iodo, passou pomada, deu uma faixa e mandou enfaixar as mãos para trabalhar.

Soube de casos de menores que eram tão preguiçosos e rebeldes, que enfiaram a enxada no pé para não serem obrigados a trabalhar. Para mim, trabalhar era uma coisa interessante

141

de fazer. Detestava era ficar sem fazer nada, só escutando aventuras mentirosas, no pátio!

Em vinte dias de lavoura, de manhã e à tarde, minhas mãos já eram fortes, e a enxada como que uma extensão delas. Destaquei-me e disputei com os melhores enxadeiros do Instituto. Sempre gostei de uma disputa, um desafio. Ali, todos trabalhavam na marra, eu trabalhava porque tinha necessidade de fazer algo. Odiava ficar na ociosidade porque começava a lembrar do passado e o ódio me corroía a alma. Minha enxada já era escolhida, seu cabo era longo e leve, seu aço cortava até vento! Sempre fui caprichoso e cuidava dela com carinho.

Passei o primeiro mês um tanto isolado. Com vontade de fumar, comer doces, mas sem pedir nada para ninguém. Então, em um domingo ensolarado, fui chamado para a visita. Revistado, fui conduzido à portaria do Instituto. Lá estava dona Eida! Quanta saudade! Meu coração ficou pequeno, era muita emoção... Até que enfim alguém que me amava! Abraçamo-nos, ambos chorando, beijamo-nos e nos sentamos em um banco próximo à entrada.

Em casa, estava tudo na mesma merda de sempre. O seu Luiz bebendo cada vez mais, trabalhando cada vez menos, dona Eida às voltas com a máquina de costura até altas horas da noite. Estava tudo bem, para ela, só estava preocupada comigo. Expliquei, além de tentar tranquilizá-la, que, em comparação ao RPM, o Instituto era um paraíso. Falei das frutas, da excelente comida, do trabalho, da disciplina, de tudo. O pior de estar preso era ter que conviver com presos. A pessoa presa torna o mais difícil possível a convivência. Sempre os mais fortes querendo abusar dos mais fracos e os mais espertos querendo usar os mais acanhados e por aí afora. Gostou do que ouviu e deve ter pensado que era melhor assim. Confirmou que eu ficaria até os dezoito anos. Como já passara dos dezessete, não demoraria, segundo ela.

Para mim, era uma eternidade, só faria dezoito anos no século seguinte. Queria ir embora naquele instante, com ela, e tal condenação absurda me aborreceu. Eu nada fizera, apenas fora sincero com o tal psicólogo. Doravante, mentiria sempre.

No fundo, eu sabia: nos prendiam até os dezoito anos porque então, tudo o que fizéssemos, já estaríamos em condições de sermos enquadrados pelas leis penais. Queriam única e exclusivamente se proteger e se livrar da responsabilidade. Sim, porque enquanto fôssemos menores de idade, eram esses psicólogos e assistentes sociais os responsáveis por nós. Pelo menos ganhavam seus gordos salários para isso.

Trouxera doces, cigarros e todo o amor que possuía. Foi uma felicidade recebê-la. Ela nascera naquela região e tinha ainda parentes na cidade, iria procurá-los. E de repente soltou a bomba: só poderia vir uma vez por mês. Um mês sem vê-la? Contou-me que gastara muito na passagem e nas coisas que trouxera, e que só uma vez por mês poderia ter aquela despesa. Fui obrigado a aceitar. Mais aquela! Em vez de reintegrar o menor na sua família, eles afastavam a família do menor.

O Zolinha foi mandado para o alojamento dos grandes. Estava ficando grande e valente demais para ficar nos médios. Certo dia passou pelo galpão dos médios para ir à enfermaria, e ao me ver jogando pingue-pongue, roubou-me um maço de cigarros do bolso de trás. Saiu rindo de mim, zombando, todo abusado. Deixei que fosse com o cigarro, mas ia cobrar aquele abuso dele. E bastante caro.

Quando o Zola desceu da enfermaria, eu estava atrás de um pilar com uma pedra fortemente pressionada no meio da mão fechada. Quando foi passando por mim, virei-me com toda a força e velocidade possível, atingindo-lhe o centro da cara com a mão. Perdi o equilíbrio, devido à total violência que quis imprimir a meu golpe. Estava cheio de ódio e raiva daquele sujeito. Ele caiu de costas, com o nariz quebrado, e desmaiou. Fui para o pátio, tenso e superpreocupado. Nenhum soldado vira, mas poderia ser caguetado. Mas era na própria vítima que residia o perigo. O Zola era perigoso e supervingativo. Podia esperar a volta, ele era traiçoeiro como uma cobra, e eu sabia que possuía um enorme estilete.

Pensei, pensei um meio de evitar a vingança. Não seria fácil ele me pegar, já que estava em outro alojamento, outro pátio. Só no campo ele poderia me atingir. E se eu não fosse no campo, era a mesma coisa que pedir seguro de vida. Seria interpretado como covardia.

Havia uma vaga para trabalhar na copa e na cozinha. O pessoal da cozinha era o único que trabalhava de sábado e domingo. Logo, não ir ao campo teria uma bela desculpa. Depois, todos olhavam com certo receio para quem trabalhava na cozinha. Havia facas enormes lá, e à disposição. O agressor poderia vir com estilete e encontrar mais de meio metro de lâmina de aço pela frente.

Isso me decidiu. Pedi ao funcionário da cozinha para preencher a vaga. Não iria ganhar nada, mas seria bom, estava muito curioso para saber como se fazia comida para tanta gente, e estaria seguro. Jamais saí do setor sem antes colocar uma faca no bolso. Minhas calças todas tinham o bolso direito rasgado.

Na cozinha, comecei a trabalhar servindo no balcão e na copa. Pegava os tambores de leite fresquinho, recém-tirado da vaca, ainda espumando, ajudava a fazer o café, e já deixava tudo para ser servido quando os companheiros fossem entrando ao refeitório. Lavava as canecas, o balcão, o chão e a pia, e já estava pronto meu trabalho pela manhã. Logo de começo, muito curioso, fiquei observando o cozinheiro preparar a refeição.

Alguns dias após haver entrado na cozinha, o menor que trabalhava como ajudante de cozinheiro foi embora. Havia três plantões de cozinheiros. O sr. Nelson era um soldado-cozinheiro, bastante gordo, que suava o dia inteiro em volta do fogão a gás. Era um perfeccionista, e em seu plantão a comida ficava muito saborosa. Os outros dois eram típicos funcionários públicos, apenas distribuíam os temperos para o ajudante, e este é que fazia tudo, eles só inspecionavam.

Aprendi todos os truques com o seu Nelson. Ele gostava de me ensinar porque dizia que eu era esperto e aprendia rápido. Eu trabalhava como um oriental para, praticamente sozinho, cozinhar para duzentos e cinquenta menores, fora os guardas. Mas aprendi mesmo, a ponto de o seu Nelson também deixar tudo em minhas mãos, em seu plantão.

Em pouco tempo, após o almoço, os guardas entraram na cozinha para conhecer o novo cozinheiro. E ficaram admiradíssimos de me ver nos controles. Eu era pequeno e franzino, aparentava bem menos idade. Gostava daquela admiração, do respeito que todos me davam. Até os companheiros sentiram essa mudança. Nunca mais o arroz saiu empapado ou cru. O feijão tinha um caldo grosso, tempero forte. Discutia com a tia Maria, funcionária encarregada da despensa, para que ela liberasse sempre mais tempero. (Ela era miserável com o tempero da casa e brigava comigo todo dia. Sua sacola saía sempre cheia, e várias vezes pude observar que era do melhor que havia na despensa.) Lutava para conseguir, com o mestre da lavoura da casa, lenha suficiente para cozinhar o feijão no fogão a lenha. Desci à horta, conversei com o funcionário encarregado ali para a salada vir mais limpa, variada, e o tempero verde não faltar. Cortava mais finos os temperos, cozinhava um pouco mais o molho, virava o arroz três, quatro vezes na panela etc.

Aprendi a fazer pastel, torta, arroz à grega, estrogonofe, vários tipos de misturas com carne, saladas, sopas etc. Em cada plantão, seu Nelson vinha com uma novidade. Chegava dizendo que eu iria aprender uma nova lição. E lá ficávamos nós dois, em volta do fogão, a manhã toda. Várias vezes trazia especiarias de sua casa para ajudar no tempero. Era um prazer trabalhar com ele. Tornou-se meu amigo do fundo do coração. Até sua esposa gostava de mim, mandava pedaços de bolo, doces para mim várias vezes por semana, e nunca tinha me visto.

Comia bem demais. Logo cedo era uma jarra de leite ainda quente do calor da vaca. Chegava a carne, e já tirava para mim e o cozinheiro meia dúzia de bifes da parte mais nobre, temperava e deixava ali no molho. Seu Nelson comia muito, era enorme, mais de cento e cinquenta quilos, e eu o acompanhava em todas, claro que proporcionalmente. Sucos de tomate, beterraba, cenoura e só carne no almoço.

Fortaleci-me, cresci, tornei-me um homem em poucos meses naquela cozinha. Até o diretor do Instituto, às vezes, vinha comer conosco. Era um coronel reformado. Não parecia ser um mau homem. Tratava-me bem e chamava-me de "peque-no cozinheiro". Mas eu sabia que as torturas e espancamentos promovidos pelos guardas eram autorizados por ele.

Olhava-o firme, sem sorrisos. Odiava-o veladamente.

10

Estava sentado em cima de meu cobertor, cansado de tra-balhar, pregado, assistindo a um filme muito interessante na TV. Vários companheiros sentados em minha frente, ao lado e atrás. O Nanico estava sentado bem na minha frente. Era um carinha legal, assim, muito bonito fisicamente, alvo de desejos e masturbações no alojamento. Só que, bravo, já havia distribuí-do estiletadas em vários fanchonos (aqueles que viviam atrás de comer aqueles que davam). Deu-me até umas balas para chupar e comentou que o filme era bom; eu havia chegado depois do começo. O clima era de uma estranha paz no alojamento. O guarda cabeceava, sonolento, sentado no banco em nossa frente. Alguma coisa não ia bem. Queria me concentrar no filme, mas pressentia algo, meus nervos estalavam.

De repente, percebo o Bala deslocando-se sorrateiramente, como uma cobra, aos poucos vindo, lá do fundo do alojamen-to, para a frente. Algo me dizia que aquilo era armação, algo ia mesmo acontecer. Abri o caminho, levei meu cobertor para o lado de um beliche e protegi minhas costas na cabeceira da cama. Posicionei-me ao lado do Nanico e fiquei ali, como quem não quer nada, com um olho na TV e outro nos acontecimentos, já totalmente sem sono. Nanico, uns dois meses antes, havia dado uma estiletada no Bala, que era metido a fanchono. Pegou nas costas, mas sem muita seriedade. Ele mesmo, com ajuda de seus sócios, cuidou-se, e a polícia nem ficou sabendo. Acho que o Nanico havia esquecido, para dar as costas assim.

Eu estava superatento, já não era mais bobo e conhecia o Bala da rua. Sabia que iria se vingar um dia. Aquele era o momento, já não restavam dúvidas. Acho que só eu vi quan-

146

do ele levou a mão às costas do Nanico e este levantou rápido demais. Nanico passou pelo guarda sem despertar suspeitas e entrou no banheiro. Logo o Branquinho passou também, era seu sócio. Entrou e logo saiu. O Bala foi para sua cama.

Fui ao banheiro, curioso, confirmar suspeitas, não sabia o que acontecera de fato. Quando entrei já quase pisei em uma poça de sangue. Nanico estava encolhido no canto do banheiro, fazendo a maior cara de dor. Havia um corte em suas costas que ia do ombro até o começo das nádegas, abrindo sua pele de tal maneira que se via o branco avermelhado da carne. Nem falei com ele, tão impressionado fiquei; fingi urinar e voltei para o meu armário. Peguei várias pastas dentais e levei para o Branquinho, que estava juntando panos e pastas. Teria que passar pela guarda com aqueles apetrechos, pediu-me ajuda. Coloquei pastas dentais e panos por baixo da blusa do pijama e voltei ao banheiro com a escova de dentes, como fosse escová--los para dormir. Dei o material ao Nanico, dei umas escovadas e voltei para minha cama, quando o sócio dele entrou.

Na cama, sentei e fiquei esperando. O corte fora de gilete. Parecia brincadeira, e de repente lá estava o cara, com aquele corte imenso, sangrando. Puxa, aquilo que era malandragem?

No banheiro, eu quase via a cena: o Branco esparramando a pasta no corte, tentando estancar o sangue. Aquilo devia estar doendo como o diabo! Teriam que lavar o chão do sangue empoçado, e rápido. Não podiam demorar muito. O guarda estava sonolento, poderia desconfiar de pederastia e entrar no banheiro para observar. Dois no banheiro era pederastia declarada. Eu suava de nervosismo, era qual tivesse acontecido comigo. O Nanico pareceu ter demorado horas para passar, pálido, pálido, com uma toalha nas costas. Só quando ele deitou-se em sua cama é que consegui relaxar.

Ultimamente, estavam acontecendo muitas espetadas e cortes de gilete no Instituto. Da maioria, a polícia não chegava a tomar conhecimento, mas havia caguetes, como em toda prisão. De vez em quando os soldados descobriam alguns casos, qual tivessem uma bola de cristal. Por consequência criaram uma nova regra. Deveríamos tirar as roupas e deixá-las no galpão. Seguiríamos para o alojamento só de calção. Assim eles poderiam nos controlar, um a um, ver se não estávamos feridos e nos impedir de levar armas para o alojamento.

Nanico conseguiu passar por aquela vistoria com aquele corte enorme, que virou um calombo roxo em suas costas, por mais de vinte dias. Até hoje não sei, sinceramente, como. E depois de tanta luta para a polícia não saber, quando o ferimento já estava cicatrizado, o Boca-Murcha caguetou. Nanico fizera todo aquele esforço porque queria se vingar. Se a polícia soubesse, jamais o deixaria perto do Bala novamente.

Bala foi obrigado a se apresentar, para que o alojamento todo não apanhasse até sair o culpado. Quando seu Walmir, o chefe das lavouras da prefeitura, disse que queria o responsável por aquilo, Bala saltou de sua cama para o meio do alojamento, corajosamente, e assumiu a culpa. Ali mesmo já tomou uma rasteira e foi ao chão. Tomou outra, aterrou novamente. Cada vez que levantava, seu Walmir chutava-lhe os joelhos para que caísse. Foi arrastado para a cela-forte. Ouvimos seus gritos por boa parte da noite. Foi massacrado. Ficou na cela-forte por quase um ano. A vida do Bala foi de massacre em massacre, até terminar em uma tragédia. Houve um momento em que ele não suportou mais.

Tínhamos nossos próprios conceitos e um regime social secreto. Parece que a relação humana é sempre uma expressão cultural. Havia até estratificação social. Aqueles com ideias afins, ou mesmo os que eram provenientes de um mesmo bairro, formavam uma sociedade. Havia até preconceito racial, só que invertido. Aqueles que eram mulatos já se consideravam "negrões", e negrão era elemento não desejado sexualmente. Logo, o negrão era ativo, geralmente o maior, o mais forte, portanto, mais conceituado. O branco era sempre "branquinho". Como éramos todos jovens, raros eram os que tinham pelo no corpo, então o branquinho tinha algo a ver com feminino, daí desejável. Em geral tinha uma bundinha branquinha que às vezes era até cor-de-rosa.

148

Numa microssociedade tão profundamente dirigida pela sexualidade desabrochante, é fácil entender como aqueles que constituíam objeto de desejo eram tão desprestigiados socialmente. Os negrões eram conceituados, os branquinhos precisavam provar, na base da valentia, que eram homens e capazes de enfrentamentos com os negrões. Era preciso ser perigoso para ser respeitado. Muito perigoso, inspirar temor. Aqueles que não o fossem, que tratassem de arrumar um jeito de sê-lo, senão...

As sociedades eram fortes. Defendiam-se e dividiam tudo o que conseguissem. Geralmente eram adversárias. As disputas eram acirradas. As guerras entre sociedades eram o maior problema do Instituto. Havia jogos de dominó entre sociedades em que eram disputadas verdadeiras fortunas. Fortuna, é claro, em termos das possibilidades do lugar. Trezentos, quatrocentos maços de cigarros eram uma fortuna, já que a moeda era o cigarro e quase todos fumavam. Bolo Pullman, latas de leite condensado, barras de doce, pasta dental, sabonetes etc., eram valores de câmbio para o jogo.

Cada sociedade tinha suas armas. Sociedades antigas tinham facas, navalhas, punhais. Essas sociedades raramente encontravam oponentes; dominavam o alojamento e impunham suas leis. Às vezes saíam trocas de facas (brigas entre oponentes armados de facas ou estiletes), mas era só a polícia ameaçar de se aproximar para se ver a encrenca adiada para nova oportunidade. Os guardas não percebiam noventa por cento do movimento real da prisão.

Discuti com o Portuguesinho da Favela do Piqueri. Quis me roubar no jogo de pingue-pongue, que estava valendo alguns maços de cigarros. Tudo teria ficado por isso mesmo, se ele não ousasse xingar minha mãe. Xingar a mãe era a ofensa mais grave ali. A mãe era nossa honra, e era preciso defender seu nome a todo custo. Exigia atitude extremada, sob pena de o ofendido ser desmoralizado e desprestigiado, caso não reagisse com a violência necessária. O ofensor já evocava o nome da mãe com intenção mesmo de desmoralizar, desacreditando a coragem do ofendido de tomar uma atitude.

Voltei à cozinha, armei-me de uma faca, não sei ao certo se tinha intenção de furá-lo. Acho que não tinha ainda maldade suficiente para isso. Sabia que ele estaria armado, igualmente. Queria apenas assustá-lo para que viesse me pedir desculpas, então manteria meu moral em pé. Mas o Português era um sujeitinho tinhoso e não se intimidou, nem quando fiz com que visse a faca que eu portava. Comecei a seguir seus caminhos, buscando uma oportunidade de atingi-lo sem que a polícia pudesse ver, até que percebi um momento em que estaria vulnerável. Esperei-o na saída do campo. Quando ele atravessou o batente da porta, eu o esperava com um tijolo na mão. Malhei o tijolo em seu rosto com tanta força que este se espedaçou. O sujeito caiu de costas, em cima de quem vinha atrás. Nem esperei para ver o efeito, corri para a cozinha e fiquei por lá até o horário de me recolher para o alojamento.

Procurei-o no alojamento. Estava coberto até a cabeça, em sua cama. Não consegui ver o efeito, mas me disseram, com muito respeito, que havia estourado a cara dele toda.

Não dormi essa noite, vigiando-o. Sabia que ele se vingaria, e se dormisse, podia me pegar no sono. Ele também não dormiu, observei-o mexendo-se o tempo todo. Só de manhã fui vê-lo. Estava com o olho direito preto, a testa com o maior calombo e a boca machucada. Pegou o lado direito todo. Dormi à tarde na cozinha.

Daí para a frente, eu o vigiava dia e noite. Uns dez dias após, o Português deu uma estiletada num sujeito chamado Anselmo, e quando a vítima correu, ele correu atrás. Seu Vicente, o guarda do pátio, viu, pegou o estilete ainda cheio de sangue da sua mão. Tomou uma surra violenta e ficou uns seis meses na cela-forte.

Saiu de lá mansinho e veio até pedir para encerrarmos aquela guerra. Concordei, mas jamais deixei de acompanhar seus movimentos, até que foi mudado para o alojamento dos grandes. O sujeito era escama pura, traiçoeiro demais. Eu também não ficava atrás: estava aprendendo.

Depois de quase três meses no Instituto, julguei que esse era tempo suficiente para pedir trabalho na lavoura da rua.

Precisava ganhar algum dinheiro. Estava fumando amarradinho. Era um amarrado de cigarros fortíssimos que o Instituto distribuía para quem fizesse serviços internos. Queria comprar doces, ver a rua, entrar para uma sociedade grande. As vantagens de uma sociedade eram imensas, principalmente em termos de proteção e divisão de pertences. O Zola passara a maior de idade e fora mandado embora, não havia motivo para ficar na cozinha mais.

Abordei seu Walmir, que já me conhecia, na cozinha, ele apenas colocou restrição pelo fato de a casa perder o melhor cozinheiro. Falou em tom elogioso e brincalhão. Expliquei que ali nada ganhava, e precisava me autossustentar. Mandou que me apresentasse no dia seguinte. Conversei com o seu Nelson, expliquei e fui compreendido. Todos gostavam de mim ali, menos tia Maria. Não fazia nenhuma questão de que gostasse, aquilo era uma cobra!

No dia seguinte, lá estava eu, saindo junto com os lavoureiros. Seria a primeira vez que iria ver a rua, após quase ano e meio de prisão. Na porta do Instituto, subimos em um caminhão da prefeitura, junto com os guardas. Éramos doze menores para quatro guardas desarmados. O caminhão saiu a toda da prisão, e logo entramos na cidade.

Era uma cidadezinha pacata e modorrenta. O ar parecia mais gostoso, enchi os pulmões, e o sorriso veio de orelha a orelha. Ali estava a vida novamente! Cheguei a pensar que era invenção minha, ilusão que existisse. Quanta emoção em reencontrar o mundo! As ruas, as casas, as pessoas nas ruas, as cores de suas roupas, as cores da vida, tudo parecia muito mais bonito do que quando fora preso, tudo, principalmente as mulheres. Meu Deus, como fiquei feliz em ver garotas! Pareciam tão lindas, tão deliciosas que até ficava difícil pensar que elas usavam o banheiro como eu. Até babava de admiração. Achava que mulher era o que de melhor havia no mundo!

Fomos levados a uma rua entre cujos paralelepípedos o mato crescera. Descarregados, os companheiros, aos pares, já foram pegando seu lugar de trabalho. O Capitão era um

151

malandro do interior do estado, e, ao me ver perdido, chamou-me para que trabalhasse com ele. No mesmo dia já peguei os esquemas de cortar o mato dos paralelepípedos com a faquinha. Trabalhamos até a hora do almoço. O Instituto nos mandava a refeição, e comíamos na rua mesmo. Aquilo era delicioso. Ver pessoas passando, puxa, eu as amava! Eram todas bonitas, e suas roupas, lindas! Tudo era maravilhoso, e como eu me sentia parte daquilo tudo! Que vontade de voltar para São Paulo!

Percorremos as ruas limpando e capinando as calçadas. Em poucos dias eu já estava craque na enxada novamente. Havia ruas em que as pessoas eram agradecidas e educadas. Nos serviam sucos, pedaços de bolo, doces, frutas etc. pelo capricho com que cuidávamos da porta de suas casas. Nós ficávamos muito emocionados. Éramos extremamente carentes, qualquer espécie de demonstração de afeto ou reconhecimento nos comovia, nos ganhava.

Em geral, a população da cidade era extremamente preconceituosa e desumana conosco. Jamais houve nenhuma preocupação das autoridades ou pessoas da cidade pelos nossos direitos humanos violados, quando os soldados nos massacravam até quase nos matar. Os soldados eram da região. Os chamados cidadãos evitavam até de nos olhar quando nos encontravam suando de limpar suas ruas imundas. Parecia-me uma gente individualista e medrosa. Aquela cidade só me atraía por ser a única para mim. Mas aquele povo... Não foi à toa que muitos de nós, depois de sairmos do Instituto, enfrentamos quatro horas de viagem de carro para ir atacar aquela cidade. Os bancos dali foram assaltados várias vezes. Era um prazer a mais.

Capitão convidou-me para que ingressasse em sua sociedade. Era ele e o Baiano Boca-Murcha. Já conhecia aquele sujeito e não gostava muito dele por causa de seu estilo de valentão. Odiava valentões! Mas ansiava por subir de classe na estratificação social ali existente. E a sociedade em que me ofereciam ingresso era uma das mais fortes e conceituadas do alojamento. Tipo classe alta. Seu armário-cofre era super-recheado, abarrotado de coisas.

Baiano era espertíssimo. Jogava muito, roubava a todos. Um embrulhão, cheio de enroladas, discutia muito e era figura importante do alojamento, como um controvertido rei. Os guardas gostavam dele, e traziam-lhe coisas que ele comprava com cigarros. E, é claro, vendia por mais cigarros ainda. Era extremamente sovina, mas comigo e o Capitão unidos não podia. Éramos a retaguarda dele. Se arrumasse uma encrenca, sabia que podia contar conosco.

A nossa sociedade possuía um punhal e uma faca de aço que eu havia roubado da tia Maria na despensa. Aliás, desconfiava que era por conta daquela faca que me convidavam para a sociedade. Era a melhor arma do pátio dos médios. Tínhamos estiletes também. Eram mais para ameaça e defesa, não sei se seríamos capazes de enfiar aquelas armas para valer em alguém. Talvez fôssemos, quase certo que fôssemos, e elas eram mortais. Mas só o fato de tê-las já nos dava segurança, e quem sabia, nos temia.

A sociedade da época, enganada, julgava que estávamos sendo reeducados. Mas estávamos era desenvolvendo, ampliando e trocando nossos conhecimentos relacionados com o crime. Tenho certeza de que aqueles que executavam aquele trabalho de nos manter presos, como o juiz de menores, guardas e funcionários públicos, sabiam que não estavam nos reeducando. Isso fica claro pelo fato de que a maioria de nós estava condenada a ali permanecer até completar a maioridade. Alguns, os tidos e havidos como mais perigosos, após completar os dezoito anos, ainda eram enviados à Casa de Custódia de Taubaté, onde permaneciam presos, nas mãos de psiquiatras (esses loucos), até completar vinte e um anos. Se acreditassem que nos reeducavam, nos soltariam antes, reeducados.

Até os guardas eram influenciados pela nossa cultura marginal e secreta. Usavam nossas gírias e, muitas vezes, procediam conforme nossos valores. Realmente, não seria juntando uma multidão de meninos de rua, delinquentes juvenis, em alojamentos, alimentando-os, obrigando-os ao trabalho e sujeitando-os a uma rígida disciplina que se conseguiria educá-los.

A maioria de nós era composta de analfabetos. Só se aprendia a lidar com enxada, pá, picareta e enxadão. Éramos todos adolescentes da periferia e do centro de São Paulo. Na metrópole não havia campo para desenvolver as atividades que aprendíamos. Na verdade, jamais houve nenhuma preocupação em nos reeducar. O Instituto era apenas uma vitrine que o Estado ditatorial mostrava para a sociedade. E esta engolia, aliviando sua consciência de comunidade culpada.

Nosso ideal ali, cultivado em nossas conversas secretas, era, ao sairmos, pegar em armas. O assalto era a última palavra em termos de crime para nós. Era o ápice de nossa formação como malandros. Título por demais apreciado por nós. Entre nós havia uns poucos (uma minoria) garotos que realmente haviam sido perigosos. Não que fossem diferentes de nós todos. Apenas haviam vivido outras oportunidades.

Alguns bairros, por fatores socioeconômicos, facilitavam a proliferação de assaltantes, como Jardim Míriam, Vila Maria, Vila Carrão, Brasilândia, por exemplo. Esses assaltantes eram mais audaciosos, menos escrupulosos, e a maioria não tinha pai nem mãe. Já haviam assaltado e até matado várias vezes. Eram nossos líderes, nós os idolatrávamos. Eram procurados como valiosas fontes de informação. Aprendíamos como obter armas atropelando guardas-noturnos, arrombando casas; a executar um assalto; roubar um carro fazendo ligação direta; abrir cadeados e fechaduras etc. Nossos diálogos eram todos dirigidos para o crime. A polícia era nossa inimiga. Os que não eram malandros como nós, eram otários. Todos os otários, manés, júlios, eram nossas vítimas, e para nós, pelo menos teoricamente, suas vidas não valiam um tostão furado. As armas eram o poder. Era só sair, armar-se e ter o mundo aos nossos pés. Otário era a imagem do cão e devia ser tratado a coronhadas e tiros, já que se nos pegassem, nos linchariam até a morte. Criava-se uma geração de predadores que iria aterrorizar São Paulo. A maioria seria morta pela polícia em pouquíssimo tempo, mas antes disso...

Nunca ninguém se preocupou em nos trazer uma mensagem positiva, nos transmitir valores ou discutir os nossos.

Não havia nenhum movimento religioso ali, nem o padre da cidade se interessava por nós. Estávamos abandonados à nossa capacidade de produzir uma cultura nossa e à mercê de nossos sicários. A cultura que conhecíamos era a que milhares de meninos que ali sofreram nos deixaram. A cultura do oprimido que espera sua oportunidade de vingar-se.

Sociedade era o nome que dávamos à civilização dos otários. E a polícia era sua arma de opressão contra nós. Julgávamos que eles nos batiam, judiavam, prendiam em infectas celas-fortes e cafuas porque estávamos à mercê deles. Logo escaparíamos de suas garras, e então nos pagariam caro. Muito caro.

Era uma guerra, era a guerra. Havia grupos mais radicais que já falavam em entrar atirando em mansões e estabelecimentos comerciais antes de dar voz de assalto. Nossa preocupação não era só o dinheiro. Era vingança, explosão de uma revolta contida e cultivada em longos anos de cativeiro, nas mãos de sádicos carrascos torturadores.

Na verdade, nem éramos tão brutais assim. Com exceção de alguns, e esses eram doentes mentais, declaradamente insanos. Mas, em geral, eram esses os diálogos nossos. Não ouvi um só dizer que ao sair iria trabalhar. Já nos sentíamos qual fôssemos grandes bandidos, o mundo que nos aguardasse.

Minha mãe viera outras vezes, até conseguir localizar os parentes que possuía na cidade. Eram burgueses, daqueles pertencentes à nobreza local. Por várias vezes me encaminharam comestíveis, mas jamais se dignaram me visitar.

Havia feito várias amizades, mas nenhuma de maior importância. Sempre fora mais amigo dos pequenos e humildes. Gostava de orientá-los quando chegavam ao Instituto. Tinha pena do ostracismo a que eram submetidos, quando não conhecidos. Havia algo de bom em mim. Gostava de defender os mais fracos e sempre me dava mal nessas. Ganhei um certo capital em meu trabalho na lavoura, ao mesmo tempo que ganhei certa importância em nosso meio. Eu era alguém.

Discuti com o Baiano quando este quis jogar todo o capital de nossa sociedade em um único jogo. Saí da sociedade. Queria ser independente e não apenas um comandado do Baiano. Minha intenção era fundar a minha sociedade, ser eu o determinante. Peguei minha parte da sociedade e minha faca, mudei até de banca.

Peguei o Indinho Boa Ventura e o Pinduca para sócios. Eles haviam chegado fazia pouco tempo e não eram lavoureiros. Eu estava bem financeiramente. Com bastante dinheiro no pecúlio, recebia comestíveis dos familiares de minha mãe que viviam na cidade, e ela me trazia em visita mensal o que eu necessitasse. Eu, Indinho e Pinduca nos dávamos bem e éramos amigos.

Enjoei da lavoura da faquinha e pedi para ir para a lavoura da valeta. Não havia crescido muito, mas desenvolvera uma força considerável. Queria colocar à prova minha força, desenvolvê-la e ficar cada vez mais forte. Além, é claro, de ganhar o status de valeteiro. Era bem vaidoso de minha força física.

O chefe da lavoura media e demarcava o terreno onde seriam feitas as valetas. Nós nos enfiávamos, em dupla, na terra. A primeira terra era tirada na base da picareta, depois era fácil, com enxadões e pás.

O duro para mim era que a dois metros de profundidade era só lama e barro, e eu, que era pequeno, me afundava. Meus esforços eram imensos para jogar o barro para cima, mas sempre consegui. Adorava desafios, eles me estimulavam à autossuperação. Em pouco tempo já adquiri destreza no manejo das ferramentas e já era um dos primeiros a terminar minha tarefa.

Todos me queriam como parceiro de trabalho. Quando saíam as compras quinzenais, a minha era sempre grande. Eu era o único do pátio dos médios que trabalhava na valeta. Todos os outros valeteiros eram dos grandes. Essa lavoura ganhava mais, daí, no alojamento, eu ser um dos que mais ganhavam.

Pinduca foi para a faquinha, e o Indinho para a cozinha. A nossa sociedade cresceu em importância e em capital. Nós não jogávamos para valer, o nosso negócio era só fazer nossa banca no meio do alojamento para comer doces e frutas, tomar suco e assistir TV. A intenção era mesmo fazer inveja aos demais, crescer em status. Nossos uniformes eram novos, sempre passados e limpos, tínhamos nossa conserva de pimenta e condimentos à mesa. Comíamos bifes todos os dias e só fumávamos cigarros com filtro. Nessa época, havia apenas umas três, quatro marcas de cigarros com filtro, a maioria era sem filtro, até o Continental, que já era preferência nacional.

Passei tantos meses na lavoura da valeta que me saturei do trabalho. O esforço era sempre grande demais. O meu corpo não era para aquele tipo de trabalho. Só mesmo com muita força de vontade é que vencia as barreiras físicas da natureza. Juntei bastante dinheiro e saí da lavoura. Estava para completar dezoito anos e pensava que logo estaria fora da prisão. Assim que saí da lavoura, o seu Frauzinho, cozinheiro que vivia alcoolizado, foi me buscar no pátio para que eu trabalhasse na cozinha novamente.

Depois que eu saíra de lá, o nível da comida caíra muito. O arroz era uma pasta, e o feijão duro e sem caldo. Só o seu Nelson caprichava e ainda inventava pratos especiais. Todos no Instituto aplaudiram meu retorno à cozinha. Só a tia Maria que não. Eu iria infernizá-la novamente com os temperos, que ela regulava ao máximo. Desconfiava que ela os levava para casa e vendia, por isso controlava.

Mas havia a Vó. Era a funcionária mais velha do Instituto, e a mais querida por todos. Era pessoa de uma doçura incrível, superamável e afetuosa com todos os menores, sem exceção. Era bem velhinha, e eu só deixava que picasse os temperos. Não permitia que fizesse mais nada.

Ficávamos horas conversando. Ela vivia aconselhando, dizendo coisas de vó mesmo. Comecei a invadir a despensa pelo forro. Subia no forro do rancho, onde se lavavam as panelas, ganhava o forro da despensa, descia pelo alçapão e roubava sem deixar vestígios. A maior parte das coisas era para dar para a Vó levar. Ela sustentava família numerosa, e eu era o seu maior fornecedor. E tinha orgulho disso, ganhava até conceito com os outros menores por isso, pois todos gostavam da Vó. E ela fazia tudo para compensar. Trazia doces caseiros incríveis que, sei, fazia só para mim.

Lembrava-me a vó materna. Morrera quando cheguei ao Instituto, sem saber que eu estava preso. Quando minha mãe contou, apenas entristeci. A família contava a ela que eu estava em um colégio interno. Ela queria me ver, mas diziam que era muito longe. Só depois de alguns dias que fui sentir o impacto da perda.

Jamais soube retribuir o carinho e a preferência que ela tinha por mim. Isso trazia sempre um sentimento de remorso ao lembrá-la. Jamais compreendera o amor que aquela mulher me devotara. Quando pude compreender, já era tarde. Transferi para a Vó do Instituto grande parte dessa afeição.

11

Passei uma boa temporada na cozinha. No verão, as lavouras exigiam demais. O sol de Mogi-Mirim era mesmo de rachar mamona! A cozinha era mais maneira, o trabalho era só aquele das horas certas e mais nada.

Completei dezoito anos em maio de 1970. Meu pensamento era o de que deveria ser libertado imediatamente. Já fora terrível esperar até aquela data, agora eu exigia sair de qualquer jeito. Era até ilegal que me deixassem preso ali, eu já era um cidadão e queria meus direitos! Após meu aniversário, minha mãe veio me visitar.

Discutimos porque queria que eu tivesse paciência e eu não queria ter paciência coisa nenhuma! Queria sair naquele instante! Sossegou-me um pouco ao dizer que comprara uma cama de armar e que meu lugar em casa estava me esperando.

Havia mudado da Vila Maria Baixa para a Alta. Dizia-me que a casa era menor e meu espaço de dormir seria na sala, como sempre. Mas eu sabia, sentia que estava me enrolando. Meu pai não se dispunha a procurar os meios de me soltar. Aquilo me exasperava. Principalmente porque estava vendo que, entre os outros que estavam passando a maiores de idade, alguns eram mandados à Casa de Custódia, para lá ficarem até os vinte e um anos.

Odiei meu pai por causa disso! Não adiantava ser maior de idade. Sonhara tanto com aquela idade e, quando chegou, eu ainda estava subjugado ao controle daquele filho da puta! A vida toda ele iria me perseguir e fazer sofrer? Só matando-o, então, me livraria?

Meu trabalho na cozinha começou a ser remunerado. Não gastei mais nada. Tudo o que entregasse seria para que comprasse roupas ao sair. Não possuía nada para vestir lá fora. Antes que passasse um mês da última visita, fui chamado para a visita novamente. Estranhei. Quando cheguei à portaria, vi minha mãe, meu pai (que jamais me visitara) e um casal bem jovem. A moça se encontrava em avançado estado de gravidez.

Pedi a bênção de meu pai, beijei sua mão forte e grossa. Naquele momento eu o amei, senti nele um pai, pela primeira vez em minha vida. Havia segurança, força e autoridade nele, e aquilo me emocionava demais. Eu jamais soubera o que era um pai mesmo.

O casal, explicou-me seu Luiz, era o meu irmão, Carlinhos, aquele filho dele de que me falara quando eu era criança, e sua esposa. Nunca havia visto aquele irmão. Era uma ficção de que eu ouvira falar e cuja foto vira. Foi bom, foi excelente saber que tinha um irmão. Ele estava ali, ao vivo e em cores. Conversei um pouco com ele e esposa.

Sílvia era pessoa extremamente simpática, e logo nos primeiros contatos nos demos muito bem. O Carlinhos já era bem diferente de mim. Grande, alto, assim, bonitão. Precisava conhecê-lo mais, bem mais.

Sempre me foi bem mais fácil fazer amizade com mulheres do que com homens. Sempre desconfiei dos homens. Os que conhecera eram traiçoeiros, mentirosos e perigosos. As mulheres eram mais frágeis, possuíam mais sensibilidade, o que me aproximava delas.

Ficara tanto tempo no meio só de homens, que tudo o que

fosse feminino me emocionava demais. Aqueles gestos delicados, suaves, harmoniosos, a voz modulada, a beleza do rosto sempre muito expressivo, os dengos, os mimos, até as frescuras, o modo ondulante de andar, as roupas vistosas, e... o corpo! Ah! o corpo feminino... Como a sexualidade feminina me atraía! Nesse momento eu a via de um outro modo. Fora preso menino, adolescente, agora era um rapaz. A mulher era o que havia de melhor no mundo!

Agora não era só o aspecto sexual que eu via na mulher. Esse era importante, estava sedento de possuir quanto mais mulheres pudesse. Mas a mulher toda me era perceptível agora, a diferença total entre elas e os homens. Sonhava beijar lábios macios por horas, alisar cabelos bem tratados e acarinhar peles macias com a maior suavidade do mundo, eu era veludo. Queria derramar um mar de ternura represada, sentimentos recém-descobertos.

Até então, a minha relação com mulheres sempre fora inteiramente superficial em comparação com o que necessitava agora. Queria apenas tratá-las com extrema delicadeza. Todo o meu anseio era participar do fantástico mistério que imaginava existir em cada uma delas. Estava profundamente curioso por conviver com elas, saber tudo sobre elas. Dava até desespero, era um sufoco, uma necessidade que a cunhada trouxe lá do fundo de meu ser.

Era a primeira jovem com quem conversava, depois de mais de dois anos. Eu não era mais aquele moleque de antigamente, eu mesmo podia sentir isso. Na conversa dela havia afeição, vontade de me compreender e gostar de mim. Encheu meu coração de esperanças e profunda alegria. Estava despertando para o mundo, e quão infinitas me pareciam as possibilidades!

Só agora eu percebia a riqueza do que me aguardava. Meu pai se comprometeu a lutar pela minha libertação. Meu irmão insistira nisso com ele. Gostei do modo afirmativo como discutimos o assunto, ele estava determinado, embora não demonstrasse muitas esperanças em mim.

Na visita seguinte, minha mãe trouxe-me a novidade de

que a Sílvia havia dado à luz uma menina e que tudo corria bem com ambas. Fiquei feliz, muito feliz mesmo, em ser tio. Senti família, como se aquela menina fosse parte de mim. Emoção desconhecida essa, de ter irmão, cunhada e sobrinha, para mim. Eu estava aprendendo coisas novas, e isso me deixava profundamente excitado, louco para sair. O mundo parecia prometer muito!

Tornara-me rapaz baixo, entroncado, robusto, sem nada de especial, senão os olhos grandes e brilhantes de sede de viver. Olhos e cabelos castanhos, feições regulares, sem nada que chamasse atenção. Figura comum. Sem nada mesmo fora do normal.

Os companheiros enchiam-se de grosseiras tatuagens. Jamais fizera alguma, não queria ficar marcado de modo algum. No RPM, aprendera que, em qualquer lugar, quanto mais despercebido passasse, melhor para mim. A única coisa de que não gostava era o meu tamanho. Queria ser alto e forte. Aprendera que a força e o porte influíam profundamente nas relações a que estava acostumado.

Todos os meus parâmetros eram de prisão. Em tudo eu pensava apenas como um preso. Estava condicionado a me defender sempre, em qualquer tempo. Sentia que o mundo e as pessoas só me prejudicaram e fizeram sofrer. Não era bem assim, mas era assim que eu via, destacava apenas o que me ferira, valorizava apenas o meu sofrimento, que se fodesse o dos outros. Imaginava não conhecer bondade nem amor. Amor para mim era sexo. Estava preparado apenas para defender e resistir. Se me dessem uma chance, revidar com extrema violência, para matar, se facilitassem. Procedia e pensava como um sobrevivente de alguma guerra. Era aquela a educação de que as instituições do governo me dotaram. Era um produto, a ponta do iceberg.

Muito antes de completar um mês da última visita de minha mãe, outra vez, inesperadamente, fui chamado à visita. Estranhei, mas, depois de tantas surpresas, pensei no melhor.

Quando vi minha mãe, tomei enorme susto. Um lado do

rosto dela estava roxo, vermelho, cheio de pequenos cortes perto do olho. Tudo muito inchado e bastante ferido. De imediato, soube que fora meu pai. Sentei-me a seu lado, com os olhos espantados, e já afirmei que fora ele quem fizera tal covardia. Dona Eida tentou contar-me uma mentira, receosa de minha reação. Afirmou haver sido atropelada. Senti que era mentira. Pressionei até que me contasse a verdade. Uma manhã haviam discutido porque na noite anterior ele chegara bêbado, como sempre. Ele havia acordado naquele momento, portanto não havia a famosa desculpa da bebida. Ele levantara da cama e dera um soco no rosto dela. Não respeitara nem os óculos, que quebraram-se em seu rosto. Caíra desmaiada e só depois de alguns instantes acordara. De imediato, pegara alguma roupa, todo o dinheiro que havia na casa e zarpara para a casa da tia Ercy. Lá, por sorte, tinha encontrado a Lavínia, que iria viajar novamente para a Europa e precisava de alguém de confiança para tomar conta de sua mãe. Aquilo havia caído como uma luva. Dona Eida assumira essa responsabilidade e sumira, abandonando o covardão. E dizia que era para sempre.

Fui tomado por uma fúria assassina. Fiquei enlouquecido, inteiramente cego de ódio, e jurei que o mataria como a um cão! Ele jamais agredira minha mãe. Era extrema covardia. Ela era muito pequena, delicadíssima como um bibelô. Ele, um homem forte, acostumado a enfrentar os valentões do bar da esquina. Eu tinha até certa admiração e orgulho por sua coragem. Vi-o, várias vezes, enfrentar homens bem maiores e mais fortes que ele e humilhá-los de tanto bater. Como podia fazer uma coisa daquelas no rosto de minha mãe?

Renasceu em mim um ódio violento e corrosivo. Mesmo, não sabia que havia em mim fúria tão gigantesca e incontrolável. Eu o mataria, era certo isso para mim, e com todo o prazer do mundo! Era tudo o que desejava, e o faria. Ah, sim, eu o faria com certeza!

Orientei minha mãe para que fosse ao juiz de menores — aquele canalha filho de uma puta que já estava me prendendo meses além do que tinha o direito de fazê-lo —, expusesse o que acontecera com ela e dissesse que precisava de mim, já que só tinha a mim na vida. Procurei acalmá-la, dar-lhe carinho, algum conforto. Disse-lhe que assim era melhor, pois eu sairia e iríamos viver juntos, só nós dois, sem o covardão para atrapalhar. Ficaria com ela, iria trabalhar e sustentá-la. Ela estava com muito medo de ele descobri-la, conhecia sua violência. Almoçou comigo na cozinha, deixei-a com a Vó, que procurou aconselhá-la. Nós dois juntos a levamos até a portaria, de onde partiu, mais segura e reconfortada.

Meu ódio a meu pai começou a me destruir. Não conseguia fazer mais nada, nem me concentrar no trabalho. Estava planejando um jeito de fugir, sem possibilidades de ser pego, e me vingar. O meu plano era plausível, pois havia grande confiança em mim. Podia circular livremente, então seria fácil pular o muro. O problema era a rota para chegar em São Paulo. Tomei informações com os fujões e planejei cuidadosamente uma fuga que não teria erro. Estava até armazenando comestíveis para me alimentar no mato. Meu plano teria que dar certo.

Quando já estava com tudo preparado, quase pronto para pular o muro, de repente apareceu um soldado na cozinha me procurando. O diretor mandara que me perguntasse se eu queria receber meu pai, que viera me ver. Dona Eida, ao sair, fora muito esperta. Havia procurado o diretor e dito para ele não deixar meu pai me visitar. Contou o que acontecera e o estado de revolta em que me encontrava. Imaginou que eu faria loucura se o visse frente a frente. Por isso o diretor mandara perguntar se eu queria recebê-lo.

Respondi que sim, que gostaria de vê-lo. Fui ao rancho trocar de roupa e, já de passagem, peguei a maior faca que havia na mesa de cortar carne. Coloquei roupa limpa e faca na cinta. Eu o mataria na frente de todos, eu o estriparia! Jamais colocaria a mão suja em minha mãe novamente! Estava feliz, ia sair daquele pesadelo de ódio que me envolvera. Saí do rancho, entrei na cozinha e desemboquei na copa. Então fui barrado pela Vó, na porta da saída.

"Me dá a faca!"

"Que faca, Vó?"

"A que você pegou na mesa da carne, eu vi!"

"Mas eu não peguei nada, Vó. Estou indo para a visita. A senhora acha que ia levar faca para a visita? Pra quê?"

"Sei que você está indo para a visita. É seu pai que está lá, e você quer matá-lo. Dá a faca senão conto para o guarda que você está armado!"

Dona Eida pediu a ela que me vigiasse. Fui obrigado a lhe entregar a faca. E foi minha sorte, porque assim que entrei na portaria, fui revistado, meticulosamente. O diretor pensara em tudo, até em me pegar armado em flagrante para me arrancar o couro e jogar na cela-forte. Era bem esperto, o homem.

Quando vi seu Luiz, minha primeira impulsão foi agredi-lo. Mas senti que sairia no prejuízo. Ele me dominaria facilmente. Sentei-me a seu lado, procurando com os olhos alguma coisa dura e pesada para macetar a cara dele. Falou algo comigo, e o som odioso de sua voz rompeu as barreiras, e explodi como uma bomba. Xinguei-o de todos os palavrões que conhecia, esperando que reagisse, louco para avançar nele. Falei tudo o que tinha armazenado sobre sua covardia, e ele quieto. Derramei o ódio de meu coração, abri o verbo, expressando minha revolta total. Jamais o vira assim humilhado, cabeça baixa. De repente olhei, e ele chorava. Meu Deus! Nunca havia visto aquele homem chorar, e aquilo me doía. Sei lá como, vê-lo sofrer me doía, me comovia... Sua dor era violenta, era terrível, muito maior que a minha vontade de destruí-lo, acabar com ele. Toda a minha raiva e ódio, de repente, se evaporaram.

Não sei o que aconteceu naquele instante; uma metamorfose instantânea. Senti dó, piedade daquele homem. A intensidade de sua dor era tal que me impressionava demais. Repentinamente, era o meu pai, e pouco me importava o passado. Eu não conseguia odiar aquele homem que sempre me parecera tão forte e orgulhoso.

Fiquei a escutá-lo, enquanto me contava sua versão dos fatos. Dizia que não sabia o que estava fazendo quando tudo aconteceu e que de repente, quando voltara a si, vira minha mãe no chão. Contou que tivera uma pane, perdera a cabeça, e agora não sabia o que fazer. Dizia amar minha mãe e não poder viver sem ela. Tomara veneno de rato, tentara se suicidar. A mãe dele que o descobrira à morte em casa e o salvara. Mostrou a cabeça, estava careca. O cabelo caíra todo. O problema era que a mãe dele não sabia onde ele morava. Mas depois conferi essa história, e era verdadeira. Falou, falou, comoveu ao máximo, de dar vontade de abraçá-lo e chorarmos juntos, um no ombro do outro. Parecia que fora preciso minha mãe sofrer aquilo para que ele fosse meu pai, e eu seu filho.

Jamais consegui ver pessoas sofrendo, sem me comover. Meu próprio pai sempre dissera que eu não era mau, que possuía um bom coração. Mas sabia que aquilo era paradoxal, pois meu coração estava cheio de revolta e desespero. O sofrimento tinha duas consequências. Ao mesmo tempo que me revoltava e embrutecia, tornava-me profundamente sensível à dor alheia. Isso me confundia bastante, pois ainda não sabia refletir ordenadamente sobre fatos. Não possuía método. Tudo embolava na emoção, e precisava de ação para me aliviar daquele tumulto. Meu Deus! Que reviravolta de emoções! Aquilo me desequilibrava.

Choramos bastante juntos. Chorei por todos aqueles tempos de sofrimento que passara e, no fim, procurei consolá-lo. O único consolo que ele aceitava era o de que prometesse trazer minha mãe de volta. Ele sabia que eu era a única pessoa que conseguiria, se eu não conseguisse, ninguém mais. Ele já a procurara em todos os lugares. Fora à casa de todos os familiares dela, e ninguém lhe dera nenhuma informação.

Sabia que ela estava na casa da Lavínia, mas não podia dizer, nem sequer sabia o endereço. Tia Ercy sabia, mas não daria a ele. Combinamos que ele iria ao juiz, lutaria para me tirar, e em saindo, eu a traria de volta para reconstruir nossa família.

Despediu-se pedindo perdão novamente. Saí dali pensando que eles nem haviam tomado providência alguma para me tirar dali. Havia me iludido. Precisou acontecer aquilo para que procurassem por minha libertação. Era bastante irônica a situação.

Subi à cozinha, e a Vó já veio querer saber o que acontecera. Ela estivera em suspense todo o tempo que durara a visita. Contei tudo e perguntei se agira certo. Respondeu que sim, que eu tomara a melhor decisão. Mas eu me perguntava se não havia sido enrolado pela conversa dele e se não havia traído minha mãe.

Bem, de qualquer modo, pensei comigo, ela iria viver com ele se quisesse. Eu ficaria com ela, tomasse ela a atitude que fosse. Ao mesmo tempo, a responsabilidade pesava em meus ombros. Se fôssemos viver apenas nós dois, eu teria que ser firme, trabalhar e sustentá-la, e isso com toda a seriedade de que fosse capaz. Senti-me um tanto quanto inseguro. Não gostava daquela ideia de renunciar a um monte de fantasias que acumulara em minha mente. O futuro já não me sorria tanto quanto antes. Mas fazer o quê? Se as coisas fossem assim, eu teria que fazer face ao que a vida exigia de mim. Afinal de contas, eu já era um homem, não era? Pelo menos arrogava tal hombridade.

Seu Walmir havia pego uma empreitada em uma fazenda em Limeira. Gostava do meu trabalho e me chamou para trabalhar com ele. Era para fazer vazar um varjão encharcado de água, para posterior plantio. Foi à cozinha me convidar. Era uma honra ser procurado assim, no meio de tantos que lutavam por uma vaga nas lavouras. Iríamos ganhar quase o dobro do que ganhávamos nas lavouras da prefeitura. Eu precisava de todo o dinheiro que pudesse conseguir, para comprar roupas.

Seu Walmir raramente batia em um menor. Mas quando pegava um, era sozinho e mandava a vítima para o hospital. A mim, sempre tratou com muito respeito. Eu tinha mania de gostar das pessoas sérias e responsáveis. Acho que procurava um pai.

Era o maior fazendão, fiquei fascinado por tanto verde. Descemos para o varjão, o terreno era inclinado, teríamos que fazer

166

uma valeta, quase um córrego, e depois uma bacia para escoar as águas. Atacamos o trabalho com a febre de concluí-lo logo. Só então percebemos que era uma tarefa extremamente difícil. Logo após fazermos a primeira cava, já minou água, e todo o nosso trabalho era só com lama. Ficamos enlameados dos pés à cabeça. Imundice total. O sol era fortíssimo, a lama secava no corpo, e os nossos movimentos eram seguidos de estalos de lama se quebrando em nossa pele. Eu estava interessado naquilo. Jamais fora vadio e queria ver como ficava aquilo pronto. Gostava muito quando me elogiavam pelo meu trabalho. Por conta disso, criei um perfeccionismo, uma vontade de fazer tudo melhor que os outros, para que meu valor fosse amplamente reconhecido. Almoçamos a comida da fazenda, comida forte, leite espumando e quente da vaca. Eu estava preto de tanto sol, forte como um touro.

Com alguns dias de trabalho, eu e o Alemão Batata, sujeito que conhecia havia anos, fomos encarregados de começar a fazer a bacia. O Alemão parecia um trator, uma fortaleza ambulante. Era loiro, mas tinha o corpo todo coberto por pelos brancos, qual fosse uma segunda pele. Para acompanhá-lo no trabalho, precisava fazer das tripas coração. Ficamos uns dez dias na bacia; quando seu Walmir veio ver o que fizéramos, nos elogiou e disse que havíamos trabalhado mais que a equipe toda. Represamos a água, e veio toda a equipe ajudar. O trabalho era duríssimo. Jogávamos a lama com a pá, a quatro, cinco metros de altura. Às vezes voltava tudo na cara da gente. Cobra aparecia constantemente. Sempre tive muito medo de cobra. Era só gritarem "cobra", e eu já voava lá para cima do barranco.

Alemão era diferente. Corria em cima da cobra e pegava-a com as mãos. Matava, limpava, temperava, e então saíam as maiores fritadas de cobra na hora do almoço. Alemão chegou a pegar uma urutu-cruzeiro de uns quatro metros, grossa, enorme! Mas na hora de matar ela escapou, embora com a espinha quebrada, ficou chicoteando para todo lado. Não sobrou ninguém no galpão, nem o seu Walmir, que era mateiro dos bons.

167

Mas o Alemão avançou com a enxada, e foi a cobra mais gostosa que comemos, gosto de peixe.

Aconteceu no dia em que a bacia estava mais difícil de ser trabalhada, a lama vinha na cintura, e era quase impossível me mover e atirar a lama para cima. Não estava aguentando mais, totalmente esgotado e tonto pelo ofuscamento provocado pelo brilho do sol na água, o corpo todo que era uma pasta só, estalando a cada movimento. Eram aproximadamente três horas da tarde, havíamos trabalhado o dia todo ali, e eu já estava só de canudinho chupando o sangue do Alemão, que parecia possuir energia inesgotável. Então vimos a perua do Instituto chegando lá na casa da fazenda e vindo em nossa direção. Todos paramos, jamais a perua havia aparecido ali, alguma coisa grave acontecera.

Seu Walmir foi ter com o motorista, conversaram, e de repente senti que era comigo. Era eu. Quando o vi me procurando com os olhos, fui saindo da lama, escorregando, caindo e levantando, tornando a cair, até chegar ao barranco. Foi a subida mais penosa de minha vida, todos me olhavam sem entender o meu desespero, parecia um louco, com lama dos pés à cabeça. Quando alcancei seu Walmir, estava esgotado, meio morto pelo esforço, o coração aos pulos. Eu já sabia o que era quando vi a perua, mas não quis acreditar em minha intuição, queria que ele dissesse em alto e bom som.

Seu Walmir disse então que chegara a minha hora. A perua viera me buscar para me levar para São Paulo, eu ia ser libertado! O coração, que já estava aos pulos, quase me fez explodir por dentro. A emoção foi tão violenta que me sufocou, as palavras sumiram, as pernas amoleceram, e caí como uma jaca madura, esborrachado...

Meu Deus! Como eu sonhara com aquele momento! E ali estava ele, na minha cara, alucinando! Faltou ar, suava às bicas por entre placas de barro endurecido pelo sol, queria levantar, falar, agradecer a não sei quem, e tudo ao mesmo tempo. Tudo o que consegui foi cair novamente. Seu Walmir me ergueu, com um sorriso de espanto e um olhar de preocupação, os companheiros subiram o barranco para me cumprimentar. Todos vieram apertar minha mão e desejar boa sorte, até os que não se davam bem comigo. Foi uma festa, como se todos participassem de minha alegria. Quando entrei na perua e olhei para trás, uma onda de saudade já me inundou os olhos. Bati a porta, e partimos.

Triste notícia, quando cheguei ao Instituto. O carro de São Paulo partira levando os outros que também haviam ganho a liberdade e me deixara. Que decepção! Chorei de ódio e frustração! Parecia que faziam tudo para me ferir, magoar, até a hora mais feliz de minha vida haviam estragado!

O diretor chamou-me à sua sala. Entrei como se estivesse com uma pedra em cada mão. Disposto a brigar, discutir, xingar, pôr tudo a perder de uma vez. Então, com calma, me cumprimentou pela liberdade conquistada e explicou que era sexta-feira e os PMs, o carro de São Paulo, tinham pressa, e que ele os liberara para que fossem sem mim. Pelo meu merecimento, resolvera me mandar com a diretora administrativa na segunda. Ela iria para São Paulo e me levaria. Seria mais confortável, no carro dela, passaríamos pela minha casa e já levaríamos meu pai para assinar o meu recebimento. Sairia com ele no ato.

Aqueles que foram na perua de São Paulo ficariam até segunda no RPM, só então suas famílias seriam avisadas para buscá-los. Ainda havia uma burocracia a ser cumprida que podia segurá-los por mais uma semana ou até mais. Autorizou-me a fazer compras de roupas na cidade, acompanhado por um guarda. Saí de sua sala tranquilo, aquela, de fato, parecia ser a melhor solução. Se tivesse ido com os outros, iria direto para a triagem, como vi outros irem quando estivera por lá, para esperar, e eu nunca mais ia querer passar por aquele maldito lugar! Só o nome me dava calafrios.

No alojamento, vários menores vieram me cumprimentar, desejar sorte. Sentia que a maioria possuía inveja, e achava natural. Eu também já sentira inveja quando vira outros companheiros indo embora. Era como se o fato de o outro ir e eu não, fosse uma espécie de injustiça que se fazia contra mim.

Ficava claro que era só a família fazer pressão, querer de verdade o menor em casa, que o juiz soltava. E eu, por não ter quem fosse ao juiz lutar por minha saída, ia ficando ali.

De manhã saí com um guarda para comprar roupas. Entramos em várias lojas, eu estava maravilhado com tudo, era tudo tão caro... Acabei tendo capital apenas para comprar uma calça, um sapato e uma camisa. Voltamos, e a roupa já ficou comigo.

Andei no pátio a tarde e o domingo todo, sozinho. Pensava e sonhava acordado com tudo o que havia para fazer lá fora. Meu pensamento era nunca mais roubar nem me meter em trapalhadas. Todas as ideias anteriores de revolta, assaltos, aventuras, diante da possibilidade de ser livre, sumiram como que por encanto. Agora era maior de idade. Se fosse preso, seria cadeia mesmo. Imaginava a cadeia como fosse um RPM grandão e mais cruel. Onde se matava e se morria. Tinha medo, e a liberdade me custara muito caro. Já ouvira conversas sobre a Casa de Detenção. Muitos menores davam idade de maior ao serem presos, para ir para a Casa de Detenção, com medo de serem mandados para Mogi-Mirim, caso fossem para o juizado. O que descreviam era de arrepiar os cabelos. Por esse motivo e porque pretendia ter um pouco de paz, ao lado de minha mãe, estava me decidindo, sem muita convicção, a não roubar mais.

Havia o lado aventureiro, que reclamava novas aventuras, novas emoções, coisas fortes. A vontade de fumar um baseado, tomar umas bolas, bebida alcoólica era fortíssima em mim. As dúvidas sobre se eu suportaria a pressão de tais vontades eram enormes. Nem questionava muito, achava que aguentaria e pronto. Se não suportasse, pelo menos estava livre e, dessa vez, venderia caro minha liberdade. Pensava em só ser preso depois de morto. Não me pegariam vivo, dizia para mim mesmo. Ia virar o diabo para que não quisessem mais me prender, e sim matar logo, como fazia o Esquadrão da Morte, que estava matando todo dia em São Paulo. Muitos dos que conhecera no juizado de menores já haviam sido mortos pela polícia. Zezé Branco, Gerlan, Pemba, Indinho etc.

Na segunda, cedinho, o guarda me acordou. Rapidamente,

170

fiz a higiene, vesti pela primeira vez a roupa que comprara e já saí, antes que os outros acordassem. Não queria agredi-los com minha liberdade, seria constrangedor.

A diretora administrativa, dra. Elsa, me aguardava, junto com o motorista. Seguimos para seu Volks branco, para a viagem, quatro horas. Pouco falaram comigo, eu também não queria conversa, estava simplesmente hipnotizado por tudo o que via na estrada.

Em Campinas, paramos para um lanche. Pedi autorização para tomar um conhaque. Antes que a doutora pudesse falar alguma coisa, já pedi outra dose e derramei goela abaixo. Saiu fogo da garganta, engasguei, sufoquei, mas aguentei o tranco. Logo o calor tomou conta de mim, e uma alegria infinita esparramou-se pelo mundo para que eu sentisse. Dra. Elsa nada falou, mas censurou um terceiro, com os olhos. No carro danei a conversar com ela, possuía uma vontade enorme de falar, a bebida destravou a língua.

Chegamos em São Paulo antes que eu percebesse. Pela marginal, alcançamos a Vila Maria. Como tudo estava mudado! As ruas todas asfaltadas, tudo iluminado e bonito. Chegamos à casa de meus pais, que eu desconhecia. A doutora permitiu que fosse sozinho buscar meu pai.

Era uma espécie de pequena vila de casas. Quando cheguei ao número que correspondia à casa de meus pais, a casa estava fechada. Foi uma decepção enorme. Havia vizinhos no corredor, pedi que avisassem meu pai para que fosse me buscar no RPM. Todo o efeito da bebida se dissipara, e a angústia começou a tomar conta de mim. Passamos pelo bar que meu pai frequentava. O dono me conhecia desde criança, deixei o mesmo recado. E, contra todo o meu coração, seguimos para o RPM, o lugar maldito!

Fiquei a tarde toda no plantão. A doutora havia conversado com o responsável ali, pedira que me deixassem no pátio, em vez de me mandarem subir para a triagem. Quando começou a escurecer, fui recolhido. Se meu pai não viesse até a noite, eles me levariam em casa. Mas a partir do momento em que fui recolhido, já não acreditava em mais nada do que me dissessem. Todas as minhas boas intenções se esvaíram, a revolta tomou conta. Eu era um louco alucinado.

Ao atravessar o pátio, mil pesadelos me acometeram. Lembrei toda a miséria que ali vivenciara, me escondendo pelos cantos daquelas paredes nuas. Eu fora inocente e bobão, menino cheio de sonhos e bobagens na cabeça. Aquele lugar violentara minha natureza.

A molecada estava na recreativa. Aquele mesmo cheiro ruim de suor, de coisa estragada. Aquelas mesmas crianças maltrapilhas, os guardas com suas longas borrachas nas mãos a ameaçar.

Morreria de desgosto se fosse obrigado a ficar ali. Sentei-me e tentei me fixar na TV. Para distrair a mente, para não enlouquecer. Não deu. Os meninos me olhavam, curiosos, sabiam que eu tinha vindo de Mogi-Mirim, o guarda anunciara, qual fosse um acontecimento, quando eu chegara. Havia suspeita e temor em seus olhos. Temiam que eu fosse mais um que chegara para abusar de suas fragilidades. Senti a maior compaixão, deu a maior vontade de chorar por aquelas crianças, meu coração ficou pequeno. Ao mesmo tempo, encheu-se de revolta. Ninguém queria fazer nada por elas. Os anos se passaram, e tudo continuava igual. Quanto eles queriam que essas crianças sofressem ainda, para fazer alguma coisa?

Malditos juízes! Malditos policiais, maldita sociedade, mil vezes malditos!, gritava meu coração. Destruíam a cada um de nós naquele lugar nojento, sujo e... cheio de muquiranas! A revolta me impedia de falar com eles. Se abrisse a boca, seria para chorar. Não temia os guardas e a chibata. Se atravessassem meu caminho, eu os esperaria na saída e os mataria com todo o prazer do mundo!

Eram umas oito horas quando meu nome foi chamado. Distribuí para a garotada os cigarros que possuía e me despedi ruidosamente. Aquilo era proposital, queria lançar meu último desafio aos guardas com suas borrachas. Olhava-os demonstrando nos olhos, na boca, o nojo que sentia deles. Queria dizer-

-lhes que eram vermes, uns filhos da puta, mas ainda não podia, tinha de sair dali primeiro.

Fomos à carceragem. Eu, o guarda que me chamara e mais dois menores que iriam embora também. Os garotos estavam eufóricos, falavam pelos cotovelos, e isso me irritava. Estava tenso, nervoso, suando fortemente. Meu pai ainda não viera, eles iam me levar para casa. Já decidira: se ele não estivesse lá, eu fugiria. Não voltaria para aquele inferno nem morto.

Cogitava como enganar os guardas e fugir, quando pela porta de entrada da carceragem meu pai adentrou. Levantei de imediato, como uma mola. O guarda me mandou sentar, todo cheio de poderes, nem olhei para ele, caminhei para meu pai e abracei-o fortemente. O guarda veio pensando em me repreender, mas o meu olhar desafiador e de ódio total o deteve. Meu pai assinou o termo de recebimento, e eu fui fazer o último desafio ao guarda da escolta. Voltei e me despedi dos garotos, mas olhando o guarda dentro dos olhos, quase dizendo quanto ele era desprezível e nojento.

Saímos, meu pai estava com o táxi em que trabalhava parado à porta. Dentro, havia um amigo dele que me conhecia desde criança. Abraçou-me, e meu pai tocou o carro para a Vila Maria. Meu coração batia como um tambor, a respiração precisava ser puxada do fundo do estômago, eu suava, suava em bicas.

Quando chegamos, o banco do carro estava grudado em mim. Só quando coloquei o pé no bar é que consegui sentir a tensão aliviando-se e pude viver a alegria, a suprema felicidade de estar livre. Fiquei bêbado de felicidade, mas, em silêncio, ainda não falara com ninguém. Só então olhei para meu pai e agradeci.

12

No bar do seu Chico, fui cumprimentado por quase todos os que ali estavam. Na maioria, eram amigos de meu pai, alguns haviam me visto crescer. Fui logo tomando uns conhaques para descontrair. Sentia-me inibido e algo tenso na presença de pessoas desconhecidas. O Renato, meu amigo de infância, lá estava. Deu-me um forte abraço e fez questão de me levar para jantar na casa dele. Era uma família decente, de italianos, conheciam-me desde a mais tenra idade. Eu não saía da casa deles, era amigo de Renato, comera Artur, gostara de Regina... A mãe deles envelhecera muito, mas era a mesma senhora boa e simples de sempre.

Após jantar simples de família pobre, na mesa em que nos alimentáramos muito tempo antes, Renato e eu saímos para dar uma volta e conversar. Ele estava razoavelmente bem. Desistira dos estudos e era operário em uma fábrica próxima à sua casa, não tinha ambições e era um bom rapaz. Voltamos ao bar onde deixáramos meu pai, e lá bebemos algumas cervejas. Encontramos o Japonês, outro colega de infância que confessou, rindo, que eu o havia comido, e rimos pacas disso. Fiquei meio bêbado e com medo de dar vexame, pedi para meu pai me levar para casa.

Em casa estava a maior bagunça. Já fazia quase três meses que dona Eida estava fora. A sujeira e o desmazelo tomaram conta.

Em agosto de 1970, Lennon já havia dito que o sonho acabara. Não quis acreditar. A Guerra do Vietnã estava em pleno curso, a guerrilha no Brasil começara a ser desmantelada pelos órgãos de repressão. O DOI-CODI era o palco dos horrores, o Esquadrão da Morte matava todo dia. O mundo de pernas para o ar, arreganhado como uma puta, e eu ali no meio, abobado com tudo o que via, sem entender nada.

A primeira música que ouvi ao ligar o rádio era de Paulo Diniz. Ele queria voltar para a Bahia, e me enchia a alma de vontade de viver e participar da vida das pessoas. O LP *Let it be* dos Beatles era o sucesso internacional. B. J. Thomas, Creedence, The Marmalades, The Who, Led Zeppelin e Rolling Stones explodiam nas rádios e rebentavam meu coração de emoção profunda.

Uma sede de viver percorria meu ser, eletrizando-me. Tim

Maia acabava de voltar dos States e era azul da cor do mar. Jorge Ben era Cosa Nostra, e seu LP *Força bruta*, magnífico, estupendo. O som movia minha mente, estava amando viver novamente. A vida era luz, e eu me sentia iluminado por ela. Era livre e precisava encher de significados a minha existência. Precisava encontrar um conteúdo que me preenchesse de motivos de viver.

Minha turma, meu pessoal, meu bairro. Ainda não tinha perspectivas, mas era livre para não tê-las, e assim criá-las a todo momento, espontaneamente como a vida se desenhasse. Uma angustiazinha dolorida começava a apontar, minha consciência era poço sem fundo, e minha moral seguia minhas vontades. Estava plástico, elástico, pronto a esticar e me moldar. Não haviam me ensinado a educar a vontade, e sim a reprimi-la. E agora ela estava solta, como um balão, no ar, ao sabor dos ventos.

Acordei meu pai de manhã cedo com café com leite e pão quentinho. Já havia ido à padaria, comera doces... Conversamos, ele me deu algum dinheiro e saiu para trabalhar. Teria que ir à casa da tia Ercy procurar minha mãe. Tinha saudade da tia, da prima, daquela gente, mas estava com receio de não ser bem-aceito. Mas, pensei comigo, orgulhoso, também não os aceitaria, caso não me aceitassem...

Peguei o ônibus para a cidade e fui admirando tudo o que via. Reconheci tudo e sentia-me parte integrante de minha cidade. Sorria para mim mesmo, feliz da vida. A cidade havia mudado bastante. Estava parecendo aquelas cidades futuristas, com viadutos e elevados para todos os lados. O volume de carros era fantástico. Dava o maior medo de atravessar as ruas. Mas estava gostando daquilo: superava tudo o que pudesse ter imaginado no juizado. O adjetivo *magnífico* definia palidamente minhas impressões.

Na casa da tia, fui relativamente bem recebido por ela. Já não havia mais aquela intimidade, amizade espontânea que caracterizava bem aquela relação gostosa entre tia e sobrinho. Eu era um estranho. Sentia-me inibido diante dela, e ela não me dava mais espaço, como antes. Eu não fazia mais parte daquela família, daquela gente que me fora tão próxima...

A Jane estava sentada no sofá. Grávida, com a mesma cara de tonta de sempre. Casara-se com o Dago, já tinha uma filha. Não gostava daquele cara, e era recíproco. Minha prima, simplesmente, não soube o que conversar comigo. Estava completamente dominada pelo marido, e para este eu era persona não grata.

A tia disse-me que não sabia onde estava minha mãe. Pressionei, e ela contou que dona Eida pedira a ela que não dissesse nem a mim onde ela estava. Percebi que não era mais minha tia querida que ali estava. Ela fora, em minha infância, a única a me compreender. Dizia que tudo o que eu fazia de errado era por causa da vida que levava em casa, que quando crescesse, aquilo terminaria. Não era mais a mulher vitalizada e protetora que eu conhecera, a minha madrinha. Também havia sido dominada pelo genro.

Dago, ficou claro para mim, queria eliminar os vínculos que uniam nossas famílias. Porque meu pai era um alcoólatra e eu um ladrão. O problema era que ele, na adolescência, havia feito tudo o que eu fizera. Todos nós sabíamos, queria esconder, decerto. Me prejudicou muito, porque a tia era um apoio com que eu contava e de que necessitava. Era uma mulher forte, bondosa e dinâmica. E gostava de mim, sem dúvida me ajudaria. Deixei recado para minha mãe, dizendo que precisava falar com ela.

Voltei para a cidade e fiquei andando, vagarosamente, namorando a minha cidade. Parecia um canteiro de obras, as obras do metrô estavam a pleno vapor. Fui à praça da República e me espantei com a tremenda modificação. A praça estava linda! Cheia de plantas novas, os lagos artificiais limpos, cheios de peixes. Tudo muito limpo e organizado. Havia até guardas patrulhando. As pessoas que andavam por ali eram trabalhadores, gente que passava apressada, a mil. Apenas um ou outro vagabundo em estado contemplativo de miséria. Não havia mais a alegria de antes, embora houvesse crianças abandonadas por ali, mas dava para ver que não eram ladrõezinhos como fôramos, estavam maltrapilhos.

Fui à Galeria Metrópole, o Snake já não existia mais. O porão da Galeria continuava cheio de boates, mas não havia mais jovens cabeludos perambulando em seus corredores e nas ruas adjacentes. Onde estava o pessoal? Não havia resposta. O centro de São Paulo perdera a graça. Era tudo automatizado, polícia aos montes, só gente apressada e um cheiro horrível de gasolina e óleo queimados. Me senti miseravelmente só, no meio daquela multidão a me dar encontrões, pois eu já não sabia mais andar nas ruas superpovoadas.

Voltei para casa bastante entristecido. Seu Luiz me esperava ansioso. Nós estávamos camaradas, eu era solidário em sua dor e desesperança. Desanimou, tive de reanimá-lo. Iria procurar outras tias, e dona Eida já iria saber que eu estava fora da prisão, através da tia Ercy. Eu era a isca, ela apareceria me procurando.

Meu pai havia parado de beber e tornara-se um sujeito até agradável. Seu Luiz havia lido bastante, se bem que quase só bolsilivros de bangue-bangue, e eu precisava de um pai para conversar. Confessei a ele que estava doido para encontrar uma mulher para levar para a cama. Foi solidário e quis até dar dinheiro para que eu procurasse uma prostituta. O dinheiro eu aceitava; iria comer um monte de doces de que morrera de vontade aqueles anos. Mas eu queria era arrumar uma garota só para mim. Namorar, amar, fazer tudo o que ouvira dizer. Queria conhecer de perto essa emoção tão falada e cantada em versos. Deu-me o endereço de meu irmão. O bebê deles era uma menina lindíssima e esperta, eu iria conhecer no dia seguinte. Fomos dormir.

Não foi difícil achar a casa de Carlos. Eles moravam numa espécie de vila, como a nossa. Quase um cortiço. Eram muitas casas em um só corredor, pertencentes a um explorador apenas. Bati à porta, a Sílvia atendeu. Deu-me um sorriso de reconhecimento tão sincero que me senti aliviado. Pronto, encontrara alguém em quem confiar, que me aceitava como eu era, sem reservas. Até agora estava sendo apenas recebido, mas não aceito, até por meu pai.

Levou-me ao berço de seu tesouro, a menina. Dormia, e era uma beleza como jamais vira. Um serzinho inteiramente maravilhoso e encantado. Só de bater os olhos nela, já a amei. Era minha sobrinha, tinha um vínculo comigo, e aquilo me causava uma emoção tão forte que quase chorei à beira do berço.

A cunhada estava levantando aquela hora e fazia um café. Sentei-me em uma cadeira em sua minúscula cozinha, e começamos um diálogo que jamais foi acabado. Com pouquíssimas palavras, tornei-me seu amigo incondicional.

É inexplicável, mas aquela mulher me era totalmente íntima. Eu já conversava com ela sem nenhuma inibição e dizendo verdades. Coisas que não me atrevia a dizer para ninguém. Assim, repentina e misteriosamente. Era um alívio conversar com alguém naquele nível de sinceridade. Ela era minha melhor amiga, a única. Conversávamos sobre futuro, deu-me um montão de conselhos, ajudou a esclarecer dúvidas. Senti seu apoio integralmente. Poderia contar com ela, estava feliz por isso.

Logo ouvimos um choro, o nenê estava acordando. Sílvia trocou-lhe as fraldas. Fiquei observando o berreiro que ela armava e a intimidade entre mãe e filha daquele instante. Jamais me ligara em fatos assim delicados da existência. Era sublime aquilo, meus olhos estavam cheios de água, e eu supersensibilizado. Desejei, ardorosamente, ser o pai daquela criança e entrar naquela festa de amor.

Senti a maior vontade de começar uma nova vida, namorar uma garota séria, casar, produzir filhos e ter paz, amor e tranquilidade. Percebi na Sílvia um amor e uma devoção a meu irmão, que me deu inveja dele. Queria ter alguém assim, apaixonada por mim. Sílvia não era bonita de rosto. Mas era alguém com uma delicadeza e uma beleza interior que me comoviam. Me inspiravam um sentimento muito puro e bom, que, até então, desconhecia.

Quando a menininha se acalmou, aproximei-me, e a mãe me apresentou a ela. Olhou-me curiosa, e foi fácil arrancar-

-lhe um sorriso. Era espertíssima para o tamanho e não parava quieta, também, eu não deixava. Passei o dia ali brincando com aquele bichinho encantado e conversando com a cunhada. Foi um dia extremamente agradável e familiar para mim.

Meu irmão trouxe a noite com ele. Eu precisava fazer amizade com ele, éramos estranhos. Afinal, era meu irmão, e a família dele era a minha também. Precisava de um amigo. Pareceu ficar contente em me ver. Saímos, eu, ele e a garota na nuca dele, toda feliz por sair e ver coisas novas. Fomos à padaria e lá tomamos umas cervejas.

Ele não era estranho a meu mundo anterior. Já havia fumado maconha, conhecia ladrões e malandros. O importante era que não me censurava em nada. Apenas julgava que eu devia proceder de acordo com os parâmetros da lei, para não ser preso e poder viver bem. Coloquei meus pontos de vista, e ele concordou com a maioria. Era um sujeito liberal e bom. Mas percebi que era inconstante em seus sentimentos, e eu não aceitava pessoas volúveis e levianas, não se podia confiar nelas.

Eu estava muito puro emocionalmente. Sentimento era coisa séria para mim, sobre a qual não poderiam restar dúvidas. Segredou-me estar envolvido com outra mulher e que comia tudo o que aparecia, tipo contando vantagem. Não podia censurar. Mas não conseguia entender como um sujeito, com a esposa e a filha que tinha, podia ficar correndo atrás de outras mulheres. Sílvia era doida por ele, sentia pelo modo como falava dele. A criança era a coisa mais linda do mundo. Uma coisinha delicada e doce, uma florzinha de valor incalculável. Eu daria tudo, toda a minha vida, para ter o que ele tinha, e o sujeito não valorizava. Não conseguia entender aquilo, era absurdo demais para mim.

Demasiadamente ingênuo com tudo relacionado a sentimentos, nem sequer imaginava que alguém pudesse ser amado e não amar. Estava supercarente, e me era inconcebível o fato de o amor de alguém nos ser indesejável. Era mais ou menos o caso do Carlos. Um boêmio irresponsável como o pai. Seguiu pela vida fazendo filhos como um cachorro e depois nem sabia quem eram nem se interessava por eles. O egoísmo, a irresponsabilidade para com o sentimento dos outros, era coisa que eu estava percebendo agora criticamente. Se bem que, em última análise, era useiro e vezeiro em fazer isso com minha mãe. Mas mãe, para mim, era outra coisa, nada tinha a ver com mulher.

Conversei bastante com meu pai a respeito de Carlos. Este havia me dito que o nosso pai havia se recusado a pagar a pensão dele, quando separou-se de sua mãe. Seu Luiz explicou-me que se propusera a criá-lo, mas a mãe dele não aceitara. Afirmou que na época ele mal tinha para sustentar a mim e minha mãe. Não justificou, mas aquilo era problema dos dois, que se entendessem. A conversa girou em torno da Carla. Era a primeira neta de meu pai, e ele era apaixonado pela garota, passamos horas a falar sobre ela.

Fui à casa de minhas tias Eni e Elsa, não me senti bem recebido, e elas nada sabiam de minha mãe. Passaram-se os dias, eu cozinhando para mim e meu pai. Estávamos tristes, vivendo a maior necessidade de minha mãe. Começava a me revoltar contra a família, que a escondia de mim.

Minha alegria eram Sílvia e o nenê. Estava sempre na casa deles. No bairro não conhecia ninguém, na cidade, encontrara alguns batedores de carteira, mas não havia afinidades. Estava super-ressabiado tanto com a polícia como com os ladrões. Pouco saí de casa. A molecada da praça, ou a polícia matara, ou estavam presos.

Em frente à casa de meus pais, havia uma escola de datilografia. Ali, todos os sábados e domingos à noite, havia bailes. Eu encostava no muro de casa e ficava apreciando o movimento do pessoal. Louco para participar, com o coração doendo de ver a vida ali se manifestando e eu sem saber como ou o que fazer para entrar nela.

Sentia-me excessivamente tímido para me aproximar. Aliás, eu só sabia conversar com quem já conhecia. Meu vocabulário era restrito a gírias, e temia que as pessoas me rejeitassem por isso. Eu também só tinha uma muda de roupa, e tinha vergonha disso.

Depois de quase um mês nessa alienação, sentindo-me fora da vida, num domingo acordei na certeza de que dona Eida estava na casa da tia Ercy. Falei com o velho, deu-me dinheiro, e fui direto para lá. Ao me atender à porta, tia Ercy vacilou, quase precisei forçar a porta para entrar. Indicou-me o fundo da casa quando inquiri com os olhos. Corri para lá.

No quartinho de passar roupas, lá estava minha pequena mãe, passando roupas. Fiquei olhando-a por alguns segundos, até que ela me sentiu e voltou-se para mim. Largou o ferro de passar roupas no chão e se atirou em meus braços, chorando como criança. Chorei também ao sentir no peito aquele ser tão querido. Ficamos abraçados, apenas sentindo a presença um do outro, sem palavras.

Conversamos, admirou-se como eu emagrecera e crescera, dizia que eu estava um belo rapaz. Quando consegui falar, expus que ela deveria ir para casa para vivermos a nossa família. Contei-lhe que seu Luiz havia parado de beber, trabalhava firme e a amava. Expliquei como ele estava caído, como ambos sentíamos sua falta, que a casa estava de pernas para o ar, disse, inclusive, que havia dito a ele que o mataria se relasse a mão nela novamente.

Era indefensável a posição dele, e ela atacou fortemente, então apelei para o amor dela por mim. Carecia de minha mãe em casa. Não falei da opção de vivermos só nós dois. Havia reservado para o caso de não convencê-la a voltar. A responsabilidade era muito grande. E eu me sentia sedento de viver, a vida parecia me puxar para um buraco sem fundo. Precisava de dinheiro. Ainda não havia estado na cama com uma mulher e vivia louco por isso, obcecado. Notava algumas garotas me olhando, interessadas, mas não conseguia chegar perto para conversar.

Dona Eida já estava inclinada a voltar. Estava ainda com medo de meu pai. Eu garantia que tudo daria certo, então, relutantemente, ela aceitou voltar. Estava tomando conta da mãe da Lavínia e só podia deixá-la quando esta voltasse. Como já estava próximo seu retorno, logo ela estaria em casa.

Marcamos um encontro para o domingo na catedral da Sé. Disse que pedisse a meu pai para levar bastante dinheiro que iríamos passar o domingo num passeio pelo zoo da Água Funda. Despedi-me, feliz da vida, e voltei para casa voando. Estava louco para dar a grande notícia a meu pai, ele ficaria felicíssimo!

Ficou feliz mesmo, tirou o véu de tristeza que nublava seu olhar. Mas já veio com prepotência... por que ela não viera comigo? Expliquei o trabalho dela e com muito custo o fiz compreender. O cara batera em minha mãe, eu teria de trazê-la de volta e ainda tranquilizá-lo, acalmá-lo, mas na época não enxergava isso, havia muito ainda em mim de respeito à figura paterna. Eu gostava daquele cara, por incrível que pareça, talvez por não ter mais de quem gostar, quem sabe. Não sabia, acho que nem ele, que sua promessa de não beber era emoção passageira, como a minha com relação ao crime. Não havíamos resolvido nossos problemas com bebida e crime. Retornaríamos, dois náufragos, tendo sempre dona Eida como ilha sólida a nos receber.

Entrementes, no sábado, antes do encontro, assistia ao movimento dos jovens no baile em frente a minha casa. De repente, a entrada do prédio se coalhou de gente, e percebi que, no meio daqueles jovens, alguém estava sendo espancado, linchado. Ao observar melhor, percebi que eram dois os jovens que apanhavam dos demais. De súbito, a roda foi aberta, e ambos tentaram correr, abrir uma brecha. Um deles conseguiu escapar, mas o outro veio apanhando até que caiu perto de mim.

Os atacantes juntaram-se em cima do rapaz. Percebi que, naquela chuva de pontapés, poderiam matar a vítima. Instintivamente, sem pensar, interferi. Entrei no meio da rapaziada decidido, empurrando e afastando, vigorosamente, todos de cima do sujeito. Não sei onde encontrei forças e coragem, mas consegui separá-los. Isso deu ensejo a que o jovem agredido tomasse fôlego e saísse, em desabalada carreira, rua abaixo. Os agressores me olharam rancorosos e partiram em seu encalço.

Continuei no portão de casa, mas espertíssimo, esperando

182

que não pegassem o rapaz. Decerto o matariam de pancadas. Logo voltaram, estavam em uns dez jovens. Convergiram para o portão de casa. Abri o trinco do portão e fiquei com a mão nele, pronto para qualquer imprevisto, amaldiçoando-me por não haver previsto que poderiam se virar contra mim. Rodearam-me, e um deles, com ares de líder e malandreco, escurinho, todo bonitinho e cheio de gírias, começou a falar, de modo intimidativo:

"Quem é você, cara, por que ajudou os caras, veio junto com eles? Você é da Vila Ede?"

"Não, eu moro aqui. Percebi que vocês acabariam matando o rapaz. Apenas separei, mas não agredi ninguém."

"É, mas não fosse você, eles não fugiriam!"

"Não tenho culpa, apenas quis evitar que vocês o matassem, para o próprio bem de vocês mesmos."

O malandrinho se aproximou, e percebi que pretendia me agredir traiçoeiramente. Lançou o braço, escapei dando-lhe um empurrão, ele caiu em cima dos outros. Tomei um chute na perna e um soco de raspão na cara. Pulei para dentro de casa, bati o portão, fechei o trinco. Desci correndo as escadas, enquanto eles forçavam o portão.

Entrei em casa como um louco. Já estava inteiramente alucinado. Abri a gaveta de talheres, apanhei duas facas e, com uma em cada mão, voltei correndo para eles. Estavam descendo, quando me viram. Perceberam que eu estava armado, voltaram, pulando uns por cima dos outros. Quando cheguei à rua, eles corriam, espalhados. Corri atrás, em plena rua iluminada, com as duas facas nas mãos.

Fiquei louco, possesso. Era inadmissível, absurdo que, depois de tudo o que passara, uns otários daqueles viessem fazer aquela covardia comigo! Fiquei indignado, a fim de estraçalhá-los, consegui riscar uns dois, mas eles corriam bem, e não feri ninguém com gravidade, ainda bem. Mas se pego... a ira falaria por mim. Só parei quando não tinha mais fôlego. Voltei para casa esgotado. O baile ainda estava rolando, mas eu não queria saber de mais nada. Estava demasiadamente assustado comigo mesmo, com minha reação. Fiquei com medo de mim mesmo, sabia que se um daqueles rapazes caísse, teria feito uma desgraça. Tudo o que vivera no RPM e em Mogi ressurgira, era como se ainda estivesse por lá.

Senti o quanto a minha liberdade estava insegura e como eu estava perigoso para as outras pessoas. Estava preso ainda, na mente. Ainda bem que minha mãe não estava em casa; se assustaria comigo. Mas alguns daqueles jovens eram vizinhos. De certo modo, era bom. Não mexeriam mais comigo.

Domingo, logo cedo, lá estávamos, eu e meu pai, em frente à catedral. Sabia que dona Eida não falharia. De repente, senti suas mãozinhas tapando-me os olhos, brincando. Beijei-a, os dois se olharam, ela enganchou-se no braço dele e seguiram na frente. Senti que já estava tudo certo com os dois. Tomamos a condução e fomos ao zoo.

Aquele lugar sempre me impressionou muito. Aquele contato direto e intenso com a natureza em sua forma mais viva de manifestação embriagava minha alma de satisfação de viver. Os animais, os lagos, as árvores, tudo aquilo me comunicava esperança de que o mundo pudesse ser melhor do que a parte que eu conhecia. Imaginava que felicidade fossem momentos plenos como aquele que vivia ali. Gozava de uma paz interior muito grande. Estava com minha mãe, eles estavam reconciliando-se, e tudo parecia começar a se encaminhar.

Minha mãe voltou para casa, reclamou bastante de suas panelas queimadas e da sujeira. Juntos fizemos uma grande faxina, deixamos a casa um brinco.

Na segunda já saí atrás de minha documentação. Tive de viajar para Mogi-Mirim para apanhar meu título de eleitor, que era de lá. Fui à casa da Vó, tomei café com bolachas e relatei a reconciliação de meus pais. Ficou muito contente em me ver, quis que eu fosse com ela ao Instituto. Não fui, jamais voltaria àquele lugar nefasto, ou àquela cidade indiferente.

Apresentei-me no exército, fiquei dias compondo filas inúteis. No exame médico fui reprovado por deficiência visual. Fora a pancada que eu tomara no jogo de taco, quando criança.

184

Só faltava o atestado de reservista para tirar a carteira de trabalho e sair atrás de emprego. Não estava nada animado com a ideia de disputar mercado de trabalho. Eu não sabia fazer nada além do serviço de office boy. E essa profissão era para menores de idade. Só restavam as fábricas, mas a disputa por um emprego era enorme.

Certa manhã, fui comprar pão e leite para minha mãe e, ao entrar na padaria, avistei lá dentro o mulatinho que tentara me agredir em frente à minha casa. Saí e fiquei esperando do lado de fora. Segui-o e o alcancei. Antes que pudesse perceber o que ocorria, agredi-o firme e forte. Derrubei-o e passei a pressionar. Queria lhe incutir o máximo de terror possível, assustá-lo a ponto de temer ser morto, caso se aproximasse novamente de mim. Falei que saíra aqueles dias do RPM e de Mogi, e que exigia respeito dele e de sua turma, senão o cortaria em tiras! O bicho ia pegar se cruzasse meu caminho novamente.

O sujeito ficou superassustado, tremia, mas era desses tipos falantes e conseguiu conversar, mesmo com a voz trêmula e os olhos arregalados de medo. Tirei o joelho de seu peito, levantei-o e dei-lhe certo espaço para que falasse. Disse que já estivera preso também, que fazia uns espiantos (tipo de furto em lojas), fumava um baseado e até vendia uns parangos. Desculpou-se, não sabia quem eu era, senão jamais teria mexido comigo.

Convidou-me para irmos fumar um baseado na rua de baixo. Fazia anos que não usava drogas, aceitei, pensando comigo: que sorte! Quis conhecê-lo melhor, fazer amizade, queria conhecer aquele pessoal do baile, as garotas, principalmente. Mas estava de olho nele, pronto a subir em sua alma, caso fizesse qualquer traição.

Na rua de baixo, encontramos um grupinho de jovens sentados nas escadas da entrada de uma casa. Ele me apresentou a todos como amigo dele. Uma mulatinha linda, ao apertar minha mão, deixou sua mão ficar na minha e me olhou assim, significativamente interessada. Respondi com um sorriso e um toque suave. Puxa, eu estava agradando, que maravilha!

Chamava-se Nina, e suas colegas, Cris e Elaine. Não lembro o nome dos homens, mas senti que estava sendo aceito. O Luiz (que a partir dali passou a ser chamado Luiz Neguinho, e eu fiquei sendo o Luiz Branquinho) enrolou um enorme baseado, e fumamos ali, assim, na rua, tranquilamente. Fiquei apreensivo no começo com a displicência deles, mas relaxei quando percebi que faziam aquilo sempre. As meninas também fumaram, com a maior naturalidade.

Minha reação à droga foi agradável. Fiquei alegre e participei, assim, sem inibições, das conversas dos jovens. Acabei até falando demais. Contei de minha vida nas ruas, no juizado, roubos etc. Contei vantagens, só o lado que me favoreceu, e eles me escutaram atentamente. O Luiz contou que no meio deles havia ladrões ocasionais e até assaltantes já perigosos, que, no momento, ou estavam presos ou foragidos.

Nina convidou-me, assim, um tanto quanto hipnotizada pelas minhas ideias, para que fosse à noite na Cinco Esquinas, que toda a turma estaria ali reunida. Aceitei, olhando-a dentro dos olhos, admirando sua beleza um tanto quanto exótica, sim, eu compareceria com certeza. Havia até esquecido do que minha mãe mandara comprar. Voltei à padaria e depois tomei bronca de dona Eida, atrasara o café matinal em casa. Grande coisa! Agora eu começava a me enturmar, e isso era fantástico!

Antes das oito horas, fui à Cinco Esquinas com a única roupa decente que possuía. Era um cruzamento de cinco ruas, formando cinco esquinas, obviamente. Havia uma lavanderia numa das cinco esquinas, com uma escadaria enorme na frente. Defronte era o bar do Oliver, sujeito muito conceituado por ali.

Nina e mais uns dez jovens estavam sentados nas escadas da lavanderia, que fechava à noite. Aproximei-me, a garota me reconheceu, levantou-se, achegou-se a mim, beijou meu rosto, o que retribuí agradavelmente. Pegou pela minha mão e foi me apresentando a cada um dos jovens. Eles faziam uma vaquinha para comprar droga. Coloquei uma parte e fui com um deles, o Júnior, comprar a erva. Queria conhecer a boca da área, claro, para futuras investidas.

186

O local era sinistro, escuro. Fomos encontrados pelo traficante, fui apresentado ao cara, compramos a droga e retornamos. Fumamos, e todos descontraíram-se. Os casais foram-se, outros chegaram; pude, então, me plugar em Nina exclusivamente.

Não sabia o que conversar com uma garota, então deixei que Nina falasse dela. Trabalhava na casa de uma família em bairro nobre, ganhava pouco, mas dizia que dava para os gastos. Tinha muitos irmãos, não permitia que determinassem sua vida, embora eles fizessem tudo para. Convidou-me para uma volta, estava percebendo os casaizinhos abandonando o grupo aos poucos. Saímos também.

Numa rua escura, Nina parou, encostou-se na parede de uma casa e disse que ali estava bem. Não sabia ao certo o que ela queria dizer, mas me parecia bom. Abracei-a, e ela veio com a boca para mim. Foi um beijo meio afoito. Não sabia beijar direito e acho que exagerei. Ali mesmo ela me apalpou, segurou firme embaixo, e eu estremeci de prazer. Ô que bom! Agi instintivamente, acariciando-lhe os seios. Quando desci a mão e levantei sua saia, ela pisou no breque. Disse ser virgem.

Não sabendo o que fazer, fiquei apenas encostado nela, me esfregando e beijando-a. Logo separou-se, recompôs a roupa, pegou minha mão e me reconduziu à Cinco Esquinas. Estava tenso, excitadíssimo. Tudo em mim exigia possuí-la, devorá-la, ali na rua mesmo. Deixei-me reconduzir, meio fora do ar, com a virilha doendo, a ponto de dificultar meus passos, sem saber o que conversar.

Comecei a frequentar aquele lugar avidamente, todas as noites. Procurei conquistar a amizade de todos, gostava muito daquela gente alegre e bonita. Toda noite saía com Nina, que, aos poucos, foi fazendo concessões sexuais que nos permitiam atingir o orgasmo. Mas não bastava, eu queria tudo. Não era bem um namoro. Eu a respeitava, só ia até onde ela permitia. Aliás, respeitar era a norma ali. Quase todas as garotas eram virgens, e as que não eram, tinham dono. Queria demais possuir Nina, mas não podia forçar a barra. Havia um acordo, se acontecesse, seria espontâneo. Também, não precisava muito, pois o que fazíamos em construções e casas abandonadas, depois provou-se melhor que o ato em si.

Cris me lançava olhares compridos. Um dia em que Nina teve que dormir no trabalho, saímos juntos, e foi delicioso; ela concedia mais. Para os jovens, não havia nada de mais em experimentar um ao outro. Os compromissos eram elásticos o suficiente. Depois saí com Elaine, que era a mais novinha do grupo e já não era virgem. Ia na casa dela quase todos os dias, e fazíamos no quintal. Saí com quase todas as garotas. Acho que fiz com que todas gostassem de mim, pois jamais forçava, deixava que conduzissem. Algumas que posavam de virgens havia tempos não o eram, mas só os mais espertos conseguiam ir além do sarro e dos amassos.

Amava aquele grupo de jovens. Aos sábados nos encontrávamos na Cinco Esquinas e dali partíamos em grupos visitando baile por baile no bairro. Sempre havia alguém do grupo dando baile em sua casa. Não precisava muito. Tendo a autorização dos pais, com o resto a gente se virava. Os discos eram sempre os mesmos: Jorge Ben, Tim Maia, Beatles, B. J. Thomas, Creedence, Paulo Diniz, Ray Charles, Ray Conniff etc. A aparelhagem de som era bem simples.

Esmerávamo-nos nas roupas. Para o homem, a moda eram as calças de cintura alta, enormes bocas de sino, ou pantalonas. Sapatos cheios de firulas, plataformas. Camisas de tecidos sintéticos brilhantes. Para quem possuísse mais capital, a onda era um conjunto de calça e jaqueta jeans, Lee importado, azul bem escuro, com poucas lavagens e ajustado ao corpo em alfaiataria.

Atravessávamos as noites de sexta e sábado dançando, namorando, arrumando brigas (no que era especialista, já que não dançava nada), brincando, rindo, em suma, nos divertindo. Era lindo! Meus olhos brilhavam de felicidade nesses dias. Tudo o que vivia ao lado daqueles jovens era emocionante demais! Só que eu não me conformava em ser apenas mais um deles. Queria que todas aquelas garotas me pertencessem e adorava quando a rapaziada me rodeava e ficava me puxando o saco. Queria ser disputado por eles todos, o mais procurado, o mais importante e o mais querido.

Já não procurava mais documentos e muito menos emprego. Descambava para o crime. Procurava os batedores de carteira na cidade para juntos cometermos furtos. Ganhávamos algum dinheiro, e já voltava correndo para a Vila. Ficava jogando bilhar com os rapazes, tomando cerveja, fumando maconha, estava viciadão. Não conseguia viver sem dinheiro. Jamais cheguei a tirar os documentos.

Era só dar um pulo até a cidade, e já voltava para casa com dinheiro que não ganharia nem com um mês de trabalho. Enganava meus pais sobre a demora dos documentos. Meu pai já começava a me maltratar novamente, e com razão me chamava de vagabundo e outros nomes. Não conseguia aceitar a censura dele, e nossa rixa cresceu novamente.

Um dos meus maiores prazeres era pagar tudo, tipo Papai Noel. Levava as garotas na padaria e pagava tudo o que fossem capazes de comer. Elas me adoravam! Ficavam me esperando à noite e, quando chegava, me rodeavam, cada uma tinha algo a pedir. Quando ia ter com os rapazes, estavam magoados comigo, mas eu os subornava com grossos baseados e bolinhas das boas que comprava na cidade.

Até o dia em que fui roubar na cidade e ao surrupiar uma carteira recheada fui flagrado por um transeunte. Atravessei a rua correndo, o sujeito atrás gritando: "Pega ladrão! Pega ladrão!". Quando olhei para trás, havia uma multidão. Corri pela calçada e quando fui virar uma esquina, dei de cara com uma banca de jornal, que levei no peito. Derrubei banca, jornaleiro e tudo. A população me tirou do meio de revistas e jornais, e tomei chutes e socos de todos os lados, até que dois tiras me tiraram das garras dos linchadores e colocaram numa viatura. Ufa, que sufoco!

Tomaram os dados da vítima, devolveram-lhe a carteira e a dispensaram. Ali já percebi que não seria autuado em flagrante. Caso contrário, a vítima seria conduzida à delegacia. Os tiras queriam dinheiro, mas não abriram o jogo. Levaram-me para a delegacia. Na carceragem, tomaram meus dados, e fui jogado em um xadrez pintado de vermelho escuro, abarrotado de presos.

Sentei num canto e fiquei observando. Não queria pensar. Havia vários presos muito machucados da tortura, outros baleados, mas a maioria deles não eram malandros de fato. Profissionais do crime. Eram mais vadios e maconheiros de vilas que os tiras pegavam para bater, a fim de que entregassem os movimentos de tóxicos e ladrões da localidade. O xadrez foi enchendo cada vez mais de presos, até que tivemos que ficar todos de pé. Preocupei-me com minha mãe, ela me esperava sempre à noite.

Quando escureceu, foi feita uma grande chamada por nomes. Gritaram o meu, e fui conduzido para uma fila enorme. Parecia uma enorme cobra. Descemos as escadas, do terceiro andar até o porão, onde se encontrava o bondão. Era um imenso caminhão blindado para conduzir presos. Era também chamado de "coração de mãe", sempre cabia mais um. Fomos todos, acho que dezenas, imprensados ali dentro, uns por cima dos outros. Até para fechar foi bastante difícil. O caminhão nos conduziu ao extinto presídio da Tiradentes, antiga Casa de Detenção.

Despejaram-nos num pátio, todos sufocados, a maioria passando muito mal, vomitando e com falta de ar. Fizeram uma nova chamada e nos trancaram num xadrez grande, tristemente chamado de triagem. Não passou meia hora, saiu uma briga num dos cantos. Fui olhar, e não era briga nada. Um adolescente apanhava de três homens. E apanhava firme. Deitaram-no no chão e ali, no meio de todos, arrancaram-lhe as calças, colocaram-no de bruços, e um dos homens, com um membro enorme, subiu-lhe nas costas, enquanto os outros dois seguravam braços e pernas. De repente o rapazinho começou a grunhir com a boca tapada, e o gajo em suas costas subia e descia.

Todo mundo observava aquele estupro, e ninguém fazia nada. Parecia que todos temiam que aquilo virasse contra si próprios, e então ignoravam, com medo de serem as próximas vítimas. Logo o sujeito saiu de cima do rapaz, com o membro pingando, e saiu rindo, como se tivesse feito a maior façanha de sua vida. Outro tomou seu lugar, e o rapaz estremecia, gemia de dar arrepios na gente, a cada investida do homem às suas costas. Enquanto permanecemos ali na triagem, esse rapaz foi violentado consecutivamente.

O comentário era o de que ele fora buscar os companheiros de sua quadrilha, de casa em casa, com a polícia e trouxera todos presos. Não aguentara a tortura e denunciara todos os que assaltavam com ele. Todos achavam muito justo que as vítimas de suas denúncias se vingassem. Admiravam-se de que ainda não o houvessem matado, como era o costume. Caguetou, morreu. Eu a tudo observava qual estivesse com uma luneta, observando outro planeta.

Fomos distribuídos em vários xadrezes. Eu fui para um xadrez onde ficavam os menores de vinte e um anos, o número 3. O rapaz violado também foi para esse xadrez. Andava de pernas abertas, soube que já sofrera vários outros atentados. No xadrez, reencontrei alguns velhos conhecidos do Instituto de Mogi. O Brasinha, Jorginho, Saci, Devagar e outros com os quais era menos relacionado.

Fui muito bem recebido, afinal, eu era um mogiano, título de grande destaque no nosso meio. Todos respeitavam, porque sabiam que pelo Instituto passaram os bandidos mais perigosos do estado. Arrumei um cantinho na manta que cobria o chão do lado dos mogianos e me ajeitei, a observar como sempre. Aprendera a ver e não ver, ouvir e me calar. Era preciso saber para si e ignorar para os outros, principalmente para a polícia. O rapaz seviciado, juntamente com os demais que entraram comigo no xadrez, foi encaminhado diretamente para o banheiro.

Fiquei chocado com o que foi feito com eles. Começaram questionando, querendo saber quem era quem e de onde haviam vindo. Na medida em que as respostas não eram satisfatórias, já eram esmurrados e tomavam várias pauladas. Os coitados apanhavam, eram torturados pelos tiras, depois pelos carcereiros e agora pelos próprios presos. Era o fim. O rapaz violado na triagem apanhara desde que chegara, revezavam-se em bater no coitado. Não entendia aquilo. O grupo dominante — quase todos mogianos — do xadrez passou a noite batendo nos infelizes recém-chegados. Vários foram violados, obrigados a vestir calcinha de mulher, desfilar se requebrando, depilar-se, e sofreram outras sevícias.

De manhã cedo, fui urinar e os vi ali no cimento gelado, encolhidos como corujas, o rosto cheio de equimoses e luxações, molhados, tremendo de frio e medo, em choque. Olhavam-me assustados, julgando-me mais um algoz. Pedi passagem, envergonhado, e fiz minha necessidade, superconstrangido e cheio de dó daquela gente tão humilhada. Não podia fazer nada por eles, qualquer sinal de piedade seria interpretado como fraqueza. Dava sorte de ser um mogiano, senão...

Conversei com os conhecidos e, puxa!, me assustei. Aliás, tudo aquilo, desde que fora preso, me assustara muito. Estavam assinando dezenas de processos por assaltos, alguns até por latrocínio e homicídio! Eles eram realmente perigosos, não era só conversa fiada de juizado. Estavam pondo em prática o que disseram e que eu pensava que fosse mais fanfarronice do que verdade. Eram bandidos mesmo! Só eu que não podia contar vantagem alguma. Nem podia dizer que fora pego batendo carteiras, seria desqualificado. Contei mentiras. Bravatas de assaltos jamais praticados. Estava até confuso quanto àquilo de assaltar. Qual seria minha reação se a vítima não acreditasse e viesse para cima? O que faria? Teria coragem de atirar? Não sabia. Algo em mim dizia que sim, com certeza; não podia era ser preso, mas...

O Esquadrão da Morte estava a pleno vapor. Quase toda semana, o Zé Guarda, Coreinha, Fininho, Zé Siqueira e outros policiais cujo nome não sabia, componentes do Esquadrão, tiravam quatro, cinco presos ali da Tiradentes. No dia seguinte, saíam estampadas nos jornais as fotos desses ex-presos, crivados de balas de diferentes calibres, com sinais de tortura, marca registrada do Esquadrão. No xadrez onde morava vi o carce-

192

reiro tirar pelo menos cinco elementos, nos onze dias que ali fiquei, que depois, já na rua, soube terem sido mortos pelo Esquadrão. A molecada, criada comigo nas ruas, no RPM e no Instituto, estava sendo dizimada, a maioria foi morta já naquela época.

Sabia que eles não poderiam me prender ali por muito tempo. Era minha primeira passagem por aquela delegacia, e fora preso como punguista. Os tiras não batem em punguistas. Não há como abrir processo porque não há provas materiais, uma vez que só dinheiro é furtado. Não há reconhecimento das vítimas: elas não veem quem as rouba. Eles, os tiras, costumam explorar punguistas, cobrar pau, ou seja, tomar dinheiro sempre que encontram. No décimo primeiro dia os tiras me requisitaram. Toca passar novamente pelo sufocamento do bondão e ficar esperando, naquele xadrez infecto, que me chamassem.

Já estava perdendo as esperanças e pensando na volta para a Tiradentes no bondão, que era desesperante, quando fui chamado. O investigador quis saber se eu tinha dinheiro em algum lugar. Não tinha. Entrei, então, após essa abertura, com a conversa de que poderia procurar alguns amigos, se solto, e pedir algum dinheiro emprestado. Se marcassem um dia na semana, eu viria trazer. Duvidaram que eu compareceria a um encontro marcado assim. Argumentei dizendo que eu era do centro da cidade e que eles poderiam me achar fácil, caso não aparecesse. Fizeram um monte de ameaças, que se me pegassem, caso os deixasse em falta, me arrebentariam no pau de arara etc. Soltaram-me.

Tudo aquilo era esquema, uma peça de teatro. Cada um desempenhou seu papel com perfeição. Nesse baralho de cartas marcadas, eles sabiam que eu não iria ao encontro, então ficariam com um trunfo com relação a mim, para o futuro. Eles jogavam sério, e eu sabia disso. Deram-me até dinheiro para a condução, o que pesava ainda mais contra mim.

Que alegria respirar o ar da liberdade! A única coisa boa de ser preso é ser libertado. Que sensação maravilhosa quando se põe o pé na rua e se dá a primeira respirada! Inenarrável.

Fui para a casa da cunhada, só com ela conseguiria desabafar. Tomei um banho, contei o que acontecera. Emprestei uma camisa do Carlos, só então voltei para casa.

Dona Eida já estava desesperada, procurei acalmá-la. Contei que um tira que me conhecia do passado havia me prendido para averiguação. Nada constando contra mim, soltou-me. Meu pai, mais difícil de convencer, acabou aceitando as explicações, na falta de outras.

Sabia que era necessário mentir. Ninguém com mais de trinta anos podia entender minhas verdades, justificava. Para mim, meus motivos justificavam os meios plenamente, e pronto. Precisava de capital para financiar a vida que gostava de levar, e todos os meios me eram lícitos e permitidos. Não tinha culpa se os outros haviam nascido antes e se apossado de tudo o que havia. Competia-me buscar minha parte. Afinal de contas, eles não eram, de modo algum, melhores que eu. Pensava assim, imaginando-me com toda a razão do mundo.

Quando cheguei à Cinco Esquinas, soube que a Nina saíra com o Epaminondas, um dos jovens do grupo. Isso me agrediu, mas era exatamente o que queria para escapar de Nina. Estava a fim da Lúcia, amiga dela, e enquanto estivesse com Nina, não teria chances. Lúcia não era mais virgem e estava solta. Quando Nina chegou, veio me abraçar e beijar, dei-lhe um empurrão, afastei-me e disse-lhe que procurasse o Epaminondas.

Queria saber quem me contara, tentou explicar que saíra com o sujeito apenas para espairecer, pois estava preocupada com meu desaparecimento. Não lhe dei chances e disse-lhe para avisar o Epaminondas que não aparecesse mais em minha frente, se não quisesse tomar uns tiros. Lúcia estava próxima, fiz uma cena benfeita. Foi consolar Nina, mas me olhou significativamente.

Os bailes eram o nosso lazer máximo. Alguns jovens dali que trabalhavam na cidade, na hora do almoço, faziam espiantos nas lojas. Roubavam cortes de tecido e roupas, sem que os lojistas percebessem. Praticavam furtos apenas para se trajarem aos sábados, conseguirem se capitalizar para os baseados, os gastos, e fazer bonito com as garotas. Não eram profissionais, roubavam apenas eventualmente. O salário, eles todos precisavam ajudar em casa. Geralmente famílias enormes, irmãos pequenos e muita pobreza. Mas, aos sábados à noite, eles eram príncipes!

Eu era o homem dos baseados e da bebida. Quando chegava aos bailes, era festa. Fazia até charme; chegava mais tarde, entrava escondido, surpreendia sempre. Não sabia fazer amizades: eu as comprava, inconscientemente. Não dançava bem, só saía para as pistas nas lentas e assim mesmo com dificuldades. Mas monopolizava pela generosidade sempre presente.

Lúcia, após curta paquera de olhar, tornou-se acessível, e tomei conta. Então as coisas ficaram realmente boas. Sexo nos muros, nas construções, nas árvores, na casa de amigos, parecíamos coelhos no cio. Nem sei se ela tinha prazer comigo ou fingia. Só sei que estava sempre disposta, e não tinha lugar impróprio para ela. Eu não me vinculava emocionalmente, sempre que podia, saía com outras também.

Na cidade, encontrei o Rui. Exímio batedor de carteiras, só roubava homens, em ônibus, rodoviária e até aeroporto. Eu o conhecia desde pequeno, ele era menina, gostava de macho. Saímos a roubar juntos. Ganhei tanto, e foi tão fácil, que dois dias depois já o procurava no hotel em que morava para roubarmos juntos novamente.

Ensinou-me uns truques, e passei a ganhar tanto dinheiro que já não vencia gastar. Comprava discos para as meninas, roupas, dava dinheiro a qualquer um que me contasse uma história triste, esnobava, esbanjava. Só em casa que era preciso manter as aparências. Às vezes saía de casa com as mesmas roupas de sempre e ia para a casa de Lúcia colocar uma roupa nova, recém-comprada. Eu era bem vaidoso.

Havia também a aventura do roubo. Enfiar a mão em um bolso, sentir o dinheiro, trazê-lo até a mim sem que a vítima percebesse, era uma adrenalina pesada! Depois, ir contar quanto conseguira furtar era algo cheio de eletricidade e alegria. Parecido com o orgasmo. O problema era que o Rui era conhecido demais pela polícia. Isso fez com que me conhecesse rapidamente, também. Os tiras nos tratavam com certo respeito. Havia até uma elegância, pois o Rui não corria deles, se os visse ia para cima cumprimentar. Deixei de andar com o Rui porque percebi que, se não ia preso, era porque dava grande parte do que roubava para a polícia. Ele sentia orgulho disso. Eu odiava policiais, sentia-me profundamente agredido a cada tostão que me tomavam.

Já não dava mais para mascarar em casa. Seu Luiz estava me pressionando demais, ele pressentia que eu estava envolvido com o crime novamente. Chamava-me de vagabundo, ladrão. Estávamos caminhando para um confronto. E este cheirava a destruição, pois ele ameaçava me bater. Se me relasse a mão, com certeza, reagiria com extrema violência, sabia disso. Mas ele tinha razão: eu estava mesmo na vadiagem. Não concebia mais trabalhar. Para que se só em dando uma volta pela cidade, eu arrumava mais dinheiro que ele em um mês inteiro de trabalho? Não conseguia mais me incentivar. Embora soubesse que esse era o caminho que deveria seguir se não quisesse sofrer mais no futuro. E, assim, ia adiando a retirada dos documentos, a busca do emprego e da vida honesta.

13

Quando soube da novidade, fiquei muito agitado e feliz. O Joy havia saído de Mogi-Mirim! Ele era um dos principais assaltantes e quadrilheiros do bairro. Era muito temido e respeitado por todos ali na Vila. Até a polícia o temia.

Eu o tinha como parceiro ideal para o que pretendia. Não queria mais saber de bater carteiras. Queria assaltar. Não só pela grana que rendia, embora também fosse interessante por ser muitas vezes mais do que o que conseguia com carteiras. Muito mais pela fama, pelo respeito que rendia no bairro. Queria andar armado e em belos e velozes carros roubados.

Ainda era um moleque muito bobão. Na verdade, estava tão abafado pela minha insignificância como ser, que por conta dis-

196

so jogava minha vida e minha liberdade para ultrapassar meus limites e circunstâncias, inconscientemente.

Encontrei-o no sábado à noite em um baile. Foi uma festa, passamos a noite a lembrar o Instituto e a curtir as garotas e os bailes. Combinamos no domingo cedo irmos à feira dos hippies na praça da República para roubar algumas carteiras. A finalidade era nos capitalizar para comprar armas. Naquele tempo, era difícil de obter uma boa arma.

Domingo, logo cedo, passei na casa dele e fomos para a praça. Andar com o Joy era estar sob o manto da fama e do respeito que ele possuía. Naquele dia, estimulado por sua companhia, no prazo de uma hora dei um show de punguista. Arrumei o que necessitávamos para as armas e mais um bocado para nós. Juntamos o das armas e dividimos o resto. O Joy compraria as armas. Estourei todo o meu capital com as garotas à noite.

Na segunda, saí para roubar novamente. Não conseguia mais viver sem dinheiro. Parecia o fim do mundo estar descapitalizado. Ao entrar na cidade, fui surpreendido por dois investigadores da Delegacia de Vadiagem. Havíamos combinado um encontro para lhes levar algum dinheiro para que não me prendessem, em outra topada que deram comigo, e não compareci. Aliás, jamais fui a nenhum encontro marcado com a polícia. Prenderam-me raivosos, para me disciplinar. Levaram-me para o edifício da atual prefeitura da cidade de São Paulo, que naquele tempo era delegacia de polícia.

Um corredor sinistro. Celas do lado direito, parecendo gaiolas, com grades para todo lado e por cima. Enfiaram-me em um xadrez onde estavam os presos da Delegacia de Vadiagem. Quase todos eram punguistas no centro da cidade. Conhecia quase todos. Não havia barbaridades no xadrez. Aquele era o pessoal mais da leve, ladrões que usavam a arte para roubar e não a violência. Havia estelionatários, jogadores, gente que só lidava com dinheiro e contravenções penais.

Foi ali que conheci o Marcelinho. Ele era muito parecido comigo, excelente punguista, artista mesmo nessa modalidade criminal. Fizemos uma grande amizade.

Era amasiado com a Ângela, uma punguista que eu conhecia desde menino. Marcamos de nos encontrarmos fora da prisão para futuros furtos.

Fizeram que eu assinasse o termo de vadiagem. Teria trinta dias para arrumar um emprego. Caso contrário, a qualquer momento que fosse preso, poderia ser autuado em flagrante de vadiagem.

Num país em que o desemprego é parte do esquema para manter os salários baixos, o artigo 59 do código penal é um absurdo inominável. No momento em que alguém é mandado embora do emprego, já está infringindo as disposições legais desse artigo. Mais trinta dias e poderá, inclusive, ser apanhado por ter sido desempregado. Além de ficar sem o emprego, ainda vai preso.

Soltaram-me. Novamente aquela alegria intraduzível, um sentimento de amplidão impossível de ser explicado. Fui para casa e contei a mesma história de sempre. Seu Luiz não entrou na minha conversa, mas nada podia fazer. Não podia me expulsar de casa sem ter motivos graves para isso. Dona Eida não permitiria. Ficou buzinando em meu ouvido que eu era vadio, ladrão, que não prestava etc. Aquilo me agredia, mas tinha de escutar calado, afinal de contas, ele estava certo.

Não atinava que diabo me atraía tanto para a cidade. As luzes, as cores, as vitrines, o dinheiro, a vida de emoções fortes, sei lá. Sentia-me qual um sonâmbulo que sempre se dirigia para a cidade, tipo hipnotizado, independente da vontade. E cidade para mim significava crime. Sentia que estava me afundando cada vez mais no lamaçal. Sílvia aconselhava-me a regularizar meus documentos e encontrar um trabalho. Concordava que isso era o melhor para mim. Mas, na prática, ia adiando, deixando para o futuro sempre.

Havia em mim um enorme receio de roubar. Estava com o maior medo de ser preso em flagrante e mandado para a Casa de Detenção. Agora poderia ser mandado para lá por vadiagem também, o que, além de tudo, seria desonroso, desmoralizante. Estava já demasiadamente conhecido pela polícia. Tomavam muito do que eu roubava. Só que eu não conseguia ser apenas mais um. Precisava ser o centro, aquele que resolvia tudo. No fundo, achava que não tinha talento algum para conquistar pessoas. Acreditava que não conseguia fazer com que se interessassem por mim, apenas como Luiz. Faltava-me paciência, conteúdo e critério para atrair pessoas e retê-las como amigas por mim mesmo. Eu me sentia terrivelmente só.

A solidão era meu maior medo. Quanto menos dinheiro tivesse, mais só ficaria. Quando estava duro, afastava-me, na certeza de que não me queriam. A solução era encontrar meios de me capitalizar.

Quando desci à Cinco Esquinas para procurar o pessoal, soube que o Joy já estava sendo procurado pela polícia. Já formara sua quadrilha, e a polícia já estava em seu rastro. Não havia como encontrá-lo. Fui à casa de sua namorada, a Fabíola. Sabia que ele poderia aparecer por ali e, mesmo, poderia deixar um recado. Queria integrar-me a seu bando. Queria assaltar, agora.

Estava escutando discos com Fabíola e suas irmãs, quando a casa foi invadida por tiras de metralhadora em punho. Levaram a Fabíola. Soube, posteriormente, por ela mesma, que os tiras a estupraram, torturaram, deixaram traumatizada. E Fabíola era virgem, como suas irmãs. Nós respeitávamos, a polícia não.

Não queria mais ir para a cidade, por mais que ela me atraísse, sabia que iria ser preso lá. Mas não podia ficar duro. Fui à Vila Maria Baixa procurar alguns jovens que, soube, estavam com uma quadrilha, assaltando. Encontrei o Mané, e ele me levou aos outros. Estavam realmente assaltando em cidades próximas a São Paulo.

O Zoinho (cego de um olho) e o Carlinhos (esse conhecia do juizado), conversando comigo, convidaram-me para assaltarmos um traficante de ampolas de Pervitin. Ele traficava droga pertencente a um tira. Naquele tempo, isso era raro e muito censurado pela malandragem. Aceitei. Não havia possibilidade de ser preso. Um contraventor não denuncia roubo de contravenção, era evidente. Marcamos para o dia seguinte.

Dia seguinte, quando cheguei ao encontro, eles já haviam partido. Aguardei-os puto da vida! Quando voltaram, traziam várias caixas de ampolas, revólveres e maços de dinheiro. Colocaram-me qual houvesse participado do assalto, afinal, eles que saíram antes, e recebi parte igual na divisão do butim. Era bastante dinheiro e bastante droga, além do revólver que me deram: um 32. Ina, todo cromado, parecia revólver de brinquedo.

Uma semana depois, vejo foto do Volks do Carlinhos, incendiado, no jornal *Notícias Populares*. Ele e Zoinho haviam sido mortos e incendiados junto com o carro. Haviam sido os tiras, em vingança pelo assalto a seu traficante. Desci à casa do Mané, e este confirmou. O Célio, traficante assaltado, tinha de morrer, ele que arrumara para nossos amigos serem mortos.

Sem dinheiro, voltei à cidade. Procurei e encontrei Marcelinho, e fomos roubar juntos. Logo no primeiro bote que demos, pegamos uma gringa e conseguimos subtrair-lhe um maço de dólares. Foi uma festa! Achamos que dávamos certo como dupla.

Levou-me para conhecer seu apartamento após trocarmos os dólares. Era uma quitinete pertencente a um advogado, alugada por dia, por um preço bem alto. Esse advogado possuía vários apartamentos em São Paulo e os alugava para ladrões e prostitutas, explorando ao máximo o fato de tais pessoas viverem uma vida clandestina, economia informal. Ângela estava lá, eu a conhecia havia anos. Ela era da Bela Vista e fazia parte de um grupo de garotas daquele bairro que roubava na cidade. Agora se transformara em punguista perita. Ficamos conversando, relembrando velhos tempos, quando ela desfilava na Escola de Samba Vai-Vai. Gostava de ir, com a molecada da praça, assistir aos ensaios, que eram na rua, muito à vontade, para todo mundo assistir. Éramos adolescentes, então, e eu a admirava. Na época, ela era disputada entre os maiores de nós, e eu não tinha chances.

Bebi bastante com eles, jantamos juntos. Convidaram-me para passar a noite ali. Pensei em meus pais, mas era normal

200

um rapaz de minha idade passar uma noite fora de casa. Diria a meu pai que passara a noite com uma garota. Ele se sentiria orgulhoso, tinha grande orgulho de sua virilidade, e a dos filhos era extensão da dele. De manhã, tomei café com bolo e geleia, achei excelente a vida deles. Mesmo que não quisesse, fui obrigado a reparar que a Ângela estava apenas com uma camisola curta e transparente. Seu corpo era magro, mas cheio nos lugares certos. Estranhei aquela vestimenta com visita masculina na casa. Marcelo levantou, ficou andando pela casa de cuecas, para ele aquilo era normal.

Em casa, minha mãe disse que meu pai estava cheio de raiva por eu não haver dormido em casa. Nem liguei muito. Fui procurar o Joy, que continuava foragido. As garotas disseram que ele aparecia às vezes, mas que já havia travado vários tiroteios com a polícia, que o procurava, no bairro. Passei uns dias no bairro, estava bem capitalizado, procurava o Joy.

Queria ser assaltante. Mas a vida do casal naquele apartamento me atraía muito. Voltei a eles. Encontrei-os bastante encharcados de bebida, a Ângela mostrando mais ainda suas gostosuras, parecia gostar que eu olhasse. Queriam tomar picadas. Eu e Ângela pegamos um táxi e fomos à praça Marechal Deodoro, na boca. Compramos cinquenta ampolas de Pervitin e levamos para tomar no apartamento. Fazia anos que não tomava picadas. Foi fortíssima a reação, fiquei elétrico. Os dois se furaram dezenas de vezes, ensandecidos em busca da loucura total.

À noite, não aguentando mais ficarmos presos no apartamento, eles me levaram para conhecer os salões de baile da cidade. Alguns, eu já conhecia de moleque, mas naquela época era muito novo para frequentar. Primeiro fomos ao São Paulo Chic, depois ao Garitão, ao Som de Cristal, Campos Elísios e desembocamos no 28 da rua dos Andradas. O som, as luzes, as mulheres, tudo aquilo me fascinava. Estava muito excitado pelas picadas, olhos arregalados e boca espumando pelos cantos.

No 28, comecei a passar os olhos no salão multicolorido e reconheci personagens famosas no mundo do crime. Quase só

201

tinha ladrão ali. Todos bem vestidos, comportados, com ares de prosperidade. As mulheres, na maioria, eram ladras da cidade e, algumas, prostitutas. Todos estavam em lazer, curtindo a dança, o som, despreocupadamente.

Apaixonei-me pelo ambiente. Conhecia muitos por ali, surpresas positivas e negativas, amigos e inimigos. Aos amigos procurei abraçar e cumprimentar, aos inimigos, lamentei estar desarmado ali. Alguns conhecidos de Mogi, outros do RPM, outros ainda desde criança. Fui automaticamente aceito, havia conseguido algum conceito no meio da malandragem. As mulheres eram livres, sem frescura, sem limites, mas piranhas. Todas piranhas bravas. Se houvesse dinheiro, elas amavam e seriam maravilhosas profissionais, embora não dependessem disso; algumas eram ladras também, e das que ganhavam muito dinheiro. Conversei com Neide, uma das garotas que conhecia desde pequena, dançamos algumas lentas e marcamos encontro para dias depois. Ela estava comprometida. Voltei para casa tarde da noite, ainda perturbado com o efeito da droga.

Passei mais uns dias na Vila e não aguentei. Sabia que não podia mais ficar pela cidade, pois seria preso, mas voltei ao apartamento do casal. Já estava sem dinheiro, e a vida no bairro ficou monótona demais, os bailes sem graça, com aquelas garotas reguladas, depois da noite que passara nos salões da cidade. E na cidade era todo dia, não só de fim de semana.

Quando cheguei ao apartamento, Ângela recebeu-me dando graças a Deus por eu haver aparecido àquela hora. Marcelo acabava de ser preso. Estavam na cidade roubando juntos, quando ele foi abordado por tiras, ela conseguira sair de fininho, sem ser percebida. Pegamos um táxi (adorava andar de táxi!) e corremos ao advogado, dono do apartamento, para que ele fosse ver o amigo e colocar um habeas corpus para ele no fórum. Prometemos trazer algum dinheiro à tarde para pagá-lo.

Dali mesmo já saímos atrás desse capital. Bater carteiras acompanhado de mulher é muito mais fácil, menos suspeito. Um homem não pode entrar em lojas de artigos femininos sem

202

chamar atenção sobre si. Em menos de uma hora já estávamos suficientemente capitalizados.

Almoçamos e voltamos ao advogado. Os tiras que prenderam Marcelo estavam aborrecidos com o amigo. Este os havia deixado esperando em um apontamento (encontro) marcado para lhes dar dinheiro, tomaria um mofo (prisão temporária num xadrez correcional) para tomar jeito.

Havia dado entrada em um habeas corpus, mas supunha que quando o oficial de justiça chegasse à delegacia, eles levariam Marcelo para o enruste, o esconderiam em alguma outra delegacia. Ângela queria que eu fosse dormir no apartamento, mas sabia que se fosse lá, seria inevitável dormir com ela. Não podia trair o cara assim, apesar de tê-lo conhecido pouco. Fui para casa.

Logo cedo, dois dias após, voltei ao apartamento, para saber notícias de Marcelo e ver se Ângela queria sair para roubar comigo. Estava duro, como sempre. A garota me atendeu de baby-doll. Olhei, instintivamente, e ela acompanhou meu olhar. Entrei, sentei-me no sofá, e ela esparramou-se na poltrona ao lado, convidativamente. Só de olhar já estava excitado. .

Ela tinha o corpo de menino, magrinha com tudo roliço e durinha. Danou a me provocar, de tal modo que, de repente, estava no meu colo. Impossível aguentar mais. Caímos para o chão e ali, no carpete mesmo, nos devoramos sofregamente. Havia um desespero, uma necessidade de dominar e dobrar aquela magrela. Havia raiva, até algo sádico no ato sexual com ela. Não consegui ficar só no normal, fomos a tudo, e parecia que quanto mais eu forcejava e ela sofria, mais ela e eu gostávamos.

Tomamos banho sem conversar e saímos para roubar nos comunicando apenas por monossílabos. Na rua, conversamos como amigos, qual nada houvesse ocorrido, embora doloridos, e demos muita sorte juntos. Passamos três dias juntos, mas no apartamento não conversávamos. Era sexo agressivo, violento, sem nenhum carinho ou afeto. Depois TV. Ela dormia no quarto, e eu na sala.

No quarto dia, fui roubar uma senhora, e esta percebeu. Fez o maior escândalo, meteu a bolsa na minha cabeça, tive de correr. Nos desencontramos. Procurei-a nos locais nossos conhecidos e acabei sendo preso por um tira, o único de todos os que conheci, que não aceitava dinheiro.

Fui conduzido à delegacia onde estava Marcelo. Da carceragem, arrumei um jeito de ir para o xadrez dele. Já estava de volta do enruste. Os tiras estavam mesmo aborrecidos com ele. No meu caso, sabia, faltavam dez dias para vencer o prazo de trinta dias que me deram para arrumar emprego, na Vadiagem. Deveria sair nesse tempo, se não quisesse ir para a Detenção.

Os dias se passaram monótonos. Os outros se divertiam batendo nos otários e iniciantes que eram presos. Conversava muito com Marcelo. Ele falava que em saindo, iria dispensar Ângela, estava de saco cheio dela. Que quando ela era presa, ele corria atrás e a libertava de qualquer jeito; ela estava deixando que ele tomasse aquele mofo todo. Pensava em minha mãe, que devia estar preocupada por eu sumir assim, sem notícias.

Havia uma preocupação que crescia: teria de me definir de uma vez por todas. Não queria largar a chance que eu tinha ainda de viver uma vida normal. Caso saísse da casa de meus pais, a opção estaria sendo feita pelo crime total. E crime, eu sabia, ia redundar em cadeia, sofrimento e desespero. Mas pensava também em tirar a sorte grande. Sonhava milhões e vivia tostões.

Havia as aventuras, que me arrastavam. Não queria mais ser punguista. Estava muito conhecido da polícia, teria de roubar na periferia da cidade, onde só se furtavam pobres. De pobre chegava eu. Queria ser bandido, crime total. Arriscar-me, mas em cima de dinheiro mesmo. E muito. Não aquela mixaria cotidiana.

Não possuía a mente organizada para guardar dinheiro, abrir conta em banco, nada. Era roubar hoje para gastar amanhã e pronto. Nem em tirar os documentos para manter uma fachada de legalidade, eu me interessava. Que se foda!, pensava. O que eu queria realmente eram as casas de dança. As luzes, as cores, o som, as mulheres e aquela liberdade toda.

204

Minha casa, meu bairro, as garotas de lá, a turma toda, já era muito pouco para mim. Estava fascinado por tudo o que vislumbrara na noite em que fui apresentado àquele ambiente. E queria ser assaltante. Como assaltante, sabia, seria altamente conceituado pelos lugares onde fosse. Observava como o Joy era tratado, apenas por andar com ele, já recebia bastante do seu respeito. Depois havia os carros, as armas, o dinheiro de montão... Minha lei seria a lei. Iria procurar o Joy mais firmemente, ao sair.

Esperava, após avisar pelo Marcelo, que Ângela colocasse um habeas corpus para mim. Sairia em vinte e quatro horas. Mas, quando menos espero, vejo-a na grade, chamando Marcelo. Fora presa, mas sairia logo, dizia, e nos tiraria, a mim e Marcelo. Estava bêbada. O amigo, que havia falado mal dela aos montes, agora estava grudado nela na grade, aos beijos. Ela o beijava e lançava olhares expressivos para mim. Disfarçava e a tratava como amiga, o que era de fato. Não iria tomá-la dele. Já dera a maior mancada em não suportar a tentação, não aumentaria meu débito com o amigo. Ela nada diria, eu menos ainda. Estava encerrado, fora um passo de dança em descompasso, eu estava curado.

No dia seguinte, fui acordado pelo enorme barulho que faziam algumas mulheres na galeria. Informaram-me que uns tiras haviam dado uma batida nas boates e prenderam um monte de mulheres sem documentos.

Mais tarde, Ângela saiu na galeria para fazer faxina e, na frente do Marcelo, veio com novidades. Uma amiga dela, cantora de boate, havia sido presa. Ela lhe falara sobre mim e dissera que eu estava solteiro. Esta interessou-se por me conhecer. Perguntou se eu não queria escrever um bilhete a ela, dizendo que também desejava conhecê-la.

Desconfiei. Ângela se mostrara bastante possessiva e ciumenta quando andara comigo nas ruas (eu, muito louco, passava a mão nas garotas, mexia com todas). Demonstrara gostar demais de sexo comigo. Por que relacionar-me assim, sem mais nem menos, com uma mulher que eu nem sabia que existia?

Imaginei que talvez quisesse me ridicularizar por eu não dar a mínima para seus olhares significativos e por só conversar com ela através do marido. Assim, me colocar em contato com uma mulher velha e feia seria um modo de zombar de mim, quando eu descobrisse. Só que eu não poderia recusar para não despertar suspeitas no amigo, que eu já pegara me observando. Escrevi.

O nome da mulher era Isabel Cristina. O contato ali era feito através de bilhetes escritos em papel de maço de cigarros. Apresentei-me normalmente, como me via mesmo, sem mentir.

14

Recebi resposta. Isabel Cristina escrevia razoavelmente, fazia-se entender bem. Dizia que Ângela era sua amiga havia anos, falara muito de mim, tanto que ela não poderia deixar de querer me conhecer. As mulheres estavam no último xadrez da galeria, e nós no xadrez do meio.

Escrevi novamente, dizendo-me solteiro, entrando no jogo, se ela estivesse sem compromisso, poderíamos nos entender realmente. Tentei até fazer um remendo de poesia. Pedi uma autodescrição. Dizia-se mulata clara, cabelos e olhos pretos, bem-proporcionada. Gostei, sinceramente, meu tipo.

Trocamos vários bilhetes durante dois dias. Já falávamos de amor, eu já me sentia ansioso, aguardando os bilhetes dela. Era estranho, jamais havia vivido nada parecido. Em curtos bilhetes ela mexia profundamente comigo. Instigava, deixava superexcitado, depois me fazia mergulhar no mel de sua doçura.

Estava me apaixonando e nem sequer conseguia formar uma ideia da pessoa por quem me apaixonava. Como era possível? Ela aumentava a emoção com suas cartinhas cheias de coraçõezinhos desenhados.

Disse-me que arrumara um jeito de nos conhecermos e até ficarmos mais próximos. Já gritávamos na galeria, um pelo nome do outro, e jurávamos eterno amor. Era sincero, absolutamente verdadeiro. Sentia realmente gostar muito dela e intuía que com ela se passava o mesmo, sentia como se ouvisse seu coração.

De repente, o carcereiro passou pela nossa cela, vindo do fundo do corredor, e abriu o xadrez do nosso lado esquerdo. Voltou ao fundo e soltou as mulheres para que passassem para esse xadrez. Isabel e Ângela haviam entupido a privada para mudarem de xadrez, só para nós dois nos conhecermos. As mulheres começaram a passar, cada uma dando seu show para nós, e todos fazendo a maior torcida para que mostrassem tudo. De repente, no canto da grade, escuto: "Quem é o Luiz?".

Lá estava a maior mulatona, tipo mulata do Sargentelli, carregada na saúde. Era um pouco maior que eu, toda exuberante, explodindo gostosura por todos os lados. Um rosto jovem, mestiço, olhos expressivos, fortes, muito bonita, e a meus olhos ali apaixonados, linda!

Quase tomei um choque ao ver aquilo tudo de mulher. Parecia muita areia para meu caminhãozinho, mas enfim... quando alcancei a grade, olhou-me fundo nos olhos e disse que gostara de mim. Pedi um beijo, ainda acanhado. Encaixei o rosto na grade, ela enfiou os braços para dentro da cela, me envolvendo o pescoço, beijando-me sofregamente, com fome negra. Minha língua quase foi roubada. Enfiei a mão por suas roupas, vasculhei aquele corpo suculento. A garota era um mar de prazeres. Tinha a pele lisinha, a boca de lábios cheios, olhos inocentes de criança; julguei haver ganho na loteria! Era um achado, sem dúvida. Que sorte!

As mulheres se instalaram no xadrez ao lado. Isabel e Ângela colocaram-se no canto próximo à grade, eu e Marcelo, idem. Com o espelho, passávamos os dias em idílicos namoros e muita sensualidade.

No dia seguinte, Ângela foi mandada embora. Disse que no mesmo dia iria ao doutor para me tirar. Continuei com o namoro, e agora já dizia que sairia por aqueles dias e tiraria a namorada de qualquer jeito.

Agora ela era minha. Pela Ângela soubera que a garota cantava mesmo em boates, fazia um número imitando Elza Soares e cantando canções do Roberto. Soube também que já se prostituíra quando sem trabalho, até roubara.

Doravante, não faria mais nada disso. Só ia fazer show para mim, no quarto. Eu era ciumento e possessivo. Cantou para mim "Amada amante", me derreteu todo, era muito bonito e emocionante. Toda a galeria aplaudiu no final, ela soltara a voz com emoção, todos gostaram, e eu me senti com a bola cheia. Dizia para ela que agora não precisava fazer mais nada que não quisesse, era só me amar bastante.

Dias depois, o delegado chegou-se à grade, chamou meu nome já xingando. Queria saber quem havia impetrado o habeas corpus em meu nome. Respondi que fora uma prostituta que saíra dali, inventei um nome qualquer. Haviam entrado com um habeas corpus para o Marcelo também, mas ele, o delegado mandou colocar no enruste novamente. Ele era demasiadamente conhecido. Como não me conhecia direito, mandou que me soltassem na hora. Isabel tomou um choque, não esperava que eu saísse primeiro. Foi uma difícil despedida.

Fui à carceragem buscar meus pertences: anel, relógio e até certa quantia em dinheiro que permitira que apreendessem, quando fora preso. Dei algum dinheiro ao carcereiro e voltei correndo para a porta do xadrez das mulheres. Isabel estava em um canto chorando, amparada por uma colega. Quando me viu, deu um salto para a grade, agarrou-me pelos ombros, olhou fundo nos meus olhos, como era seu costume, e me implorou que a tirasse da prisão. Não ia aguentar aquilo ali sem mim, dizia. Deixei com ela o restante do dinheiro e fui saindo, pois o carcereiro já estava reclamando.

Ao colocar o pé na calçada, respirei fundo o ar da liberdade, essa coisa mística, e pensei rápido sobre o que deveria fazer. Decidi correr para o apartamento da Ângela. Ela me ajudaria a resolver meus problemas. Contei-lhe, assim que entrei na sala, me desvencilhando de seu abraço ardoroso, que o Marcelo havia sido levado para o enruste.

A solução era impetrar o tal de busca e apreensão em diligência. O oficial de justiça iria buscá-lo na delegacia. Disse-me estar descapitalizada. Eu que pensava emprestar algum dela, fiquei sem solução.

Tomei um banho quente, demorado, vesti roupas de Marcelo, que tinha o mesmo corpo que eu (parecíamos irmãos, diziam). Saímos para a luta. Na rua Vinte e Cinco de Março, praticamente assaltamos as vítimas, tal o nosso desespero em nos capitalizar. Até que, num momento em que Ângela abriu uma bolsa de uma madame que escoltávamos desde a saída do banco, vi o maior bagaço de dinheiro. Juntos percebemos que, tecnicamente, não dava para punguear. Era muito volume para tirar da bolsa sem a madame sentir.

E lá seguia ela, de bolsa aberta, toda charmosa, se encaminhando para um carro estacionado. Decidi na hora, era meio doido mesmo. Deixei Ângela para trás, dei um encontrão na mulher, joguei-a no chão ao mesmo tempo que lhe tomava o pacote de dinheiro de dentro da bolsa. Ela caiu, indignada com minha truculência, tentou ofender-me com educação, só olhei e avancei rápido para a esquina. O povo a olhava, sem entender o que se passava. Só então ela viu a bolsa aberta, sem seu rico dinheirinho.

Quando a mulher quis gritar, eu já quebrara a esquina, e dali para a frente corri entre carros, feito louco. Ninguém me pegaria do jeito que estava embalado e motivado. Eu iria tirar da prisão a mulher por quem me apaixonara e o amigo, companheiro de luta e sofrimento. Cheguei ao apartamento da Ângela esgotado. Eu correra do Bom Retiro à Baixada do Glicério sem parar. Sentei-me à porta e fiquei esperando-a.

Chegou logo, louca da vida comigo. Julgava-me irresponsável, que não fazia nem cinco horas que saíra da prisão e já queria voltar. Aquilo fora loucura. A madame era gringa e fizera o maior escândalo, só que ninguém entendia o que ela falava. Fiquei quieto, tinha razão, eu fora imprudente. Mas estava com dinheiro para tirar Marcelo e Isabel.

Fomos ao advogado. O caso do Marcelo era delicado. O doutor iria conversar mais uma vez com os tiras que o prende-

209

ram, pedir uma chance e pagar mais. Já Isabel, presa por estar sem documentos, era fácil. Ele conversaria com o delegado e a tiraria. Fomos no carro do doutor para a delegacia. Dei-lhe certa quantia para colaborar com o preço a pagar pela liberdade de Marcelo, não quis receber pelo caso de Isabel. Cortesia da casa, disse. Ficamos no carro enquanto ele adentrou a delegacia para resolver os casos.

Ângela aproveitou para especular sobre como estava a minha relação com Isabel. Expliquei que estava amarrado, perdidamente apaixonado. Insinuou que havia se arrependido de haver me apresentado a ela, manifestou pretensões a meu respeito. Desconversei. Não queria saber, esperava era a garota, ela já não fazia mais meu gênero. Estava nervoso, saí do carro, fui a um bar e tomei dois conhaques, um em cima do outro, como já era tradição. O corpo se superaqueceu, e a visão coloriu-se novamente. O doutor demorou uma eternidade. Já comecei a achar que não dera certo. Dava vontade de invadir a delegacia e tomar a garota na marra! Que impaciência! Os carros enchiam de poeira o ar.

Quando saía do bar, olhei a entrada da delegacia, e o doutor vinha descendo as escadas acompanhado da maior mulatona. E eu era dono de tudo aquilo ali... até estremeci. Esperei-os no carro, e quando nos alcançaram, a garota já vinha correndo. Atirou-se em mim com tal sofreguidão que quase caí para trás. Pressionou-me fortemente contra si e chorou, chorou grossas lágrimas que ensoparam o lado esquerdo de minha blusa.

Coloquei-a para dentro do carro, Ângela a beijou, estava chorando também. Marcelo sairia à noite, iria primeiro assinar os termos do processo por vadiagem.

Isabel queria ir para seu quarto. Morava num hotel-pensão no bairro da Liberdade, só japonês para todo lado. Deixamos Ângela em casa, e depois o advogado nos deixou em seu escritório. Pegamos um táxi para o hotel de Isabel.

Na pensão, a gerente deu a chave para a garota, reclamou o pagamento do aluguel do quarto. Paguei a dívida na hora, nem esperei terminar a cobrança, e entramos para o quarto. Era uma pequena suíte, quase uma quitinete sem cozinha. Enquanto Isabel foi tomar banho, fiquei observando o quarto e a pequena sala. Tudo era muito bonito. Parecia uma casinha de bonecas. Cama com colcha vermelha toda bordada com detalhes dourados. No meio uma enorme boneca. Nos móveis, toalhinhas, bichinhos de pelúcia, bibelôs pendurados pelas paredes, miniaturas de carros e bichos, tapetinhos decorados, cortininha em cetim, tudo muito enfeitado e em cores fortes.

Era um conjunto que chamava a atenção. Nem parecia um quarto de hotel, parecia com uma casa, tudo ali era muito pessoal. Gostei imensamente, embora fosse estranho, meio bizarro, sem combinações, só combinava com a dona. Dava dó de pisar. Tirei os sapatos, sentei-me na única poltrona e esperei. Do banheiro vinha a voz dela cantando uma canção do Roberto e cheiros de perfumes fortes.

Saiu do banheiro só de calcinhas. Pude então avaliar bem o que tinha em mãos. Nossa! Era tudo assim torneado, nos lugares certos, mas com um pouco a mais, tipo exuberante, gostoso demais. Tudo durinho, saudável, cheio, cor de canela forte, mulata mesmo. Seios definidos, cabelos bem crespos e molhados. Estavam curtos, e ela tentava enxugá-los com a toalha, me olhando. Cheirava bem, um cheiro forte, de presença dominante. A vontade era de me atirar em cima e devorar! Era muito mulher, devia ter dois ou três anos mais que eu, no máximo.

Sentou-se na cama, cruzou as pernas, ligou o secador e ficou secando os cabelos, enquanto falava. Estava feliz, amava seu quarto e jamais trouxera um homem ali. Mostrava e falava de cada detalhe assim, qual eu fosse um visitante, mas eu queria era tomar conta, ser dono. Entrei de sola no assunto, sem pensar muito.

Agora ela estava comigo, era minha mulher. Dinheiro não seria problema. Olhou-me sorrindo e perguntou até quando. Ela não sabia o quanto poderia impressionar um homem como eu. Assim como eu a julgava muito para mim, também ela me julgava muito para ela. Sabia lá o que Ângela havia lhe contado de mim. Jamais tivera uma relação fixa com nenhum malandro.

211

Tinha medo da polícia e do que ouvira falar da violência dos malandros.

Saíra havia apenas um ano da casa do pai, quando completara a maioridade. Seu pai era músico, tocava em uma banda de jazz que viajava muito. Precisava vê-lo, devia estar preocupado com sua ausência. Perguntou se eu queria conhecê-lo. Claro, claro, mas como ele me receberia? Bem, ela não permitia que ele se intrometesse em sua vida. Forcei uma barra. Quis saber se o que me escrevera naqueles bilhetes era verdadeiro, se iria mesmo ficar comigo. Contei que morava com meus pais, mas que se ela me quisesse, viria morar com ela. Era quase uma proposta de casamento, era um ajuntamento, o que eu propunha.

Não respondeu, esticou-se na cama e me chamou. Sentei-me a seu lado, meio sem saber o que fazer, mas o instinto falava mais alto, e fui estendendo as mãos para aquele corpo exuberante. Sua pele era fosca, quase sem brilho, aveludada, escura. Deitei-me a seu lado, assim, já de pau duro, querendo subir por cima. Então, como se quisesse responder minha pergunta com atos, criou vida e subiu para cima de mim.

Não esperava aquilo. Já conhecera mulheres que vinham para cima, mas nada nem parecido com o que estava acontecendo. Ela tirou-me as roupas, quebrando botões, assim, forçando pela pressa, e tomou conta de mim como um vulcão feroz.

Não havia doçura nem muito carinho. Era uma voracidade de viver, uma explosão, uma dança envolvente, contagiante. Jamais havia estado com uma garota assim. Ela comandava, fechava os olhos e me devorava, fazia uma selvageria comigo, me machucava, mordia, erguia-me no ar. Eu me esforçava para acompanhar, tentando entender seu ritmo e não me espantar demais.

Quando parou, eu estava banhado de suor, eu e a cama toda, perturbado, que loucura! Quantas vezes eu havia gozado? Aquilo era uma mulher ou uma fera? Não era bem isso que eu queria. Precisava de ternura, de acarinhar docemente, envolver com suavidade, delicadeza, algo de fino e ondulante. E ela era um bicho. Pensei que talvez fosse assim por ser a primeira vez. Dormimos exaustos.

De madrugada acordei, acendi um cigarro e fiquei olhando aquela mulher que dormia pesadamente, até com um ronronar suave. Alisei, peguei, acariciei, só sentindo para mim, sem que ela acordasse de todo. Até que, sem querer, numa carícia mais profunda, acordei-a. Olhou-me sonolenta, sem perceber bem ainda. Balançou a cabeça, olhou novamente e me deu o sorriso mais lindo do mundo. Abraçou-me, e eu me senti inteiramente querido. Um sentimento profundo de querer bem, mas não sentia posse, pelo contrário, sentia-me possuído, dominado, ali era eu a caça.

Ficamos conversando, enlaçados, até o dia clarear. Contei-lhe tudo de mim, ela procurou contar o que sabia de si. A história era curta. A mãe morrera quando era menina. O pai era músico e vivia viajando. Colocara-a num colégio interno no interior de São Paulo. Ficara no colégio até os dezesseis anos, quando o pai a trouxera para cuidar de sua casa. Não sentia muitos laços afetivos com o pai, mas gostava do ambiente de trabalho dele, quando às vezes ele a levava junto. Fora assim que conhecera a noite paulistana e as boates. Perdera sua virgindade quando ainda estava no colégio, praticara aborto por si mesma e quase morrera. Extraíram seus ovários. Não podia mais gerar filhos. Isso doía.

Decidira viver sozinha e tentar as boates para ganhar a vida. Criara um número de imitação da Elza Soares e conseguira vários contatos em boates, através dos conhecimentos de seu pai. Não gostava de empresários, já fora muito roubada, agora tratava os contratos mais verbalmente que por escrito. Os gerentes e donos queriam levá-la para a cama, em todos os lugares onde cantava. E ela ia, às vezes, para manter o trabalho. Sempre tinha de dar para alguém. Quando algum cliente insistia muito, falava em soma de dinheiro irresistível e lhe era agradável, ela concedia também.

Gostava de homens e do que se fazia na cama. Prostituía-se apenas por prazer, quando algo no freguês a atraía. Já traficara maconha em boates, roubara com as garotas da Bela Vista nas lojas e butiques. Fizera tudo o que podia para viver conforta-velmente e livre. Já tivera alguns compromissos, mas os sujeitos não suportaram e caíram fora. Perguntou se eu suportaria. Mas era claro que sim. Suportaria tudo por ela, eu estava louco pela garota.

Propus novamente que tentássemos uma gostosa vida em comum. Percebi que relutava, como que a refletir e me pesar. Por fim, aceitou. Mas me alertou de que talvez eu me arrepen-desse no futuro. Disse que não gostava de ser mandada, ao mes-mo tempo que teria que tomar conta dela, pois gostava de beber e adorava uma droga. Afirmou que às vezes se descontrolava e que eu não gostaria de vê-la descontrolada.

Aquilo acendeu uma luzinha de alerta em meu cérebro. Sabia-me incapaz de suportar gente alcoolizada. Havia neuroses profundas em mim com relação à bebida. Mas pensei comigo: que se dane! Quero é curtir essa gostosura toda, e vou fazer que entre na linha com amor e disciplina. Como era ingênuo!

Dia seguinte, fui ao apartamento da Ângela, apanhei a roupa que ela lavara para mim. Marcelo dormia, haviam vivido uma grande noitada, o apartamento estava de pernas para o ar, e Ângela com a maior cara de sono.

Precisava ir à Vila. Agora, mais do que nunca, queria ser assaltante. Precisava impressionar a mulata e ter dinheiro suficiente para lhe dar altos banhos de loja, levá-la a boates, salões de dança, enfim, dar-lhe uma boa vida. Precisava de armas agora. Sabia que os malandros iriam crescer os olhos ao vê-la e eu precisaria me impor, e estava disposto a fuzilar qualquer um por ela.

À tarde voltei com um monte de sacolas com roupas. Passara na lavanderia do seu Firmino, no largo Coração de Jesus, e pegara toda a roupa que guardara lá. Comprara um conjunto Lee importado e já até levara no alfaiate das Grandes Galerias, na avenida São João, para ajustar. Comprara camise-tas, tênis, cuecas, meias. Ao me ver com aquelas roupas, Isabel quis que eu experimentasse em sua frente, dei até uma desfilada. Ela disse que eu estava muito bonito e que as branquinhas iriam correr atrás de mim. Afirmou até que estava com medo de me apresentar para suas colegas, porque elas iriam querer tomar-me dela.

Eu já sabia como funcionavam as coisas: quando a gente está só, ninguém nos procura, mas é só encontrar alguém para choverem oportunidades. Parece que só se é valorizado quando alguém mais, além da gente, nos dá valor. Sentia vontade de exibi-la, mostrar a todos a beleza de garota que agora era minha. Aquilo aumentaria meu prestígio na malandragem também.

Havia carinho entre nós, mas só fora da cama. Doces beijinhos, afagos gentis, andar de mãos dadas, abraçados... Mas, uma vez em ato sexual, exercitávamos toda a nossa selvajaria e agressividade. Entrei na dela, soltei o bicho. Ficavam manchas roxas e contusões, tive até de arrancá-la de mim várias vezes para que não me marcasse. Era uma vampira, uma tarada, e só me largava quando eu estava mole demais para reagir. Comia como um cavalo, de tanto. Aliás, ambos éramos bons garfos, só que ela era demais; comia o dobro de mim.

Dia seguinte, disse-lhe que ia à Vila buscar minhas coisas na casa de minha mãe e procurar quadrilhas de assalto para me integrar nelas. Mostrou-se muito receosa pela minha segurança e pediu que eu tomasse cuidado.

Durante nosso namoro na delegacia, ela havia proposto que vivêssemos do que ela ganhasse nas boates. Assim não precisava me arriscar mais a ser preso. Zanguei-me profundamente. Queria fazer de mim um cafetão? Naquele tempo, um malandro de linha jamais poderia aceitar dinheiro de uma mulher. Ser proxeneta era a mesma coisa que ser tarado, veado, ou coisa parecida. A discriminação contra os cafetões era brutal. Quando presos, no xadrez, viravam mamães, apanhando todo dia, fazendo muita faxina e lavando muita roupa.

Malandro possuía moral engessada, com um sentimento fortíssimo de honra. Havia até uma fidalguia, uma nobreza em certos malandros. Acreditavam em duelo a bala ou a faca por

215

questões de moral e honra. Alguns gostavam de arrogar que favoreciam pobres e oprimidos, diziam só roubar ricos. Esse era o ideal de ser malandro, com muita moral e honra inatacável, defendida com a própria vida, em nosso meio.

Cheguei à Vila e dei de cara com o Alemão, que, eu sabia, estava no bando do Joy. Conversamos, ele me mostrou um revólver calibre 38. Peguei, tirei o tambor para fora, girei num gesto de ás do gatilho. Conhecia todas as firulas que se fazem com uma arma. Brinquei, como em criança, com o brinquedo favorito.

Uma arma na mão fazia com que me sentisse com um poder colossal. Havia mais liberdade, mais segurança. Não a via como um instrumento de morte, e sim de poder. Sentia que seria mais respeitado, até mais homem. Não temia a mais ninguém, nem à polícia. Julgava que estaríamos, então, em igualdade de condições. Já existia o sinistro Tático Móvel, rondando pelas ruas, matando mais que a peste a qualquer um que piscasse os olhos. Mas, naquele momento, eu não os temia.

O despreparo psicológico e o baixo nível de formação e informação social faziam dos soldados que guarneciam essas penas de morte móveis, verdadeiros assassinos sanguinários. Existiam havia bastante tempo alguns desses soldados que respondiam por cinquenta, sessenta e até mais mortes. Verdadeiros executores, que, ao olhar, decidiam se deviam chegar matando ou pedindo documentos.

O Alemão me levou a uma residência na Vila Sabrina onde, após meses de procura, encontrei o Joy. Ficou contente ao me ver, eu já estava incluído na quadrilha. Ele, o Tonhão e o Alemão estavam indo para São Miguel em busca de um piloto. Acompanhei-os. Só o Alemão dirigia, e mal, e para assaltos precisava-se de um bom piloto.

Não encontramos o piloto que procurávamos. Decidimos, então, fazer alguns assaltos pelo centro de São Miguel. Enquanto as vítimas fossem à delegacia do bairro, dar queixa, nós já estaríamos voltando à Vila, de táxi. Havíamos conseguido dois revólveres em um assalto a um posto de gasolina enorme. Como eu era o único sem arma, apossei-me de um .38, marca H.O., argentino, de cano médio.

Os assaltos foram emoções fortíssimas, tensão total, concentração completa. Primeiro, quando era o único desarmado, eu teria que entrar e me dirigir ao caixa, onde tivesse dinheiro; a apropriação do que houvesse de valor era responsabilidade minha. No posto foi bem simples e automático. Enquanto os companheiros seguravam o frentista, dois auxiliares, o segurança do posto e a moça do caixa, eu fui direto no caixa e nas gavetas. Esvaziei o caixa num saco plástico, encontrei vários maços de grana e as duas armas numa gaveta. Saí na frente de todos, e os outros foram saindo e me seguindo. No mesmo pique, já entramos num depósito de material de construção, e enquanto, agora todos, mostrávamos as armas, esvaziei caixa e gavetas adjacentes e peguei tudo o que vi de valor, inclusive relógios dos donos, um rádio bonito etc.

Para mim foi tudo uma corrida só. Nem vi direito as pessoas, entrei correndo, saquei correndo e corri para fora dos estabelecimentos. Forcei-me a fazer aquilo. O meu medo era enorme, mas eu não podia vacilar. Tinha de ser um assaltante e teria de agir de acordo com o que se esperava de mim. Dominei as emoções e procedi por instinto, se fosse falar, não sei se conseguiria. Mas pensava que seria mais difícil. Lançar-me em uma ação assim não era temível mais, eu me saíra bem, o Joy até me elogiou. Uma vez dentro do assalto, a coisa acontecendo, era fácil, eu ficava frio.

Na Vila, conforme o programado, dividimos a grana, e deu uma soma considerável para mim, principalmente o depósito, que me incentivou demais. Porque fora eu que tomara das vítimas, decidiu-se que eu ficaria com um revólver, um relógio e uma correntinha de ouro, que já havia pego de uma japonesa com o endereço certo: o pescoço da minha preta.

Marcamos encontro para dali a dois dias. Procuraríamos um piloto para completar o bando e ter fugas garantidas, ganharíamos muito mais. Voltei correndo ao hotel, nem passei em casa para pegar as roupas. Isabel estava preparando-se para sair. Bati na porta com a coronha do revólver. Quando abriu, dei-lhe um susto, apontando-lhe a arma. Ficou pálida, seus lábios tremeram. Sorri, e então ela saltou no ar, tinha realmente se assustado. Contou-me que tinha um problema no coração, não podia se assustar ou ficar muito nervosa, que perdia os sentidos. Então era preciso levá-la ao hospital urgente para tomar uma injeção que estimulava a circulação.

Coloquei a arma embaixo do travesseiro e fui tomar banho. Só quando fui tirar a roupa que lembrei dos bolsos cheios de dinheiro. Não sabia nem quanto tinha, pois a divisão foi de maço em maço, sem aferirmos o total. Sacudi a calça e a jaqueta em cima da cama, e caiu dinheiro para todo lado, até no chão. Percebi que ela estava com os olhos arregalados, espantada como uma menina. Naquele tempo, os estabelecimentos comerciais tinham muito dinheiro, acumulavam féria de uma, até duas semanas no caixa para só então levar ao banco. Quase não havia assaltos em São Paulo. Do bolsinho, caiu a correntinha. Tirei-a da cama e já coloquei em seu pescoço. Ela sorria com os olhos. Olhou-se no espelho (o que mais tinha no quarto eram espelhos) e atirou-se em mim. Estava tão arrebatada pela emoção que ergueu-me no ar e, pela primeira vez, pegou-me no colo. Ela tinha mais massa de corpo que eu e era bem mais forte, erguia-me facilmente. Isabel possuía uma enorme força natural. Pedi que contasse o dinheiro e dei-lhe o relógio que ganhara para que guardasse.

Quando voltei para o quarto me enxugando, Isabel estava diante de três pilhas de dinheiro. Disse-me o total, perguntei se havia algo de que estava precisando. Não queria que eu gastasse a grana, aconselhou-me a abrir conta no banco e guardar. Mas eu queria mesmo era fazer uma festa com ela, a nossa primeira festa. Dar-lhe um banho de loja e levá-la às casas de dança, exibir, demonstrar ao mundo que aquele avião de mulher era meu, só meu. Malandro tem essas necessidades. Precisa esnobar, desfilar com sua felicidade na cara dos outros malandros para que comentem, exaltem e reafirmem seu prestígio no meio.

Isabel cantava "Detalhes", do Roberto, em meu ouvido,

218

com sua voz roufenha. Lennon lançava "Mother", e "Imagine" começava a aparecer, e eu o amava! Yes se lançava no Brasil, Janis Joplin e Jimi Hendrix já eram falados e escutados aqui como última palavra do rock. Havia Dave Clark Five, o The Who explodia, e os Rolling Stones se tornavam tão importantes quanto os Beatles antes de o sonho acabar. Joe Cocker gritava que os amigos viriam ajudar e era o sucesso da época. O espírito de Woodstock ainda pairava no ar. Isabel era sambista por excelência. Tocava qualquer instrumento de percussão, com talento, e cantava samba com alma e perfeita divisão. Desfilava na Vai-Vai e era uma artista no palco. Curtia rock e cantava rock, tinha dons musicais. Eu era só rock, nunca tive ritmo para samba.

Saímos para fazer compras. Todas as lojas coloridas, iluminadas, São Paulo era linda e pacífica. A moda era comprar tecido e mandar fazer no alfaiate sob medida. Calça de cintura alta e boca de sino, camisa luminosa e colada ao corpo, sapato de salto-carrapeta. Eu sempre tinha alguma roupa sendo confeccionada no alfaiate das Grandes Galerias, na avenida São João. Comprei tecidos, retirei calça e camisa do alfaiate. Comprei sapato enfeitado. Ela comprou um conjunto preto de calça e blusa, roupa íntima e outras coisas de mulher que eu não conhecia.

No quarto, experimentamos tudo novamente. Vestiu a roupa nova, pintou-se e desfilou para mim, perguntando como estava. Absolutamente linda! Quando tirou a roupa, então, nossa! Como era gostosa... Coxas grossas, bunda redondinha, nenhuma barriga, acinturada, seios bojudos, consistentes, e o rosto negro de características mestiças. Um monumento de mulher. Fiquei preocupado e com ciúmes. Todos iriam olhar, cobiçar, e eu teria de ser firme e forte para repelir qualquer ousado. Tudo bem, o tambor do revólver estava cheio, e eu tinha meia dúzia de balas sobressalentes no bolso, pensava que isso devia bastar.

Colocamo-nos nos panos novos. Pegamos um táxi e fomos jantar na churrascaria Cabana. Ela sorria, estava linda e feliz, brilhava de alegria. Quanta emoção! Levou-me a uma boate, sentamos a uma mesa discreta, ela bebia uísque, e eu conhaque. Logo a mesa foi rodeada de beldades. Uma mais bonita que a outra. Todas a cumprimentavam com beijinhos, e a todas me apresentou como seu marido. Fui avaliado minuciosamente e senti assim uma pergunta no ar: quem é esse maluco?

Levei-a ao São Paulo Chic, Som de Cristal, Garitão, dançamos, eu tropicando nos pés dela (sempre fui mau para dançar, não tenho ritmo). Seu contato era suave, leve como uma pluma. Sem saber, eu até dançava bem com ela, mas só as lentas. Vibrava uma sensualidade forte, juvenil, em movimentos lentos e concêntricos. Estacionamos no 28. A festa estava boa, todo mundo já meio bêbado, liberdade total, todos riam e dançavam. O ambiente nos contagiou, dançávamos rock dos Mutantes, só não me arrisquei nos sambas do Martinho da Vila, que estava lançando um sucesso atrás do outro.

Estava me sentindo no ar, feliz, no momento mais exuberante de minha vida toda. Muito tempo no juizado sonhara com aquela liberdade, aquela totalidade. Estava com todos os valores que aprendera a buscar. Armado com uma boa arma (Isabel que a carregava na cintura; havia revista a homens em algumas casas de dança). Uma esfuziante mulata, cobiçada, admirada, deixando os malandros de queixo caído, que era minha, todos viam. Dinheiro de bastante, para gastar à vontade, agora não ia faltar mais. Assalto era o segredo. Ah, eu estava feliz, muito feliz mesmo!

Os ladrões vinham me cumprimentar só para conhecer o monumento a meu lado. E eu a apresentava, orgulhosamente, como minha mulher, matando as cobras venenosas do coração. Exibia-a, como ela me exibira na boate para suas amigas.

Vivemos cerca de dois meses de festa, amor e sexo alucinante, devorador. Éramos o casal do momento. Quando perguntavam de mim, respondiam: "Quem, o Luizinho da Isabel?". Só éramos vistos juntos, e na sexta e no sábado todos os salões da cidade nos recebiam, e abafávamos. Éramos o sucesso.

Então Isabel começou a se descontrolar na bebida. A primeira coisa que acontecia quando bebia, era ficar valente. Achava que, por ter mais corpo, se brigássemos, me venceria. Quando brincávamos em casa, ela realmente vencia. E o pior era a valentia com os outros. Bebia, descontrolava-se, começava a chamar a atenção, dar escândalo. Quando eu reclamava e buscava controlá-la, ela discutia, queria brigar, e eu ficava sem saber o que fazer. Só não deixava mais arma com ela.

Certa ocasião, quando eu já estava para agredi-la, deixei-a em um bar e fui para casa, puto da vida, já cogitando dar-lhe uns tiros ou umas coronhadas. Chegou de madrugada, bêbada como um gambá, me xingando. Dei-lhe uma coronhada na cabeça que desmaiou na hora. Me arrependi demais, mas na hora por pouco ela não toma uns tiros também.

Sempre foi assim, desde que comecei a sair para assaltar: só voltava a agir quando todo o capital terminava e não podia mais evitar. Mas o dinheiro praticamente sumia. Acostumei mal a garota, todo dia queria festa. Era uma vida gostosa, irresponsável, de altas boêmias, regadas a maconha, bebida e picadas. Quando preso, ouvia os companheiros de prisão menosprezarem as datas comemorativas, como Natal, aniversário, por exemplo. Eles diziam que malandro vive em constante comemoração, todo dia é festa e alegria. Não precisavam de dias especiais para serem felizes, todo dia era dia de ser feliz. Era o que estava sendo nossa vida, e eu adorava, apenas me sentia esquisito, estranho, sendo feliz. Tinha sempre em mente que pagaria caro por aquilo, não sabia como, nem quando, mas aquilo não era normal, ia dar errado.

Isabel fumava, bebia e tomava picadas mais, muito mais do que eu. Era, de fato, toxicômana, alucinada. Comecei, aos poucos, a perceber que ela sofria de algum distúrbio mental. Precisava beber e se dopar o dia todo. Era um amor quando colocada, mas ficasse muitos dias sem droga, caía em depressões terríveis. Chorava todas as lágrimas do mundo sem motivo nenhum. Eu só ficava olhando, sem saber o que fazer, desesperado. Falava muito no bebê que tirara, como se ele existisse. Sofria uma enorme paranoia, e eu estava enrolado, porque estava apaixonado por aquela garota.

Ela já fora muito envolvida em umbanda. Dizia-se médium e recebia as entidades nos momentos mais inesperados. E o pior era que' isso só ocorria quando já estava bêbada. Várias vezes tive de levá-la a hospitais, pois tinha os mais estranhos desmaios. Ficou até conhecida na Santa Casa, as enfermeiras, só de vê-la, já iam preparando a injeção para aplicar-lhe. E era tomar para ficar boa na hora.

Aprendi rapidamente a assaltar. Quando tinha dificuldade, era só tomar dois conhaques, um em cima do outro, que já eliminava escrúpulos e receios. Já dera alguns tiros, fora fazer treinamento junto com Joy, mas ainda não atirara, para matar, em ninguém. Preocupava-me com isso, será que atiraria mesmo? Dos companheiros, eu era o mais ousado. Era sempre o primeiro a entrar nos estabelecimentos, o primeiro a sacar das armas e enquadrar as vítimas. Quando os parceiros começavam a agir, já estava tudo praticamente dominado. Evitava estar sempre na Vila com os parceiros, minha vida era no centro da cidade. Às vezes Marcelo e Ângela apareciam em casa, e eu largava os revólveres (agora já tinha vários e muitas balas) e saía para roubar com eles.

Na cidade, havia encontrado vários mogianos. A maioria era assaltante. Às vezes saía com eles também. Minha necessidade de dinheiro era constante, então me envolvia em várias quadrilhas. Era legal o conceito que estavam formando de mim, muitos me procuravam, e eu era considerado de confiança total. Sempre tinha várias armas, drogas de vários tipos, balas, e isso atraía malandros conceituados no crime. Aquilo, o respeito, era muito importante para mim. Era como, finalmente, eu estivesse vencendo. As garotas, amigas de Isabel, quando em dificuldades, vinham nos procurar. Levavam tudo de nós. Várias vezes tive de sair da segurança e conforto do nosso quarto para me arriscar em assaltos ou furtos porque havíamos dado tudo o que possuíamos para uma dessas garotas. Constantemente apareciam porque não tinham dinheiro para pagar hotel.

Claro que cheguei a possuir algumas das amigas de Isabel, mas ela me deixava quase sem energias, nem pensava muito nisso. Pensava muito era na minha ação nos assaltos. Não podia deixar jamais um companheiro em falta. Às vezes, para apoiar um parceiro, era obrigado a dar tiros, e nas vítimas. Isso era muito sério, pois agora sabia que mataria, se preciso fosse.

Praticamente me desvinculei de minha mãe. Passava em casa só às vezes, e assim já era esperado que demorasse a retornar. Já não tinha necessidade dela, e parecia que nem ela de mim. Estava por demais absorvido nos assaltos e em viver o mundo todo que começava a conhecer e me fascinava.

Jamais levei Isabel para conhecer minha mãe. Não era mulher para futuro. Sabia que ia acontecer alguma desgraça conosco. Sabia que se fosse preso, ela era louca demais para me acompanhar. Juntos, tudo era uma loucura só. Eu também não sabia por quanto tempo suportaria o trem de vida dela, sem explodir.

Havia outras garotas. Nem sei por quê. Talvez porque julgassem a vida de Isabel muito boa e quisessem entrar no páreo. Algumas acho até que pensavam que eu devia fazer algo diferente para que aquela tremenda mulata não desgrudasse de mim. Era engraçado, até fiquei disputado. As punguistas queriam roubar comigo; cada uma das garotas conhecia uma situação qualquer que envolvia muito dinheiro que merecia ser roubado. O que queriam mesmo era me levar a um lugar, longe de Isabel, onde pudessem exercer suas magias de fascínio e sedução.

Isabel dizia beber de ciúmes, e eu bebia porque não a queria bêbada. As brigas eram constantes. Vivia enciumada, querendo controlar meus passos. Na cama era uma maravilha. Éramos insaciáveis. Sei lá, ela gostava de sofrer e até de apanhar nas preliminares do sexo. Pedia que eu batesse, judiasse. Fui acostumando e entrando na dela, pois era fantástico me sentir como produtor do prazer dela, que mais parecia uma avalanche derramando-se sobre mim. A coisa foi degenerando aos poucos. Parecia que ela queria sempre mais louco, sempre mais novidades, o que satisfazia ontem, hoje já não valia.

Quis largá-la, sentia que me custava muito caro manter

áquilo, estava assaltando duas, três vezes por semana, era risco demais. Já trocara tiros com a polícia e seguranças muitas vezes. Já estava me acostumando a dar tiros a toda hora. Mas eu gostava de sua loucura, intrigava-me aquele mistério todo que era sua existência. O modo como fazia sexo comigo exercia sobre mim uma tentação a que era impossível resistir, animal. Estava começando a perceber que não era só ela a louca.

15

Aconteceu o inevitável. Fui preso por porte de arma em um bar no centro da cidade. Após uma série de porradas e pontapés, como de praxe. Como era conhecido como punguista, fui mandado para a Delegacia de Vadiagem. Estava a pedido ali, seria autuado em flagrante e enviado à Casa de Detenção. Ficaria pouquíssimos dias. Sabia que ir para a cadeia por vadiagem seria um desprestígio no meu conceito na malandragem. Era o único meio de a polícia coibir a ação dos punguistas no centro da cidade. E eu fora pego na rede, e achava que isso seria compreendido, afinal, eu era da pesada, assaltante.

Fiquei alguns dias ali porque dera um nome falso ao ser preso, na tentativa de escapar à autuação. A polícia tirara minhas impressões digitais para saber meu nome verdadeiro. No segundo dia preso, consegui mandar avisar Isabel e aguardava manifestação dela. Não se fez esperar.

O carcereiro me tirou da cela com urgência. O delegado queria falar comigo. Ao entrar na sala do homem, a primeira coisa que vi foram as sacolas cheias, abarrotadas de comestíveis e roupas, dei reconhecimento em uma delas, vieram de casa. O homem estava nervoso. Perguntou se eu conhecia Isabel Cristina da Silva. Claro que conhecia, era minha companheira, respondi cheio de orgulho. Ele queria que desse um recado a ela: da próxima vez que viesse à delegacia fazer escândalo, seria presa também. Mandou que pegasse as coisas que ela trouxera e retornasse ao xadrez.

O carcereiro contou-me que Isabel viera me procurar e queria brigar com o delegado para que ele me soltasse de qualquer jeito. Como este informou que eu seria autuado em flagrante por vadiagem, ela gritou com ele como ninguém jamais fizera ali. Foi colocada para fora da delegacia quase a pulso e prometeu voltar. Se por um lado fiquei preocupado, por outro fiquei orgulhoso de sua atitude. Amei-a por estar se arriscando a ser presa por minha causa.

Entrei no xadrez carregado de sacolas. Fiz uma festa, todos comeram, e ainda sobrou. Pensei que ela devia ter gasto já todo o dinheiro que havia em casa. Depois fiquei muito preocupado de que ela estivesse bebendo sem eu estar por perto para garantir. Ela bebia e mexia com as pessoas, ofendia, humilhava aqueles de quem não gostava. Ninguém fazia nada porque sabiam que ela estava comigo, e que se agredissem, eu iria cobrar, e com juros. Mas agora, só, como se comportaria? Depois, havia os galãs de plantão que viviam cobiçando, sem se manifestarem por receio. Ela estaria descapitalizada e sem quem a controlasse, e seria por ali que atacariam. Pagariam para que bebesse para depois atacarem...

Não conseguia culpá-la. Para mim ela era quase uma criança, assim, semilouca, a quem era sempre preciso dar um desconto. No dia seguinte, recebi comestíveis que Ângela viera trazer. Boa amiga, pensei, hei de compensá-la do jeito que quiser.

À tarde, escuto uma gritaria no corredor. A porta da cela das mulheres se abriu e fechou. A voz parecia de Isabel, e quando procurei saber, era mesmo. Estava bêbada, e as meninas cuidavam dela. Havia apanhado e desmaiado. À noite, superpreocupado, não dormi. Escuto gritarem meu nome na galeria, atendo, é ela. Só me chamava de pai:

"Pai, não aguento ficar lá fora sem você. Enchi a cara e vim aqui para ficar presa com você."

"Você é louca, garota?"

"Sei lá se sou. Apenas acho que te amo demais e não posso passar sem você. Não consigo dormir em casa, sinto sua falta demais, não aguento mais e ia acabar enlouquecendo ou tendo um ataque se não te visse logo."

"Mas eu preciso de você lá fora. Vou para a cadeia e vou precisar que você me ajude a sair de lá. Agora apenas fiquei com mais um problema, com você presa. Quem vai nos ajudar a sair agora?"

"Eu saio logo e te tiro, fica frio."

"Que nada, você sai daí e vai ficar bebendo, me abandonará na cadeia."

"Ah! pai, por que você faz isso comigo? Eu não mereço que você me diga uma coisa dessas!"

Sua mágoa era real. Procurei desviar o assunto e dar-lhe algum afeto. Voltamos aos bilhetes, voltei a me apaixonar perdidamente. Paguei o carcereiro para que ela ficasse solta, fazendo faxina na galeria. Entre uma varrida e outra, trocávamos beijos e carícias. À noite, fazíamos sexo por entre as grades mesmo, de olho no carcereiro. Dias após, ela teve um ataque do coração, foi conduzida ao hospital, e de lá não a trouxeram de volta. O carcereiro contou que ela fora solta no hospital.

Fiquei preocupado, sem notícias, sofrendo a ausência. Fui conduzido à Delegacia de Vadiagem e autuado em flagrante. Em seguida, fui levado à Delegacia de Capturas do DEIC e colocado no xadrez de flagrantes e condenados.

Dia seguinte, já haviam juntado uns trinta presos ali, vindos de diversas delegacias. Sob forte escolta armada, fomos colocados no bondão e conduzidos à Casa de Detenção. Soube que chegáramos porque o bonde era obrigado a parar diante de cada um dos vários portões e esperar que os abrissem. Descemos do bonde e fomos conduzidos, em fila, sob o comando de um funcionário enorme, ao pavilhão 2. Era enorme, parecendo um daqueles conjuntos residenciais de praia, em Santos. Cheio de janelinhas iluminadas e gradeadas.

O primeiro da fila já tomou umas porradas do funcionário por esquecer de colocar as mãos para trás, como nos fora ordenado. Percebi que o negócio ali era sério quando apareceram funcionários com cacetes nas mãos e nos rodearam. Então aquela era a Casa de Detenção... Tratei de seguir as ordens e estava atento para me defender, caso algum daqueles otários que vieram comigo desse alguma mancada e sobrasse paulada para todos nós. Fomos revistados minuciosamente, com os guardas nos provocando, tratando-nos como se fôssemos menos que cães, sedentos por nos bater. Estávamos todos assustados, talvez eu fosse o que se comportava mais friamente. Aquilo me parecia pinto, tendo em vista o já vivido.

Fomos conduzidos, no espaço térreo do pavilhão, ao chamado expediente. Era onde se fazia toda a burocracia relativa ao ingresso de presos naquele estabelecimento penal. Muitos presos escreviam à máquina, e fomos passando por todos, um por um, e cada um deles lançava nossos dados em fichas. Rasparam nossa cabeça, tomaram nossas roupas e nos deram calças bege. Só sapatos, cuecas e camisas podiam ser à paisana.

Quando já estávamos de saco cheio de tantas perguntas, comandos e exigências, trouxeram a comida. Nossa fome era canina. Comi como um cavalo. Colocaram-nos em um corredor enorme. Tudo ali era superlimpo, grande e parecia farto. Muita iluminação e presos para todos os lados, pouquíssimos funcionários, após os brutamontes de cacete de madeira haverem se retirado. Tudo era muito claro, e cores amarelas predominavam no ambiente.

Eram umas duas ou três horas da manhã quando fomos conduzidos por escadas largas, amplos corredores e muitas portas de ferro para o xadrez onde passaríamos a noite. Não havia nada no xadrez, nem jornal para deitarmos. Sorte que havia trazido uma manta da delegacia. Estendemos, e deu para que cinco de nós caíssemos por cima. O resto deitou-se pelo chão gelado mesmo. Estava extremamente esgotado. Dormi assim que deitei.

Acordei logo cedo, com dificuldades para aceitar aquele mundo. Que angústia, que tristeza infinita se abateu sobre mim! Desejei morrer. Isabel me fazia falta, estava muito preocupado com aquela doida. Logo a porta se abriu, deram-nos café com leite e pão, distribuíram cobertores. Isso depois de a maioria haver passado a noite gemendo de frio. Fomos retirados do xadrez e levados em fila até o pátio. Ali nos colocaram diante de um velho de terno. O velho afirmou que era o diretor da casa. Perguntou se algum de nós tinha inimigos na prisão. Ninguém se manifestou. Começou então uma preleção. Dizia para que tomássemos cuidado com nosso comportamento com funcionários e presos, porque ali a disciplina era rígida. Havia algo de sinistro em sua voz. Alertou-nos contra drogas e facas: se fôssemos pegos com tais contravenções, iríamos para a cela-forte por vários meses, fora o pau de praxe.

Qualquer problema, devíamos lhe dizer, as audiências com ele seriam nos pavilhões. Chamou-nos um a um e foi designando, olhando nas fichas e nas caras, o pavilhão para o qual iríamos. Fui mandado para o pavilhão 9, porque era primário. Os reincidentes iriam para o pavilhão 8.

E lá seguimos, em fila novamente, agora para os pavilhões. Passamos por um imenso campo de futebol, ladeado por enorme espaço. Atravessamos um portão de ferro, dali para a frente era pavilhão 9. Nos colocaram numa espécie de jaula, cercados de grades por todos os lados. Tomaram nossos dados, tudo novamente. Permanecemos ali feito bichos raros no zoo. Todos os presos do pavilhão vinham nos olhar. Era uma multidão imensurável de presos, uma procissão infinda.

Reconheci alguns, fui cumprimentado por outros, mas parecia haver um certo desdém. Como eu fosse um estranho no mundo que já era deles, eu ainda não fazia parte dali. Avistei o Val, um amigo de Osasco que eu conhecera no RPM. Seu sorriso era sincero, senti sua amizade clara e forte. Convidou-me para ir morar em seu xadrez. Aceitei, porque senti a espontaneidade com que me recebeu, ele me queria bem.

Estava receoso. Ouvira falar que ali os estupros ocorriam diariamente. Já notara alguns malandros me olhando cobiçosos, procurando até informações a meu respeito com quem me conhecia. Comecei a me assustar. Reflexos do RPM começaram a atingir minha consciência. Puta que pariu, estava preso novamente! À mercê dos riscos de sair num caixão ou para a delegacia, para assinar flagrante de homicídio. De novo!

Dali fomos conduzidos ao xadrez da triagem. Estava lotado, e nos enfiaram no xadrez sob protestos. Os presos que ali estavam, assim como eu, haviam chegado naqueles dias. Existia uma certa solidariedade.

Estendi minha manta num cantinho e ali fiquei. Os companheiros se amontoavam. Passei três dias de cão ali, todos fazendo necessidades na frente de todos, alimentando-se em pratos sujos, um fedor de suor azedo impregnava tudo. Ocorreram várias brigas, o que era pior, pois caíam uns por cima dos outros, ninguém estava se aguentando nos nervos ali. Depois de cinco dias naquele sufoco desumano, fomos distribuídos para os xadrezes comuns. Fui para o do Val.

Entrei cumprimentando e sendo apresentado a todos pelo Val, como seu amigo, e como é de praxe, fui direto para a ducha gelada, onde aproveitei e já lavei minha roupa. Val me emprestou uma muda. Havia trazido dinheiro costurado na palmilha do sapato. Dei parte ao Val para comprar cigarros e um baseado.

Era um xadrez tido como de bundas-moles, o único malandro de fato era o Val. Havia até dois otários homicidas morando conosco. Eles tinham até voz ativa no xadrez por serem economicamente fortes, sustentavam e eram os "donos do xadrez". Não gostavam que se fumasse maconha ali. Mas já cheguei desafiando, com o Val a meu lado. Estávamos convencidos que otários corriam atrás de ladrão na rua para linchar, na cadeia não podiam comandar nada, cadeia havia sido feita para malandro e não para otário.

Logo cedo, abriu-se a porta, e o Val me levou para conhecer o prédio e as instalações. O pátio era a parte de dentro da cadeia, o campo a externa, até as muralhas. Muralhas da China, altíssimas, com os PMs em cima, armados de fuzis antigos de ferrolho.

Muitos presos, uma multidão enorme, se acotovelavam em todas as entradas e saídas. Parecia a rua Direita em horário de pico. No campo, a bola rolava, e dois times, vestindo uniformes de equipes, tipo profissionais, se defrontavam, nervosamente. Dos lados, o pessoal se espremia.

Val me levou para conhecer o pessoal de Osasco. Fui bem recebido e bem tratado, qual fosse um deles. Ficamos andando, nos desviando dos outros, e conversando sem concentração.

A maioria deles estava cheia de processos, já condenados a vários anos de prisão, como o Val, que estava condenado a doze anos. Aquilo era absurdo para mim. Eram todos jovens como eu e já estavam enterrados vivos. Pensava comigo: ficaria apenas uns dias e já estava desesperado para sair, imagine eles, como se sentiriam sabendo que teriam de ficar anos?

Contavam glórias do passado, seus assaltos, as curtições que tiveram, tudo aumentado pela fantasia. Seus olhos brilhavam intensamente, qual quisessem guardar aqueles momentos vividos, para sempre. Era terrível, doía em mim vê-los naquela situação miserável, sem qualquer chance. Para mim, uma condenação que passasse de um ano era uma vida toda. Inconcebível ficar um ano naquele formigueiro humano.

Estava achando aquele depósito de presos horripilante. Era muita gente para tão pouco espaço. Muitas vidas contidas, pressionadas, aquilo não podia durar muito tempo. Sentia-se no ar a explosão, a eletricidade estática estava clara a qualquer pessoa de sensibilidade.

A maioria ali estava vestida de modo relaxado, como quem não ligasse para mais nada. Barbudos, mal-encarados, em suas caras, como escritos em baixo relevo, suas dores, revoltas e desesperos. Por todos os lados se viam olhos hostis. O outro preso era o alvo mais próximo, e ninguém se importava com justiça ou injustiça. O importante era desabafar, fugir da opressão interna de pensar, remoer os erros cometidos e não encontrar saída. Eu já conhecia aquele estado de espírito desde o RPM. Mas ali não eram crianças e rapazes, não havia a alegria irresponsável, aquilo de fazer para se divertir, sem a maldade como um fim. O que eu via naqueles olhos sofridos, angustiados, era o ódio nervoso, o desespero emocional, a agonia que leva à perversidade, à maldade em suas mais agudas manifestações.

Val me alertou de que eu estava sendo alvo de comentários na cadeia. Que os caras me achavam bonito e que eu teria de

230

ser firme se não quisesse casar ali. Fiquei apavorado, não esperava aquilo assim, daquela maneira. Subimos para o almoço. Estava tão receoso que em vez de voltar para o recreio, fiquei no xadrez. Passei o dia na cama. Pensei bem, e pensei que não devia nada a ninguém, não trouxera ninguém para a prisão, então não havia o que temer. Era só não dar motivo. Também, eram só uns dias que ficaria ali. Por outro lado, pensei em me armar, me prevenir.

Conhecera o Chiquinho da Zona Sul no RPM, quando passei por ele, chamou-me. Estava em uma roda de malandros, fumavam um baseado. Ofereceram-me, cumprimentei a todos, mas, gato escaldado, não aceitei. Desculpei-me alegando dor de cabeça. Mas pressenti no ar o xaveco da júlia, a armação para me prejudicar.

Um deles, Carioca, perguntou-me frontalmente se eu havia metido no RPM. Respondi agressivo e ofendido: "Não, e daí?". Não respondeu nada, de surpresa soltou o maior soco em meu peito. Tão forte que caí no chão sentado, sentindo a maior dificuldade para respirar. Levantei-me, o sujeito queria bater mais, e eu me preparei para me defender e bater também, se pudesse.

Chiquinho me abraçou e tirou-me do conflito, dizendo que eles iriam me aperrear e para evitar só tinha uma saída: escolher um marido. Respondi que não era puto e não ia ficar com ninguém. Ao que me perguntou se eu queria morrer. O Carioca já matara um preso ali no pátio mesmo e estava condenado a mais de cem anos de prisão, não ligava para mais nada. Quis saber se eu já vira as facas ali. Dizia que eram enormes e com corte dos dois lados, para que eu tomasse cuidado com minha vida, doravante.

Subi para o xadrez apavorado. Contei ao Val o que acontecera, e ele tranquilizou-me dizendo para que ficasse junto com ele e seu grupo e não atendesse, caso fosse chamado. Confirmou que o Carioca era mesmo perigoso, que eu ficasse atento. Principalmente na galeria, pois eles poderiam jogar a manta em minha cabeça e eu não ia nem ver quem me estuprara. Passei um dia sem sair, assustado. Domingo era visita, só saía do xadrez quem a tivesse. O Val me emprestou uma calça reformada, tomei banho logo cedo e fiquei esperando, ansiosamente, Isabel.

Passei o domingo todo na maior expectativa angustiosa. Esperando, esperando, vendo os companheiros do xadrez saindo para a visita, e eu, nada de alguém vir me procurar. Esperei, esperei, a cada vez que abriam a porta para tirar alguém, meu coração saltava pela boca. E quando percebia que não era eu, me esvaziava todo num suspiro só.

À tarde, quando percebi que não viria ninguém me ver, entrei em pânico. Desesperado, me sentindo só e abandonado no mundo, sem ninguém que se interessasse se eu estava vivo ou morto, chorei copiosamente embaixo do cobertor. Como sofri nesse momento! Dá dó de lembrar. Havia uma dor profunda, fazia-me encolher embaixo da coberta e não me mover, em estado fetal.

Relembrei todo o sofrimento do RPM, como se estivesse revivendo tudo. Sentia como se estivesse em meio a um círculo de fogo que se apertasse em torno de mim. Ressurgiram ideias suicidas, cogitei seriamente acabar com minha vida.

Logo o Val veio da visita, subiu na minha cama, enrolou um baseado, fumamos e desabafei com ele. Nesse momento, o alto-falante tocou "Amada amante" do Roberto, e meus olhos se encheram de lágrimas. Contei-lhe sobre Isabel, ele falou da mulher que já o havia abandonado na prisão. Nenhuma delas prestava, deveriam ser usadas sem qualquer consideração etc. Acabamos indo dormir, profundamente entristecidos, sem consolo algum.

Segunda, logo cedinho, fui chamado para ir ao fórum. Era a oportunidade de falar com o juiz e conseguir a liberdade. Colocaram-me num bondão com mais uns cem presos, prensados como sardinhas em lata, a porta fechada meio à força. Quando o caminhão ganhou a rua, meu estômago deu voltas e veio parar na boca. Vomitei em um canto que por sorte se abriu naquele momento. Vários vomitaram uns sobre os outros, dadas as condições. Senti a alma saindo pela boca, e todo o meu corpo esvaziou-se. Não dava para cair porque estava prensado na posição de gado.

Passei mal a viagem toda, do Carandiru à praça João Mendes. O bondão quase não possuía ventilação devido à sua blindagem. Sempre que viajei nesse tipo de transporte, passei extremamente mal. Quem dirigia, devia ser um carcereiro do povo (aquele que se sente na missão de sacanear os presos ao máximo, julgando que assim cumpre seu dever de justiçá-los em nome do povo), porque ia a toda a velocidade e passando por todos os buracos possíveis e fazendo curvas feito Émerson Fittipaldi. Dava umas brecadas bruscas que nos jogavam uns contra os outros violentamente. Parecia aqueles carros com escapamentos para dentro em que os nazistas transportavam os judeus. Eu ainda iria sofrer muito, e muitas vezes, nas mãos daquele torturador motorizado.

Dentro do pátio da carceragem do fórum, descemos do bonde, todos com problemas para respirar e a maioria passando mal do estômago, suando frio e com alterações sérias na pressão. Passamos por um corredor de soldados apontando para nós as armas engatilhadas. Demonstravam que estavam com a maior ânsia de descarregar suas armas em nós e se continham a pulso.

Fomos posicionados em um tablado de madeira. Mandaram-nos tirar as roupas, revistaram tudo minuciosamente, rosnando e xingando, procurando um motivo mínimo que fosse para nos espancar. "Abre as pernas!" "Abaixa!" Sempre a mesma ladainha para humilhar o preso, esse desgraçado social que veste um uniforme que aceita todas as pechas e ofensas. Pior é que, fora dali, aqueles homens são honrados chefes de família, vão à missa e se dizem cristãos. É como tivessem dupla personalidade. Aliás, até hoje acho questionável o fato de se dar uma arma e autoridade a um homem, para que ele exerça essa autoridade sobre os outros. Pelo que conheço dos homens, isso fica cada vez mais questionável. É verdade que somente em tese, pois, na prática, a nossa civilização está tão viciada em ser comandada à força que, se de repente não existir tal coerção e ameaça, acabará tudo em caos e destruição.

O xadrez em que fomos colocados para aguardar a chamada do juiz era pior que um calabouço. As paredes rebocadas apenas por chapiscos, propositalmente, ficavam como farpas vivas, parecendo arame farpado. Encostar as costas na parede era ferir-se. Chão de cimento gelado e banheiro sem porta. Água só em vasilhas plásticas, e quando o PM que tomava conta da porta cismava de nos fazer essa benevolência. Desconfiávamos que o soldado cuspia na água, pela espuma que vinha em sua borda. Éramos uns setenta, oitenta presos, em um xadrez de três por três. Não dava para sentar, todos falavam e fumavam ao mesmo tempo. Aquilo sabia a inferno, sentia tontura, dor de estômago, dor de cabeça, estava virando um bagaço.

Quando os companheiros começaram a ser chamados pude sentar e respirar melhor. Estava com boas expectativas. Depois de uns tempos submerso em cárceres, só vendo presos e grades, aonde quer que fosse conduzido agora, puxa, seria maravilhoso! Iria ver gente normal, que não preso ou polícia. Isso significava muito para mim. Seria um contato com a realidade, aquilo que estava realmente acontecendo.

Não demorou muito, chamaram meu nome. Só ouvir me chamar já era uma alegria. Apresentei-me, abriram a porta, tiraram-me e já me algemaram com as mãos para trás. Respondi nome de pai e mãe quando me perguntaram. O soldado mandou que eu seguisse atrás de outro soldado e veio atrás de mim.

Sem palavras, pegamos o elevador. Havia várias pessoas ali, e todas me olhavam curiosas, como fora um bicho raro. Aquilo me agredia, com os olhos demonstrava minha aversão. Quando saímos do elevador, uma mocinha linda, que eu já havia, devidamente, despido com os olhos, comentou com um rapaz: "Como ele é novo! Parece um menino!".

Os guardas riram e se entreolharam. "Quem vê cara não vê coração", disse o guarda da frente ao de trás. Entramos em uma sala enorme. Os guardas ficaram comigo próximo à porta, até que uma moça linda (todas me pareciam lindas, maravilhosas!)

perguntou meu nome aos guardas. Eu seria atendido imediatamente.

Mandaram-me sentar em uma cadeira antiga, desconfortável. Presumi que fosse o banco dos réus. Dei uma olhada na sala, era bem bonita. Móveis velhos mas bem cuidados, lustrosos, lambris e detalhes em madeira escura. Quase não havia ninguém naquela sala, o ar-condicionado mantinha o clima agradável.

O juiz estava em uma enorme mesa velha, nobre, colocada em cima de um tablado. Olhava-me do alto. Uma escrivã bem velha começou a perguntar meus dados e datilografar em uma folha. Depois disse ao juiz que eu estava pronto a ser inquirido.

O juiz começou dizendo que eu estava enquadrado no artigo 59 do código penal e a quantia de pena prevista pelo artigo. Explicou-me que eu devia dizer a verdade, ou poderia ser processado caso mentisse. Quis saber se eu tinha advogado. Quando respondi que não, chamou um senhor de terno e cabelos grisalhos que estava ao lado. Disse que aquele seria meu advogado, nomeado por ele. O velho deu-me um sorriso maroto e piscou. Sorri em troca, qualquer migalha de consideração era muito importante.

"O senhor trabalha?", perguntou o juiz.

"Claro, Excelência!" (Já haviam me ensinado.) "Estou, atualmente, desempregado porque ainda não consegui retirar o atestado de reservista. Estava providenciando quando fui preso."

"O senhor pode provar que trabalhava?"

"Como poderia, já que não possuo carteira de trabalho?"

"Apresentando-me duas testemunhas idôneas que afirmem que o senhor trabalhava realmente."

"Isso é fácil, Excelência."

"Então dê os nomes e endereços para a escrivã."

Dei nome e endereço da tia Ercy e da tia Elsa. Sabia que não gostariam nem um pouco de serem intimadas a comparecer ao fórum. Mas me ajudariam a me livrar daquela enrascada.

235

O juiz traduziu nossa conversa para a escrivã datilografar, em seguida assinei minha declaração e já fui evacuado da sala. O corredor estava cheio de gente, todos foram abrindo caminho para que eu passasse com os policiais. Observavam-me, olhavam-me nos olhos, buscando ver a crueldade que os repórteres sensacionalistas os induziam a acreditar que existia em mim.

Quando cheguei ao xadrez, já estavam nos colocando de novo no bondão. O mesmo ritual da chegada, com o corredor de soldados rosnando. No bonde, vomitei uma água fétida, pois nada mais havia no estômago. Cheguei pálido, realmente passando mal, assim como muitos outros. Um preso-enfermeiro me deu um copo com um líquido branco, mas não melhorou muito. A cabeça latejava, doía a cada passo.

Sabia que a minha próxima audiência seria dali a dois dias, na quarta-feira, ouvira o juiz marcar com a escrivã. Cheguei ao xadrez esgotado. Caí na cama e desmaiei sem sequer tirar a roupa.

Dia seguinte, fui ao recreio e fiquei conversando com alguns malandros que conhecera em Mogi-Mirim. Quase todos estavam condenados a muitos anos de prisão. Só se ouvia falar de cinco anos para cima. Alguns já ultrapassavam cem, duzentos anos de condenação. Estavam condenados por múltiplos assaltos. Era a tortura, o pau de arara, o reconhecimento das vítimas, a caguetagem, um monte de motivos, menos a investigação policial.

A tortura era monstruosa. Cada um relatava novidades sobre isso. Um fora torturado com um pneu no pescoço, outro mostrava marcas de charutos apagados em seu corpo, dedos quebrados, unhas arrancadas, cortes, olho furado etc. Espremiam o sujeito de todas as maneiras. E o faziam porque sabiam que a vítima era um ladrão. Eles vão do criminoso ao crime e não do crime ao criminoso, como seria a lógica. A tortura era uma das poucas instituições da polícia brasileira que davam certo, pelo menos com aqueles infelizes presos pelo resto da vida.

Todo mundo sabia que a polícia torturava e barbarizava, até matava no pau de arara. Muita gente saiu já morta e amarrada num saco de estopa para ser desovada na periferia como vítima do Esquadrão da Morte. A primeira coisa que eles queriam que o ladrão informasse era onde se localizava sua residência. Ai de quem dissesse! Eles saqueavam, até sapatos e roupas levavam. Depois de apavorarem o sujeito e a família com ameaças de morte, queriam dois, três roubos. O trato era que assinariam os processos e seriam soltos, mediante o pagamento de tudo aquilo de que o preso pudesse dispor. Era um caso típico de extorsão. O sujeito se via obrigado a fazer esse acerto com a polícia. Queria sair da tortura e ir para a rua. Não importavam os processos que deixasse para trás. Além desses dois, três, apareciam indícios de outros, e os tiras nunca foram de cumprir palavra dada. Sempre queriam um pouco mais.

Os ladrões-vítimas saíam sempre depois de assinar cinco, seis processos. O que equivale a vinte, trinta anos de prisão. E os tiras soltavam porque sabiam onde poderiam encontrá-los mais tarde, para novamente tomar tudo o que tivessem e fazê-los assinar mais processos, o que lhes garantia o emprego. Era rotina.

Assim faziam com quadrilhas de cinco, seis elementos. Todos jovens, iludidos, que não roubavam profissionalmente. Arriscavam tanto, tão somente para curtir as festas, as garotas, sentirem-se vivos. Alguns matavam, até, por isso. Comprometeriam seus futuros, além de destruírem vidas por quimeras. Esses processos, aos poucos, iam entrando em pauta nas varas processantes, e os juízes expediam a ordem de prisão preventiva do sujeito. Então, quando fossem presos novamente, pronto, já era! Só iam perceber o que haviam feito com suas vidas quando começassem a receber as condenações. Era extremamente doloroso para mim ver aqueles rapazes naquela situação terrível. Eu mesmo não percebia que estava dando a maior sorte do mundo de não estar como eles. Era só um dos que assaltaram comigo ser preso, torturado, e pronto, me denunciar. Lá estaria eu, na mesma situação. E o futuro, o que me reservava o futuro? Uma incógnita. E Isabel, como estaria? Estaria com outro?

Percebi que o Carioca e seu bando me olhavam. Pensei que eles não iriam me matar para comer. Mesmo porque era ilógico: não comeriam caso me matassem. Como quem não queria nada, já fui me dirigindo para o grupo do Val. Conversava com todos ali. Fizera uma amizade rápida com o pessoal de Osasco, e eles eram bastante unidos.

Era preciso ser unido, pois o pessoal de São Paulo era enturmado por bairro ou por zona, e, às vezes, meter-se com um deles era envolver-se em guerra com muitos. Era preciso ter uma retaguarda. Os entrelaçamentos de interesses, amizade, processos e condenações em conjunto formavam autênticos bandos na Casa de Detenção.

Quando soltaram o pessoal para o recreio da tarde, fui chamado ao xadrez da faxina do andar. Ali moravam os companheiros que distribuíam a refeição e faziam faxina no andar inteiro. Era um xadrez que permanecia aberto o tempo todo. Ainda inocente e bobo, fui procurar saber o que queriam comigo.

Quando entrei, de trás de uma cortina saiu o Carioca. Os outros que andavam com ele também estavam lá e apressaram-se a cortar a minha retirada pela porta. Meu coração começou a bater forte, as pernas amoleceram. O medo como que me envolveu em densa névoa.

O Carioca afirmou que eu era menina e que ia pertencer a ele de qualquer jeito. Disse que iríamos casar ali mesmo. Rodearam-me, eu já procurava me defender, quando entraram dois funcionários no xadrez. Perguntaram que reunião era aquela. Alguém disse que era um time de futebol. O guarda mais velho não acreditou. Olhou bem dentro de meus olhos e me perguntou o que estava havendo. Respondi que era atleta do time e que receberíamos orientação do técnico, e apontei o Carioca. Os guardas desconfiaram, mas nada podiam fazer. Tocaram todos do xadrez. Aproveitei para já entrar no meu, que o guarda trancou em seguida.

Quando o Val chegou do recreio, contei-lhe o acontecido, desesperado, sem saber o que iria acontecer em seguida. Foi até o banheiro, meteu um arame no encanamento da privada e ficou cutucando. Logo enganchou um pedaço de ferro de construção com a maior ponta. Fez um cabo e me deu, dizendo que era para que eu me defendesse. Expliquei que iria embora aqueles dias, não tinha nenhum processo pendente. Era só minhas tias se declararem no dia seguinte que iria embora. Se espetasse alguém com aquilo, não sairia mais. Insistiu que eu ficasse com o ferro. Se os caras quisessem invadir o xadrez para me levar, eu poderia me defender. Bem, se era para me defender, daí sim, já peguei a arma e coloquei na cinta.

À tarde, um dos amigos do Carioca veio me intimar para que saísse do xadrez no dia seguinte. Se não saísse, eles iriam invadir para me tomar. Val mandou um amigo buscar a maior facona, com corte dos dois lados, de ferro de vitrô, larga, enorme, quase uma espada! Ficamos em pé de guerra, à espera. Estava cheio de medo, mas a coragem e a decisão do Val me incentivavam. Não podia ser covarde, quando ele, que não tinha nada com aquilo, estava tão decidido.

Dia seguinte, logo cedo, fui chamado para o fórum. Consegui me dominar e fui à carceragem me apresentar. Passei pelo bando do Carioca no pátio interno, eles me olharam e me seguiram. Quando viram que fui trancado na gaiola junto com o pessoal que ia ao fórum, afastaram-se.

Novamente a rotina massacrante da ida ao fórum. Novos vômitos, uma enorme fobia de respirar, e a cabeça latejando, doendo. Os pensamentos rolavam: o que iria me acontecer? Eles me matariam no dia seguinte? Iriam me estuprar? Mas eu era tão jovem, seria solto logo, livre, sem nenhum processo para me segurar... Meu Deus, que angústia enorme vivi naqueles momentos! Nada pagava aquilo. Um século de crimes não paga alguns instantes em que o preso mergulha no desespero de ser obrigado a conviver com presos. Não há para onde correr e não dá para ficar. É o célebre ditado: "Se correr o bicho pega, se ficar o bicho come". A prisão enorme, com milhares de presos, de repente, fica pequena, não há um buraco que esconda.

No fórum, após o ritual de depreciação, humilhação, sou conduzido à mesma sala aonde já fora. Sentei-me em um sofá, sob o comando do soldado, que não tirava a mão do cabo do revólver, ostensivamente demonstrando-se disposto a atirar à menor suspeita.

Estava havendo uma audiência, a anterior à minha. Minha tia Ercy estava sentada em uma poltrona e se aproximava com os olhos, perguntando-me por quê. Chamo-a mais perto com gestos. Antes que o guarda reclame, dou a ela as coordenadas. Que dissesse que eu sempre trabalhara, desde criança. Entende e se afasta espertamente quando o guarda já lhe dirigia um gesto para adverti-la. Saiu da sala e foi avisar tia Elsa do recado. A tia era amiga mesmo. Jamais me censurara e sempre procurara compreender e dar um desconto.

Logo em seguida, fui chamado e colocado na cadeira desconfortável do réu. Chamaram tia Elsa. Bonitona, como sempre, entrou, olhou-me com ar de censura, empertigada. O juiz a qualificou e perguntou se me conhecia. Respondeu secamente que sim. Perguntada sobre se sabia se eu trabalhava, disse que não podia saber porque não morava comigo. Mas que sabia que eu já trabalhara de fato. O juiz colocou tudo em linguagem jurídica para a escrivã. Ela assinou sua declaração e saiu sem me dirigir o olhar. Pronto, acabara de perder uma tia, mas, acho, ganhara a liberdade.

Tia Ercy foi a próxima. Respondeu exatamente o que eu pedira. Que eu trabalhava sim e que sabia disso porque desde pequeno eu ajudava minha mãe a limpar sua casa. Assinou, dirigiu-me um sorriso encorajador e saiu. Grande tia!

O juiz ditou para a escrivã que, pelas declarações das testemunhas, ele concluíra que eu não era vagabundo. Levado por isso, concedia-me o alvará de soltura. Condicionado a que eu me empregasse em trinta dias. Caso contrário, poderia ser preso novamente por vadiagem até ser condenado.

Quando ouvi falar em alvará de soltura, meu coração saltou do peito. No momento em que a escrivã dava as declarações das testemunhas para que assinasse, minhas mãos tremiam. Perguntei a ela quando iria embora. Respondeu-me que naquele dia mesmo, e me sorriu. Senti verdadeira paixão por aquela mulher velha e feia! Ela me declamara poesia, aquilo era tudo o que eu queria ouvir. Pronto, de imediato, todos os meus problemas estavam resolvidos. Ninguém iria me ferir ou matar mais! Eles ficariam com a cadeia toda para eles, eu seria libertado!

A felicidade estampou-se em meu rosto, tratei até os soldados como convidados à minha festa pessoal. Daria boa-noite a poste, porta, qualquer coisa! Maior alegria impossível! Eu iria embora! Era incrível, justamente quando eu mais precisava sair. Era demais para meu coração. Nem senti ânsia de vômito ou qualquer mal-estar na volta. Desci do bonde rapidamente, queria ir embora logo, ver a noite novamente, ô que prazer! Os que têm a noite não sabem que valor ela possui...

Já era noite quando cheguei ao xadrez. Havia percorrido o xadrez de todos os que conhecia, despedindo-me. Senti o maior constrangimento em estar vivendo tremenda alegria, e eles ali, com aquelas caras de tristeza, até inveja. No xadrez, festejei com o Val, mas até ele ficou caído com a novidade. Esforçou-se por demonstrar alguma alegria, mas também ele queria ir embora, e a minha ida o privava de um amigo. Já conhecia esse sentimento.

E logo começa a tortura. Fico esperando que venham me buscar para ir embora daquele inferno, e demora. Perco a paciência e começo a pensar que me enganaram. O Val diz que é cedo ainda, demora mais um pouco. Então, de repente, no alto-falante toca "Amada amante". Isabel vem à mente com a velocidade da luz, impregnando-me de emoções fortíssimas. Que estaria fazendo àquela hora? Vou surpreendê-la, aparecer em sua frente quando menos esperar. Lembrei minha mãe, decidi: iria vê-la primeiro que tudo. Ela merecia mais, seria um doce passeio até em casa.

De repente, alguém chamou meu nome na porta. Fiquei radiante! Despedi-me de todos e fui saindo, apressado. Levaram-me à carceragem, perguntaram todos os meus dados, conferiram a foto, e uma escolta me conduziu ao pavilhão 2. Fizeram nova conferência nos dados e me deram minhas roupas já lavadas e passadas. Vesti-as, sentindo o tecido fino no corpo, um gosto de liberdade me subiu pela garganta. Fui para a portaria com um funcionário. Nova conferência, o portão enorme de ferro se abriu. Saí e nem olhei para trás, fui me perdendo na noite estrelada, louco de alegria e felicidade. Não havia felicidade maior do que estar livre. O Carioca que ficasse com a cadeia para ele. Eu não o esqueceria, fazia questão de lembrar. As pedras rolam e, de repente, se reencontram. Na próxima há que ser minha vez, pensei.

16

O Val havia me dado uns trocados para pegar condução. Parei no primeiro bar que vi e tomei tudo em pinga. Senti queimar a garganta e o peito, os olhos lagrimejarem. Iria a pé até a casa de minha mãe. Não tinha pressa. A noite me inebriava, meu coração abria-se ao mundo, comunicando a alegria selvagem de estar novamente naquelas calçadas. Aqueles carros, aquelas luzes, tudo era tão mais bonito...

Cada coisa tinha um valor diferente para mim, cada detalhe era muito importante. Sair da prisão era meio louco. Como se houvéssemos sido sufocados com um travesseiro, e quando a agonia da morte chegasse, retirassem o travesseiro. Tudo ficava vermelho e superiluminado, quase em um nível insuportável. Uma sensação de bom e belo, todo o tempo, bem dentro da gente. É o mundo que nos aparece de repente, nos enlouquecendo de alegria, de tanta alegria.

Andei, andei, olhando, bebendo o mundo todo a sorvos profundos, parando, dando voltas de trezentos e sessenta graus, apreciando...

Eram quase quatro horas da manhã quando cheguei à casa de minha mãe. Olhei no relógio que haviam me devolvido à saída. Meu pai sairia para trabalhar às cinco. Esperei, sentado em um muro da casa da frente, que ele saísse para que eu entrasse. Não queria discutir nem brigar, queria só ver minha mãe.

O dia amanhecia, e eu recebia sua luminosidade em cheio.

Todas as maravilhas da existência faziam uma apresentação muito particular. Como previra, lá estava seu Luiz saindo para o trabalho. Envelhecera, andava mais encurvado. Senti até uma ternura, um longo carinho por ele. Eu sempre gostei dele, ele jamais compreendeu, muito menos eu. Era uma confusão.

Voltou a vontade de morar com eles, ir trabalhar, e não era só pelo medo de ser preso novamente. Jamais, em qualquer outra circunstância ou tiroteio com a polícia, pensei que poderia ser pego novamente. Acredito que se soubesse que poderia ser pego uma vez sequer, não roubaria nunca mais. Era meio louco isso. Talvez infantil, pois criança é que julga jamais ser pega em suas traquinagens.

Minha mãe já se preparava para dormir novamente, quando bati na janela. Reconheceu minha voz, correu a abrir a porta, me abraçar e beijar. Aquilo me emocionou muito, mas não era como antes. Notei que o carinho físico era impossível. Ela estava longe, bastante defendida em seu sentimento. Como sempre, já foi esquentando café e pondo a mesa para que eu comesse. Mãe quer ver filho comendo, só isso lhe dá a certeza de existência, saúde e vida. Adorei esse gesto espontâneo dela.

Amava aquela pequena mulher. Não dava para expressá-lo, a intimidade fora quebrada entre nós. Éramos apenas mãe e filho. Ela sofrera demais por minha causa e começava a amortecer seu coração para não sofrer mais tanto. Meu pai não me queria mais em casa, mas enquanto ele não estivesse ali, eu seria bem-vindo. Deitei na minha cama de armar e dormi em paz.

Às onze horas da manhã, dona Eida me acordou. Meu pai estava para chegar. Tomei um banho, vesti um conjunto Lee limpinho, dei-lhe um beijo e fui saindo. Desci à Cinco Esquinas à procura de Joy. Encontrei o Dinho, que já havia roubado conosco. O Joy, Tonhão e o Alemão estavam sendo superprocurados pela polícia. Dormiam em uma casa abandonada na Vila Medeiros. Fomos até lá.

Soube que o Joy havia baleado um sargento e um soldado, e por isso estava sendo caçado vivo ou morto. Haviam ocorrido vários tiroteios com a polícia, policiais enxameavam na

Vila atrás do Joy e sua quadrilha. Era uma caçada humana, eles saíam no jornal todos os dias.

Encontrei-o tranquilo. Afirmava que agora só seria preso em flagrante ou morto. Sabia que se o pegassem e levassem para o DEIC, iria passar por uma tortura que não teria mais fim.

Contei-lhe o que vira na Casa de Detenção. Muitos conhecidos nossos do juizado de menores, condenados a mais de cem anos de prisão. Ele estava ciente de que, provavelmente, se fosse preso, a situação dele ficaria bem pior. Já haviam, inclusive, cometido latrocínios, e a polícia desconfiava que a autoria dos crimes fora deles; haviam acontecido na região. Isso era segredo de Estado, e eles não quiseram entrar em detalhes. Nunca é bom saber de menos, mas de mais, pior ainda.

Estavam sem piloto novamente. Conhecia um bom volante na cidade. Pediam, quase imploravam, que eu fosse procurá-lo e o trouxesse. Pedi uma arma emprestada. Sentia-me mais seguro com uma arma. Deram-me um revólver Ina, calibre 32, todo niquelado, e algum dinheiro também. Minha missão seria encontrar um piloto. O Vicentinho pilotava bem até demais, mas estava meio acovardado, assinara uns processos por assalto e fora barbaramente torturado. Estava batendo carteiras atualmente. Saí em seu encalço.

Já na cidade, encaminhei-me para o hotel-pensão em que vivera com Isabel. O rapaz da portaria disse-me que ela aprontara a maior confusão com o dono do hotel e se mudara. Não sabia para onde. Tudo o que era meu estava com ela: roupas, relógios (eu tinha uma coleção, em todo assalto eu levava o relógio de todas as vítimas), algumas peças de ouro, um revólver etc.

Fui ao apartamento de Ângela. Ela estava casada com um outro malandro, meu conhecido. Suas notícias eram de arrepiar o corpo todo. O Marcelo havia dormido com Isabel. Foram vistos em lugares que frequentáramos, na maior intimidade. Ela soube, positivamente, que eles haviam dormido juntos várias vezes.

Aquilo me queimou por dentro. O sangue subiu na cabeça,

244

a dor foi aguda, se alastrou pela minha mente já conturbada. Julguei-o de imediato e o condenei à morte. Ia morrer, eu o mataria como a um cão danado. Já havia feito quase o mesmo com ele, mas não conseguia admitir que o fizesse comigo. Comigo não!

E Isabel? Incrível, mas a ela compreendia e perdoara instantaneamente. Havia sempre o desconto de que ela era doente. Não regulava bem da cabeça. Mas o sujeito, esse abusara de minha amizade e da loucura dela. Devia estar desesperada, e ele se aproveitara disso.

Ângela percebeu o impacto da notícia, ofereceu-me uma bebida. Quis saber como eu saíra da Detenção e deu-me uma quantia em dinheiro, para que eu pudesse recomeçar. Deixou claro que, mesmo casada, estaria à minha disposição. Achava interessante e até lisonjeiro que aquela garota, tão bonita e gostosa, sempre me quisesse, a mim que tão pouco concedia a ela. E olha que ela era disputada por vários malandros de linha, eu não compreendia o que via em mim.

Saí às ruas à procura de Marcelo e do Vicentinho. A Isabel, eu saberia onde encontrar à noite. Andei, andei, corri de táxi para cima e para baixo na cidade e não encontrei ninguém. Quando deram oito horas da noite, entrei no bar da Ponta da Praia, como era conhecido, ali em frente ao Buraco do Ademar, no Anhangabaú. Fora procurar Isabel, sabia que a encontraria ali.

Logo de entrada avistei Marcelo em uma roda de malandros e mulheres. Entrei rachando. O bar estava lotado de gente, e eu invadi a roda de arma na mão e a enfiei na cara de Marcelo. Ficou branco, percebeu que eu queria matá-lo e sabia por quê. Os outros correram, as mulheres gritaram, alguns se atropelaram na saída do bar. Olhei-o bem dentro dos olhos, dentro de seu pavor, e dei no gatilho. A arma falhou, ia acioná-la novamente, mas algo, em seu terror, fez com que eu parasse. Já não queria mais matá-lo. Percebi que não o odiava tanto, que tudo fora apenas um impulso. Mas já sacara e não podia fazer comédia, teria de acionar o gatilho para que os outros não me desacreditassem. Nisso, percebo um vulto que vem correndo como um bólido, para nós. No bar, todos estão com a respiração suspensa, até eu. Isabel cai no banco do bar que me separa do Marcelo, gritando: "Não o mate, pai, não o mate, pelo amor de Deus! Ele não tem culpa, você estava preso, eu o seduzi!", diz, olhando-me nos olhos e colocando-se na frente da arma.

Só então percebi o que estava fazendo. Aquele era um bar no centro da cidade, cheio de testemunhas que me olhavam, angustiadas, e eu prestes a matar alguém. Loucura! Era pedir para ser preso, voltar à Detenção em flagrante de homicídio, e eu saíra ontem... como podia ser tão estúpido? A tensão era geral. Desengatilhei a arma, nem olhei para Marcelo, e saí do bar, ameaçando quem viesse atrás. Isabel saiu comigo.

Estava atravessando a avenida São João, agora já mais assustado, pensando se algum policial à paisana havia visto a cena que fizera... quando olho para trás, e percebo Marcelo e o negrão Beto vindo atrás de nós. Saquei a arma e dei no gatilho, apontando para eles, até acabarem as balas. Isabel atravessou a rua, eu corri. Na rua Líbero Badaró, em frente ao Banco do Brasil, apanhamos um táxi. Passamos em frente ao bar, e pude ver uma meia dúzia de PMs de revólveres na mão, andando, procurando alguém.

Atravessamos a cidade. Isabel orientava o motorista. Paramos na antiga rodoviária, onde ela disse que estava me levando para casa. Não conversara ainda com ela. Não queria explicações que magoassem mais ainda. Meu coração parecia cabrito montês, aos saltos.

Na Estação Sorocabana, apanhamos um trem que se dirigia para Osasco e região. Disse-me que alugara um quarto na casa de um amigo em Barueri, para onde me levava. Tudo o que era meu estava lá, inclusive meu revólver. Ela estava linda. Emagrecera, ficara mais delineada, com a silhueta deliciosamente desenhada. Tentava me beijar, buscava acariciar sofregamente, com uma ânsia que me parecia demasiada. Repeli-a secamente. Quis saber quando eu saíra da prisão. Eu não falava, apenas ouvia. Pensei muito, adorava aquela garota, mas não podia facilitar nem um pouco. Tentou me explicar que não fora me visitar porque não possuía documentos. Perdera em uma bebedeira e estava providenciando a segunda via. Era demorado, abriu a bolsa e me mostrou o canhoto do setor de documentações do DEIC. Pouco me importava.

Pensava como era o "amigo" que lhe alugara o quarto, não seria, por acaso, um amante? Mas eu já estava calmo, fazia charme. Tentou explicar que não fora para a cama com Marcelo, apenas saíra para roubar com ele. Mas se eu tivesse dúvidas, após a reação de culpado dele quando o enquadrei, já não era possível sustentá-las. Seus olhos me diziam o quanto temia aquele momento. Interrompi-a e exigi silêncio. Não assumia, mas estava começando a ser seduzido novamente.

Quando chegamos à casa, explicou-me que Oscar era um amigo de infância. Perdera recente a mãe e morava sozinho desde então, até que ela alugara o quarto que fora da mãe dele. Era uma casa velha, mas ainda bem resistente, pintada por dentro e por fora de azul. Ela tinha a chave, mas a porta estava aberta. O tal de Oscar assistia TV. Era um mulato claro com sorriso largo e franco. De imediato gostei do rapaz e já confiei. Quando Isabel disse que eu era o Luizinho, o sujeito quis me abraçar. Disse que Isabel falava tanto em mim, que ele não via a hora de me conhecer pessoalmente. Parecia que Isabel andara falando de mim como um assaltante perigoso, aumentando, fantasiando.

Eu estava com certa quantia em dinheiro que me fora dada por Ângela. A situação da casa estava caída. Dei algum dinheiro ao rapaz e lhe pedi que abastecesse a despensa e nos deixasse a sós por umas horas. Ele sabia para quê, sorriu malicioso e saiu.

Isabel foi ao quarto e voltou só de baby-doll, e com o meu .38 Taurus, cano longo e reforçado, nas mãos. Disse que quase o vendera. Explicou que brigara com a dona do hotel por causa de pagamento atrasado, fora obrigada a sair e, no momento, não tivera outra alternativa senão vir morar ali. Dava graças a Deus por encontrar aquele quarto. Nunca mais se prostituíra, e o dinheiro que arrumava em algum show em boate era pouco. Vendera meus relógios e as peças de ouro maiores. De valor só ficara o revólver mesmo.

Oscar passava umas bolsinhas de maconha para ela. Comprava a granel na Brasilândia, e ele vendia a varejo na cidade. Estavam vivendo disso. Fomos para a cama, e não foi tão bom como antes, apesar da fome dela que eu estava. Não conseguia esquecer que ela estivera com Marcelo. Já não havia mais aquela voracidade, apenas um certo sadismo. Pensei que aquilo melhoraria com o tempo.

Oscar chegou, já havíamos tomado banho, e Isabel estava na cozinha enquanto eu assistia TV, na sala. Enrolou um baseado, já me apoderei de toda a droga do rapaz, era para tráfico, mas eu queria era fumar tudo.

De repente, virei-me para o rapaz, que me olhava mexer com as armas, e de chofre perguntei-lhe se havia transado com Isabel. Foi muito sincero. Disse que quando a reencontrara, depois de muitos anos sem vê-la, trouxera-a para casa para transar. Ela contara de mim, que queria alugar o quarto enquanto seu homem estava preso e que o aguardava sair, sabia que sairia logo. Então não acontecera nada. Na hora meus nervos se crisparam, e o sangue veio à cabeça. Quando ergui as armas, ele se assustou: estava mentindo.

Levantei, fui até a cozinha e fiquei observando-a preparar a comida. Serviu-me. Ao perceber minha cara amarrada, imaginou o que acontecera. Encostou seu corpo no meu, olhou-me fundo nos olhos, beijou meu rosto e pediu que a perdoasse por tudo de errado que fizera enquanto eu estava preso.

Beijou-me novamente e disse que enlouquecera. Perdera o controle, começara a beber e não sabia ao certo o que fizera de errado. Viver sem mim, dizia, fazia com que não conseguisse mais se controlar. Sentia minha falta, desesperava-se, nem tinha mais vontade de viver. Daí danava a beber para esquecer e então piorava, pois lembrava os porres que tomávamos juntos, do amor louco que fazíamos...

Cheia de tristeza, encostou a cabeça em meu peito e chorou muito, pedindo que jamais a deixasse só e que a perdoasse. Sua infelicidade me comoveu, aquilo era verdadeiro, eu a compreendia, por mais que doesse, eu sabia o que era aquela ânsia, aquela angústia de que ela falava. O vazio. Estava perdoada, jamais passara pela minha cabeça minha vida sem ela.

Que sentido tinha minha vida? O que eu julgava meu objetivo? Apenas ter um teto, armas, bastante dinheiro, uma mulher gostosa para transar e mais nada. Os objetivos de minha vida eram pequenos, e eu sabia disso. Todo mundo que eu conhecia era assim. Todos queriam ser ricos, só que eu só queria o dinheiro de gastar, futuro, eu não via. Ainda não conhecia gente realmente boa, fora minha mãe e tia Ercy. Todos eram egoístas, ambiciosos, eu que não tomasse conta de mim para ver o que acontecia.

Abracei-a e ficamos chorando juntos, baixinho para Oscar não perceber. Ali senti a miséria de minha existência, lambuzando meu rosto. Alisei seu cabelo, mas queria consolar a mim mesmo, era de mim que estava com pena. Jantamos em silencioso constrangimento.

Voltei à cidade em busca do Vicentinho. Estava já sem um tostão, disposto a tudo. Encontrei-o, por sorte, na Bela Vista. Ele estava mesmo precisando arrumar uma quadrilha, estava duro e necessitava pagar o aluguel da casa onde morava com a esposa grávida.

Levei-o à Vila. Procuramos o Joy boa parte do dia, e só fomos encontrá-lo após o almoço. Combinamos que iríamos fazer uma limpeza em Guarulhos. Assaltaríamos tudo o que houvesse para ser assaltado por lá. De bar a posto de gasolina, passando por farmácia, padaria, mercado, o que aparecesse.

Saímos, eu, Alemão e Dinho, para arrumarmos um carro tomando o motorista de assalto. De táxi, nos dirigimos ao Jardim São Paulo. Ali existiam sempre carros bons, a pequena burguesia escolhera o bairro para morar.

Andamos bastante, procurando um carro que o Alemão aprovasse, até que passamos por um Opala estacionado com duas mulheres no banco de trás. Fomos à esquina e logo vol-

249

tamos para invadir o carro e tomá-lo. Eu já havia bebido uns três conhaques, estava supermotivado, enfrentando o medo com a maior coragem. Quando chegamos ao carro, já havia quatro mulheres, e já estavam ligando o motor para partir. Já que estávamos ali, decidimos ir em frente. Meti a mão na maçaneta da porta da motorista, abri a porta e encostei-lhe o revólver. Dei voz de assalto e me apossei, de imediato, das chaves do carro.

O Vicente estava a meu lado, o Dinho na outra porta do carro, tentando abrir. Estava travada por dentro. A mulher que eu enquadrava pareceu ter uma reação estudada. Esticou-se no banco, danou a espernear e gritar. Comecei a puxá-la pelas pernas e quando vi sua cara feia, vendo a situação fugir do controle, dei com a coronha do revólver em sua testa. A intenção era dar--lhe um choque para que ela percebesse a seriedade daquilo tudo. E consegui. Ia dominar a situação, a mulher já saía do carro.

Olhei para o lado e, de repente, me vi sozinho. Os companheiros já estavam correndo, e um povo do bar em frente avançava. Larguei a mulher e danei a correr feito louco. Atravessei várias ruas, subi e desci na maior velocidade que possuía. Quando parecia que conseguiria escapar, avisto o Dinho.

Disse-me que havia uma caminhonete e um carro atrás de nós. Ele já perdera a arma, correndo. Nisso, a tal caminhonete, cheia de gente, vira a esquina. O pessoal nos aponta, e eles vêm em cima de nós com tudo, feito índios uivando. Saquei o .38 disposto a tudo para não ser preso. Descarreguei o revólver na direção deles.

Pulamos um muro, caímos em uma plantação de mandioca. Saímos levando os pés de mandioca no peito. Pulamos mais alguns muros, caímos em quintais, corremos de cães raivosos. Carreguei a arma novamente, as mãos tremiam, era difícil controlá-las para colocar as balas no tambor.

O pessoal da caminhonete ainda em nosso encalço, nos procurando pelos quintais das casas. Me avistaram, descarreguei a arma novamente em cima deles, consegui um espaço e corri pulando muros, quintais. Descarreguei também o .32 nos perseguidores, já estava morto de cansaço, a língua de fora. Acabaram as balas, joguei as armas num córrego. Provavelmente seria preso, mas não seria preso com as armas, imaginei haver ferido vários dos perseguidores de tanto tiro que dera para cima deles. Ainda ia lutar até onde tivesse forças, mas as armas, eles não achariam. Eu era um feixe de nervos, só via as grades das janelas da Detenção em minha frente. Meu Deus! Se me pegassem era flagrante de assalto, ia dar uns cinco anos de prisão! Não, não, ia escapar!

Pulei uma ribanceira, caí próximo a um muro alto de uma casa, ganhei o muro feito um gato e subi para cima do telhado. De telhado em telhado, me esfolando todo em quedas bruscas, de muro em muro, correndo de cães e gente, ia vendendo caro a captura. Mas o cerco apertou.

Me escondi um pouco em um telhado, e quando julguei que houvessem perdido a pista, desci, quebrando várias telhas. Quando ganhei a rua e pensei em encontrar um esconderijo melhor, escuto o famoso "Olha ele ali! Pega ladrão, pega...". Apavoro-me e volto a correr, mas já estou sem gás, há umas duas horas em fuga desesperada.

De um bar, saem vários pinguços e me cercam. Cansado, tropeço na calçada e caio. Chovem pontapés, até tijolos. Tento levantar, mas me derrubam e chutam. Vieram pauladas, e, de repente, me vi fechado por gente me batendo. Espremiam-se para poder me atingir. Era um linchamento. Nada sentia, pelo excitamento e cansaço. Senti que ia morrer nas mãos daquela gente.

Ouvi uma sirene da polícia. Tiros. Dois soldados abriram caminho atirando para o alto, até chegarem a mim e me tomarem da multidão. Algemaram-me e colocaram na perua. Chegaram outros carros de polícia, que garantiram minha segurança. Dinho estava dentro de um deles, todo esfolado. O Alemão se fora.

Os PMs comentavam que se não chegassem a tempo, nem precisavam ter trabalho comigo. O povo teria me finalizado. Havia até quem reprovasse os que não deixavam o povo matar ladrão. Assistia àquilo tudo como fosse um filme, não parecia real, no entanto, doía e sangrava.

Na entrada da delegacia, muitos populares correram para ver os assaltantes apanhados. Tentavam nos agredir, os tiras saíram dali dando socos, pontapés, coronhadas. Dinho estava com melhor aparência, minha cabeça parecia rachada em vários lugares, e o sangue me sujara todo, dando-me uma aparência de muito ferido.

Tomaram-me os dados. Dei outro nome e idade de dezesseis anos. Não queria voltar para a Casa de Detenção de modo nenhum. Se desse certo, iria para o RPM e de lá inventaria uma moda para fugir, eu era um assaltante perigoso, agora. Quando descobrissem, já teria passado o flagrante, as vinte e quatro horas, e não poderia mais ser autuado, não iria para a Detenção.

Os tiras me levaram para uma sala no andar superior. Amarraram os fios de uma máquina de choques nos dedos de minha mão e começaram a girar a manivela. Gritei, fiz o maior escândalo, como aquilo nunca houvesse acontecido comigo e fosse a maior tortura.

Queriam que eu contasse mais assaltos que praticara. Dizia que era punguista e que só saíra com os caras para fazer aquele assalto para curtir, nos divertir com o carro. Estávamos bêbados, saindo de uma festa, e nem sabíamos direito o que fazíamos. Enfiaram a madeira em minhas costas, deram bolos em minhas mãos e em meus pés. Queriam saber quem era o outro que fugira e onde encontrá-lo. Pareciam acreditar em mim, então prossegui inventando cada vez mais.

Levei-os a um hotel no Brás, que era o maior entra e sai de prostitutas com clientes. O porteiro estava na entrada, chamaram-no até o carro. Precipitei-me em falar com ele, como se o conhecesse de fato. Perguntei se o João já voltara. "Que João?", perguntou ele. O João, aquele que viera comigo para o hotel na noite passada, junto com a Beth e a Sônia. Tentei jogar forte em cima do sujeito, confundi-lo ou fazer com que entendesse minha mentira. Consegui!

Não sei se por medo de a polícia invadir o hotel, entrou no jogo dizendo lembrar-se de mim e do João sim. Os tiras entraram de sola, tentando pressionar o sujeito, muito espertos. Queriam saber onde estava o João. O porteiro, fazendo sua parte naquela comédia, escorregou igual quiabo das mãos dos tiras. Afirmou que ele não aparecera. Mas se quiséssemos mesmo, era só deixar o número do telefone da delegacia que ele telefonaria assim que o João aparecesse. Passaram-lhe o número do telefone e zarpamos. Estavam confiantes em mim, certos que eu havia falado a verdade, e eu aliviado, escapara do pau de arara! Como eram idiotas, tudo fora criado na hora, e eles nem desconfiaram...

Colocaram-me no xadrez da carceragem da delegacia e levaram o Dinho. Ouvi seus gritos, doeu mais do que se eu mesmo estivesse apanhando, ao mesmo tempo que, confuso, dava graças a Deus por não ser eu. A cada berro que ele dava, parecia que se esticavam cordas do meu corpo. Não demorou muito, voltaram com o Dinho carregado.

Ele não podia dar idade de menor de dezoito porque já era um homem. Então apanhara como um homem, com pau de arara e tudo. Ele era firme, eu estava tranquilo. Massagens e exercícios, era disso que ele precisava. Após a tortura no pau de arara, se a vítima parar e se entregar ao sono que sobrevém, é perigoso acordar entrevada e com tudo travado: ossos, nervos e músculos. Com massagens e exercícios, por mais que doa ou custe suportá-los, a recuperação é automática. Ciência de sobreviventes.

Esperamos que viessem nos buscar para nos autuar em flagrante. Veio a noite, e nada. Estava frio, ficamos pulando e andando no xadrez a noite toda. Durante o dia seguinte, aguardamos que nos alimentassem e viessem nos buscar. Nada. Rezamos para que nos esquecessem.

Passaram-se as vinte e quatro horas do flagrante, e senti alívio enorme. Não iria para a Casa de Detenção nem para o RPM, graças a Deus! Veio a noite, e ninguém apareceu, nem para ver se estávamos vivos ou mortos.

A fome e o frio começaram a nos preocupar. Passaram-se os dias e as noites sem que ninguém se lembrasse de nós. Três dias depois, veio o carcereiro para ver se estávamos vivos. Pedimos comida. Respondeu que, naquela delegacia, ladrão não comia, e saiu batendo o portão de ferro da carceragem.

Bem, aquele era um bom prenúncio. Se não alimentam, então soltam logo. Estariam apenas nos sacaneando com a fome e logo nos colocariam nas ruas. Era isso. Minha preocupação maior era com Isabel. Deixara-a sem dinheiro em casa e com Oscar por lá. O ciúme me corroía. O Dinho já estivera preso na Detenção e na Penitenciária. Contava barbaridades de lá, e eu o ouvia atentamente, enfeitiçado por suas histórias. Não concebia como um homem podia ficar anos em um lugar como aquele. Eu enlouqueceria ou morreria de tristeza e tédio, pensava. No quinto dia de fome obrigatória, já não estava mais conseguindo andar direito, e o frio me fazia gemer. Estava ainda todo machucado, os ossos e a cabeça doíam muito.

Apareceu um homem de terno e gravata dizendo que era advogado, na carceragem. Caí na besteira de contar a ele que era maior de idade, para que entrasse com habeas corpus para nós, e dei meu nome verdadeiro.

Mais tarde, o carcereiro veio nos dizer que o sujeito fora contar ao delegado o que eu dissera. O delegado estava puto da vida conosco, por isso iríamos ficar mais uns dias de castigo, sem comer. O Dinho subia na grade e urrava de fome. Xingava, gritava, entrou em paranoia.

No nono dia de fome, Dinho molhou metade de um rolo de papel higiênico, e se pôs a comê-lo. Não me deixou alternativas: molhei a outra metade, embolei e comecei a comer. O gosto era horrível, inenarrável.

Os dentes doíam, estavam ficando moles. Já não conseguia enxergar direito, a fome nos fazia chorar, desesperados. Começamos a pensar que queriam nos matar de fome. Não conseguíamos nos mover muito, nos arrastávamos pelo xadrez. Não conseguíamos mais conversar, ficávamos jogados pelos cantos, dormindo ou sonolentos. A cabeça estava toda embaralhada, com pensamentos sobre Deus e outras coisas jamais pensadas. Loucura completa.

No décimo dia, o carcereiro apareceu com uma dessas latas de dezoito litros de óleo, cheia até a metade de macarrão. De longe já cheirava azedo. Derrubamos a lata no chão, pois ficou para fora da grade, e, como animais, devoramos até o último fio de macarrão, qual fosse a comida mais gostosa do mundo! Dinho chegou a esfregar a gordura do chão com a mão e lambê-la, ensandecido.

A barriga ficou cheia, que maravilha! Logo em seguida começamos a passar mal, com dores horríveis de barriga e diarreias intermináveis. O corpo doía, estávamos envenenados pela comida estragada. Mas era melhor que a fome negra que havíamos vivido.

Dia seguinte, o carcereiro veio com um bule de café com leite e duas bengalas de pão enormes. Foi o manjar dos deuses! Eu sonhara com aquilo todos aqueles dias. No almoço dois pratos prontos do bar em frente à delegacia. Devoramos.

Passamos mais dois dias ali, sendo alimentados e fortalecidos. Até que, numa tarde, a carceragem encheu de tiras. Fomos tirados do xadrez e algemados. Havíamos tomado banho de torneira, lavado nossa roupa, estávamos prontos para ir para a rua. Dois tiras que se disseram do DEIC, se apossaram de nós e nos colocaram em um Volks. Eu conhecia um deles, ele também me conhecia, e como punguista.

Já na perua, chamei o tira pelo nome. Olhou-me, senti que havia me reconhecido de fato mas não sabia de onde. Perguntei se ele tinha visto a Ângela ou o Marcelo, recente. Percebi que, de imediato, localizou de onde me conhecia. Aquele tira era a cobertura do advogado, dono dos apartamentos alugados para ladrões e prostitutas. Desconfiava até que andava transando com a Ângela. Eu o havia visto saindo do apartamento deles uma vez, em ocasião que a encontrei só em casa. Conhecendo a Ângela como conhecia, sabia que tudo era possível.

Estivera em duas ocasiões em que ele fora buscar o dinheiro do aluguel com eles, no apartamento. E ele sabia que eu o conhecia e sabia quem era ele. Um dos motivos que estavam evitando que fosse ao apartamento da Ângela era haver visto esse policial por lá. Eu não era mais punguista, era bandido assaltante, a minha relação com a polícia agora era na bala. E uma mulher do submundo do crime que tem relações com a polícia é logo suspeita de estar sendo usada como informante.

Expliquei a ele que eu e Dinho éramos punguistas. Que o João que fugira era quem estava armado, e a mesma história: estávamos bêbados e tomávamos o carro para passear. Como ele já sabia que eu era mesmo batedor de carteiras, e que roubava com alguns dos melhores do centro de São Paulo, confirmou ao seu parceiro que me conhecia. Perguntou como eu entrara naquela roubada. Só não tínhamos sido autuados em flagrante porque a vítima fora ferida no rosto, havia ido direto para o hospital e não voltara à delegacia. Loucura, expliquei. Bebida demais, passáramos a noite na gandaia e, de repente, cansados, curtir o carro parecera algo legal de fazer.

No carro mesmo já tratamos de um acerto financeiro para que fôssemos libertados. O Dinho sairia, estava em melhores condições financeiras que eu, além de ser casado e ter filhos. Eu ficaria. Ele traria uma certa quantia em dinheiro no dia seguinte, então eu seria solto. Eu era refém da polícia, e só mediante resgate me soltariam. De ladrão a vítima, triste destino...

Dinho desceu do carro logo depois e se foi. Fui conduzido à carceragem, fiz a ficha de entrada, e colocaram-me no xadrez correcional. Conhecia muita gente no xadrez. Vários mogianos e o Nenão, um homem de cor, enorme, lá da Vila, que já estivera preso doze anos. Ouvira falar muito dele lá no bairro, mas não o conhecia pessoalmente. Ele também ouvira falar a meu respeito. À tarde, fomos conduzidos, como gado, dentro de um bondão apertado, ao presídio da avenida Tiradentes. Fui colocado no xadrez para menores de vinte e um anos.

Jcãozinho, que eu conhecera na minha passagem anterior ali, estava lá, novamente, assinando mais um monte de processos por assaltos. Conhecia vários no xadrez, era minha geração que começava a prevalecer nas prisões.

Comi como um cavalo os doze dias que ali permaneci. As conversas eram sempre as mesmas: a polícia matara fulano, beltrano; sicrano fora para a cadeia; outro casara lá na prisão; ainda outro caguetara; alguém matara alguém. Nada mudara.

Os tiras não me requisitaram, após os dois dias. Deduzi que o Dinho não viera. Aquilo fora uma tremenda traição, o que iria acontecer agora? Decerto os tiras iriam me dar um mofo e depois iriam me procurar para um acerto.

De repente, a notícia explodiu em minha cara. O Joy, Tonhão e o Alemão estavam presos. Aquilo me abalou profundamente. Fiquei supercondoído do Joy. Sabia que ele iria apanhar e ser torturado barbaramente. Os tiras iriam espremê-lo. Havia tempos que o caçavam vivo ou morto. Deviam estar num ódio e numa sede de arrancar-lhe a pele, que dava dó dele só de pensar.

Um novo delegado assumira a delegacia onde eles se encontravam. Pelo que estava vendo, o sujeito era um carniceiro, um carrasco. Quase todos os companheiros que eram requisitados por essa delegacia voltavam carregados. Queimados de charutos, choque elétrico, e malhados de borracha e pau. Haviam introduzido mais tecnologia na tortura. Era o tal do pianinho. Uma caixa preta com tomada ligada à corrente elétrica de duzentos e vinte volts da parede. Possuía várias teclas (por isso pianinho) que alternavam a intensidade dos choques. Eles podiam levar a vítima ao ápice do choque, e depois trazê-la de volta, graduando. Não havia quem segurasse a dor que causava o maldito pianinho. Muitos danavam a caguetar, buscar os companheiros de roubos em casa, receptadores etc. Soube casos de pais e mães que foram trazidos por filhos torturados. Muitos assinavam centenas de processos, ninguém passava impune pelo pianinho.

Esse delegado promovia uma disputa entre as equipes de investigadores. As viaturas novas que haviam sido dadas pelo governo para aquele departamento de polícia seriam dadas às equipes vencedoras. Entre duas equipes, a que apresentasse mais inquéritos confirmados e resolvidos levava a viatura nova.

Isso alucinava os tiras torturadores, aquele gabinete de investigações gotejava sangue, e nesse período muitos morreram nas salas de tortura.

Havia, no DEIC, tiras famosíssimos por suas crueldades e brutalidades. O chefe deles todos era o pior. Dizia-se, entre os torturadores, que antes de iniciar cada sessão de tortura, o homem derramava pólvora num copo de pinga e tomava. O homem era o cão! Foi assassinado por uma prostituta.

Sei de muitos presos que seguraram a tortura, foram firmes, machos para caralho, e acabaram saindo da delegacia pela garagem, à noite, em sacos de estopa. Seriam enterrados anonimamente. Imagino que tivessem um cemitério particular, pelo tanto de gente assassinada pelos torturadores.

Era preciso assinar alguns processos, caso contrário eles matavam de tanto bater. O pior era que se embebedavam e se drogavam para executar suas sevícias. Sãos, lúcidos, não acredito que fossem capazes de tamanha crueldade. Era monstruoso o que faziam.

Tempos depois, cuidei de vários companheiros que voltavam da tortura. Vi claramente os estragos que eles produziam em suas vítimas. Arrancavam até pedaços com alicate. Vários jamais se recuperaram, outros ficaram aleijados, ainda outros enlouqueceram. O medo era o instrumento mais utilizado e aproveitado naquela sucursal do inferno.

No décimo segundo dia que ali estava, fui requisitado por essa delegacia. Fiquei na carceragem o dia todo, e os tiras não me chamaram para conversar. À tarde, como sempre, na hora de sair o bonde levando de volta os requisitados pelo presídio, o carcereiro chamou a primeira lista dos que iam ficar para a tortura noturna. Todos temiam constar naquela lista. Aqueles cujo nome aparecesse lá eram separados em um xadrez chamado de Chiqueirinho do Broto, sei lá por quê. E meu nome saiu no meio deles. Eu era um dos separados para a tortura.

Deu branco na hora, o sangue sumiu. Apresentei-me quase sem fala. Meu Deus! Ia acontecer comigo. Entrei para o xadrez, encolhi-me no canto em completo desespero. Dos que ficaram comigo, quase todos estavam mais desesperados que eu ainda. Alguns já arregaçados, com os pés e as mãos em ferida, indo para o famoso repique.

De repente, um deles deu um berro horrível, saiu correndo do fundo do xadrez e meteu a cabeça no ferro da grade. Caiu, mas só cortou a orelha, estava bem, apenas sangrando. Voltou ao fundo novamente e, antes que o carcereiro pudesse abrir a porta de ferro, atirou-se nela de cabeça. Dessa vez fez um barulho sinistro, abafado, como o de um champanhe estourando.

Quando o carcereiro conseguiu entrar, o sujeito estava caído, com a cabeça rachada, o sangue escorrendo e o corpo dando uns tremeliques assim, descoordenados. Coisa dantesca, cena estarrecedora. Retiraram-no. Jamais soube do sujeito novamente, sumiu. Nunca mais esqueço aquela poça de sangue na entrada do xadrez, acho que está fotografada para o resto da vida, como uma tatuagem.

Um outro companheiro tirou uma gilete da sola do sapato e se pôs a cortar o antebraço, com força. O sangue esguichava, quando ele atingia a veia. Notei que sorria, quando acontecia isso. Seria preciso levá-lo ao hospital para suturar, e ele teria escapado da tortura, pelo menos daquela vez.

Ainda outro implorava para que um de nós lhe quebrasse o braço. Um gordinho, não sei se com dó do infeliz, que enchia o saco, subiu na grade, enquanto o desesperado esticou o braço em ângulo. Quando o gordinho pulou, ouviu-se um estalo, e o braço ficou pendente. O sujeito chorava de dor, mas, por incrível que possa parecer, seu rosto estava descontraído, havia alguma paz. Escapara da tortura. Não sei se valia o preço, pois a fratura era exposta.

O carcereiro só ia retirando os feridos. Vários haviam se utilizado da mesma gilete para atingir suas veias. Aquilo acontecia todo dia, era uma rotina. O xadrez estava cheio de pequenas poças de sangue que coagulava.

Os tiras começaram a vir retirar suas vítimas. Os companheiros saíam do xadrez trêmulos, brancos, quase se borrando de pavor. Os policiais riam do medo dos infelizes, contentes pelo terror que inspiravam.

Eles ainda passariam por um médico que lhes mediria a pressão sanguínea e auscultaria o coração. Se não houvesse anormalidades perceptíveis, ele dava o sinal de positivo. Aquele não era doente, podiam arrancar o couro que aguentava. Quando o sujeito possuía alguma anomalia, o médico acompanhava a tortura, tirando sua pressão e o auscultando para que os tiras não ultrapassassem os limites.

A tortura, agora, era uma instituição até científica. Mesmo assim, muitos, inúmeros, não suportaram e morreram no pau. Conheci um que, juntamente com a esposa, se atirou do terceiro andar do prédio do DEIC, para escapar à tortura. Ela morreu, e ele perdeu a perna direita.

Eu tremia diante daquele circo de horror. Mas, por dentro, não acreditava que iria apanhar. O médico me examinou, eu gozava de excelente saúde, infelizmente. Os tiras vieram me buscar. Algemaram-me e, sem dizer nada, conduziram-me à sala do pau. Havia dois sujeitos nus, pendurados no pau de arara, entre as escrivaninhas. Estavam brilhantes, pingando suor, e me olhavam com cara de boi no matadouro. Meu coração ficou pequeno.

O cheiro de merda e mijo era forte. A maioria caga e mija na tortura. Parece que a dor intensa descontrola intestinos e bexiga. Só então pude entender a jogada dos tiras. Queriam me apavorar. Entrei no jogo deles, demonstrei o maior medo possível. Quando falavam em tirar um daqueles pendurados para me colocar no lugar, só faltava eu ajoelhar e implorar para que não o fizessem. Fazia parte do jogo da sobrevivência. Eles pressionavam, e eu envergava qual palmeira ao vento.

Já havia aprendido que a tática mais segura de manter a boca fechada diante a tortura começava já antes da tortura. Ninguém aguenta a tortura frontal, a não ser elementos excepcionais, insensíveis à dor brutal. Mas havia a artimanha, a experiência, o protagonizar um papel, vencer a violência total pela inteligência e perspicácia. Era o único modo, aliás, sempre foi, desde tempos remotos.

Quando, após torturar bastante os companheiros em minha frente e um deles falar mais de dez assaltos a ônibus, convenceram-se que eu já havia sido suficientemente amedrontado, levaram-me para a sala da equipe.

Na sala, o comportamento deles modificou-se inteiramente. Serviram café quente, cigarro e até uma dose de vodca. Disseram que haviam decidido me dar uma chance por conta dos amigos que eu tinha e eles consideravam. Deviam estar se referindo a Marcelo e Ângela. Mas que deviam me torturar para que eu dissesse, pelo menos, onde encontrar o Dinho. Ele os traíra, e eles queriam pegá-lo.

Afirmei que iriam judiar de mim gratuitamente, pois nem desconfiava como encontrá-lo. Ele era batedor de carteiras no centro, eu o encontrava às vezes, roubando. Nem imaginava onde residia. Mas estava disposto a ressarcir o prejuízo que ele lhes dera. Caso confiassem em mim e me dessem um prazo de cinco dias, eu traria o dobro do que fora pedido a ele. Fiz meu lance no jogo.

O próximo passo do jogo era eles demonstrarem dúvidas e fazerem as consequentes ameaças. Eu precisava caprichar mais na verossimilhança de minha proposta, que nem sequer passou pela minha cabeça cumprir. Falei de minha capacidade como punguista, que podia ser que no dia seguinte já tivesse o capital acordado. Poderia pedir emprestado a amigos, mas garantia, com absoluta certeza, que antes do prazo eles teriam aquela quantia em mãos. Pressionaram mais um pouco para tornar o compromisso mais firme. Ameaçaram, se me pegassem me arrebentavam, caso não cumprisse o acordo. Então, começaram a ceder.

Julgavam que haviam feito seus papéis e eu estava suficientemente compromissado. Era um teatro, e eles protagonizaram suas cenas com muita técnica. Eu procurei desempenhar minha parte e acho que me saí a contento.

Combinamos um prazo de três dias para que viesse trazer o capital. Deram-me dinheiro para a condução, mais uma dose de vodca, e eu podia ir embora. Claro, não sem mais uma série de ameaças. Nem sonhava em retornar ali. De modo nenhum. Pensava que jamais poderia ser pego por eles novamente. Nem sabiam de onde eu era.

Teria que tomar cuidado com Ângela, apenas. Já não poderia mais vê-la, poderia me denunciar. O crime é machista por necessidade. O que pode passar uma mulher nas mãos dos torturadores em termos de degradação e violência torna quase impossível que resista. Um ladrão sério jamais deve permitir que uma mulher participe ou venha a saber de sua vida criminosa. Os tiras procuraram sempre prender e torturar as companheiras dos ladrões, porque sabem que elas são a parte mais frágil deles. Sei de casos em que elas foram sequestradas e torturadas, além de violadas, para que eles se entregassem.

A maioria dos ladrões gosta de contar bravatas e de se vangloriar de sua coragem e atos às suas companheiras. Mal sabem que as estão condenando à tortura e à traição, e a si mesmos, a vários anos de prisão.

17

Desci as escadas do DEIC voando. Corri até o parque Dom Pedro II, onde peguei o ônibus para a Vila. Sempre que saía de alguma prisão, a primeira pessoa que necessitava ver era minha mãe.

Meu pai não estava em casa, por sorte. Beijei-a e conversamos, contei-lhe que saíra de mais uma prisão. Como sempre, pediu-me que saísse dessa vida. Já estava assumido como ladrão, inclusive para ela. Argumentei que agora não dava mais. Já era conhecido demais pela polícia, e eles me pegariam, roubando ou não. O que era um fato.

Tomei um banho, coloquei roupa limpa e desci para a Cinco Esquinas. O bairro estava sossegado. Com a prisão da quadrilha do Joy, a polícia não estava mais enchendo o saco. Imaginei o que o Joy e os outros dois que foram presos com ele deviam estar passando no DEIC. Nem junto com os outros presos eles estavam, senão os teria visto. Deviam estar no enruste, escondidos e apanhando.

Encontrei o Chinão. Havia saído do DEIC recente também, estava acompanhado do Nenê. Eram assaltantes, estavam na ativa, mas procuravam um piloto. O Chinão me emprestou um revólver Taurus, calibre 38. Logo chegou o Toninho, num táxi furtado. Viera convidar o Chinão para assaltar um depósito de material na Vila Sabrina. O China não quis ir, não confiava muito no Toninho; este ainda não havia sido preso nem testado no pau de arara. Perguntou se eu queria ir em seu lugar. Como conhecia melhor que ele o Toninho e sabia que era firmeza, aceitei, estava precisando mesmo. Nenê foi conosco.

Entramos no táxi, e o Toninho nos levou ao depósito. Estacionou o carro na rua ao lado, e seguimos a pé até o estabelecimento comercial. Quando nos mostrou o lugar, olhei para o Nenê, este olhou para mim: era muito grande! Tinha uma meia dúzia de portas de aço, parecia um supermercado.

Toninho estava todo entusiasmado. Dizia que era o melhor dia para pegá-lo, pois estava com cinco dias de féria acumulada. Tinha um amigo que trabalhava lá e o informara. Trouxera até uma sacola para carregar o dinheiro. Eu não podia demonstrar medo, nem colocar obstáculo, podia ser interpretado como se estivesse com medo. Estava.

Tinha bastante gente comprando e outro tanto atendendo ao balcão. Toninho contou que fazia um mês que vinha estudando o depósito. Ele iria direto para a gerência, onde estava o dinheiro acumulado, o Nenê tomaria conta das portas, e eu, com mais um revólver que me emprestara, seguraria todos na loja. Era muita gente, mas não podia demonstrar fraqueza. Depois, diante do medo eu aprendera a reagir me atirando. Estava aprendendo um método pessoal de lidar com o medo.

Decidimos e invadimos o recinto, cheios de disposição, vencendo o medo. O Nenê ajudou-me a enquadrar o pessoal. Subi no balcão com as armas nas mãos e gritei que era um assalto e que era para todos deitarem no chão senão atiraria. O pessoal ficou me olhando, eu era pouco mais que um menino, um adolescente, não acreditaram muito. Quando viram que eu não estava sozinho, que o Nenê e Toninho estavam com as armas nas mãos, começaram a se deitar rapidamente.

Pulei do balcão, levei todos os balconistas para o salão, fiz todos deitarem de barriga para baixo e com os braços esticados, e, dono da situação, liberei o Nenê para as portas. Dei um saco plástico a uma das moças do caixa e mandei que colocasse todo o dinheiro dos caixas ali. Recolhi relógios e correntes de ouro dos clientes enquadrados, e fiquei andando por cima deles, vigiando-os. Nenê veio com mais dois clientes já enquadrados. Tomei tudo deles e os fiz deitar. Toninho veio correndo da gerência, com a sacola abarrotada, e já foi saindo. Nenê se juntou a mim, ameaçamos quem viesse atrás de nós. Viramos as costas para o pessoal, guardamos as armas na cinta, saímos na rua como se nada estivesse acontecendo, viramos a esquina e corremos até o táxi.

Quando alcançamos o carro, Toninho nos aguardava com o motor ligado e, assim que entramos, arrancou a toda a velocidade. Corremos uns dez minutos, o carro estava sem placas, na Vila Medeiros o abandonamos. Seguimos a pé até a Cinco Esquinas. Somente na casa do Toninho conseguimos relaxar.

Eu mesmo não acreditara no que fizera. Fora muito corajoso, não sabia que possuía tanta coragem. O medo se evaporou no momento em que saquei das armas. O sentimento de poder e posse superou o medo.

O assalto rendera bastante dinheiro, por conta disso, os companheiros não quiseram saber dos relógios e correntes que eu apanhara. Estava com os bolsos cheios dessas coisas. Dividimos o capital, deu uma enorme quantia para cada um. Tive que colocar minha parte num saco plástico e fazer um pacote de jornal. Já comprei uma pistola 7.65, belga, do Toninho. Fomos a um campo de futebol, dei vários tiros para experimentar. Era enorme, fosca e antiga, aterrorizante. Devolvi a arma do Chinão, eu e Nenê lhe demos algum dinheiro. Marcamos um encontro para dali a três dias, para ver o que iríamos fazer. A ideia que estava rolando era formarmos uma quadrilha só para assaltar depósitos de material de construção e carros de cigarros, era o que dava dinheiro.

Passei pela casa do Tonhão, ele estava preso no DEIC com Joy, estavam incomunicáveis. A irmã dele era do grupo de jovens da Cinco Esquinas. Deixei dinheiro para que comprasse algumas coisas para ele, tipo cigarros e comestíveis. Apresentou-me um revólver Colt, calibre 38, todo niquelado e reforçado, e uma caixa com cinquenta balas, queria vender. Mais que depressa, comprei, e ao preço que me pediu. Era difícil arrumar balas naquele tempo.

Bem armado e com um pacote de dinheiro, parti para a cidade. Que sorte eu dera! No dia que saí da prisão, consegui me armar e um bom capital; além disso, ainda estava integrado a uma nova quadrilha, com piloto e tudo! Só faltava encontrar Isabel e estar tudo bem com ela. Muita sorte mesmo, aliás, eu sempre me dava bem quando saía de alguma prisão.

Na cidade, peguei um táxi e percorri vários lugares onde sabia que Isabel poderia estar. Quando passava pela praça da República, avistei Marcelo andando, decerto, roubando. Chamei-o, ele veio assustado, pronto para correr ao menor gesto em falso meu. Perguntou o que eu queria. Perguntei se vira Isabel. Não tinha visto, e se visse, correria dela, não queria graça com ela. O negrão que estava com ele no dia que o enquadrei e ele veio atrás de mim, ainda estava no hospital, muito mal. Havia acertado dois tiros, um na barriga e outro no peito. Nele pegou de raspão no braço, me mostrou o curativo, ainda não cicatrizara.

Paguei o táxi e dispensei-o. Fiquei com dó de Marcelo, parecia um menino assustado e dizia-se inocente, não dormira com Isabel, dizia. Eu não acreditava, mas gostava dele e fingi acreditar. Abracei-o e convidei para que fosse comprar e tomar umas garrafinhas de Pervitin comigo. Concordou, meio assustado, e fomos. Na praça Marechal Deodoro compramos a droga.

Entramos no banheiro de um restaurante na avenida São João, e ali mesmo tomamos várias picadas. Começamos a conversar, e ele me disse, já confiante, que quando se separou dele, a Ângela contou que havia ido para a cama comigo várias vezes, quando ele estava preso. Fora por isso que ele embebedara Isabel e a levara para a cama também, assim que fui preso.

O sangue me subiu na cabeça na hora, larguei uma coronhada na cabeça dele que o sangue esguichou. Caiu no chão, chutei sua cara e pisei em cima dela várias vezes, até que a ira foi se acalmando. Ele não deu um pio, acho que desmaiou com a coronhada. Meu sapato ficou todo sujo de sangue, saí do banheiro do restaurante de armas nas mãos, totalmente alucinado pelas drogas e pelo que fizera com o "amigo". Ganhei a rua, todos me olhando assustados no restaurante, coloquei as armas na cinta, ajeitei o pacote de dinheiro embaixo do braço e saí correndo pelas ruas da cidade, como se a polícia me perseguisse.

Corri, corri, andei, andei, até as pernas arriarem de cansaço. Às quatro horas da manhã estava no revertério da droga, amuado e com a maior dor de cabeça. Estava morto de cansaço e sono. Peguei um táxi e fui até a Estação Sorocabana. Peguei o primeiro trem do dia que partia para o lado de Barueri. Dormi no trem e acordei em São Roque. Passara de Barueri. Peguei o trem de volta e cheguei na cidadezinha.

Fui à padaria, comi vários doces, tomei bastante leite. Estava me recuperando. Já melhor, me dirigi à casa de Oscar, sempre com o pacote de dinheiro embaixo do braço. O jornal se desfazendo com meu suor, aparecia até o plástico com o dinheiro, os bolsos cheios de balas, relógios, correntes e pulseiras, e as armas escorregando da cintura, molhadas de suor.

Cheguei à casa do Oscar já restabelecido. Estranhei: a porta da frente, que dava para a sala, estava aberta. Saquei das armas, engatilhei a automática e, com todo o cuidado, fui entrando. Na sala, em cima do sofá-cama aberto, havia três garotas e um homem. No chão, deitado sobre um acolchoado, havia um rapaz. Passei por eles, dormiam profundamente, até ronco se ouvia.

No quarto, em minha cama, havia três mulheres cobertas. Percebi que eram garotas novas. Isabel estava no meio, seu corpo se destacava mesmo embaixo da coberta. As da sala estavam mais à vontade, belas coxas e calcinhas à mostra, e, para mim, pareciam menores de idade. Fui à cozinha, olhei a despensa, os armários. Só havia arroz, feijão, batata e um pouco de carne--seca. Esquentei um pouco de café. Notei várias garrafas de cerveja e de pinga vazias num canto. Resolvi dar um susto. O Oscar dormia no sofá, reconheci pela cabeleira.

Saquei do .38, me posicionei entre quarto e sala e dei um tiro para o alto. Todos acordaram assustados, alguns pulando da cama, outros gritando, apavorados. Dei voz de prisão, dizendo que era a polícia. Todos levantaram-se, encostaram-se pela parede, as mulheres de calcinhas e os dois homens de sunga.

Oscar sorriu ao me reconhecer e já veio para meu lado. Entrou entre as armas e me abraçou firme. Senti a amizade profunda do rapaz, não titubeou diante das armas, estava seguro de minha amizade. Se ele soubesse... Virou para o pessoal e informou que eu era o Luizinho, tão falado ali, marido da Isabel. Todos respiraram aliviados, e eu coloquei as armas na cinta.

Isabel fora a única que não acordara. Ela tinha mesmo o sono muito pesado. Puxei-lhe o cabelo, ela acordou a contragosto, assustada, já começara a reclamar quando me reconheceu. Atirou-se em mim como se eu fosse uma coisa de outro mundo e fosse desaparecer, de repente. Começou a chorar em meu ombro, ficou agarrada, tremendo toda, e não me largou mais. Aonde eu fosse, ela estava pendurada, grudada em mim. Como eu gostava daquilo... Estava muito carente.

Enquanto isso, o pessoal ia arrumando as camas, a casa e se vestindo. Eu olhava as garotas, nossa! Uma mais gostosa que a outra! Oscar veio me explicar o porquê do pessoal ali. Contou que fora à casa de seu irmão em Diadema e que este o levara a uma casa onde viviam várias garotas. Lá soube que elas estavam sendo despejadas e não tinham para onde ir. Eram semiprostitutas, duas eram irmãs, e as outras quatro eram amigas dessas irmãs.

Ele oferecera sua casa para que as garotas ficassem ali, temporariamente, até conseguirem uma nova casa. Uma das irmãs, a Chica, agora estava com ele, era a única maior de dezoito anos e viera com um nenê, que ouvi berrar naquele instante. O rapaz era um malandreco de Diadema, amigo de seu irmão, estava sendo procurado pela polícia da cidade e se escondia na casa das garotas. Segredou-me que precisava de mais homens, era muita mulher para apenas dois. Disse ainda que trouxera as garotas porque sabia que eu iria aprovar, do jeito que eu era com mulher.

Se ele, que era o dono da casa, trouxera o pessoal, aí só tive de concordar que todos ficassem ali. Vestidos, rodearam-me, e fui apresentado a um por um. As garotas eram bonitas. O rapaz parecia cordato, estava abraçado a uma moreninha, muito gostosa por sinal, qual fosse dono dela. Eu estava esgotado, pedi que me deixassem dormir. Isabel, que não me largava um instante, tocou todo mundo do quarto, fechou a porta e veio para cima de mim. Mas eu queria dormir mesmo, estava morto de cansaço.

Acordei pensando estar preso ainda, foi um enorme alívio sentir o corpo quente da garota colado ao meu. Ela me olhava, apaixonada. Continuava gulosa e fez loucuras por cima de mim. Tomei um banho e fui ter com o pessoal, depois de apanhar no armário o meu pacote, que já estava quase só no plástico.

Estavam fazendo comida. Olhei: arroz, feijão e batata. Chamei o Oscar, e fomos para meu quarto. Fechei a porta. Isabel tomava banho, abri o pacote e tirei tudo o que tinha nos bolsos. Era uma bolada de dinheiro e coisas. Percebi os olhos dele brilharem. Contei-lhe o que sucedera, e contamos a grana.

Quando Isabel entrou no quarto, já estava tudo empilhado, dei-lhe um lindo relógio, pulseira e corrente de ouro. Ficou toda feliz, já colocou e me cobriu de beijos. Senti que já não era a mesma coisa. Algo havia se quebrado. Eu já não era mais escravo daquela paixão. Havia uma coisa de dominar e escravizar. Eu a vencera em mim.

Mandei o Oscar — e agora eu não pedia mais, determinava, eu era o rei ali — comprar comida no armazém. A Chica, a garota que estava com ele, perguntou se podia comprar leite para o nenê. Mandei que trouxessem o nenê para que eu conhecesse. Era um garotinho gordo, rosado, lindo, já me peguei de paixão por ele. Mandei que fizesse uma lista de coisas que precisava para ele e depois cuidasse de fazer uma lista para abastecer a casa de comida. Ela seria a responsável pela comida e manutenção. Dei dinheiro a Oscar, e ambos, de lista na mão, foram fazer compras. Mandei que comprassem vinho e conhaque para mim, e outras bebidas para o pessoal, sem miséria.

A irmã da Chica — uma jovem linda, de cabelo curtinho, toda graciosa, cheia de curvas, coxas grossas e covinhas no rosto —, a Iolanda, olhava-me com flagrante admiração. Me acompanhava com os olhos aonde eu fosse e deixava que eu visse seus encantos, generosamente. Isabel já olhava rancorosa, mas eu fazia que não percebia.

Havia outra garota, alta, angulosa e assim tipo falsa magra, a Joana. Ela era delicada, possuía traços finos e grandes olhos castanhos. Parecia quieta e a tudo observava com curiosidade. Ainda tinha a Kátia, uma pretinha não muito bonita para o padrão dos brancos, mas de uma espécie de beleza africana exótica e muitíssimo interessante. Sua cor era quase azul de tão preta e brilhava fortemente. Do grupo, parecia a mais revoltada, rebelde. Não me aceitara ainda, parecia me estudar. Possuía um corpo pequeno, forte e benfeito, com uma bundinha empinada que era um encanto!

A Lúcia era uma mulatinha alegre e cantante, parecia ter um gênio bom, devia ter uns treze ou catorze anos, era a mais feia e fora do esquadro do grupo. Mas era doce, percebia-se em seu sorriso uma infinita doçura. Cris também era mulata, dessas com tendência a ficarem enormes, tipo ala das baianas, mas, enquanto nova, conservava formas exuberantes. Maior bundão, uma cara redonda e olhos pequenos, me evitava de uma forma esquisita, deixando-me intrigado.

Severino era ladrãozinho de bairro, fazia arrombamentos. Dizia saber pilotar e já haver assaltado. A Cris era sua garota.

Registrei-o para futuramente levá-lo para assaltar, assim como Oscar, que vivia pedindo que eu o levasse. Formaria uma quadrilha em casa.

Nos últimos tempos, minha cabeça mudara muito. Tinha a ver com tudo o que vivera nas prisões. Estava mais calculista, mais violento, prepotente, mais duro e até cruel. Já pouca coisa me importava. Já não me preocupava se tivesse que atirar em alguém. Atiraria agora, sem vacilar. Achava que personificava o crime.

Havia optado definitivamente. Conseguira me transformar em um bandido, colocava-me na postura de um assaltante perigoso e procurava divulgar essa imagem.

Vestia-me, caminhava e falava como um homem com poder de vida e morte. As armas eram quase extensão de meus braços, até ao banheiro ia armado. Adorava armas, vivia desmontando-as, limpando, azeitando, treinando tiro ao alvo com elas e, infantilmente, girando-as nos dedos, tipo bangue-bangue. Não ligava mais para a vida de quem não estivesse ao meu lado, e já não estava apaixonado por ninguém.

No fundo, paradoxalmente, eu não era nada disso. Continuava a ser o menino assustado consigo mesmo, medroso e só, de sempre. Carente, profundamente angustiado e agora tenso para conseguir manter a imagem que queria que cultivassem de mim.

Precisava insensibilizar-me, cauterizar minhas emoções mais finas e sutis. Sentia que impondo e exigindo, era respeitado e aceito. Começava a crescer em mim a necessidade do respeito dos outros. Sabia que se fosse preso (não que acreditasse que o seria; jamais acreditei que pudesse ser preso), precisaria ser muito firme e até cruel. Isso, caso não quisesse ser humilhado na cadeia. Tudo era um treinamento, uma preparação.

Queria fama também, sair nos jornais, ter a polícia sempre em estado de alerta por minha causa. Como punguista, jamais seria respeitado e temido. Preferia ser o terror dos punguistas. Todos os que encontrasse e dos quais não gostasse, iria tomar de assalto. Queria a fama que o Zezé tivera.

Ainda havia um ódio crescente em mim. Não sabia ao certo como, mas todo malandro que fosse metido a bandidão ia se dar mal em minhas mãos. Ia fazer meu nome de bandido em cima deles. E mataria quantos fosse preciso para sustentar tal posição.

Fizemos uma refeição, e logo a seguir fui convidado para ir tomar banho na bica. Era uma bica de água que caía como uma minicachoeira de uns três metros de altura, dentro de uma mata, no Jardim Belval. Isabel ficou em casa para lavar minhas roupas e arrumar minhas coisas.

O lugar era lindo! Pedras enormes e arredondadas, árvores e mato cercando e dando sombra a tudo. Água geladinha em fio grosso, jorrando fortemente do seio da terra. Fui o primeiro a entrar na água, só de short, para dar o exemplo. Doía até a cabeça quando a água martelava nas costas.

Embaixo, um pequeno lago de uns oito metros de diâmetro, de águas límpidas, vindo até meu peito, com o solo de pedras. Logo em seguida, pulou Iolanda, só de calcinhas, esbarrando em mim. Nossa! A garota era que só gostosura, seios durinhos que saltavam a cada pulo dela na água. Fiquei excitado, tarado, querendo possuí-la ali mesmo, na frente de todos. Desvencilhou-se de minhas mãos e, quando todos desceram, subiu e seguiu uma trilha no mato, enxugando-se numa toalha. Saí da água, nem tentei esconder a ereção, e segui atrás, tipo cachorro no cio, na trilha. Quando passei algumas árvores, fui assaltado por Iolanda, que saltou em meu pescoço. Agarrei-a, e fomos rolando pelo chão, nos entredevorando. A garota era um vulcão e estava disposta a tudo. Quando voltamos à bica, Oscar me olhava com a cara mais safada do mundo. "Começou cedo, hem, seu Luiz!..."

Fiz que não era comigo e segui para a água todo suado e sujo de terra. Gostara da garota. Instintivamente, ela sabia satisfazer um homem. Pensei seriamente em substituir a maluca da Isabel por ela. Mas, além de haver muita coisa de afeto entre Isabel e mim, ela era muito melhor de cama e muito mais gostosa. Já sabia do que eu gostava e estava dominada. Pensei comigo em não ficar com ninguém e ficar com todas ao mesmo tempo.

Iolanda vinha saltitante à frente do grupo, como uma menina, quando voltamos para casa, aquela bundinha... Estava feliz, todos estávamos felizes. Éramos uma grande família, e eu me sentia pai e dono de todos. Sempre achara que mulher era o que havia de melhor nesse mundo. Preenchia todos os vazios de um homem. Elas eram o motivo da minha existência, descobrira agora.

Em casa, Isabel devia ter percebido algo, estava de cara amarrada. Nem liguei. Se quisesse, era assim, se não, que fosse procurar sua turma. Aquilo era um paraíso para mim que vivera a vida toda obcecado pelo sexo. Era só mulher entrando e saindo, todas disponíveis para mim, loucas para fazerem minhas vontades. Todos ali dependiam de mim, eu era o poder, e o que dissesse ou quisesse seria lei. Sentia-me muito bem na posição de dono e senhor.

Os dias foram se passando, sossegadamente. Fiz amizade com o Severino, parecia que ele sabia pilotar mesmo e já participara de assaltos. Estava tudo em casa, tudo em família. A única coisa que não estava muito boa era a relação com Isabel. Ela batia cada uma daquelas garotas, mas eu não podia deixar de experimentar, estavam na mão, era só estender e pegar.

Relacionei-me com cada uma das garotas, até com a Cris e a Chica, que estavam com Severino e Oscar. Não sei se ficaram sabendo, mas se ficaram, não ligaram. Andavam comendo as outras garotas também. Só de Isabel que exigi respeito, e ela que não se atrevesse a procurar alguém, ia ver só o que acontecia!

As garotas gostavam de mim, preocupavam-se com os mínimos detalhes para me agradar. Eu me sentia no jardim do Éden... Passei quase um mês naquela manemolência, só usufruindo o prazer de ser rei do meu território. Até que o dinheiro acabou. Havia relógios e as peças de ouro, mas aquela era uma reserva particular. Agora restava ir para a ação, era preciso arriscar para que aquele paraíso perdurasse.

Conversei com os outros dois homens da casa. Eles estavam se divertindo muito com as garotas. Propus que fôssemos tomar um carro de assalto e depois cometer assaltos a estabelecimentos comerciais, já motorizados. Era só escolher o bairro e sentar o pau. Oscar estava ansioso para entrar no crime de vez, notei que o Severino vacilou um pouco. Iolanda queria ir conosco, mas não era possível aceitar mulher naquele tipo de crime. Mas admirei a coragem dela. Fazia tudo para demonstrar que poderia substituir a Isabel em todos os sentidos. Claro que me senti lisonjeado. Mas ela era apenas uma garotinha de bundinha empinada, Isabel um avião de primeira classe.

As mulheres se despediram de nós com inúmeros beijos e recomendações. Ficariam na torcida. Saímos os três de trem, em direção à Lapa. Tínhamos duas armas carregadas e balas de reserva.

No trem encontrei uma garota punguista, a Dóris. Estava grávida e dizia que acabara de abandonar o marido. Nós só possuíamos o dinheiro da condução para voltar. Pedi que nos pagasse uma bebida, queria injetar coragem nos rapazes. Eu já me considerava assaltante tarimbado perto deles, ambos eram principiantes. Bebida ajudaria.

Estávamos numa lanchonete bebendo, quando dei por falta de Severino. Procuramos no estabelecimento, na rua, nada. O cara havia saído sorrateiramente, sem que percebêssemos. Nunca mais o vi. Ficara com medo. Que cagão filho da puta! Só falava, na hora da ação, deu para trás.

Sem piloto, não seria conveniente sair para assaltos. Não podia voltar para casa agora, sem dinheiro. Estávamos em dificuldades. O pessoal em casa nos aguardava, a despensa estava praticamente vazia. Então Dóris, observando nosso impasse, me convidou para irmos roubar carteiras na cidade.

Pensei bem, começava a garoar forte em São Paulo. Quando chove em São Paulo, fica fácil demais para punguista. A polícia não gosta de tomar chuva e se esconde. O pessoal nas ruas, todos estão correndo da chuva, desatentos, preocupados em não se molhar. Um casal com a mulher grávida é um excelente disfarce. Aceitei.

Fomos a uma loja de sapatos e conseguimos uma caixa. Coloquei as armas dentro e despachei o Oscar para casa com elas.

Na cidade, começamos a percorrer as ruas periféricas. Entramos nas lojas e surrupiamos quantas carteiras pudemos. Fomos colocando dentro da bolsa de Dóris, sem sequer ver o que tinha dentro, era o nosso trato. O dia estava bom para nós, nos ensopamos na chuva, mas só paramos quando a bolsa estava bem cheia.

Fomos à Biblioteca Central e ali, num local isolado, começamos a abrir as carteiras, contar e dividir o que roubáramos. De repente era tanta que, mesmo que tivéssemos saído para assaltar, provavelmente não ganharíamos aquilo tudo.

Estávamos contentes, Dóris não reclamou do tanto que andamos, ela carregando aquele barrigão. Queria dinheiro para recomeçar uma nova vida sem o companheiro, e conseguira.

Pegamos o trem de volta, onde Dóris encontrou alguns conhecidos e me apresentou. Disse-me que eles eram assaltantes e me apresentou a eles como tal também. Interessaram-me. Eles desceriam em Osasco. Haviam ido buscar uma arma ali.

Descemos com eles. Pegaram a arma, só então contei que possuía duas armas em casa e que queria me integrar a uma quadrilha. Eles se interessaram vivamente pelo que disse. Decidimos ir para casa para ver as armas.

Estavam em três. O cabeça era o Zé Garrucha, depois o Dunga e o Japonês. O Zé já havia tirado cadeia e conhecia o Chinão, isso nos dava um elo de ligação. Quando chegamos, notei que eles cresceram os olhos nas meninas. Elas ficavam muito à vontade em casa.

Oscar trouxe as armas. Em casa, estava o vizinho, bêbado como um gambá, sentado em uma poltrona de frente para mim. Dizia bobagens, não gostei. Dei parte do capital roubado para Oscar, para que fosse comprar comestíveis, ia fazer um belo jantar para os novos amigos.

Os rapazes olharam as armas e me devolveram. Peguei o .38, tirei as balas e fiquei brincando com ele, como era meu costume. O bêbado pedia que mandasse comprar pinga. Não quis, apenas cerveja.

Fiquei mirando a cara dele com o revólver e, para assustá-lo, às vezes engatilhava-o e acionava o gatilho. Fazia aquele estalo seco. Mas havia esquecido uma bala no tambor. A arma explodiu em minha mão, e a bala atingiu em cheio o sujeito, que caiu para trás na poltrona.

A casa virou um pandemônio. Todos se assustaram muito, inclusive eu. Saímos para o quintal, e já aí disse para a Isabel arrumar nossas coisas para cairmos fora imediatamente. Os rapazes queriam saber por que eu fizera aquilo. Para não dizer que fora descuido, disse que o sujeito estava me enchendo o saco. Bandido respeita crueldade.

Combinava com Oscar o que fazer quando alguém bateu em minhas costas. Virei-me para olhar, e era o bêbado! Assustei-me: o sujeito estava em pé e perguntava por que fizera aquilo com ele. Respondi, de imediato, que fora sem querer, não sabia que havia bala na arma. Acho que por ser verdade, o convenci sem muitas explicações, aceitou fácil.

A bala entrara em sua boca, saíra abaixo do maxilar, pegara o ombro e saíra nas costas. Estava tão anestesiado pela bebida e pelo choque que nem sentira a dor. Combinei com o Oscar e com ele: Oscar o levaria ao hospital, e ambos diriam que haviam sido assaltados. O rapaz, bêbado, quisera reagir e levara um tiro. Simples e fácil.

Isabel veio com a mala, mas, dadas as circunstâncias, mandei que as deixasse lá e me acompanhasse. Pegamos um trem e descemos em Carapicuíba, onde o Zé Garrucha morava. Levou-nos todos para sua casa. Havíamos comprado dois litros de conhaque para conseguirmos relaxar e dormir. Dóris e Isabel dormiram em uma cama de solteiro; nós quatro, homens, numa cama de casal.

Logo cedo, levantamos, todos fizeram a higiene, e fomos ao bar da estação tomar café. Dei dinheiro a Isabel para que ela passasse o dia e marquei encontro para a noite, no bar da Ponta da Praia. Dóris resolveu voltar para o marido, e seguimos os quatro para assaltos. O Zé tinha ido na casa do irmão, geminada à dele, e ficou lá, esperando que viéssemos, com o carro já tomado.

Fomos para Pinheiros. Após andar bastante e várias vacilações do Dunga, enquadrei um homem que saía da garagem de sua casa, com um Opala verde. O Japonês já embocou no volante, entrei após colocar a vítima para dentro de casa. Voltamos a Carapicuíba, encontramos o Zé e partimos para os assaltos, efetivamente.

Rodamos, rodamos por São Paulo toda, e a cada vez que íamos partir para invadir algum estabelecimento comercial, surgiam obstáculos. Os companheiros não eram bons assaltantes, tinham receio de tudo. Até que, no bairro da Cachoeirinha, adentramos em um depósito de material de construção.

Os donos eram japoneses, esboçaram uma certa resistência, mas logo os dominamos. O japonês, em vez de se dirigir para o banheiro conforme eu determinara, foi para o lado de uma sacola pendurada a um prego na parede. Suspeitei, adiantei-me, apontando para ele a arma engatilhada, e puxei a sacola. Estava pesada. Ao olhar dentro dela, deparei-me com dois revólveres .38 novinhos em folha. Por pouco o japonês não os alcançara, e então teria que baleá-lo para que não nos enfrentasse a bala. Dentro da sacola também havia pacotes de dinheiro. Arrecadamos tudo e partimos a mil.

Em Osasco, assaltamos outro depósito, e esse, enorme. Depois mais umas quatro padarias. Antes de abandonarmos o carro, tomamos um açougue, o Dunga queria levar carne para casa. Dunga e Garrucha ficaram em Osasco, após a divisão da grana. Eu e o Japonês fomos para São Paulo para dispensar o carro.

Estava de conjunto jeans Lee, meus bolsos abarrotados de dinheiro. Havia colocado dinheiro até por dentro da camisa. Dinheiro molhado de suor fica com cheiro de cachorro molhado. Marcara encontro com os companheiros para a semana seguinte.

Cheguei ao bar da Ponta da Praia umas oito horas da noite.

Isabel estava lá, bebendo. Já não gostei disso, não gostava que bebesse sozinha, pois se descontrolava. Havia alguns malandros ao lado dela, tipo urubu olhando carniça, fiz questão de não cumprimentar. Paguei a conta dela, peguei-a pela mão e saí, quase arrastando-a, sem olhar para trás. Aqueles malandros que se atrevessem a dizer só um A, e eu os fuzilaria! Pareceram entender o recado e fizeram que nada estava acontecendo.

Levei-a a um restaurante, jantamos em silêncio. Ela queria falar, mas eu não estava a fim de ouvi-la. Meu tratamento a ela se modificara muito. Não sabia por quê, ela me despertava certa irritação, raiva mesmo. Jamais batera em uma mulher, mas estava louco por que me provocasse para que pudesse soltar toda a minha fúria nela. Já tivéramos alguns choques, mas fora tudo resolvido rápido, quase sem violência. Agora eu queria ferir, machucar, até judiar. Não sabia por quê, nem precisava saber. Eu era livre e praticava meus impulsos todos, não estava limitando mais nada. Precisava quebrar seu orgulho, humilhá--la, até sexualmente. Era louco.

A violência e a agressividade estavam tomando conta de mim. Aos poucos ia personificando o bandido. Vencia meus escrúpulos a cada instante e procurava liberar toda a minha revolta nas vítimas. Dava coronhada pelo menor motivo, até sem necessidade. Não tinha mais medo de ninguém e estava pronto para matar, se preciso fosse.

Voltamos ao bar e ali encontramos o irmão de Oscar. Quis ir a Barueri conosco. Isabel estava bebendo demais. Devia tê-la deixado insegura com meus modos estúpidos. No trem, tivemos uma pequena discussão, e ela me deu socos nas costas, descontrolada. Depois, deu em minha cabeça com a jaqueta recheada de dinheiro que eu havia deixado com ela. Caiu até um maço de grana no chão.

Quase morri de vergonha e raiva. O irmão do Oscar afastou-se de nós. Estava armado, o trem lotado, qualquer ação minha podia resultar em prisão. Contive-me a muito custo. Sabia que não poderia chamar atenção sobre mim. Estava com dinheiro e cheio de objetos roubados, e acabara de cometer uma série de assaltos. Caso fosse preso ali, com todos aqueles flagrantes em cima, automaticamente seria associado aos assaltos cometidos: Isabel aproveitou-se disso e xingou, fez escândalo, me envergonhou, sacaneou, tripudiou em cima de meu autocontrole.

Em Barueri descemos. Ela saiu correndo para casa, com medo de que lhe desse tiros na rua mesmo. Fui ao bar sondar como ficara o sujeito baleado. Se a polícia aceitara a história do Oscar, se a vítima não denunciara etc. No bar, ninguém sabia de nada. Bebi três conhaques seguidos, o irmão do Oscar me acompanhava e ficava incentivando para que eu desse uma lição em Isabel. Meu sangue fervia nas veias, eu a odiava profundamente naquele momento.

Chegamos em casa, Oscar contou que acontecera exatamente como eu previra. O vizinho ficara internado, mas estava tudo bem. Iria ter alta naquele dia, e os tiras no hospital aceitaram a história como verdadeira. Ele tivera até que fazer uma descrição dos assaltantes. Pedi que não interferisse e não deixasse ninguém entrar no quarto, que ia resolver uma briga com Isabel. Deixei as armas com ele.

Isabel estava deitada. O quarto estava escuro. Nem me preocupei em acender as luzes. Tirei a roupa, coloquei um short e pulei na cama. Ela estava deitada, me esperando. Coloquei-a entre os joelhos e comecei a bater na cara dela com um lado e outro da mão, o mais forte que conseguia. Queria machucá-la, feri-la, estava odiando-a. Fora de mim, dizia que era para nunca mais me envergonhar daquele jeito e nunca mais pensar em me agredir. Dizia que da próxima vez que me agredisse, eu a mataria, que eu era bandido e que ela tinha de me respeitar, senão ia morrer mesmo. E tome tapão.

Depois de falar tudo o que estava preso na garganta e bater até ficar com a mão doendo demais, já me senti vingado. Não queria de fato fazer aquilo. Mas se deixasse, pensava, ela iria querer me agredir sempre que discutíssemos. Comecei a sentir pena dela, comecei a me arrepender e avancei para consolá-la. Provavelmente pensou que fosse bater mais. Em suas mãos, vi brilhar algo. Senti dois cutucões no peito, doeu bastante, só então percebi que ela tinha uma faca nas mãos. Ela já me acertara e parecia que queria me acertar mais vezes. Peguei a faca no alto, segurei-a e puxei para tomar dela. Ela também a puxou e cortou minha mão. Fui para o lado do quarto onde havia luz, olhei para mim e me vi todo ensanguentado.

A fúria me tomou. Fui para cima dela como um rolo compressor. Derrubei-a, passei por cima dela e comecei a chutá-la, pisar, com ganas de destruir, despedaçar. Oscar e as garotas invadiram o quarto, tentaram me agarrar e sobrou porrada para todos. Só quando o irmão do Oscar me pegou pelo pescoço e perdi o fôlego é que conseguiram me parar.

Levaram-me para a cozinha. As garotas, nervosas e chorando, limpavam o sangue de meu corpo. Havia apenas pequenos furos, apenas a ponta da faca penetrara. Não havia me esfaqueado para valer. Apenas tentara me assustar e se defender. Mas a mão, cortou fundo, e foi o sangue da mão que manchou tudo. Fizeram curativos em minha mão, após estancar o sangue, e mais em três furinhos no peito. Os outros cuidavam de Isabel, no quarto.

O efeito da bebida passou. Subiu um remorso. Ela já me dera muito carinho, fora boa e compreensiva comigo, até humilde, às vezes. Nossa relação era um equívoco. Eu a desamei a partir do momento em que soube que havia dado para outros enquanto estava preso. E me vinguei; possuí todas as garotas ali, às vezes até na mesma cama em que ela dormia. Que miséria fôramos um para o outro!

Fui ao quarto, expulsei todo mundo, fechei a porta, deitei-me a seu lado e abracei-a. Comecei a chorar todas as mágoas, virei-a para mim e lhe pedi perdão por tudo, com toda a sinceridade de que era capaz. Abraçou-me com o rosto cheio de hematomas, pediu que a perdoasse também, ela não podia beber, dizia, que se descontrolava.

Ficamos um tempão chorando nossas mágoas e tristezas todas. Senti profunda piedade de mim, dela, de todos ali. Éramos uns idiotas, uns pobres-diabos que viviam a fugir da dor na busca do prazer a qualquer preço. Prometi jamais bater novamente, e ela prometeu não mais beber. A alegria começou a colorir novamente nossos rostos com sorrisos.

De manhã cedo é que fui lembrar de contar meu capital. Era uma quantia razoável. Os depósitos de material de construção tinham muito dinheiro mesmo. Procuraria atacá-los sempre que precisasse. Isabel estava com o rosto inchado, com marcas pelo corpo, toda dolorida, mas feliz como fazia muito não a via.

Oscar disse que eu precisava mesmo ter dado uns trancos nela para que entrasse na linha. Mas eu sabia que não era isso. Fora principalmente a choradeira que tivéramos, e o fato de eu prometer que iria me conter com as meninas. Ela não demonstrava, mas morria de ciúmes e se descontrolava toda por conta disso.

Saí com Oscar e Chica para fazer compras e fazer um curativo decente na minha mão. Chica e Oscar estavam mesmo tendo um caso sério. Gostei disso, aquele menino necessitava de um pai. Ela era minha fã. Admirava-me como bandido, pelo meu comando na casa, e principalmente porque saía para buscar dinheiro e voltava sempre com dinheiro. Isso me enchia de orgulho, era aquele respeito que eu buscava.

Aquelas garotas todas demonstravam sentir-se seguras comigo ali. Viviam me paparicando. Até Isabel recebia uma certa reverência, agora que havíamos nos aproximado mais.

Passamos a semana no maior lazer. O sujeito que eu havia baleado tinha sido liberado do hospital. O caso não tivera gravidade. A delegacia aceitara nossa versão. Ele passou a frequentar mais a casa, deixou de beber, e era tratado com deferência por não haver caguetado. Até transava com as garotas como fosse da casa.

Na semana seguinte, quando fui ao encontro dos companheiros, eles estavam com uma excelente novidade. A irmã do Dunga trabalhava numa tecelagem e contara como era efetuado o pagamento mensal na empresa. O Zé Garrucha levou-me ao local. Observamos, e achei que seria fácil assaltar ali. Segundo a irmã do Dunga, era muito dinheiro, havia uns duzentos e cinquenta empregados.

No dia que seria efetuado o pagamento, a irmã do companheiro nos avisou que o dinheiro chegava de manhã, quando era envelopado, e à tarde se fazia o pagamento.

Elaboramos um plano. Às nove horas da manhã, estacionamos um Dodge Dart, que o Japonês e o Dunga haviam tomado no dia anterior, na frente da empresa. Entrei primeiro, atravessei a fábrica como fora um empregado e parei próximo ao escritório. Da mesma forma, os outros dois foram entrando, um a um. O Japonês ficaria na porta do escritório nos fazendo segurança.

Bati na porta do escritório, uma moça abriu, disse que era fiscal da prefeitura e queria falar com o gerente. Quando abriu espaço para que eu entrasse, caímos os três para dentro de armas em punho. Enquadramos a moça e fomos, com ela à frente, aonde se contabilizava o dinheiro.

A tesouraria era no fundo do escritório. Dunga e eu ficamos um em cada sala, com o pessoal todo do escritório enquadrado. O Garrucha foi tomar os dois velhinhos que estavam com o dinheiro todo na mesa, envelopando os pagamentos. Todos ali eram empregados, nada ali era deles, então foi fácil. Não havia segurança. Apanhei uma arma numa gaveta da mesa do gerente. A irmã do Dunga estava lá, trabalhava no escritório e foi enquadrada também.

Fizemos os empregados sentarem-se no chão e olharem para a parede. O Zé já foi saindo com duas sacolas de feira cheias de dinheiro. Quando ele chegou à porta da firma, saiu o Japonês, depois eu, e por fim Dunga. Logo estávamos no carro a mil por hora, sem qualquer erro.

Fomos para Osasco. Fechamos e abandonamos o carro, pegamos dois táxis e, dois em cada um, fomos direto para as proximidades da casa do Zé, em Carapicuíba. Contamos a grana, festejamos com muita cerveja e alegria, descontraímo-nos, estávamos superfelizes! Depois da divisão, cada um deu um pouco para a irmã do Dunga, e marcamos encontro para a semana seguinte.

Com uma sacola de dinheiro e três armas na cinta, peguei o trem em Carapicuíba e desci em Barueri; corri para casa. Estava muito feliz, não via a hora de mostrar tudo para o pessoal. Tinha orgulho do malandro que estava conseguindo ser.

Chamei a todos no quarto; quando me rodearam, curiosos, peguei a sacola pelo fundo e despejei todo aquele montão de dinheiro na cama. Havia alguns tijolos ainda com a cinta do banco. Todos arregalaram os olhos, incrédulos. Era muito dinheiro, nenhum deles havia visto tanto em toda a sua vida. Eu me regozijava diante da estupefação deles. Agora, realmente, eu era o rei deles. Eram seis mulheres e um rapaz que naquele momento nem sabiam o que dizer de admiração e profundo respeito.

O nenê da Chica fazia um ano de idade, decidimos dar uma festa, com baile e tudo. As garotas possuíam seus admiradores na área. Vieram alguns rapazes vizinhos e moças também. Mas, antes, dei uma certa quantia a cada uma delas para que comprassem roupas novas. Todos saíram, foram para Osasco, inclusive Isabel, para comprar roupas.

A liberdade em casa era total. Elas entravam e saíam do meu quarto só de calcinhas, às vezes até nuas. Isabel xingava, mas eu apreciava aquela naturalidade. Quase todo dia apanhava alguém fazendo sexo na cara dura, no sofá, no banheiro, até na cozinha. Estava admirado de que nenhuma delas ficava grávida. Elas andavam com os rapazes da vizinhança também. Eu adorava aquele clima de liberdade que conseguíramos naquela casa.

A festa foi excelente. Bebemos muito, comemos bastante, dançamos e nos divertimos a valer. Sabia que aquilo um dia iria acabar, mas não acreditava. Para mim só existia o momento, nem passado acontecera. Viver era um mergulho no agora, instantaneamente. O resto era ilusão. Futuro não existia, passado idem. Só o presente, em sua exuberância, era real.

Dei um carrinho de criança para o nenê e um monte de roupinhas novas que Isabel comprara. A mãe disse que a criança não havia sido batizada nem registrada. Agradeceu tudo dizendo que registraria o bebê com meu nome. Eu e Isabel seríamos padrinhos.

Chica não estava mais com Oscar. De todas as garotas foi a única que realmente se apaixonou por mim. Vivia me olhando, tentando me surpreender nu, e se mostrava descaradamente para mim. Isabel sabia, mas como percebia que eu não correspondia, não se importava muito. Era a única das garotas que, às vezes, fazia sexo comigo. Sempre pronta a meu menor capricho, despertava uma tara enorme em mim. O nenê dela me cativava muito também, era um sujeitinho risonho e muito legal, sempre disposto a farra e bagunça.

Demos várias festas em casa. Eu e Isabel fomos aos salões de baile de São Paulo, vivemos tempos de imensa alegria e felicidade. O dinheiro foi se acabando, e eu ainda poderia correr atrás. Mas alguns malandrecos começaram a frequentar a casa por causa das meninas. Elas pensavam que todo malandro era como eu. Até que um deles caguetou a casa.

Uma noite, estávamos curtindo um som, quando a casa foi invadida pela polícia. Saltei a janela, dando tiros para todo lado. Foram atrás de mim, pulei muros e telhados, até cair num terreno baldio. Um vizinho me apontou para os policiais, e só deu tempo de jogar longe o revólver descarregado: me cercaram e caíram em cima de mim.

Revistaram a casa e acharam algumas bolsinhas de maconha do Oscar, aquelas que ele estava vendendo. Eu havia costurado, como se faz em cadeia, duas armas e certo dinheiro dentro do colchão de molas, prevendo qualquer eventualidade. Eles não acharam.

18

Fomos todos para a delegacia. Eu, apanhando dos PMs que queriam que lhes mostrasse onde escondera a arma. Diziam que iam me mandar para o DEIC, pois possuíam informações de que eu era assaltante, e enfiavam socos e pontapés. Recolheram a mim, Oscar e seu irmão num xadrez, e as seis mulheres noutro. Chica não foi presa por conta da criança.

À tarde, o delegado nos chamou um a um. Queria que se apresentasse o dono da maconha. De mim, queriam a arma. Sem os PMs perto, disse que não dera tiro algum e que eles haviam inventado essa arma porque entraram na casa dando tiros e queriam justificar. O que era quase verdade.

Como ninguém se apresentou como dono do tóxico, enquadrou-nos a todos. Fomos os nove autuados em flagrante por porte de maconha. Isabel, como todas as garotas, deu idade de menor. Passamos alguns dias nos xadrezes infectos da delegacia. A comida vinha do restaurante da cidade, uma só vez por dia. As meninas choravam, e eu buscava consolá-las dizendo que ao falarem com o juiz, por serem menores de idade, seriam libertadas.

Declarei nome falso e bolei uma história para mim e Isabel. O meu pai era um dos vice-diretores do Banco do Estado de São Paulo. Racista, quando soube do meu caso com Isabel, uma mulata, quis nos separar. Decidimos casar. Mas como ela era menor de idade e eu menor de vinte e um anos, só poderíamos fazê-lo com a autorização dele. Então, temporariamente, fôramos esconder nosso amor na casa do nosso amigo Oscar.

Meu pai jamais poderia saber que eu estava preso, porque então a acusaria de haver me levado para a prisão. Tudo ficaria mais difícil para nós. E ela estava grávida de três meses. Oscar assumiria a droga para o juiz. Imaginamos que assim seríamos todos libertados, só ele ficaria, afinal, a droga era dele mesmo, e precisava livrar a cara do irmão.

Chegou o grande dia. Em dois carros de presos, fomos conduzidos ao fórum. O juiz pegou as declarações de um por um. Havia ensaiado a todos, e cada um sabia seu papel. Quando chegou minha vez, interpretei tão bem meu papel que até me comovi, e senti ter convencido o juiz. Voltamos à delegacia.

À noite, as garotas foram liberadas. Só ficamos eu, Oscar e seu irmão. As garotas traziam as refeições, nos visitavam todo dia. Eu ainda estava no comando. Animava a todos e procurava levar tudo numa boa. Oscar foi condenado a um ano, e eu e seu irmão absolvidos. Foi muito triste despedir-me daquele rapaz. Ofereci-me para ajudá-lo a fugir, mas ele não quis.

Cheguei em casa, nem Isabel sabia do meu esconderijo no colchão. Coloquei dinheiro e armas dentro de uma bolsa, fiz Isabel fazer as malas e fui falar com as garotas. Não poderia ficar mais ali. Os soldados com quem trocara tiros, provavelmente, voltariam a me procurar. Disse que agora era cada um por si, estava desfeita a nossa família. Deixei um capital com a Chica para eles se virarem por uma semana, e saímos. Todas choravam, Isabel também. Eu não, estava feliz por haver escapado e tinha chance de começar tudo de novo.

Já estávamos na estação de trem, quando vimos duas viaturas da polícia dirigindo-se para a casa. Pegamos o trem e demos adeus a Barueri.

Voltamos ao pequeno hotel-pensão onde Isabel já havia morado, no bairro da Liberdade. Fui à Vila, estavam todos presos ou foragidos. Fui procurar o Zé Garrucha e não encontrei.

Passamos quase um mês com o capital que ainda possuía e com a venda dos relógios e peças de ouro. Logo ficamos descapitalizados, e fui obrigado a sair a campo, batendo carteiras. Se fosse pego na cidade, seria autuado em flagrante de vadiagem, estava enquadrado na lei.

Encontrei, por acaso, o Marcelo. Havia saído da Detenção, conversamos e chegamos a um entendimento. Afinal e apesar de tudo, éramos amigos e nos dávamos bem para roubar. O cara continuava a beber demais. Partimos para a batalha. Nossa corrida pela cidade rendeu uma quantia razoável, deu para pagar mais uma semana de hotel e ajeitar as finanças por esse tempo.

Comecei a roubar com o Landinho. Ele só batia carteiras e fazia gomas nos Jardins. Atacava mais nas feiras próximas à Consolação, Jardim América, Jardim Europa etc., era a parte nobre da cidade, onde estava o dinheiro. Equilibrei o orçamento, levei Isabel às casas de dança e a passeios a Santos, à praia. Não havia capital que chegasse, daí precisava sair para roubar sozinho também na cidade.

Estava subindo a ladeira General Carneiro, local proibido

para mim, quando vi uma japonesa pedindo para ser roubada. Japoneses sempre têm dinheiro, são (sem preconceitos) as vítimas preferidas. Fui em cima, abri a bolsa, vi lá dentro uma carteira recheada que nem fechava. Aquilo mexeu com o coração e me fez cometer um erro básico. Descuidei da segurança e não olhei para trás, para ver se alguém estava me observando.

Meti os dedos em forquilha na bolsa e, com extremo cuidado, retirei a carteira limpamente. A vítima saiu andando, parei e, quando fui sair num passo de dança, tomei um agarrão pelas costas. Alguém me pegou pela cintura e ergueu no alto. Reagindo instintivamente, enfiei o cotovelo na altura que imaginei estar a cara. Senti o baque no osso, e o abraço afrouxou. Foi suficiente para que me desvencilhasse e abrisse o gás, no pique mais rápido que consegui. Olhei para trás e reconheci um velho e corrupto tira com a mão no rosto, correndo atrás de mim e gritando: "Pega ladrão".

Corri para a rua Boa Vista, olhei novamente para trás, e já eram muitos os que me perseguiam. Atravessei a rua entre carros velozes, desviando-me de pés e de mãos que tentavam me agarrar. Entrei na primeira rua que vi e percebi que agora havia uma multidão tentando me pegar; me apavorei. Entrei em um edifício e fui subindo as escadas. Uns dois pega-ladrão subiram atrás e me alcançaram. Briguei com os dois, levei certa vantagem: eu era um animal acuado.

Desci as escadas largando um no chão e outro parado, com medo de vir atrás. Quando cheguei à porta do edifício, uma multidão me aguardava. Os que deixei andares acima já vinham atrás de mim. Briguei novamente com os dois, entraram outros, briguei mais ainda, dei socos e pontapés até na sombra, enlouqueci. Não conseguiam me dominar, e eu fui levando-os até a porta do edifício. Ainda vi o velho tira com o revólver erguido por trás de mim. Minha cabeça explodiu.

Acordei algemado, dentro de uma radiopatrulha, todo dolorido, com o velho tira a meu lado. Ele estava com um lenço todo sujo de sangue, pressionando o nariz. A viatura partiu fazendo

286

o maior estardalhaço, minha cabeça doía demais, e o povo, em volta do carro, ameaçava me linchar.

Na delegacia, encontramos a japonesa já fazendo declaração de vítima. O delegado, que já me conhecia, foi dando boas-vindas com um tapa na cara. Xinguei, tentei revidar, mas estava algemado e seguro por dois soldados. Assim mesmo, ainda cuspi no homem. Ficou raivoso, mas não se aproximou mais de mim.

Eu estava uma fera. Não podia ser preso. Isabel ia me fazer passar por toda aquela angústia novamente. Estava super-revoltado, pouco ligando se me batessem ou matassem. Não conseguia ficar um mês sem ser preso! Aquele constante apanhar, ser humilhado, espezinhado por uma polícia corrupta que sempre só quis tomar o meu dinheiro, deixava-me louco.

O tira que me prendera, levou-me a uma sala reservada e, ajudado por mais dois policiais, metodicamente começou a me socar. Vomitei na roupa dele quando me atingiu o estômago, gritei, urrei, nem sequer senti seus socos. Queria não estar algemado, sentia-me forte e a fim de enfrentá-los todos. Voltei carregado para a sala do delegado. A japonesa, quando viu o meu estado, quis parar o processo. O delegado argumentou e conseguiu demovê-la de seu intento.

O tira fez sua declaração. Não declarei nem assinei nada. Não quis abrir a boca para nada. Podiam me matar, eu não colaboraria em nada. Quando retiraram as algemas para que eu fosse qualificado, meus pulsos sangravam.

Saltei em cima do tira na hora. Bati com sua cabeça na parede e o teria matado a dentadas se não fosse seguro por policiais que aproveitaram para me bater mais ainda. Não senti nada, a raiva me anestesiava.

A socos e pontapés, fui colocado para dentro do xadrez. Caí no chão, meio morto, e ali fiquei. Sofrendo toda a angústia e agonia que havia no mundo para viver. Um dos piores momentos de minha vida. Pensei muito em Isabel, em minha mãe, em mim, em minha vida toda. Estava amortecido, nada mais importava. Agora seriam anos naquela Casa de Detenção, sofrendo perseguição e pressão da polícia e dos malandros. Meu Deus, aquilo era demais!

À tarde, a Divisão de Capturas veio me buscar. Novamente a rotina de tirar fotos do DEIC e seguir no bonde para a Casa de Detenção. A única diferença era que agora eu era reincidente e iria para o pavilhão 8, pavilhão das cobras criadas, como diziam...

Estava todo machucado. Mancando de uma perna, o rosto cheio de equimoses e hematomas, a cabeça rachada em vários lugares, um supercílio aberto, pulsos inflamados e inchados.

Após passar pela enfermaria, tomar pontos na cabeça e no supercílio, tapar um olho com um enorme tampão, tomar injeções e comprimidos, fui encaminhado à entrevista com o diretor. Quando me viu todo cheio de curativos, olhou bem meu tamanho e cara de menino, acho que ficou com dó, e me designou para o pavilhão 5. Na época, era o único de celas individuais.

Cheguei ao pavilhão e já fui trancado em uma cela individual. O fato de estar sozinho aprofundou minha angústia. Era desesperante estar naquela celinha, trancado. Estava em regime de prova. Vários malandros foram me ver. Eu era novidade, parecia ter quinze anos, a maior cara de criança, e estava todo machucado.

Notei os olhares cobiçosos, libidinosos. Sabia que não podia pedir nada para ninguém nem aceitar nada de ninguém. Caso contrário, tudo o que me fosse dado seria cobrado em termos de pederastia. Conhecia alguns de Mogi, da cidade, da Vila. Havia alguns em quem sabia que podia depositar confiança relativa. Era a sociedade do relativo. Nada era absoluto, apenas a morte, que podia ocorrer até por uma simples ofensa. Diziam que até por uma bisnaga de pão podia se encontrar a morte ali. Eu sabia que não seria por causa do pão, e sim por causa da conversa que surgia por causa do pão.

No dia seguinte, fui chamado pelo médico, que me examinou dos pés à cabeça. Ordens do diretor. O médico afirmou que eu parecia haver passado por uma tortura. Acho que só foi depois disso que o corpo começou a doer. Encheu-me de curativos, deu pontos na boca, passou remédio, deu injeção e um vidro de comprimidos para tomar de oito em oito horas.

Doía tudo. Pensava com que direito me espancaram tanto. Dava um estremecimento pelo corpo todo de revolta e ódio. Da próxima vez, jurava estar armado, então queria ver a coragem dos otários para me bater, eu os mataria como a moscas!

O mundo todo agora era composto só de inimigos, e doravante era assim que os encararia. Eles iam ver... Não haveria dó ou piedade por ninguém. Agora compreendia o que era ser bandido. Entendia que bandido era sinônimo de crueldade e perversidade. Nunca matara ninguém, agora estava arrependido por não haver matado quantos pudesse! Só apanhara e sofrera desde criança. Mas eu agora sabia: podia demorar, mas eu sairia e aí as coisas seriam diferentes. Não era o bicho que eles queriam? Pois era o que iriam ter!

Fiquei em regime de prova por vinte dias, trancado, sem sair da cela, me remoendo por dentro. No dia em que fui liberado para ir ao recreio, fui chamado para o fórum. Passara o Natal na prova e nem percebera direito. Não vira nada de Natal, a não ser uma refeição melhor que distribuíram.

Ninguém viera me visitar. Não mandara avisar minha mãe. Agora já sabia que não ficaria preso muito tempo. Como primário em condenações, na minha primeira condenação receberia sursis automaticamente. Quando saísse, iria procurá-la, como já estava virando tradição. Eu só a procurava quando estava na pior. Também a procurara quando estivera em melhores condições, e não adiantara nada. Dona Eida não aceitava meu dinheiro. Sabia que era roubado. Minha mãe era a honestidade personificada.

Isabel não me saía da cabeça. Sabia que devia estar descontrolada e, por certo, dando para todo mundo. Aquilo me corroía por dentro. No maldito alto-falante, tocava "Amada amante" a todo momento. Tortura chinesa para mim.

No fórum, o mesmo sufoco de sempre. As mesmas humilhações e o mesmo mal-estar de todas as vezes. Eu já sabia o caminho para as varas processantes, de cor. Em frente a um juiz gordo, cheio de empáfia, decerto julgando-se parceiro de Deus no julgamento dos míseros presos subumanos, fui réu confesso. Assumi que realmente havia roubado a mulher e que fugira sendo violentamente abatido por populares e policiais. Queria ser condenado sem mais delongas, rapidamente, para já receber o sursis. Daí por que confessar e facilitar as coisas para o onipotente juiz.

No primeiro dia que saí para o recreio, conversei com vários conhecidos e fui apresentado a outros malandros. Parecia que todos queriam me conhecer, nem sei por quê. Eu era novidade, todos achavam que eu era menor de idade. Juninho, um conhecido do RPM e da Vila, apresentou-me o Cobra. Um malandro já bastante experiente, que havia cumprido pena na Penitenciária e em várias prisões do Brasil.

Bastante simpático, perguntou-me o motivo de minha prisão. Contei-lhe os fatos. Comentou que, se não chegasse a polícia, eu seria linchado de fato. Estremeci só de pensar. No diálogo, disse-lhe que sairia logo daquela, mas não seria mais preso vivo. Preferia morrer. Ficamos conversando e andando no pátio. O sujeito já frequentara a Vila, conhecera meus parceiros. Deu-me notícias de que o Joy já saíra do DEIC e já estava novamente sendo procurado. Ele assinara um monte de processos por assalto e um latrocínio. Comecei a fazer planos de encontrá-lo assim que saísse.

No dia seguinte, no recreio, o Cobra convidou-me para que fôssemos fumar um baseado. Fiquei ressabiado, mas o Júnior dissera-me que o sujeito era legal, que inclusive dera uma força para ele, quando chegara. Aceitei. Cobra conhecia as garotas da Cinco Esquinas, estávamos andando, e ele falava de cada uma delas. Havia duas que visitavam o Juninho e a ele.

Júnior tinha um primo que era meu amigo e amigo do Cobra. Conversávamos distraidamente sobre ele quando, de repente, vejo o meu acompanhante cair para a frente, qual houvesse dado um tropeção em alguma coisa. Estranhei, pois estávamos na calçada cimentada do pátio. Olhei para trás, e

290

havia um rapaz mulato, forte, com uma faca enorme na mão, ensanguentada, parecendo mais uma espada.

Rodeava o Cobra dizendo que havia chegado a hora dele. A vítima tentava erguer-se, com o sangue já avermelhando a camisa clara. Parecia que não conseguia forças para se levantar. Havia tomado uma facada fatal nas costas, quando caiu. O mulato espetou-lhe mais algumas vezes, então o Cobra emborcou de vez no solo e com os pés procurava evitar a aproximação do algoz. Mas este devia estar com a febre do ódio, subiu por cima da vítima e foi cravando aquele pedaço de ferro improvisado em faca pelo peito e barriga dele. De repente, o Cobra parou de lutar, só se debatia, enquanto o mulato, com as duas mãos, enfiava-lhe a faca sem dó. Eu conseguira me afastar um pouco e encostara na parede, minhas pernas ficaram moles, e não conseguia me mexer, estava paralisado pelo choque, pelo horror.

A faca subia e descia, e quando entrava no corpo, tal era a violência dos golpes, atravessava-o e batia no cimento embaixo, produzindo um barulho sinistro. O sujeito não parava mais de esfaquear o cadáver, estava enlouquecido. Todo sujo de sangue, babava uma gosma branca pelos cantos da boca.

O sangue espirrava alto, manchando até a mim, que estava a uns dois metros da cena. Não conseguia sair dali, estava hipnotizado pela brutalidade que presenciava. Quase todos os presos do pavilhão nos rodeavam e assistiam, impassíveis, àquela carnificina.

Vieram os guardas, uns cinco, de porrete nas mãos. Rodearam o homicida, pedindo-lhe a faca, à distância. Cansado, ofegante, o mulato, com a roupa toda suja de sangue e grudada no corpo de suor, olhou bem o cadáver e convenceu-se que estava realmente morto. Olhou ao redor e parou aqueles olhos dementados em mim. Estremeci de cima a baixo. Mediu-me e deve ter percebido que eu não passava de um menino e que, apesar de estar andando com o Cobra, não lhe oferecia perigo algum. Voltou-se para os guardas, que o intimavam de longe a que entregasse a faca. Lentamente, desenganchou a faca de uma corda amarrada ao pulso e a entregou aos guardas, acompanhando-os, cabisbaixo, à carceragem.

Segunda, desci ao recreio. Estremeci ao passar onde morrera o Cobra. A parede ainda estava salpicada de sangue. Fiquei andando com o Júnior. Ele estava para ser libertado, dizia que não queria roubar mais. Iria trabalhar, casar com a namorada, formar família e nunca mais queria saber de cadeia. Deu-me alguns conselhos que rejeitei. Eu queria sair e soltar minha revolta e ódio ao mundo. Achava que sofrera muito e que alguém iria pagar por isso.

Juninho dizia que eu não sofrera tanto assim, que eu ainda não vira nada da vida do crime. Citava exemplos de fulano, beltrano, sicrano, a quem conhecêramos em juizados, que estavam enterrados vivos em múltiplas condenações. Dizia que eu possuía uma enorme chance ainda por não ter processos pendentes e que devia aproveitá-la.

Eu estava refratário a esse tipo de conselho. Comigo não iria acontecer o que sucedera com os outros, pensava. Queria vingança. Estava escravo de um sonho de felicidade inexistente pelos caminhos que trilhava.

Conversei com outros malandros, na maioria, sonhavam em dar um bom golpe e parar. Só que parecia que esse golpe mágico não existia, e eles tornariam à cadeia ou morreriam nas mãos da polícia.

Juninho mesmo, no fundo, iludia-se. A própria garota com quem desejava casar, já era viciada em gasolina de carros. Era só alguém aparecer de carro que arrastava a maria-gasolina. Sabia, por dentro, que ele estava certo. Mas para mim parecia impossível. A inquietude e o imediatismo eram minhas forças propulsoras. Havia uma insatisfação enorme lá no fundo de meu ser.

Minha ambição crescera. Agora queria ter um carro, um apartamento em Santos e viver na praia, tomando caipirinhas geladas e curtindo a mulherada. Pensava em um apartamento todo equipado, com som para ouvir os meus rocks, TV, geladeira e todo o conforto existente. Imaginava grandes assaltos para chegar a isso.

Na prisão, conhecera assaltantes de bancos e empresas. Como já roubara o pagamento de uma empresa, julgava-me um deles. Sonhava acordado em formar uma quadrilha para cometer só grandes assaltos. Julgava-me com cabeça para grandes planos, só precisava dos companheiros certos.

Na realidade, eu era um ladrãozinho bem pé de chinelo, mas julgava-me assim por falta de oportunidade. Se houvesse encontrado parceiros com cabeça, podia estar rico, pois coragem para invadir qualquer lugar de armas nas mãos não me faltava. No pavilhão 5 havia muita maconha. Passava os dias com esse tóxico no espírito. Fumava sempre que era convidado pelos conhecidos em quem julgava poder confiar. O Juninho sempre me dava um baseado para passar a noite.

O pavilhão 5 era uma cadeia dentro de outra cadeia. As muralhas cercavam o pavihão, além das muralhas que cercavam a cadeia toda. Era um pavilhão de castigo e enfermagem. Ali eram congregados os piores elementos da prisão toda. Um dos pavilhões mais perigosos da prisão.

Quarta e sábado eram dias de fazer a barba e a faxina nas celas. As celas ficavam abertas, fazíamos a barba na porta de nossas celas. Eles vinham com o creme de barbear e navalha, rapidamente faziam a barba de todos. Como não tinha sequer um fio de barba, passeava na galeria, indo de uma cela a outra, visitando conhecidos.

Andava pela galeria, num sábado, quando ouvi uma gritaria. Fui observar, curioso. Quando cheguei ao local dos gritos, quis voltar, mas já era tarde demais. Fui novamente hipnotizado pela brutalidade. Havia um preso no chão e um outro com um cano de ferro nas mãos. Batia, com toda a força, com o cano na cabeça do sujeito prostrado no chão. Voava sangue e miolos para todo lado. A galeria parecia haver tomado um banho de sangue. E o sujeito não parava de bater. A cabeça da vítima estava esmigalhada, disforme. Assistia àquilo em pânico, transtornado.

Reparei, então, que conhecia a blusa do sujeito no chão. Era do Juninho, ele até já me emprestara para que fosse ao fórum.

Olhei melhor e vi: aquele cara rebentado era o Juninho! Estava morto já! O choque foi paralisante. Não sabia o que pensar ou fazer, aquilo me abalava todo. Queria entrar e fazer o agressor parar de destruir meu amigo. Mas sentia que se entrasse, seria morto também, o agressor era enorme e estava bem armado. Juninho já era um cadáver.

Seria possível que todos os que andavam comigo seriam mortos? Por que o Júnior estava sendo morto? Que fizera para tão finalizante castigo? Dizia-se regenerado, não mexia com ninguém, só vivia me dando conselhos...

O agressor parou, pegou o cadáver pelos cabelos e saiu puxando-o para a gaiola. Um rastro largo de sangue os acompanhava. A cara de meu amigo era uma massa disforme, horrível! Quando alcançou a gaiola, entregou o cano para o guarda que olhava horrorizado para o cadáver. Desceram os dois para a carceragem, e eu fiquei olhando o que restava do Júnior.

Seus olhos estavam saltados para fora do rosto, pendentes. Pensei em sua mãe, sua irmã que o amava tanto. Como aquela pobre gente iria sofrer com aquilo. A namorada era capaz de dar graças a Deus, nada mais a prendia, iria cair na gandaia geral agora!

Soube, posteriormente, que o Juninho era garoto do sujeito que o matara. Nem desconfiava disso, mas então pude compreender por que ele tinha maconha. E morreu apenas porque discutiu com o sujeito e, quando este lhe bateu, ele revidou. Pela lei da cadeia, ele teria que apanhar e se calar, não possuía moral para poder revidar.

Pensei demais sobre o que ele me dissera dias antes. Ele devia sofrer muito na cadeia por ser mulher para um homem, sendo homem: ele não era homossexual. Ali havia um constrangimento. Deu a maior vontade de me regenerar e sair daquele mundo louco e cruel. Por outro lado, pensava no que adiantara a vontade que ele tinha de se regenerar. Morrera estupidamente massacrado, sem poder ter sua chance. Dava nojo da vida!

Dias após, fui chamado ao fórum novamente. A vítima e o condutor de prisão seriam ouvidos pelo juiz em minha frente.

Sentei-me à cadeira dos réus. Não demorou muito, e apareceu a japonesa que eu roubara. Estava delicadamente bonita. Até pensei que em vez de roubá-la devia namorá-la, pelo menos não haveria todo aquele prejuízo. Cumprimentou-me com um leve sorriso. O juiz tomou seus dados e, de cara, perguntou se fora eu quem a roubara. Todos aqueles que estavam na sala olharam para mim, e eu me senti mais réu que nunca. Respondeu que não poderia dizer, pois que não percebera que fora roubada. Recebera sua carteira de um policial e me vira apanhar de todo mundo na delegacia, inclusive do tira que lhe havia entregado a carteira.

O policial foi chamado a seguir. Portou-se qual fosse um herói. Com riqueza de detalhes, mentiu que me conhecia como punguista e, quando me vira atrás da vítima, decidira seguir-me. Vira-me abrir a bolsa e roubar a carteira, então agarrara-me. Disse que eu lutara com ele, agredira-o e escapara. Mas que correra atrás de mim e me pegara dentro do edifício.

O juiz olhou-o, era um velho, flagrantemente duvidou de sua versão. Mas nem lhe perguntou se me batera ou não. Não importava. Voltei para a Detenção, agora para aguardar sentença e o respectivo sursis. Era só esperar, era questão de dias.

No pavilhão 5 um tal de Pedrão começou a me procurar muito para que eu andasse com ele no pátio. Fora ele quem me contara a história real do Juninho. Percebi, de cara, que o sujeito era pederasta e que tinha intenções óbvias a meu respeito. Não podia desprezá-lo, seria uma ofensa gratuita, motivo para que o sujeito apelasse para a ignorância comigo. Teria que levá-lo na astúcia, até ir embora.

Não dizia a ninguém que estava para ir embora. Muito pelo contrário. Contava até mentiras sobre inquéritos que tinha assinado e que logo começariam a surgir. Eu os surpreenderia com minha liberdade.

Estava muito viciado em maconha. Na rua, fumava assim, continuamente. Na prisão, a necessidade aumentava enormemente. Precisava de um baseado pelo menos à noite, para poder sonhar, me iludir. Caso contrário, mergulhava em depressões terríveis. Começava a pensar em Isabel, no que ela estaria fazendo, com quem andaria, essas coisas doloridas. A maconha já me fazia ir para o futuro, pensar nos mirabolantes assaltos que faria e em grandes castelos de vento de como gastar todo aquele dinheiro. Pensava que de tudo o que havia lá fora, eu tinha uma parte. Era só preciso tomá-la daqueles que queriam ficar com tudo sem me dar chances.

Certo dia Pedrão trouxe-me um pacote com meio quilo de maconha para que eu guardasse até o dia seguinte. Sabia que se me pegassem com aquela droga, seria autuado em flagrante e não sairia mais. Era um risco enorme. Mas havia algo positivo. Eu estava fazendo alguma coisa pela droga que fumava. Não seria grátis. Ao mesmo tempo que percebia a jogada do Pedrão. Ele tentava fazer com que eu crescesse os olhos na maconha dele, para depois vir com a cantada. Fazia um trabalho a longo prazo comigo. Sua armadilha não funcionaria, quando percebesse, eu estaria indo embora.

Aprendi a fazer maços de maconha. Meio quilo dava para fazer dezesseis maços de cigarros, bem cheios. Fazia balas também. Eram medidas de venda: maço era atacado, balas varejo. Vendi balas também, estava até me saindo bem como traficante de cadeia. Arrumei até um certo capital. Eu conhecia a rapaziada mais nova, e esses eram meus fregueses certos, sempre me procuravam.

Inesperadamente, certa noite um guarda veio me buscar na cela. Estava dormindo, acordei assustado com o guarda; era a liberdade que chegava.

Ainda sonolento, assinei o papel que me concedia o sursis. Havia recomendações de não poder estar na rua depois das dez horas da noite, não estar em bares, lugares suspeitos etc. Ótimo, sem sequer me despedir de ninguém, fui saindo. Respondi várias vezes os meus dados aos carcereiros, e, de repente, as portas se abriram para mim. Do inferno julguei caminhar para o céu.

19

A noite era de lua cheia, o céu estava pontilhado de estrelas que brilhavam, brilhavam... Eu bebia aquilo a longos sorvos. Quase não dava para acreditar. Fui andando, pisando no alto, sentindo-me o ser mais feliz do mundo. Liberdade não era uma condição abstrata, mas algo concreto, substancial. Uma condição a ser desfrutada fisicamente, de sabor agridoce, como uma fruta sumarenta. A existência prisional era um deserto, sem árvores ou oásis. Liberdade significava ausência da ameaça constante de apenas uma faísca gerar uma explosão, como é a prisão.

Meus passos, involuntariamente, me levaram ao lar materno. Havia passado Natal e Carnaval preso, e em minha cabeça explodia a ideia de nunca mais ser preso. Lembrei os conselhos do finado Juninho, mas eu não tinha mais saída. Meu pai não me queria em casa. Para morar, comer, vestir, precisava pagar. Não tinha sequer documento para arrumar um emprego. Como faria? Depois, eu queria viver, e viver significava ter dinheiro, muito dinheiro, para fazer o que se gosta.

Não havia saída para mim. Bater carteira, não queria mais. Estava muito conhecido pela tiragem e nem podia entrar na cidade. Se fosse preso, já seria autuado pela vadiagem. O que fazer? Estava sem armas, nem sabia como obtê-las, de imediato. Só se encontrasse o Joy. Para mim só havia a alternativa do crime. Viver pilhando e me escondendo para sobreviver. Mas até essa alternativa se pintava negra. E Isabel, como estaria? Fazia uns três meses que não a via. A saudade era enorme.

Ao chegar em casa, novamente esperei meu pai sair para trabalhar. Quando saiu, percebi que seus cabelos estavam embranquecendo, subiu um sentimento de ternura, vontade de alisar seus cabelos e chamá-lo de pai. Que vontade de falar com ele. Desabafar meu coração, sentir sua segurança, mas não me atrevi. Dona Eida recebeu-me entre surpresa e contente, eu era um estrangeiro em casa. Como sempre, só a procurava quando saía de alguma prisão. Dona Eida estava séria, já amortecera muito seu amor por mim.

Voltei à Cinco Esquinas. O comentário era que o Joy estava solto mas já o procuravam novamente. Estava roubando com uns caras da Zona Sul. Arrumei algum dinheiro emprestado e fui para a cidade. Procurei por todo canto, mas de Isabel, nem se ouvira falar. Só uma pessoa me disse que ela havia ido para Santos. Longe demais.

Encontrei Ângela no centro da cidade. Levou-me na Lapa e em Santana para roubar. Conseguimos alguma grana. Fomos dormir num hotel, ela não morava mais no apartamento. Não foi legal como antes. Ela estava demais entregue às picadas e bebidas, emagrecera demais e já não possuía a energia que a caracterizava. Eu estava triste, pensando em Isabel. Precisava dela.

Logo cedo, já saímos para roubar novamente. Eu precisava comprar roupas e armas. A punga não me interessava mais, estava ali porque precisava. Ângela estava demasiadamente movida a álcool. Isso a deixava acelerada e descuidada, fácil de ser presa.

Nesse dia, por sua temeridade, foi vista por um rapaz quando roubava uma carteira. Não deixei que percebesse que estávamos em dois e fui atrás dele. Quando ela atravessou a rua, ele agarrou-a pelo braço. Fui por trás, peguei uma pedra que vi no chão e a sapequei em sua cabeça. Largou-a e veio para cima de mim, o sujeito era enorme. Dei-lhe com a pedra na cara, o que não o parou. Ângela, com muita presença de espírito, foi dizendo, aos gritos, que não queria mais saber dele e que gostava de mim. Pegou-me pelo braço, e fomos abrindo caminho em meio ao povo, enquanto o pega-ladrão nos olhava ensanguentado e perplexo.

Quando chegamos aos trilhos do trem, começamos a correr. Só então a multidão entendeu e começou a correr atrás de nós. Ângela parou um táxi com seu corpo, postando-se no meio da rua, entramos, e ela quase forçou o motorista a tocar em frente. A multidão já estava dobrando a esquina atrás de nós. Ô garota decidida!

Fomos para a cidade. Pensava em abandonar aquela doida.

Não queria mais saber de bater carteiras. Sentia-me rebaixado como punguista. O conceito no meio criminal, nessa época, era para assaltantes e arrombadores. Punguistas, traficantes, estelionatários eram desconceituados na estratificação social do submundo, eles estavam em baixa. Embora, já na época, os traficantes começassem a ser bastante valorizados. Quase todos estavam indo para a prisão com dois ou três homicídios. Os assaltantes já não assaltavam mais como antes; eles estavam matando os que se atreviam a reagir. Eu já tinha na cabeça os valores da prisão, estava livre, mas preso por aqueles valores aprendidos no juizado e reforçados na cadeia.

Sentia que necessitava soltar o bicho preso em mim. Precisava extravasar a revolta, a frustração de não conseguir viver como os outros. Nem sequer para tirar documentos tivera maturidade e responsabilidade. Me acostumara à vida clandestina e estava achando que essa era a vida verdadeira.

Fiquei com Ângela, porque propôs que fôssemos fazer compras com os talões de cheques que havíamos roubado. Estava sem roupas e precisava me vestir bem, eu era bastante vaidoso. Além do quê, precisava manter a imagem de prosperidade para o submundo que, segundo eu imaginava, me observava a cada passo.

Saímos logo cedo. Fomos a uma loja de artigos femininos, onde Ângela comprou lingerie. Pagou em cheque que preencheu na hora, com a maior naturalidade. Nem o documento pediram para ela. A vendedora aceitou até com certa reverência, não eram muitas as pessoas que possuíam talões de cheques, só os mais ricos.

Os talões que possuíamos foram furtados de mulheres, ela teria de pagar sempre, eu posaria de empregado. Entramos num magazine famoso no centro. Ela escolheu várias calças e camisas, que fui experimentando, tipo obedecendo às ordens dela. Depois comprou mais um monte de coisas para mim, tipo tênis, sapato, cinta, pacotes e mais pacotes. O táxi nos esperava à saída, lotado de compras anteriores.

Ela parecia mesmo uma garota rica a fazer compras. Fizemos várias viagens para o hotel com táxis cheios de coisas, mudando de táxi a cada viagem.

Gostei demais daquela maneira de roubar. Gostei mais ainda quando, após o almoço pago com cheque, fomos às lojas de aparelhos elétricos. Encarnei o empregado cheio de opinião, e compramos rádios, vitrolas, gravadores, liquidificadores, TVs portáteis, brinquedos etc.

O que mais compramos foram roupas femininas, abarrotamos de roupas um canto do quarto de hotel. Passamos o dia, até escurecer, a fazer compras, estouramos três talões de cheques, foi delicioso! Aquilo não era roubo, era diversão; comprar e gastar era um prazer enorme!

À noite, saímos a campo para vender nossas mercadorias. Tínhamos nota fiscal e tudo, e era tudo novinho em folha. Foi instantâneo. Um amigo, conhecido do juizado, nos levou a um receptador. Quando comecei a descrever o montante das mercadorias e mostrar as notas fiscais, o sujeito já babava de ambição. Combinamos um encontro para o dia seguinte. Nós o levaríamos para ver os objetos, e ele arremataria o que lhe interessasse.

Dessa vez, a cama com Ângela foi melhor. Estávamos ambos contentes com os resultados de nossa batalha e com ótimas perspectivas. Eu já tinha roupas de montão, e tudo escolhido a dedo, poderia me apresentar em qualquer lugar, e fazia apenas dois dias que saíra da prisão. Era o sucesso! Podia até me sentir realizado como malandro. O ânimo começou a crescer novamente.

De manhã cedo encontrei-me com o receptador. Ele veio com uma caminhonete, pronto para levar as mercadorias. Levei-o ao hotel. Quando comecei a colocar o material sobre a cama, vi os olhos dele brilharem. Só de calças femininas, havia umas cinquenta, e Ângela não usava calças. Rádios, havia uma meia dúzia, fora um monte de outras coisas, até ventilador havia. Discuti os preços. Ele só queria levar o que escolhesse, e nós batemos o pé: só negociaríamos tudo de uma vez.

Conseguimos convencê-lo a ficar com tudo a um preço

300

mais vantajoso para ele. Para nós, pouco importava, não custara nada mesmo. Fomos ao banco com ele, onde retirou o dinheiro e nos pagou. Carregamos sua caminhonete e nunca mais o vimos.

Estávamos felizes, guardei a maior parte do dinheiro que ficara para mim, e saímos na noite para comemorar. Queria comprar uma arma e encontrar parceiros. Queria saber notícias de Isabel, estava morto de saudade dela. Os salões de dança eram os melhores locais para obter informações.

Apanhamos umas garrafas de Pervitin, nos aplicamos e saímos para a festa superbem vestidos. Corremos várias casas de dança, contatei muita gente, as perspectivas eram ótimas. Já queria me livrar de Ângela ali mesmo e curtir outras garotas que apareceram. Precisava apenas voltar ao hotel dela, apanhar meu capital e minhas roupas.

Na casa de dança Som de Cristal, encontrei dois malandros que conhecera na cidade, o Azul e Robertinho. Ambos assaltantes. Estavam com um Karman Guia TC recém-saído da fábrica, ainda sem placas, só com o papel do licenciamento. Claro, era roubado. Ambos estavam armados e sem tostão. Iriam sair para assaltos quando nos encontraram. Azul era mais punguista que assaltante, e percebi que não tirava os olhos de Ângela. Ela, além de bonita e gostosa, tipo falsa magra, ainda era a galinha dos ovos de ouro. Era ladra mesmo e ganhava quanto queria. Robertinho, viciado em picadas, estava fissurado para tomar umas garrafinhas. Estava com um revólver antigo, Colt .38, fosco, de meter medo em qualquer um. Eu já o cobicei enormemente, pensei até em tomá-lo do Roberto. Mas, como ele era piloto, valia mais que o revólver.

Roberto me chamou para fora do salão, queria conversar. Deixei Ângela com Azul e fui atendê-lo, embora já soubesse o que ele queria. Queria dinheiro emprestado para comprar Pervitin. Comprei a ideia dele, e em vez de emprestar, saímos para o carro para tomar picadas juntos. Que se danasse a Ângela! Mulher era mato, e isso de roubar, eu era tão capaz quanto ela, e... meu negócio era assaltar.

Passamos na boca da praça Marechal Deodoro e comprei algumas garrafinhas. Elas tinham um centímetro cúbico de sal de anfetamina destilado, era uma loucura! Levou-me ao apartamento onde morava com a mulher, na rua do Lavapés, no bairro da Bela Vista. Tomamos a droga ali, sua mulher nos olhando com olhos censuradores.

Eletrizados, esquecemos os dois que deixáramos no salão e fomos curtir o carro. Ele era lindo, por dentro e por fora, devia ser de algum playboy: estava todo equipado. O toca-fitas era estereofônico, e havia uma sacola de fitas cassete. Pegamos avenidas, estradas, o quebra-vento assobiava, o carro voava, a velocidade inebriava. Eu estava alucinado de alegria! Me sentindo livre, finalmente.

Decidimos realizar alguns assaltos, assim de estalo, nada refletido, pois eu estava com bastante dinheiro guardado e jamais pensei em juntar nada. O que entrava era para gastar. Entramos em um posto de gasolina na avenida Indianópolis para abastecer o carro. Saí para esticar as pernas. A arma estava comigo, seria eu a enquadrar o frentista. Havia um só frentista e um sujeito que se via lá no escritório. Decidi na hora.

Fui por trás do frentista e, quando o tanque do carro ficou cheio, enquadrei-o. Roberto entendeu, saiu do carro, revistou o sujeito, e fomos os três para o escritório. O gerente estava abrindo a gaveta da mesa à qual estava sentado quando entramos. Percebendo algo estranho em seu movimento, saltei em cima dele, com o revólver engatilhado em sua cara. Como mandei, e aos gritos, tirou a mão da gaveta e se afastou da mesa. Quando abri a gaveta, havia um revólver Ina .32, todo niquelado, parecendo brinquedo, e várias balas esparramadas. Já soltei duas coronhadas na cara do sujeito, espirrou sangue longe. "Filho da puta, ia atirar em mim, né?" E tome coronhadas. O dinheiro também estava na gaveta, em um pacote, era a féria do dia. Peguei ainda um relógio, que já fui colocando no pulso. Tanque cheio, gerente e frentista trancados no banheiro, o posto era nosso; quebramos tudo de farra e saímos a mil em direção a outros postos.

Rendemos mais uns dez postos de gasolina. Estávamos entusiasmados com a facilidade. Num deles encontramos uma arma automática argentina, calibre 22, de dezesseis tiros, parecia uma Colt .45. Voltamos no centro, Azul e Ângela não foram mais encontrados. Dei graças a Deus e fui dormir na casa do Roberto.

De manhã, saí da casa dele com minha parte nos butins e o .38 Taurus. Ele ficou com as duas armas que conseguíramos nos assaltos. Disse-me que iria vendê-las. Roberto explicou que não queria mais roubar. Com o dinheiro que conseguíramos, iria viajar para outro estado com a mulher para tentar uma nova vida.

Duvidei, achei que queria me despistar. Julgou que eu fosse um assaltante decidido demais para ele, ficou com medo, ele era mais um ladrão de carros que um assaltante. O engraçado era que eu o estava julgando um bom piloto e respeitando-o, achando-o mais bandido que eu. Eu apenas estava tentando representar um assaltante decidido para fazer face à experiência que ele demonstrara.

A pressão psicológica estourou para o lado dele. Ambos blefamos, e ele pagou para ver minhas cartas, mas antes se deu por derrotado.

Passei o dia andando sozinho, olhando vitrines, comprando alguma roupa, chupando sorvete, escutando músicas novas nas lojas de discos, mexendo com as garotas, enfim, namorando minha cidade. Mas um pouco longe do centro, com medo dos tiras que me conheciam. À noite fui percorrer os salões de dança.

Num bar próximo ao Garitão, encontrei uma mulher com quem, uns quatro anos antes, na carceragem de uma delegacia, mantivera um curto namoro. Eu era, na época, pouco mais que um menino, e ela já era uma mulher. Mais brincara comigo do que qualquer outra coisa. Era conhecida como malandra, ladra e muito conceituada no meio criminal. Fora companheira de vários malandros de nome no submundo paulistano.

Não era bonita. Mas possuía uma beleza diferente, exótica,

e uma voz rouca, sensualíssima. Reconheceu-me de imediato e veio falar comigo. Aquela mulher, sei lá por quê, me atraía. Sua fama, sua mobilidade no crime, me projetaria muito no meio.

Poucos sabem, mas há um círculo no mundo criminal em que poucas pessoas são capazes de se integrar. Estar com ela me conferia o mesmo status, quase, de seus ex-maridos. Não haveria o que me impedisse de participar das informações, contatos e dos lances que eram realmente importantes. Aceitei a aproximação, já calculando lucros e dividendos, e respondi com abertura total.

Da delegacia em que estávamos, ela fora mandada para a Penitenciária Feminina, estava condenada por assaltos. Saíra recente, como eu, depois de quase quatro anos de prisão. Estava com fome de leoa.

Conversamos, trocamos informações, e eu, lisonjeado, sentia que ela me comia com os olhos. Bebemos, e ela, na cara de pau, me convidou para que fôssemos fumar um baseado em seu hotel. A proposta era clara, vinha de seus olhos febris. Aquela mulher queria me devorar, e eu estava louco para ser devorado! Era a primeira mulher que me cantava.

Ela morava em um hotel na boca do lixo. Eu o conhecia, era um pouco mais sofisticado que os outros, mais residencial, com elevador e suítes. Aliás, a boca já não era mais como na minha adolescência. As mulheres já não faziam suas caças nas ruas. Ali já não era mais a zona do meretrício, com exceções, é claro. As mulheres haviam invadido a cidade. Agora a cidade toda era uma boca. No hotel, notei que, desde o porteiro até o ascensorista, todos a respeitavam. Havia até uma certa deferência. Em seu quarto, um monte de coisinhas delicadas e femininas, muito parecido com o quarto de Isabel. Foi logo me agarrando, beijando, assumindo uma posição ativa. Eu achava interessante; sempre me disseram que o homem é que ataca, e a minha experiência com mulheres sempre apontava para o contrário. Ela era mais alta e mais forte que eu, me dominava facilmente.

Quando chegamos aos finalmente é que reparei que ela

304

era mesmo mestra no ofício. Fazia contorções internas que me arrepiavam, parecia haver uma mão muito suave me pegando lá dentro dela. Quando cheguei ao orgasmo, então, ela me esmerilhou de uma vez. Tive a impressão de que o esperma não ia mais parar de sair de mim, parecia urina de tanto.

Jamais havia estado na cama com uma mulher com aquela experiência em proporcionar prazer tão profundo. No final, me senti como um limão espremido. Vazio, quase morto. Apenas uma experiência física, sem qualquer emoção. Não era suficiente.

De manhã, quando acordei, não a encontrei no quarto. Fiz a higiene, tomei um banho e esperei-a. Chegou com uma garrafa térmica cheia de café com leite, trouxe pão doce, croissant, geleia e queijo.

Fiz uma lauta refeição, em vez de café matinal. Conversamos, e ela, assim, sem mais nem menos, perguntou por que eu não mudava para o quarto dela. A resposta era óbvia: porque nunca fora convidado. Mas o sexo à noite fora uma prova de que me queria. Fomos práticos; então eu mudaria para lá, e naquele dia.

Depois de conversarmos bastante, peguei um táxi e fui ao hotel de Ângela. Ela acordava quando cheguei. Peguei tudo o que era meu, meu dinheiro e as coisas que separara para mim do que não vendêramos ao receptador. Perguntou por que eu não ficava morando com ela, e já veio me pegando e esfregando suas gostosuras em mim; como sabia, eu não resistia. Respondi que ela era minha amiga, mas não minha companheira. Eu precisava de uma companheira. Resisti; também, com a surra de sexo à noite, quem se animaria? Nem falei nada de ela haver sumido com o Azul, assim como ela nada disse de eu só aparecer dois dias depois. Sem bronca, amigos para sempre.

Cheguei ao hotel da Sueli com o maior monte de coisas, coloquei tudo no elevador. O porteiro só me olhava, cozinhando com os olhos. Subi e desci até levar tudo. Quando terminei, perguntou-me se eu ia alugar um quarto. Olhei-o de cima, como se dissesse: não se enxerga? Já assumi a posição de malandro, respondi que não e, sem mais explicações, subi no elevador. Contei a Sueli, ela interfonou na hora e deu a maior prensa no sujeito. Eu agora era seu marido e como tal devia ser respeitado. A mulher era bandida e temida.

À noite, todo de roupa nova, novamente, saí com ela para os salões de dança. Fui armado, ela não gostou muito, pois que teria de carregar a arma na entrada de alguns lugares onde os homens eram revistados. Chegamos a um bar, ao lado do Salão Paulistano, na rua da Glória, entramos separados e fomos beber.

Quando percebi, do meu lado esquerdo, no balcão, estava Sueli, do outro encostou um tira, meio bêbado e acho que dopado, de uma delegacia em que eu estivera. Queria dinheiro. Discuti, disse-lhe que não estava fazendo nada para ele cobrar dinheiro de mim. O sujeito ficou indignado e deu-me voz de prisão, já procurando algemas.

Dei-lhe a mais violenta cotovelada de que fui capaz, no meio da cara. Ele caiu do banco para o chão, já procurando pegar a arma. Saquei a minha, ameacei, ele não acreditou, continuou a tirar a arma. Sapequei dois tiros, pulei para dentro do balcão e corri, atropelando os atendentes, até a porta. Então comecei a ouvir seus disparos. Acertou-me o pé quando eu pulava do balcão para a rua. Quando alcancei a porta, olhei para trás, apontei para ele e descarreguei o tambor da arma em cima do tira, que recarregava o revólver. O sujeito pulou para trás de umas caixas de cerveja e atirou novamente em mim.

O bar era só fumaça, gritaria e estampidos. Algumas pessoas, as mais espertas, haviam se atirado no chão, outras corriam para a rua, me atropelando, juntei-me a elas e corri tudo o que pude rua da Glória abaixo. Consegui parar um táxi e fui embora. Só então fui lembrar de Sueli.

Ela estava a meu lado no bar quando começou a discussão. Será que tomara algum tiro? E o tira, será que eu o acertara? Se tivesse acertado, as coisas iriam ficar ruins. Perto do hotel, paguei o táxi, desci, só então fui sentir o pé baleado; estava duro. O sapato estava encharcado de sangue. Deixei uma trilha até o quarto.

No quarto tirei a roupa e o sapato. A bala pegara de raspão no osso do tornozelo, mas comera uma parte da carne, e o osso aparecia. Doía demais, e eu tremia de dor.

Sueli chegou logo depois. Vinha apavorada, disse que o porteiro quase ligara para a polícia, quando vira a trilha de sangue. Acalmou-o com dinheiro. Examinou meu pé, disse que eu dera sorte, por pouco não espatifara meu tornozelo. Mas doía demais, muito mesmo. Foi à farmácia, comprou material para curativo e um analgésico forte.

Dopei-me com o analgésico, fumei o maior baseado, entorpeci a dor enquanto ela desinfetava e fazia curativo. Disse-me que eu não conseguira acertar o tira, mas que o Renatinho, velho malandro, fora baleado na perna, e o Zequinha, um punguista do centro, tomara um tiro na barriga, no tiroteio. Haviam sido socorridos na hora. O tira jurara matar-me.

O cano do meu revólver estava rachado. Porcaria de arma velha! Lá estava eu, novamente desarmado, procurado pela polícia e baleado. Lamentei-me com a Sueli. Ela falou para que não saísse armado e que não me preocupasse. Tínhamos capital suficiente para nos manter até que eu ficasse bom. E se preciso, ela era mulher suficiente para nos manter. Iria cuidar de mim, doravante.

Passei vários dias na cama, fumando maconha, bebendo e assistindo uma pequena TV portátil. Aquilo me aborrecia demais, pois eu era ansioso e não sabia ficar parado.

Sueli ficava comigo quase o tempo todo. Quase não conversávamos, só sexo e assim, sem carinho nem nada, às vezes sentia que ela nem estava comigo quando gozava, era complicado. Energia de minha parte e experiência da dela. Conversava como malandro, contava-me histórias de malandros cuja fama estava nos anais do crime, e eu contava-lhe minha vida, de modo a exaltar os acertos e diminuir os erros.

Praticamente, Isabel estava esquecida. Só pensava nela para compará-la às outras, e todas perdiam de longe. Sueli era o futuro. O status e o nome que estava conseguindo ao lado dela e após o tiroteio no Paulistano me enchiam de orgulho. As amigas de Sueli vinham visitá-la apenas para me ver, conhecer, saber quem era o novo amor dela. E, na presença delas, Sueli me abraçava, tratava com o maior carinho. Comecei a ser a sensação do momento.

Na rua dos Andradas, havia o Hotel Mirassol. Só havia prostitutas e ladrões habitando-o. Sueli frequentava o local por causa de algumas amigas suas que lá residiam. Disse-me que havia uma quadrilha de assaltantes morando no hotel. Ela não os conhecia, apenas sabia que moravam ali.

Quando pude andar novamente, fui lá para saber quem eram os elementos. Conhecia a todos. O principal era o Alemão Batata, que fora meu parceiro de lavoura em Mogi. Sujeito alto, loiro e o corpo todo peludo, parecendo um enorme urso-branco.

Depois vinha o Sérgio Costa, que conhecera no RPM. Nordestino de sorriso fácil e bem-falante. Por fim o Bala, velho conhecido de minha infância nas ruas e de todas as prisões de menores de idade. Era baixinho, atarracado, rosto benfeito e todo briguento, gostava de confusão.

O único que não conhecia era o Telinho. Mas esse não era muito do bando, saía apenas algumas vezes. E era antigo mogiano também. Cumprimentamo-nos calorosamente. Havia saudade e satisfação em nos encontrarmos fora da prisão. Eu gostava muito do Alemão. Ele sempre fora muito firme no que se propunha a executar. Trabalháramos juntos, e eu conhecia sua lealdade e capacidade de ser amigo.

Queriam comprar maconha. Levei-os na Vila de táxi, a um traficante que vendia pesando na balança. Mercadoria boa e barata. Voltamos, e como eu estava desarmado, meio bêbado e dopado de tanta maconha, não fui assaltar com eles. Fiquei de procurá-los no dia seguinte. Cheguei ao hotel cambaleante.

Sueli alertou-me bastante para que não fosse roubar com eles. Julgava que, a qualquer momento, seriam presos. No hotel, muita gente sabia que havia uma quadrilha ali, e a qualquer momento seriam denunciados. Mas aquilo me atraía demais. Pensava que ela dizia aquilo para que eu não fosse roubar mais. Queria que eu ficasse vivendo dela, cafetinando-a. Essa era

308

apenas uma das suas intenções, de fato. Mas estava certa em seu alerta.

Eu não conseguia me segurar. Havia uma ânsia por emoções fortes, novas. Conhecer situações desconhecidas. Agora iria me unir aos caras e ser bandido de fato. Não havia dúvidas, era isso mesmo que eu queria. Não pensava em mais nada. Queria que as pessoas me respeitassem ainda mais do que já era respeitado. Queria que me paparicassem, como o Joy era paparicado, por exemplo. Nem sei o porquê dessa necessidade.

Havia também a questão do dinheiro. Iria me encher de dinheiro. Iria curtir velocidade com carro roubado e viver como um rei.

Havia um certo medo, é claro. Medo de topar com a polícia, de que esta nos enfrentasse e de não reagir a contento. Do frio no estômago cada vez que se iniciava um assalto. De não corresponder às expectativas dos companheiros.

Mas esses medos bobos não iriam me parar. Eram medos para resolver no ato do assalto, na hora ficava corajoso, era só dar o primeiro passo. Muito pelo contrário, enfrentar esses desafios até me incentivava mais a ir ter com os novos companheiros. Eu ia botar para quebrar! Todos veriam o quanto eu valia, eu mostraria, faria a bala meu nome de bandido! Essa era a disposição.

Logo cedinho, fui bater no quarto dos amigos. Atenderam, sonolentos, e me colocaram para dentro. Ficamos conversando sobre assaltos e examinando armas.

Soube notícias de muitos que conhecera no juizado de menores. A maioria, a polícia havia matado, outros — eu que dava notícias então — estavam na prisão, lotados de condenações a cumprir. Pouco soube dos que estavam na rua. Joy havia sido preso novamente. E, dessa vez, era supergrave, não teria chance. Sequestro e morte de um engenheiro. Iria para a cadeia e ficaria uma eternidade.

À noite, o Bala chegou. Durante o dia inteiro havíamos perturbado a todos no hotel, tanto as prostitutas como os malandros, éramos donos. Alemão convidou-me a assaltar.

Saímos do hotel os quatro, já procurando um carro. Próximo à Santa Casa de Misericórdia de São Paulo, encontramos um Opala quatro-portas, estacionado, com um sujeito no volante. Na época, eram os Opalas e os Dodges os carros mais possantes para fugir das C-14 Chevrolet Veraneio da polícia. A preferência nossa eram os quatro-portas para as rápidas entradas e saídas do veículo.

Fomos para cima com tudo. Observamos, ao nos aproximar, que o rapaz não estava sozinho. Uma garota praticava sexo oral nele. Quando perceberam, as portas estavam abertas e nós os retirávamos do carro antes que soubessem do que se tratava. Era um assalto. Mandamos que corressem e embarcamos no carro. Sérgio pegou no volante e partimos, cantando os pneus.

Fomos primeiro à Vila, buscar maconha. Paramos em frente ao bar do Oliver e saímos os quatro, arrumando as armas na cinta. Todos se assustaram no bar, pensaram que iríamos assaltá-los. Quando me viram, rindo do susto deles, percebi o alívio geral, até suspiro saiu.

Compramos a droga e já saímos, ali não era um bom lugar para ficar com carro roubado. Cada um fez seu baseado, e rodamos um pouco a Vila, fumando. Descendo o morro, perto do extinto zoológico da Vila Maria já invadimos um posto de gasolina de um português que eu detestava porque me tomara um carrinho de rolimã, quando era menino. Ele não estava, por sorte dele, só o frentista e um ajudante tomavam conta do posto.

Apanhamos um revólver na gaveta, peguei o telefone e saí chutando-o pelo posto, esbagaçando-o. Destruí o escritório a pontapés e alavancadas com um macaco. Eu estava pior que um vândalo, queria destruir pelo prazer de quebrar tudo. Tomamos tudo e fomos embora.

Dali saímos assaltando todos os postos de gasolina que víamos. E sempre quebrando tudo o que havia, descendo coronhadas em quem se metia a não nos obedecer. Trocamos de carro muitas vezes. Sabíamos que a polícia ia sendo avisada dos assaltos e que os policiais se comunicavam entre si. Deviam estar à procura dos carros que havíamos utilizado nos assaltos anteriores, mas esses nós já havíamos abandonado. Estávamos sempre em carros recém-assaltados, cujo roubo as vítimas ainda não denunciaram e que não estavam sendo procurados em caráter geral. Às vezes a polícia passava por nós a mil, buscando o lugar de que havíamos saído e o carro que havíamos abandonado fazia horas, nem desconfiavam de nós. Colocamos vários bairros de São Paulo em pânico.

Estava cheio de coragem e me sentindo o maior bandidão. Já estava saltando do carro com duas armas na mão, no maior pique de pistoleiro de bangue-bangue. Estava me realizando! Todos os meus sonhos e fantasias se concretizavam. Eu era o crime personificado.

Já cansados de tantos assaltos, a fim de ir dormir, passamos por um posto de gasolina no bairro da Casa Verde e observamos um guarda-noturno dentro. Eles carregavam um revólver calibre 38 sempre, e era difícil conseguir um na época. Conheci quadrilhas que procuravam guardas-noturnos de bicicleta para atropelá-los só para tomar o revólver, pouco importava se o guarda morresse no atropelamento.

Por causa do guarda, entramos no posto qual fôssemos colocar gasolina no carro. Descemos, Bala e eu, e perguntamos ao frentista, que estava ao lado do guarda, onde era o banheiro. O Bala foi ao banheiro, e eu fiquei ali, observando o movimento do frentista a encher o tanque do carro.

Alemão foi para o lado do escritório. Sérgio pagou o frentista com uma nota de alto valor e ficou esperando o troco. O frentista deve ter percebido alguma coisa, talvez pelo fato de estarmos esparramados pelo posto. Postou-se ao lado do guarda, após fornecer o troco ao Sérgio. Quando vi o Alemão tomando conta do escritório, saquei minhas armas e, a uns cinco passos do frentista e do guarda, enquadrei-os. Assalto, e eles estavam dominados. O Bala vinha por trás deles, saindo do banheiro. A estratégia do assalto — sem precisar combinar, cada um tocando de ouvido, sem partitura — parecia perfeita. Escritório dominado, dois dominando o guarda e o frentista, perfeito.

Mas, como sempre, havia uma falha. E ela era oriunda da nossa autoconfiança: não contávamos com a loucura — ou coragem extrema — do guarda. Enquadrado por quatro armas, o guarda meteu a mão em seu revólver. Quando percebi, já estava atirando no homem, e ele já arrancando a arma do coldre. Disparei com o máximo de velocidade que os revólveres permitiam, o Bala também disparou em cima do homem. Mas o guarda era de fato corajoso, porque ainda conseguiu sacar e efetuar um disparo em minha direção — escutei a bala zunindo próxima à minha cabeça, a distância era cinco passos. Descarreguei as armas em cima do infeliz. Quando ele caiu e parou de se mexer, fui até ele, olhei, estava com os olhos virados, achei que estava morto. Apanhei instintivamente sua arma do chão e entrei no carro, ainda em choque.

Olhei para o escritório e me pareceu que o Alemão estava tendo dificuldades com o pessoal que enquadrara por lá. Corri para ajudá-lo enquanto o Bala dominava o frentista. Estava em choque profundo. Matara um homem. Fora tão fácil... Aquilo me deixava perplexo. Sempre pensara que seria difícil matar e em questão de segundos, apenas apertando gatilhos, havia tirado uma vida humana. Não conseguia pensar acerca, parecia que não havia sido eu. Fiz uma revista no escritório e encontrei mais uma arma. Estava com quatro agora. Queria sair dali o mais rápido possível.

Subimos no carro e sem comentar a ação, saímos rápido, tentando deixar a região, a polícia logo chegaria ali. Atravessamos uma avenida em velocidade máxima, só fomos parados por um sinal fechado. Uma viatura do Tático Móvel da PM passou vagarosamente à nossa frente, nos olhando e já parando para nos fechar. O carro já estava sendo procurado pela série de assaltos que fizéramos. Com presença de espírito, antes que nos fechassem de vez, gritei para o Sérgio tocar o carro.

Atravessamos a mil por hora o sinal fechado e seguimos pela avenida, em busca da primeira rua para sair dali e sumir da polícia. Mas a avenida afunilava-se pela direita, tornando-se quase que paralela à rua em que seguia a viatura. Desembocamos em uma praça e avistamos a viatura. Esta acendeu suas luzes e sirenes, vindo em cima de nós a toda.

Fizemos meia-volta em ré, e quando Sérgio colocava em primeira marcha, a viatura postou-se bem na nossa frente, só deixando uma brecha mínima para que passássemos. Os soldados desceram com suas metralhadoras e rifles embalados e tomaram posições de tiro para nos liquidar.

Alemão e Sérgio, no banco da frente, ficaram sem saber o que fazer. Eu, no banco de trás, como fosse reflexo condicionado, peguei uma arma em cada mão e apontei para os policiais, pelo vidro da frente mesmo. Quando o Alemão abaixou-se, apertei os gatilhos e soltei todas as balas na direção dos soldados. Não podíamos ser pegos. Estávamos em flagrante de latrocínio, o pior dos crimes, eu sabia.

Os policiais, percebendo que teriam que trocar tiros para nos pegar, abandonaram suas posições. Correram a se esconder atrás da viatura. Foi o tempo exato para que o Sérgio acelerasse e passássemos pela viatura. Ainda ouvimos um tiro, mas já estávamos em terceira marcha, dando tudo o que o possante era capaz de dar e quebrando a coronhadas o que restara do para-brisa.

Nem vieram atrás. Como sempre, quando estavam sós e sabiam que seriam recebidos a bala mesmo com suas armas sofisticadas e potentes. Eu estava com certo medo, mas não fora por medo que atirara. Atirara para acertá-los e arrancá-los da posição de tiro que estavam tomando para nos liquidar.

Sem o para-brisa, entramos no primeiro posto de gasolina que vimos. O frentista estava no fundo, dentro de um carro. Desci sozinho para conversar com ele, para não assustá-lo. Consegui, com meu jeito e figura de menino, convencê-lo a nos atender. Quando enfiou a chave na porta do escritório, enquadrei-o. O Alemão veio correndo e auxiliou-me a dominá-lo, pois o homem ficou relutante. Vasculhamos o escritório e o socamos dentro de um armário. O filho da puta era metido a valente. O Sérgio já procurou um carro novo para nós. Era essa nossa finalidade. No escritório havia uma TV portátil que acabei levando também.

Pegamos a avenida marginal e partimos abrindo todo o gás do Corcel que tomáramos. Quando chegou próximo ao Tatuapé, acabou a gasolina. Escondi a TV num mato ao lado da avenida para vir buscar depois, e partimos a pé até a avenida Celso Garcia. Dali pegamos um ônibus até o parque Dom Pedro e um táxi até o Hotel Mirassol. Ninguém falava nada, estávamos todos quietos, cúmplices e pesados em nossa responsabilidade.

No hotel recheamos a cama de casal do Alemão de dinheiro e armas. Então comentamos os acontecimentos que para nós eram uma odisseia. Os louros da vitória me couberam. Praticamente, em todas as ações de perigo, tomara a iniciativa. Fora o único a dar tiros na polícia e a encarar de frente o tiroteio com o guarda-noturno, além de quase ser baleado por ele. Fora eu quem tomara o último posto sozinho, o Alemão só ajudara quando o frentista já havia sido enquadrado. As glórias, de fato, foram todas minhas. Nem falávamos no homem que matáramos. Aquilo fora um acidente, um tiroteio que a vítima provocara e no qual levara a pior, como se não tivéssemos culpa. Para nós, puxa, fora ignorância e idiotice demais da vítima reagir diante de quatro armas. Se não o derrubássemos, ele nos mataria. A coisa funcionava como legítima defesa no nosso esforço por racionalizar.

Ganhei dois revólveres, inclusive o que fora do guarda. Ambos calibre 38 da Taurus, bons e bonitos, fiquei todo contente, como uma criança que ganha um presente ansiado. Precisei de uma sacola para levar minha parte do dinheiro, era bastante, uma das maiores quantias que já tivera de uma vez. Também, passáramos a noite assaltando.

Voltei para o hotel onde estava morando com Sueli. Bati na porta com a coronha do .38, ela atendeu, dei-lhe um beijo, joguei as armas e todo o dinheiro em cima da cama, com fingida indiferença, e pedi que o contasse. Percebi seus olhos arregalarem-se (dinheiro em quantidade tem estranho poder sobre os olhos) e fui tomar banho. Estava fedendo a cachorro molhado de tanto que suara.

Quando saí da ducha Sueli ainda contava dinheiro. Nem sequer lembrava quantos assaltos fizera e nem em que lugares foram. Procurei eliminar a morte do guarda-noturno de minha mente, racionalizando que fora ele quem quisera assim. Nem sequer pensava que ele poderia ter mulher, mãe, filhos, família, que poderiam passar necessidades. Fora um ato do qual fugia de me culpar. Achava que não iria resolver nada, o sujeito já estava morto, e nada o ressuscitaria, nem meu arrependimento.

Sueli queria comer. Fui ao restaurante Tabu, que ficava aberto a noite toda, e encomendei uma rabada para viagem. Após a refeição, descarreguei toda a tensão no sexo. Dormi como um santo, de uma paz sem vitórias.

Logo cedo saímos para comprar roupas. Compramos o melhor possível. Cheguei ao hotel dos companheiros todo em azul-claro, tecido brilhante, e sandália de couro comprada numa butique da rua Augusta, pronto para sair para roubar novamente. Queria juntar uma certa quantia em dinheiro. Pensava em acumular algum capital para, quando sentisse que a situação com os novos companheiros estivesse em risco, sumir. Eu sabia que aquilo não iria durar muito.

No quarto do Alemão, estava a maior jogatina. Vários ladrões jogando baralho, junto com o Mickey, dono do hotel. Quando cheguei, o Mickey estava levando o capital de todos, inclusive do Alemão. Fui ao quarto do Telinho e fiquei escutando uns discos novos, já imaginando que não iria sair coisa boa dali.

Fui chamado ao saguão do hotel. Haviam chegado duas garotas. A Chininha me conhecia de uma delegacia e ao saber que eu estava por ali, mandou que me chamassem. China era mulher do Alemão da Bandeira, fora de perspectiva para mim: o sujeito estava preso. Mas a acompanhava uma garota moreninha, de corpinho mignon, toda bonitinha, cheia de graça e feminilidade, já me interessou vivamente. Fui apresentado.

Ambas haviam saído para bater carteiras, mas não haviam arrumado nada (não eram punguistas de fato, apenas enganavam; o que queriam era encontrar algum ladrão que as finan-

315

ciasse). Queriam algum dinheiro emprestado (jamais pagariam) para almoçar.

Conversei com a moreninha, Marcela. Era prostituta, embora quisesse enganar, pelo que percebi, e estava a fim de qualquer coisa. Dei-lhes mais do que pediam e já marquei com Marcela para as oito horas da noite, ali no hotel. Voltei ao quarto do Alemão. O cara havia perdido todo o seu dinheiro e já estava perdendo o dinheiro do Sérgio. Sabia que aquilo não iria dar certo. Os olhos do amigo já me diziam que estava prestes a perder o controle. O Mickey tinha mais de cinco hotéis na boca, mas era jogador inveterado. E conhecia truques e macetes nas cartas.

Na mesa do porteiro do hotel, vira um jornal, *Notícias Populares*, que trazia a foto do carro que abandonáramos com o para-brisa arrebentado a bala. Falava do guarda que matáramos. No quarto do Alemão, havia outro exemplar. Comentamos o fato, abestalhados, com o quarto cheio de gente assistindo ao jogo. Parecia haver orgulho em mostrar que aquela era uma façanha nossa. Como se aquilo nos projetasse como mais malandros, no meio criminal. Íriamos nos arrepender amargamente daquela atitude, que, no momento, nos parecia gloriosa.

De súbito Alemão cansou de ser roubado. Sacou das armas, enquadrou o dono do hotel e tomou tudo, até relógio. Saímos juntos, eu já tentando fazer a cabeça do Alemão para ele devolver o relógio do sujeito. Ele poderia nos denunciar, para se vingar. Consegui convencê-lo e voltei para entregar o relógio e o capital que era do dono do hotel mesmo. Alemão só ficou com o que era dele. Ainda consegui que o Mickey os aceitasse no hotel novamente. Passei pelo quarto do Telinho e pedi que pegasse um quarto para que eu pudesse ficar com a Marcela.

Fui ao encontro dos parceiros, que me aguardavam num bar próximo ao hotel, e partimos para assaltar. Logo de cara, tomamos um Dodge Dart cujo dono estava com o bolso super-recheado. Pegamos, em seguida, duas padarias na Mooca que também estavam recheadas: pegamos a féria do dia todo. Rendeu tanto que os companheiros queriam parar. Eu estava disposto a conseguir mais. Mas o Sérgio queria ir ver a namorada, e sem ele ficaríamos a pé. Dividimos o capital no carro mesmo, dispensamos o carro, e cada um foi para seu canto. Voltei para o hotel, conversei com o dono novamente, o sujeito parecia compreensivo até demais. Sabia que se não o fosse, éramos selvagens o suficiente para destruir seu império. Mas foi compreensivo em excesso, desconfiei.

Comprei uma garrafa de martíni doce, paguei o quarto que o Telinho havia alugado para mim e fiquei esperando a garota. Chegou bem antes do previsto. Levei-a para o quarto, fumamos um baseado, bebemos um pouco, ela quis tomar um banho, antes do sexo. Decidi que tomaríamos banho juntos.

Fomos para o banheiro, que era coletivo, eu com minhas armas e tudo (agora só vivia com duas na cinta e não as largava para nada nesse mundo). Quando vi a morena peladinha, nossa! Fiquei tarado! Já fui catando, ensaboando aquela gostosura toda, ao mesmo tempo que já a possuía.

A janela do banheiro dava para o corredor, era tipo basculante, e as duas partes estavam abaixadas, a parte de cima, desprotegida. Estava fazendo a maior estripulia com a garota no chão, quando me senti vigiado. Olhei para a janela, e lá estava a Sueli, nos vigiando. O Telinho havia dito a ela que eu estava com a garota ali.

Deu a volta correndo pelo corredor e veio até a porta do banheiro. Começou a esmurrar a porta para que eu abrisse. Armado, só esperei que ela parasse para engatilhar as armas ruidosamente, pronto a atirar, caso ela conseguisse arrombar a porta. Quando escutou o barulho dos cães sendo engatilhados, saiu correndo.

Marcela ficou apavorada. Sabia que Sueli era bandida e que a pegaria posteriormente, em vingança. Procurei acalmá-la dizendo que dispensaria Sueli e que iria ficar com ela, doravante. Queria apenas terminar o que já começara, e, para tanto, era preciso tranquilizá-la.

Levei-a para o quarto, tomamos mais martíni e fomos para o sexo. A experiência dela era mínima, mas eu a usei de todo jeito e achei gostoso o fato de ela deixar-se usar tão passivamente, sem queixas. Saí, tranquei a porta e levei a chave. Tencionava voltar mais tarde para mais uma usada. Deixei-a bêbada, dormindo, só de baby-doll rosa.

Fui para o quarto do Telinho. Estava discutindo com ele por haver denunciado à Sueli onde eu estava. Ele confessava-se amigo de Sueli e achava Marcela uma putinha, e não gostara de ela ter arrastado para a cama o homem de sua amiga. Eu já ia retrucar, estava a fim de encrenca, até de dar uns tiros, quando escutamos um estrondo.

Saímos do quarto, eu já de armas na mão, pronto para atirar. A porta do quarto onde Marcela ficara estava arrombada, e a garota gritava, apavorada. Chegamos correndo e vimos Sueli com a garrafa de martíni quebrada na mão, cortando a garota.

Quando Marcela me viu à porta, correu para mim, agarrando-se a meu corpo. Eu estava todo de azul-claro, e ela ensanguentada, de baby-doll. Sueli veio em cima, pronta para espetar a garrafa nas costas da garota. Enfiei o revólver na cara dela e engatilhei, se ela fizesse menção de prosseguir, morreria ali mesmo, recuou e desceu as escadas correndo.

Mandei avisar os parceiros e desci as escadas, depois de algumas mulheres que viviam no hotel segurarem Marcela. Quando chego embaixo, vejo a Marcela descer as escadas correndo, toda cortada, já nua. Saí correndo. Queria escapar daquilo, não podia ser preso de modo nenhum. E a garota correu atrás de mim. Dois guardas-noturnos tentaram me pegar, postando-se em meu caminho, driblei-os. Uma radiopatrulha com dois PMs veio auxiliá-los.

Corri já sem saber para onde. Longe dos guardas e do carro da polícia, com certeza. Eles tentavam me cercar, não sabiam que eu estava armado. Quando perceberam, eu já os surpreendera. Dei uma saraivada de tiros para cima deles que os assustou, e a mim também. Eles correram, com carro e tudo, para um lado, e eu para outro.

Corri dois quarteirões recarregando as armas, estava com o bolso cheio de balas, até que eles se refizeram do susto e vieram em cima de novo, atirando dessa vez. Dei tiros no carro feito louco, não podia deixar que descessem para me cercar. Eles atiraram também. Entrincheirei-me atrás de um carro e novamente os assustei pela disposição com que os enfrentei. Corri e os deixei fazendo a manobra no carro para me perseguirem. Consegui me distanciar, acho que esperaram que eu fugisse para voltarem.

Um táxi veio a toda para cima de mim. Apontei as armas e já ia despejar no motorista, quando a porta se abriu e vi a cara da Sueli. Chamava-me para dentro do táxi. Entrei correndo, enfiei, desesperado, os revólveres na cabeça do motorista e mandei que pisasse fundo no acelerador.

Não precisava, o motorista era conhecido da Sueli, e a radiopatrulha não havia me perseguido. Eu tremia dos pés à cabeça, totalmente injetado de adrenalina. Estava supertenso, suando feito torneira, batendo os dentes, a mil por hora. O coração explodia no peito, parecia querer sair pela boca. Não conseguia sequer falar.

O hotel da Sueli não era muito longe. Paramos à porta, e corri para o elevador, ainda em estado de choque. Subimos para o quarto, arranquei toda a roupa, o calor queria me sufocar, estava queimando por dentro. As armas estavam tão quentes que haviam me queimado na cintura e na virilha, quando as guardara.

E Marcela, o que acontecera? Iria nos denunciar? Entrei no chuveiro gelado e fiquei ali uns quinze minutos, até me acalmar um pouco. Enxuguei-me, coloquei roupa limpa. Sueli me observava, deitada, com minhas armas no meio da cama, como as deixara. Haviam acabado as balas, tinha apenas os tambores com carga quase completa, eu os recarregara no táxi. Mandei, com extrema truculência, Sueli ao hotel de meus companheiros avisar que eu escapara, observar o que estava acontecendo e me trazer balas.

Quando ela saiu, não aguentei a ansiedade e a tensão. Fui ao terraço do hotel. De lá, poderia observar a porta de entrada e toda a rua. Foi então que vi uma viatura da polícia, parecida com a que trocara tiros comigo, encostar à porta. Corri para trás da caixa-d'água e me escondi, com as armas engatilhadas.

Não seria preso vivo. Jurara para mim mesmo. Não me entregaria enquanto houvesse balas. Não conseguia admitir ser preso novamente. Lembrava os meus amigos, condenados a dezenas de anos; eu não suportaria, preferia morrer!

Fiquei mais de uma hora ali, atento, com os dentes cerrados, pronto para matar ou morrer. Só saí quando escutei a voz da Sueli me chamando. Abraçou-me, procurou acalentar-me quando percebeu o quanto eu estava tenso.

Marcela havia sido levada para um hospital por um motorista de táxi. Não denunciaria, era malandrinha e obedeceria ao código de honra e silêncio. Sabia também que pagaria caro, caso o fizesse. Sueli era vingativa, e todos sabiam disso. O Mestiço, seu ex-marido, não acreditara, e ela tocara fogo nele dormindo. Não morreu, mas antes tivesse morrido, tal o estado em que ficou.

Desci para o quarto, ainda receoso. Recebi as balas da companheira e só então comecei a sentir a responsabilidade dela naquilo tudo. Eu poderia ter sido preso ou morto por causa dela.

Fechei à chave a porta do quarto e a peguei de coronhadas. Não bati para machucar seriamente. Só tentava descarregar a tensão e desafogar a raiva. Ela não fez escândalo. Apanhou quieta, e isso me fez parar logo no princípio. Não conseguia ser covarde, por mais que desejasse. Mas eu não estava em meu normal. Sei lá o que acontecera comigo. Havia um desequilíbrio, uma loucura mesmo. Algo se agitava por dentro de mim como um cão a correr atrás de seu próprio rabo.

Tirei as balas do revólver e coloquei apenas uma. Girei o tambor várias vezes e disparei no ouvido dela, antes que ela se apercebesse da minha intenção. Depois, coloquei a arma em meu próprio ouvido e acionei o gatilho. Girei o tambor e novamente premi o gatilho na direção da orelha dela. Quando foi minha vez de ser o alvo, algo me avisou, apontei para a parede e disparei. Foi o maior estrondo! Caíram pedaços de reboco em cima de Sueli, e a bala sumiu na parede.

Estava enlouquecendo, queria impressioná-la, provar minha coragem, chocá-la de algum modo, e quase me matara. Então a fúria desceu cega, joguei o revólver para o lado e caí de socos e pontapés nela. Só parei quando vi sangue em seu rosto. A pressão fora forte em demasia, eu havia explodido.

Me arrependi logo em seguida. Levei-a ao banheiro, limpei onde machucara e tentei explicar. Ela, com dez anos mais que eu de vida, já convivera com vários bandidos famosos, compreendera tudo, antes das explicações. Sabia que quase provocara minha prisão ou minha morte. Pelas leis do crime, valia tudo, até matar, mas jamais ser responsável pela minha prisão ou morte nas mãos da polícia. E ela obedecia a esse código. Após bebermos duas garrafas de martíni, fizemos sexo e dormimos.

Dia seguinte acordei bem e tranquilo. Sabia, pelo código do crime, que agira certo. Inclusive até aumentara minha fama de bandido. Eu fabricava status. Fui ao hotel dos companheiros e deixei Sueli acordando.

O comentário era geral. As prostitutas, os malandrecos, me olhavam com admiração. Senti que o conceito crescera. As mulheres se afastavam, cheias de medo da Sueli. No quarto, os companheiros foram unânimes em me dizer que, daquele jeito, eu não iria durar muito. A polícia e as mulheres me matariam logo. Respondi, para parecer durão, que era melhor assim, pelo menos não iria para a cadeia.

O que iríamos fazer, perguntavam. Afirmei que deveríamos curtir a vida, pois ela nos era breve. Viver grande, com toda a força de nossa juventude. Sorrimos todos. Queríamos era isso mesmo. Fui, de táxi, buscar ampolas de Pervitin. Ficamos o dia todo tomando picadas, bebendo e perturbando o pessoal do hotel.

Para nós, a vida só tinha sentido se estivéssemos vivendo o que julgávamos que havia de melhor para ser vivido. Não achávamos que ninguém tinha mais direito que nós de ser feliz. A felicidade para nós eram armas, carros velozes, mulheres fáceis, droga, bebidas e curtição. Significava liberdade para fazermos o que aprendêramos no juizado e nas ruas, como o mais significativo para uma vida.

Sermos bandidos era a glória. O nosso poder parecia infinito dentro do carro, com as armas. Tudo era nosso. Era só descer e tomar. Se tudo o que tinha significado estava nas mãos dos outros, nada mais justo que fôssemos tomar nossa parte. Por que tudo para eles e nada para nós? Cabia-nos buscar nossa parte da maneira como aprendêramos a buscá-la.

Todos eram iguais a nós. Estávamos justificados se matássemos, roubássemos. Quem se interpusesse no caminho que seguíamos em busca de nossos objetivos, merecia morrer. Nada mais correto. Tudo o mais parecia irrelevante.

Naquela noite, saímos dispostos a conseguir o máximo de dinheiro, os companheiros queriam mudar daquele hotel, ali já estava ficando problemático em demasia. Iríamos para Santos, queria voltar ao mar, aquela boa vida da cidade praiana. O Alemão era de lá.

Procuramos um carro para tomar e o encontramos no largo do Arouche. Um Opala com dois velhos. Mas, quando os enquadramos, um deles não quis sair do carro. Notei algo estranho, nocivo, naquele velho. Ele não estava se intimidando com as ameaças e não se assustou. Enfiei-lhe a coronhada na testa com vontade, já não acreditava em ameaças. Só saiu do carro com muita relutância, quando viu o sangue descer para o rosto e percebeu que eu ia levar o carro a qualquer preço. Era a segunda vítima que eu encontrava com aquele destemor, que não se intimidava.

Saímos a mil por hora, já de olho nos prováveis estabelecimentos para assaltar. Corremos os bairros periféricos da cidade e os atacamos qual lobos esfaimados. Passamos horas no carro, descendo e subindo, arrecadando dinheiro e distribuindo medo e pavor.

Quando já começava a amanhecer o dia, abandonamos o carro próximo ao centro e voltamos para o hotel. Bala trazia pacotes de cigarros e comestíveis para levar ao irmão, um malandro conhecido, preso na Casa de Detenção.

Quando nos aproximamos da porta do hotel, o Alemão suspeitou de alguma coisa. Sentiu que havia algo de errado no ar. Avisou. Eu estava cheio de sono, passando mal, no revertério das picadas. Não quis ouvi-lo, subi com tudo as escadas, com o Bala atrás. Quando cheguei ao topo e ia entrar no saguão, saltou um homem em minha frente com uma metralhadora engatilhada. Colocou-a em minha cara.

Aquilo me paralisou. Foi tão de repente que não houve possibilidade de reação. O Bala pulou para trás, caindo escada abaixo. A metralhadora cuspiu fogo, quase me pegando, por questão de milímetros não fui morto, o Bala conseguiu ganhar a rua e correr.

Na rua, explodiu o maior tiroteio. Eu nem sequer podia me mexer. Desarmaram-me, algemaram e foram me levando para a rua, como fora um escudo. Quando alcançamos a esquina, o tiroteio havia cessado. A rua estava cheia de tiras armados de rifles e metralhadoras. Na calçada, havia um tira estendido numa poça de sangue. Os policiais o levaram para uma viatura, olhando-me com olhares assassinos.

Levaram-me para outra rua para colocar-me dentro de uma viatura. O Telinho já estava lá, dentro do cofre do carro. Os tiras estavam socorrendo um outro policial baleado. Quando o trouxeram até perto de nós, ele, mesmo baleado e sangrando, sacou um revólver e iria nos matar, caso outro tira não se colocasse na frente, gritando com o companheiro: "Que é isso? Não os mate, não foram eles que atiraram em você. Mas eles sabem onde estão os que o balearam e fugiram. Se os matar, jamais os pegaremos. Depois agarramos os outros, poderemos até matá-los de tanto bater!".

Tomou o revólver do policial, trancou o cofre da viatura comigo dentro. Partimos em velocidade. Quando vi os policiais baleados e os outros com olhares assassinos, percebi que estava perdido. Deu um frio na barriga, um desespero, toda a existência como que me foi sugada. Sabia que seria barbarizado, que eles iriam ao cúmulo da tortura e que melhor seria ter sido morto.

Até os tiras estavam apavorados, sem saber o que fazer. Fôramos caguetados, sabiam de todos os nossos movimentos, não esperavam reação de nós. Julgavam que nos entregaríamos ao nos ver cercados, seria fácil, imaginavam, como devia ter sido outras vezes para eles.

Se eu tivesse conseguido escapar da metralhadora, teriam encontrado dificuldade maior ainda, pois eu era o mais bem armado e teria guerreado com eles fortemente. Considerava-os inimigos mortais, e agora já não tinha mais receio de tiroteios; eles corriam quando viam minha disposição.

20

Quando me dei conta, já estava dentro da delegacia. Levaram-nos para a sala de chefia. De chegada, minhas roupas já foram rasgadas e já colocaram a mim e ao Telinho no pau de arara, sem os cuidados necessários para não deixar marcas.

Tudo o que eles queriam era que contássemos para onde os nossos parceiros que fugiram haviam ido. Nem sequer imaginava. Nosso único ponto de encontro era o Hotel Mirassol. Fazia apenas alguns dias que eu estava andando com eles. O Telinho sabia que eles tinham contatos em Guaianases.

De repente, como que por encanto, choveram policiais na sala onde estávamos, nus e pendurados, totalmente à mercê deles. Junto com os tiras, veio o delegado. Todos queriam bater em nós ao mesmo tempo. Instalaram fios da máquina de dar choques em todo o meu corpo, até no ânus. Um tira subiu nas escrivaninhas, onde estávamos pendurados, e começou a chutar e a pisar em nossa cara.

O delegado estava com um sarrafo e dava-nos sarrafadas em todos os lugares onde encontrasse brecha. Outros nos batiam com cassetetes de pau e de borracha, chutavam as costas. No auge da violência, chegaram a errar o alvo e se entrebateram e tomaram choques junto conosco. Havia de vinte a trinta policiais nos espancando furiosamente.

A dor era de enlouquecer, estupidificar. Gritei no começo, e eles diziam que queriam me ver ganindo como um cão, até que a voz foi sumindo aos poucos. Então me chutaram e bateram tanto que não sentia mais a boca. Enlouquecido de dor, entreguei-me à morte várias vezes, e eles me ressuscitavam em baldes de água fria, que fazia a potência do choque dobrar.

Não sabia onde estavam os companheiros. Mesmo que soubesse, teria de morrer, jamais iria buscá-los. Sabia bem demais as leis do crime. Se sobrevivesse àquele massacre, sabia que a moral era muito importante.

Um caguete é um ser desqualificado, geralmente é morto ou tratado como subumano. Mesmo que soubesse onde estavam e quisesse ir buscá-los, não conseguiria. O excesso de tortura derrota qualquer um, raros são os que suportam. Eles não me davam chance nem de falar. Queriam me trucidar. Cada tira novo que chegava na sala vinha dar sua contribuição, mostrar que ainda era capaz de nos infligir dor. Senti que iriam nos matar mesmo, quando perceberam que já não éramos capazes de reagir à tortura.

Depois de horas de desespero total, depois de desmaiarmos várias vezes e sermos acordados com jatos d'água, fomos abandonados, ali pendurados. Ficou apenas um tira tomando conta de nós. Estava banhado de sangue e machucado dos pés à cabeça. Amortecido, não sentia mais nada do corpo. Julguei-me morto. Mas estava consciente, observava e sentia a sala toda. O tira deu-me algumas pauladas, nada senti, não o vi, pois meus olhos estavam tapados pelo inchaço, mas sabia que era ele. Acreditei sinceramente que estava morto. E senti alívio, uma enorme euforia.

Escutava o tira falando que já sabia de nosso latrocínio, dizendo até o bairro em que ocorrera, e de muitos outros assaltos nossos. Dizia que, por enquanto, não queria saber nada disso. Quem nos entregara, o fizera de bandeja, dando todos os detalhes.

Repentinamente, entrou uma pessoa na sala, olhou bastante para nós e afirmou que havíamos sido nós mesmos. Não enxergava direito quem era, mas pelo que narrou o tira, era o velho cujo carro tomáramos à noite. Era um delegado aposentado, bem que eu notara algo estranho nele.

Estivera no plantão daquela delegacia a noite toda, acompanhando os assaltos que fazíamos com seu carro. As vítimas registravam queixa nas delegacias, e essas, a pedido dele, repassavam àquele plantão via rádio. Queria saber onde abandonáramos seu carro. No plantão, até oferecera recompensa pela nossa captura.

Mostrava o curativo na testa, sobre o ferimento causado pela coronhada que eu lhe dera. O tira deu-lhe o sarrafo. Postou-se em minha frente e desceu o sarrafo, mas sem muita convicção. Para mim foi o suficiente, desmaiei, perdi a consciência.

Acordei me afogando com um jato d'água que me queimava o rosto. A tiragem estava em volta. Haviam dado uma batida no hotel, prenderam todos os que ali estavam. Os tiras já estavam bêbados, havia litros de uísque para todo lado, várias garrafas foram quebradas em minha cabeça. Mas eu nada sentia. Parecia estar pairando sobre meu corpo, assistindo à tortura e sofrendo-a, mas só de ver o que faziam com meu corpo, ficava com dó de mim.

A impressão de estar fora do corpo era tão forte que mexi o corpo para ver se ele mexia, e não mexeu. Achei que havia morrido. Era demasiadamente estranho, como morrer e estar ali, vendo! Era incompreensível.

Não sei de onde, chegou um tira enorme. Era auxiliar direto do delegado. Olhou-me, levantou minha cabeça e a soltou como fosse um pedaço de pau. Achou que eu estava morrendo. Mandou que me tirassem do pau de arara. Jogaram-me num canto, como um monte de roupa suja, ainda todo amarrado. Lembro-me ainda que um médico tomou-me a pressão e auscultou meu coração. Afirmou que provavelmente eu morreria, caso não fosse tratado. Devia estar com hemorragia interna, perdera muito sangue, e, pela quantidade de rachaduras na cabeça, poderia estar com um traumatismo craniano.

O auxiliar do delegado dizia que eu não podia morrer. Pelo

menos enquanto eles não pegassem meus companheiros foragidos. Eu ainda podia dar uma pista para que soubessem como encontrá-los. Não podiam me levar ao hospital por razões evidentes. Não iriam permitir que me vissem todo queimado de choques e cigarros, todo inchado e com hematomas para todo lado.

O médico afirmou, então, que me daria umas injeções para o coração e para tentar estancar alguma hemorragia interna, e recomendou que eu dormisse vinte e quatro horas para ver se o corpo se recuperava por si mesmo. Santo médico! Nem senti as picadas das agulhas, mas de imediato a consciência foi-se.

Quando dei por mim, tentei abrir os olhos e não consegui, tentei me mover, e, além da dor, veio a certeza de que estava amarrado. Com grande esforço, consegui enxergar por uma fresta dos olhos superinchados. Estava no Chiqueirinho do Broto, todo amarrado com cordas de náilon. Vi o Telinho. Estava inteiro. Havia dado idade de menor de dezoito anos e por isso havia apanhado menos. Só havia nós dois no xadrez.

Balbuciando, pedi que me livrasse das cordas. Respondeu que não. Os tiras o haviam ameaçado de que se me desamarrasse, ele é que seria amarrado. Xinguei-o: "Filho da puta! Fazendo o jogo da polícia, né?". Minhas pernas não obedeciam ao comando, estavam moles como pano molhado. Consegui soltar as mãos, que eram uma ferida só. Passei a mão pelo rosto, parecia uma bola de tão inchado. Então fui sentir dor. Todo o corpo doía, eu era uma chaga só. Eram agulhadas por todo o corpo, a cabeça e o rosto doíam demais. Os joelhos e os pés pareciam bolas de futebol, enormes.

Tentei mudar de posição. Senti as pernas e os pés, e a dor foi tão forte que devo ter soltado gritos involuntários, o Telinho não suportou e veio me ajudar. Desamarrou meus pés. As unhas estavam em cacos, sangrentas e espetadas na carne. Telinho contou que eu apanhara um dia inteiro e que já estava desacordado um dia e uma noite. Fiquei ali gemendo, sentindo o inferno de ser eu mesmo, estar vivo e não ter sido morto ainda.

À tarde os tiras vieram me buscar. Arrastaram-me pelos corredores, puxando-me pela camisa. Chegamos de volta à mesma sala onde fora torturado. Sentado em uma poltrona, estava o encarregado das equipes de tiras que lidavam com assaltos.

Pisou-me no pescoço, sufocando-me. Tentei retirar seu sapato da garganta com as mãos, mas elas não tinham força e doíam demais. Queria que eu falasse como encontrar os companheiros e nem me deu chance de responder que não sabia. Mandou que me pendurassem no pau de arara novamente.

Dessa vez, amarraram fios na glande do meu sumido pênis, e fios foram introduzidos no meu ânus. Colocaram um pneu de Volks em meu pescoço, que me sufocava, e lá veio o choque. Superpotente, coletado diretamente da parede. Sacudiu-me, gritei com o fiapo de voz que ainda possuía.

Queriam pistas para localizar os companheiros. Não sabia e gritei com a alma, quando senti o cheiro de carne queimada. Estavam queimando meu ânus e meu pênis com choques de parede. Um tira que se dizia sobrinho de um dos tiras que foram baleados, subiu na mesa e ficou pisando em meu rosto fortemente. A dor era intensa demais para senti-la de fato. Era como se me houvessem matado e agora quisessem arrancar a alma.

O delegado chegou, acompanhado do auxiliar, sua escolta, e de um monte de tiras, quais fossem o rei e sua corte. Ficou indignado quando soube que os tiras ainda não haviam me arrancado nenhuma pista. Chegou a xingá-los, chamá-los de incompetentes, e disse que iria mostrar-lhes como se fazia.

Apanhou uma palmatória de ferro, com cabo comprido, e veio para o meu lado. Só de ver a cara do homem, minha alma quis abandonar o corpo. O homem era realmente um sádico, se soubesse onde estavam os companheiros, teria, talvez, denunciado ali, não sei ao certo. Ele só batia nas unhas dos pés e das mãos. E com uma perícia incrível, pois quase não batia em cima, mas contra as pontas das unhas, para fincá-las na carne. A dor era lancinante, enlouquecedora. De tudo o que sofri em minha vida, aquilo foi o que mais me doeu.

Ele jogava o corpo para trás e vinha com aquela haste de ferro a toda a velocidade e com todo o peso do corpo. Doía lá dentro do espírito, dilacerava as unhas, cortava os dedos, quebrava os ossos. As pernas estavam amortecidas, mas as unhas ao serem espatifadas, doíam em demasia, era uma dor insuportável. Não tinha mais força para resistir a mais nada. Quando ele ficou bastante satisfeito com a dor que me infligira e cansado do esforço despendido, parou. Sentou, desabotoou a camisa e ficou se abanando com um pedaço de papelão. Seus olhos estavam esgazeados, ali na cadeira, a meu lado.

Eu olhava-o, enlouquecido e subitamente lúcido, variando de estado, sentindo dor nos ossos do pé, como estivessem sendo corroídos. A boca seca, ressecada, de repente foi enchida de sal todo empedrado, que tentei cuspir fora, mas em seguida atocharam um pano imundo, com gosto de gasolina, em minha boca. O sal me queimou todo por dentro, a sede virou um desespero, uma alucinação.

Queimaram-me com cigarros, e tome choque em cima de choque, paulada e borrachada, aniquilaram-me com requintes de perversidade. Fiquei lúcido o tempo todo, embora meio enlouquecido de dor a intervalos. Naquela sala não havia ninguém são.

Tiraram-me do cano e saíram me arrastando, chutando pelo corredor, até o xadrez. Jogaram-me lá para dentro e tiraram o Telinho. Voltou andando, sem marcas. Sei lá por que os caras só batiam firme em mim. O fato de ele dizer-se menor de idade não me parecia suficiente. Acho que ficaram com pena dele e deixaram que falasse, explicasse, sei lá.

Mais tarde, ouvimos a maior gritaria, como fosse uma festa. Logo depois começaram os urros, ganidos e gritos de horror. Haviam capturado o Bala. Estava dormindo na casa de sua mãe.

Os policiais, através dos moradores do hotel, souberam que o Bala era irmão do Airton, um malandro com muitas passagens pela polícia. Levantaram a ficha do Airton, e lá estava o endereço de sua casa. Foram lá e pegaram o Bala roncando.

Pelo menos foi essa a explicação que pareceu mais lógica na época. Hoje já é bastante questionável, a polícia não era sutil assim. Preferiam sempre confissões de pau de arara à investigação.

Apanhou a noite toda. De manhã cedo, jogaram-no todo ensanguentado e arrebentado no xadrez. Haviam estuprado o Bala com um cacete enorme de pau, quando ele estava pendurado no pau de arara. O infeliz estava completamente ralado, esmerilhado. Dava pena de olhar, apesar de eu estar em pior situação, pois já estava apanhando havia três dias. Olhou para nós e desmaiou.

Logo a seguir soubemos, pelos tiras, que o Sérgio havia sido capturado naquela noite, logo em seguida. Havia se registrado no hotel, assim como o Alemão, com seu nome correto, não sei se foi por aí que o descobriram.

Não quero entrar em detalhes porque é um assunto extremamente delicado. De uma coisa todos os implicados no caso sabem: eu não fui buscar ninguém. Mesmo porque não saí da delegacia e não sabia onde ninguém estava, só os encontrara para roubar e poucas vezes.

Levaram o Sérgio para a estrada, amarraram-no atrás de uma viatura com uma corda e saíram arrastando-o. Os tiras iam atrás, com galhos de árvores cortados na mata, batendo no infeliz. Chegou parecendo o Cristo com a coroa de espinhos, o rosto todo cheio de caminhos de sangue, meio morto.

Eles queriam o Alemão. Ele tinha um encontro com o nosso amigo, que não revelou isso à polícia, preferiu morrer; estava certo de que o matariam. Os tiras desistiram de capturar, eles mesmos, o Alemão. Tinham o nome completo dele, ficariam à espera de que fosse preso. Expediram mandado de captura, ele estaria sendo procurado em todo o estado.

No dia seguinte, a pauladas, nos mudaram de xadrez. Colocaram-nos junto com os demais presos. Eu e o Bala estávamos nus. Nenhum de nós dois conseguia andar nem se mover muito bem. Tudo doía.

Os pés, os joelhos e a cara continuavam enormes. Precisávamos de ajuda para ir ao banheiro, até para comer. Meu pênis era uma ferida só. Urinar era uma tortura. O ânus estava em carne viva, e foi aí que tive a minha primeira crise de hemorroidas. As mãos estavam carregadas de feridas e cheias de pus. Não havia mais unhas, só cacos.

Estava preso havia quatro dias e nada comera. Nem havia ânimo para comer agora. Algo doía no estômago e no intestino. As costas estavam lanhadas, cortadas, cheias de vergões roxos. Os braços, cheios de feridas de cigarros apagados na carne. Parecia um marciano, todo inchado e roxo. Se é que um marciano é assim.

Os companheiros de xadrez nos deram banho, lavaram nossas feridas, alimentaram-nos e nos colocaram em um canto, em cima de várias cobertas. Éramos os bandidos que mais foram torturados naquela temporada, naquela delegacia. Tínhamos o maior conceito e o maior status de todos os presos dali. Havíamos baleado policiais.

Levavam-nos ao banheiro com o maior cuidado. Disputavam para ver quem tinha a honra de nos servir. Chegavam até a segurar meu pênis para que eu urinasse. E urinava sangue. O Bala ficou com as pernas abertas e defecando sangue mais de mês.

Todos os dias o enfermeiro vinha nos fazer curativos e dar injeções de antibióticos. Estava acostumado com aquele barbarismo, mas, diante do nosso estado, tremia, ficava nervoso em nos atender. Tinha que arrancar pedaços de unhas, e isso doía demais, pois estava tudo infeccionado e em carne viva. Ele tremia de verdade para executar seu trabalho. Haviam nos arrancado a pele, literalmente. Graças a ele, as unhas de minhas mãos cresceram normais posteriormente, ou quase normais. Costurou cortes e rachaduras em meus dedos dos pés, lancetou abscessos, cortou pele e carne morta etc. Graças a ele só tenho cicatrizes e apenas os dedos feios nos pés. Nas mãos, apenas pequenas cicatrizes restaram.

Os tiras procuraram apressar o enfermeiro. Queriam que nos recuperássemos logo. Logo seríamos torturados novamente. Agora queriam que lhes contássemos todos os assaltos que fizéramos em nossas vidas. Falavam em um mínimo de cem assaltos para cada um de nós. Já possuíam informações a meu respeito, sabiam que eu era da Vila e que havia roubado com várias quadrilhas. Até hoje não sei como obtiveram tal informação.

Os companheiros de sofrimento do xadrez nos disseram que nos dias em que fôramos presos, todos os presos que estavam naquela delegacia apanharam dos tiras. O delegado, com suas equipes de tiras, fora de xadrez em xadrez, sistemática e sadicamente, batendo em todos, um por um, de sarrafo, qual todos tivessem culpa do que fizéramos.

Em menos de quinze dias, estávamos quase inteiros novamente. Minhas unhas haviam caído, meus dedos rachados cicatrizaram, os quebrados iam se soldando ou não, como a natureza permitia. Éramos jovens, eu era o mais velho deles com dezenove anos. Meu rosto já voltava à aparência de rosto de gente, já andava e estava até brigando no xadrez.

Éramos jovens, saudáveis, não seria daquela vez que nos matariam. Embora ficássemos com as sequelas mentais que iriam resultar em tragédias. O Bala jamais ficaria bom da cabeça novamente. Apanhara muito na cabeça, e isso deve ter espanado roscas e desaparafusado as peças dele.

Só então fizeram nossas fichas de entrada no DEIC. Até aquele momento, estávamos ali sem nada oficial que indicasse o fato, ilegalmente. Poderíamos ser mortos que não resultaria em problemas para ninguém. Apenas em mais casos para o Esquadrão da Morte.

Fomos apresentados como recém-capturados, para a imprensa. Vieram jornais, TV e rádio nos conhecer, na sala do delegado. Fomos alertados de que qualquer palavra menos agradável resultaria em sofrimento proporcional. Nas entrevistas, evitamos falar, e se falamos, foi por monossílabos. Nada de sofrer mais, gratuitamente.

Devo ter parecido débil mental pelas minhas respostas imediatas de quem nada quer dizer. Estava apavorado, sabia que o pior ainda estava por vir, e isso torturava minha mente.

Então começou a tortura propriamente dita. Até agora a coisa funcionara na base da violência total, sem critérios. Agora a coisa seria metódica, paciente, minando as resistências aos poucos, quase em gotas homeopáticas. Não seríamos feridos visivelmente. O ferimento seria mais profundo, pois atingiria órgãos internos e a parte psicológica.

Colocaram-nos, os quatro, em uma cela separada. Um mulato, todo vestido de branco, com estetoscópio pendurado no pescoço, parecendo médico, mediu a minha pressão e auscultou o meu batimento cardíaco. Fui dado como apto para a tortura. Isso era mais violento que a própria tortura. Odiei aquele sujeito vestido de médico desde aquele dia.

Levaram-me, já aos socos e pontapés, pelo corredor das salas das equipes, onde cada tira que me via também me dava um tapa, um soco ou um pontapé. Entramos em uma sala. Aquele sobrinho de um dos tiras baleados assumira a chefia daquela equipe, cujo chefe efetivo era seu tio, e me esperava com um sarrafo na mão. Após algumas pauladas e ameaças, deram-me uma sacola para carregar, e fui levado a uma salinha no mesmo corredor. Lá havia dois cavaletes e um cano de ferro.

Quando tiraram o conteúdo da sacola é que percebi que carregava os instrumentos de tortura. Ali estavam as ataduras, as cordas de náilon, os fios, os cacetes e a máquina de choques. Recordou-me meu pai mandando que eu buscasse a cinta para ele me bater. Despiram-me, embrulharam meus pulsos, tornozelos e joelhos com ataduras. Depois os amarraram fortemente com as cordas de náilon. Passaram o cano por trás do joelho, e fui suspenso no ar, entre os cavaletes. Amarraram meus pés com mais cordas e os prenderam nos pés do cavalete, para que eu ficasse como que sentado no ar e não pudesse balançar.

Lá estava eu de novo, parecendo um frango assado num espeto. Só quem passou pelo pau de arara sabe o quanto a gente se sente vulnerável naquela posição. Bem à mercê dos algozes, sem saída.

Eles já sabiam do latrocínio do guarda-noturno, dos assaltos que fizéramos antes, devido ao carro que abandonamos furado de balas. Sabiam de vários assaltos que fizéramos no dia em que fôramos presos, por causa do carro do ex-delegado que havíamos utilizado. Mas nós não sabíamos quantos e quais eles sabiam. Combinamos, entre nós, que esses que eles sabiam, teríamos mesmo que assinar. Não havia outro jeito, já que eles sabiam e trariam as vítimas para nos reconhecer...

Começaram os choques. Havia esquecido como eram terríveis. Gritei forte e já me amordaçaram. Era o que eu queria. Travei os dentes no pano imundo e segurei, acho que nos dentes. Não consigo explicar o que ocorre, mas travando-se os dentes em algo, a voltagem parece diminuir.

A tortura brasileira é simples. O torturando precisa mais de tato, método e malícia do que de resistência à dor física. Meu método, já pensado, seria aguentar as primeiras investidas com muita coragem. Dizer o mínimo possível. Se começasse a falar logo de cara os assaltos que combinamos falar, eles imaginariam que seriam muitos. No nosso caso, era preciso dizer alguns assaltos, porque era evidente que éramos assaltantes. Aguentei os choques, e vieram as borrachadas na sola do pé e nas pernas, depois nas costas.

Comecei dizendo que era batedor de carteiras e que entrara naquela de assaltar apenas em duas ocasiões. Era fácil constatarem que eu era mesmo punguista, só era preciso telefonar para a Delegacia de Vadiagem. Segurei firme. Apenas confirmei os assaltos que eles já sabiam.

Como teriam que torturar mais três, não havia tempo para muita coisa. Levaram a tortura para um grau mais intenso. Mas, quando a dor é muita, a tendência é amortecer, principalmente naquela posição de frango assado, em que a circulação é travada.

Depois de quase uma hora de tortura, fui retirado do cano. Eles estavam apenas tomando pé na situação de nossa quadrilha, dando uma peneirada para depois nos pegar nas contradições. Exageraram um pouco, dado o fato de nós havermos baleado os tiras.

Eu ainda tinha uma atenuante. Estava claro que não havia baleado ninguém. Os outros três eram claramente suspeitos, cada um deles, de terem sido responsáveis pelas balas nos policiais. Assim mesmo, diziam que não dera os tiros porque não tivera oportunidade, senão teria dado. Eles sabiam do tiroteio no dia do latrocínio e do tiroteio com a radiopatrulha e os guardas-noturnos.

Minhas pernas não se moviam ao meu comando. Os tiras insistiam para que eu as massageasse até sair andando. Massageei vigorosamente e consegui voltar para o xadrez por minhas próprias pernas. Agora era a vez dos outros. Eu estava livre por aquele dia. Sorri, apesar das dores na sola do pé e das pernas inchadas. Eu passara na peneira. Agora eram os outros. Um a um eles foram chegando, machucados, cansados de sofrer, doloridos, mas inteiros, e sem dar mancada.

Dia seguinte, logo cedinho, já nos tiraram para fazer a localização dos assaltos. Eles queriam que nós os levássemos aos estabelecimentos assaltados. Seria mais uma prova contra nós na elaboração dos processos. Não lembrávamos direito onde os fatos haviam ocorrido, mas conseguimos levá-los na maioria dos lugares.

Dia seguinte, saímos novamente. Ameaçavam-nos de que se não lembrássemos, voltaríamos ao pau de arara. Os policiais baleados já estavam fora de perigo, iniciavam recuperação.

Começamos a viver novamente o clima de terror. Passamos a noite na tentativa de lembrar. Eles sabiam onde era, pois tinham os boletins de ocorrência das delegacias das áreas dos assaltos. Mas exigiam que fôssemos nós a levá-los lá. O Bala começou a se descontrolar. Arrumou várias brigas no xadrez, tivemos que intervir para que ele não apanhasse.

Saímos logo cedo. Eu havia recordado um bar, na Mooca. Levei-os lá. Não sabia dos outros assaltos. Um dos tiras estava com um sarrafo, começou a nos cutucar e bater com ele a cada vez que dizíamos não nos lembrar. Voltamos e já sabíamos que, no dia seguinte, iríamos para o pau novamente.

Os nervos estavam à flor da pele, saber que seríamos torturados em questão de horas nos destruía. Ficamos agressivos com os companheiros de xadrez, batemos em vários deles, judiamos até. Na hora do almoço, a lavagem que nos davam como comida não desceu.

Após o almoço, pontuais, lá vieram nossos carrascos. Procurei ser o primeiro, novamente. A tortura foi violenta, após pendurarem-me no cano, começaram a me moer na borracha e no choque. Enquanto um batia, outro dava choque, e quando cansavam, revezavam-se.

Esses tiras possuíam uma energia inesgotável. Como me julgavam o mais inteligente, apanhei mais dessa vez, pois eles achavam que eu tinha obrigação de saber os locais.

Apanhei, apanhei, chorei, implorei que me matassem mas que não me batessem mais. Defequei, urinei, involuntariamente, a sala ficou a maior fedentina. Passaram minhas fezes em minha boca e batiam, batiam, sem parar, sem dar descanso. As pernas doíam como se o cano estivesse entrando nelas. O choque me chacoalhava todo e com o tempo foi deixando de fazer efeito. Quando perceberam que, após desmaiar duas vezes, eu não reagia mais ao choque nem às pauladas nas juntas, tiraram-me do cavalete.

Devidamente torturado e arrastado, voltei para o xadrez, cheirando a merda e mijo. Os companheiros do xadrez deram a maior força, faziam massagens e não deixavam que me acomodasse. Se parasse, os nervos ficariam contraídos e eu poderia ficar aleijado. Os dedos do meu torturado pé estavam queimados de choques. Desde que fora preso, não tivera uma única ereção, emagrecia a olhos vistos.

Dia seguinte, ainda não nos havíamos recuperado e novamente fomos para o pau. O fio do pianinho foi amarrado ao pênis e na boca. A umidade da boca dobrava o choque. A tortura estava recrudescendo. Eles estavam bebendo antes de nos torturar, o que acabava com o método, era apenas violência crua.

Queriam os objetos que havíamos pego nos assaltos. A TV que eu largara no mato me fez apanhar feito um cão. Eles não acreditavam que eu esquecera de ir buscá-la. Levei-os ao mato onde a deixara, e não estava mais ali. Como apanhei nesse dia! Os anéis, rádios, relógios, armas, eles queriam objeto por objeto. E nós não tínhamos. O que eles queriam, na verdade, era saber para quem os havíamos vendido. Queriam explorar os receptadores de objetos roubados.

Eu vendera anéis, relógios e outros objetos, mas jamais poderia ir buscar quem comprara. Eram malandros. As armas, fomos presos com algumas, e o resto não sabíamos onde fora parar. E eles queriam uma por uma das que conseguíramos nos assaltos.

Passamos uma semana inteira subindo ao pau de arara quase todos os dias. Não suportávamos mais. Eu estava todo roxo e contundido novamente. Os pés queimados e muito inchados pelas palmatórias na sala, a cara toda quebrada, pernas fracas, mãos cheias de feridas. Eu era um traste humano. E o maldito médico, a cada sessão de tortura, atestava-nos como aptos. Eu estava sendo tomado por um ódio mortal àquele médico.

Os companheiros estavam ralados também, em petição de miséria. Já nem nos mexíamos mais. No xadrez, ficávamos derramados no chão, abobados, tontos. Não comíamos, urinávamos sangue e não dormíamos mais. Estávamos enlouquecendo, estupidificando-nos. A pressão, as dores, o medo, o pavor eram intensos demais, haviam quebrado qualquer pensamento de resistência.

Quando ia chegando a hora do almoço, a tensão crescia. Era quando nos buscavam. Quando a equipe capturava algum ladrão, ou algum lhes era remetido de outra delegacia, nós éramos mostrados ao infeliz. Só de ver nosso estado físico, vários falaram aos nossos carrascos sobre inúmeros roubos e furtos, sem tomar um tapa. E na nossa frente, sem vergonha nenhuma. Estávamos aniquilados.

Os companheiros abriram o jogo sobre vários de seus assaltos. Era impossível não falar. Além do quê, nós já estávamos perdidos por causa do latrocínio e dos assaltos que já estavam esclarecidos. Um a mais, um a menos, pouca diferença fazia.

Na última sessão de tortura, cheguei onde os tiras queriam.

Falei sobre uma série de assaltos que havia estudado e considerado como viáveis à minha finalidade. Apenas uns cinco eram reais, os demais, inventei na hora para escapar à tortura, que já não estava aguentando mais.

Apenas não podia falar quem foram meus companheiros nos assaltos reais. Dei nomes fictícios: Zé de tal, Mané de tal. Entre esses assaltos, um fora a uma padaria em frente à casa de meus pais. Não fora eu quem assaltara. Queria que a portuguesa dona da padaria, que me conhecia e era amiga de minha mãe, me identificasse. Contaria a dona Eida o meu estado físico e onde estava preso. Era uma pequena armadilha, os tiras já não poderiam me matar. Outro fora a uma outra padaria em Barueri e, quando ocorrera, estava preso na Casa de Detenção. Seria fácil provar que não fora eu, posteriormente. Os outros, não tinha jeito, por eles seria condenado mesmo.

Eu não estava muito preocupado com processos. Sabia que com os assaltos que já estavam esclarecidos, já arrumara pelo menos uns cem anos de condenação. Alguns anos mais ou menos não iriam fazer diferença: eu já havia comprometido minha vida toda.

O problema maior era que não podia falar de assaltos reais porque a maioria das pessoas com quem roubara, estavam presas. Não sabia quais assaltos eles haviam assinado. Se falasse de algum que houvessem solucionado, estaria vinculado a essas quadrilhas, iriam me levar até as vítimas e seria reconhecido. Depois complicaria tudo, principalmente a minha história de punguista.

E eles queriam mais assaltos. Eu estava num beco sem saída. Eles não se contentavam com o que já tinham de mim. Diziam que eu vinha assaltando fazia muito tempo. Alguém falara demais a respeito de minha vida. Até hoje, não sei por quê, não sei mesmo, canalizei toda a culpa de todo aquele sofrimento e dor contra o médico que nos examinava antes das sessões de tortura.

O maldito devia estar vendo que eu emagrecera demais, que estava que era só pele e osso e que já não coordenava bem as coisas em nível psicológico. Mas assim mesmo, apesar de meus olhos suplicantes e meu estado cadavérico, julgava-me apto à tortura. Decidi que o mataria. Sabia que eles me matariam também, então estaria resolvida a questão. Não estava mesmo aguentando. Pedia que me matassem a cada choque que me davam. A vida estava sendo um peso insuportável. Estava decidido. Terminaria aquela agonia de uma vez por todas. Iria extravasar meu ódio contido, soltar o bicho que aquela violência criara. Cada qual reagia à violência a seu modo. Eu, dessa vez, reagiria com mais violência ainda.

Consegui, com um carcereiro corrupto, uma gilete novinha. No xadrez, tomei um espeto, que era uma espécie de fura-gelo, de um sujeito que o havia surrupiado na sala dos tiras. Iria me atracar com ele, cortar-lhe a veia do pescoço que leva sangue ao cérebro e cravar-lhe o estoque no coração. Quando vieram tirar-me para a tortura novamente, me enchi de coragem e decidi que, daquela vez, não seria torturado. Fui resolvido a matar, preparado para a ação.

Na sala da equipe, o médico não estava. Não o vi na sala do pau. Não o vi em canto algum. Percebi que, justo naquele dia, eu não seria examinado, quando os tiras mandaram que tirasse a roupa.

Desesperei-me. Eu era um feixe de tensões pesando-me na alma, estava pronto para saltar em cima do homem assim que o visse. Aquela decisão e aquela coragem de matar e morrer me custaram extremamente caro. Sofri demais para condicionar-me àquele limite que não era o meu. Jamais fora corajoso assim, até muito pelo contrário. Se me perguntarem, não saberei explicar por quê, mas eu não ia ser pendurado novamente, não ia mesmo. Estiquei o braço esquerdo e, quase automaticamente, enfiei a gilete no braço. Fiz sete cortes profundos, talhando as veias em vários lugares. O sangue esguichou e derramou-se nas roupas, no chão. Os tiras olharam-me atoleimados, não conseguiam acreditar. Voaram em mim para me tomar a gilete.

Levaram-me a socos e pontapés para o hospital. Um médico suturou-me as veias e a pele, tomei trinta e oito pontos. Quis saber por que eu fizera aquilo. Já havia descarregado a tensão e estava calmo, em paz. Respondi que os policiais sabiam e podiam responder, eu não. Ao serem perguntados, disseram que não sabiam de nada. O médico, diante tais respostas, calou-se: nada podia fazer para me ajudar.

Quando voltamos, não sei por quê, eles me mudaram de xadrez. Fui morar na carceragem da própria delegacia. Até ali, estava nos xadrezes junto às equipes. O presídio da avenida Tiradentes havia sido demolido, e agora permanecíamos ali mesmo. Não entendi até hoje a manobra deles. Mas o fato era que os novos carcereiros não sabiam que eu era da quadrilha que baleara os tiras. Então, com bastante conversa e simpatia, consegui sair para trabalhar na faxina. Os tiras deixaram-me de lado por uns tempos, até meu braço cicatrizar.

Na faxina, minha vida ficou um pouco melhor. Já fazia mais de dois meses que estava preso e sendo torturado. Nunca mais vira uma mulher ou tivera qualquer alegria. Nessa carceragem, havia xadrez feminino.

A todo momento estava no xadrez das mulheres. As garotas gostavam de mim, conversava com cada uma em particular, levava-lhes os recados e bilhetes dos malandros. Não dava para fazer sexo, mas passava o dia namorando, brincando, tentando esquecer os tiras e a miséria humana dali. Os carcereiros eram todos corruptos. Era só ter dinheiro para conseguir tudo deles.

Quando menos espero, os tiras vêm me buscar. É o pau novamente e, dessa vez, para arregaçar. Queriam no mínimo cinquenta assaltos. Estava sem resistência. Eram quase duas horas de tortura intensa, só na base do choque, palmatória, borrachada e sal grosso. Falei sobre mais de cinquenta assaltos, encheram uma lista enorme. Satisfeitos, me tiraram do cano. Só que eram assaltos inexistentes, inventara-os na hora.

Disseram que na segunda viriam me buscar para que eu os levasse a todos os locais dos assaltos confessados. Chegaram até a ajudar na massagem das pernas para eu poder andar. Mas duas horas de pau destroem qualquer perna. Tive de voltar arrastado novamente. Quando cheguei à carceragem, eles me falaram que o Bala tentara se enforcar a noite passada e quase conseguira. Estava no hospital. Cortara o pescoço com gilete e se pendurara numa corda improvisada na grade do xadrez. Deram-me uma corda de náilon e disseram para que eu me enforcasse também se os assaltos que contara fossem mentiras, pois eles me fritariam vivo. Era sexta à tarde, e pensei em viver, pelo menos mais um fim de semana.

Passei pelo xadrez das meninas carregado por dois faxineiros e recebi a maior solidariedade delas. Xingaram os tiras, gritaram, levantaram toda a carceragem em sua manifestação de revolta. Os companheiros de xadrez me acomodaram com o maior cuidado. Massagearam, trataram de mim qual fosse um rei. E, no xadrez, eu era o rei mesmo. Tudo o que acontecia me era comunicado, o meu status ficara enorme no meio criminal. Fui para o banho, consegui superar as dores e deitei. Meu espírito estava tumultuado. Todo o meu ser era tensão e medo.

Na segunda, os torturadores viriam me buscar para que eu os levasse aos locais dos assaltos. E não havia locais. Sabia que ia apanhar demais, que a ira deles seria violenta. Bateriam em mim de todas as maneiras, revoltados com minha mentira.

Dessa vez, eu teria que aguentar sem mentiras. Também tinha que ser a última tortura. Suportaria firme, sem falar sobre assalto algum. Que era punguista, que só cometera aqueles assaltos de que eles já sabiam. Estava decidido: ou eles me matavam de uma vez ou paravam com a tortura. Psicologicamente eu não suportava mais.

Não dormi os três dias. Recuperei-me do pau aos poucos, não conseguia mais nem namorar com as garotas. Estava desesperado, acuado feito um bicho que sabe vai morrer e não há saídas. Estava pronto a cometer qualquer loucura. Foram dias e noites terríveis, arrastavam-se.

Finalmente, quando chegou a segunda cedo, um tira veio me buscar no xadrez. Senti um certo alívio. Saí com eles sem dizer uma palavra. Quando distanciaram-se algumas centenas de metros da delegacia, resolvi abrir o jogo. Falei, colocando

341

toda a minha vida nas palavras, que não havia aqueles assaltos que eu relacionara. Só dissera porque não aguentava mais tortura. Pedi que me levassem de volta e pendurassem no pau de arara. Eu iria suportar até o fim para comprovar que eu não havia cometido mais assaltos.

Fiquei surpreso quando os tiras não se zangaram comigo. Olharam um para o outro, e um deles disse que o negócio seria capturar outra quadrilha, que essa já era. Quer dizer: acabara a tortura para nós! Estavam conformados com o que tinham de nós. Cansaram de nos judiar, particularmente de judiar de mim.

De repente, transformaram-se em seres humanos. Riram de mim, estavam com pena do meu estado físico e mental, notei até compaixão em seus olhos. Levaram-me a um bar, pagaram-me uma média com pão com manteiga e conversaram amistosamente comigo. E eu gostei deles naquele momento. Inexplicavelmente, eu até os perdoaria, caso não soubesse que aquela manifestação de humanidade era passageira.

Então soltaram a bomba: Alemão estava preso na outra carceragem, com os outros companheiros. Bem, eu estava anestesiado, nem liguei muito. Se estivesse preso ou solto, para mim era a mesma coisa. Nada parecia ter sentido ou coerência.

Voltei aliviado para o xadrez, até feliz. Agora iríamos apenas ao cartório para a feitura dos processos, assiná-los e dali direto para a Casa de Detenção. Chegaria lá tão cheio de processos como aqueles meus conhecidos já presos e condenados a tantos anos de prisão.

Era terrível, mas eu estava contente com isso, por mais incrível que possa parecer. Queria era sair daquele inferno. Cadeia não me fazia medo. Agora eu já pensava em não sair mais. Ficaria preso pelo resto de minha vida. Faria da prisão meu mundo. Que ninguém se atrevesse a atravessar meu caminho que eu trucidaria. Nada mais importava. E eu só tinha dezenove anos.

21

Os companheiros, distantes de mim, não sabiam que tudo havia acabado. Que a tortura cessara. Haviam esclarecido mais assaltos deles, nesse tempo em que estávamos separados. Julgavam que a tortura continuaria, indefinidamente. A polícia sempre procedera assim, e nada os autorizava a pensar diferente. O Bala desesperou-se mais uma vez. Acredito que, na primeira tortura, tenha apanhado tanto na cabeça, que lhe afetou alguma coisa, pois que jamais o Bala foi o mesmo que conhecêramos desde criança.

Juntou-se ao João Grilo, outro desesperado, cujo couro a polícia estava arrancando em torturas sucessivas. Durante a noite, pegaram o único sujeito que dormia no xadrez e, sem ao menos conhecê-lo, espetaram um osso de galinha afiado em seu ouvido. Como não morresse, o infeliz ficou estrebuchando qual estivesse tendo um ataque epiléptico, enforcaram-no com uma corda improvisada.

A finalidade única e exclusiva era serem autuados em flagrante de homicídio. Assim, os tiras teriam de mandá-los para a Casa de Detenção, e eles estariam a salvo da tortura por pertencerem à Justiça. Não importava a vida do infeliz vitimado. Importava apenas escapar do inferno. Haviam enlouquecido, a tensão e a dor destruíram o que ainda lhes restava de humanidade. Mas foi um engano, pois o delegado pediu ao juiz a permanência de ambos, por dez dias, ali no DEIC. O maldito juiz concedeu, parecia mancomunado.

Dia seguinte, saio para a faxina e os encontro em um xadrez pequeno. Estavam esbagaçados, roxos dos pés à cabeça e sangrando por todos os lados. Lá estava a marca registrada do satã-chefe: ambos estavam com as unhas dos pés e das mãos estraçalhadas a pauladas.

Haviam apanhado a noite toda, foram um festim para os torturadores. Haviam feito o Bala confessar quatro latrocínios que ele jamais praticara. Viriam buscá-los para fazer os locais. O estuporado companheiro estava querendo se matar.

343

Conversei bastante com ele e consegui convencê-lo que aquele fora o último pau que tomara. Não bateriam mais porque, em menos de vinte e um dias, a lei dizia que ele teria que ser apresentado ao juiz, após auto de flagrante. Apesar das ameaças, não podiam mais feri-lo, fora a última vez.

Dias após, estava fazendo faxina na galeria, quando fui chamado na porta do xadrez dos condenados por um preso. O sujeito, porque estava condenado e eu na faxina, sendo portanto apenas preso correcional, quis me intimidar para que eu lhe desse cigarros.

Era um imenso negrão, mas eu não aceitava intimidações. Mal ele sabia que eu estava mais condenado que ele, que estava com a vida toda comprometida. Discutimos, e o ofendi fortemente.

Como sabia que eles, daquele xadrez, sairiam para tirar fotos, fui ao xadrez e pedi um canivete emprestado a um amigo. Abri a lâmina e fiquei com a arma na cinta, esperando qualquer manifestação do negrão. Não, eu não aceitaria intimidações e não tinha mais medo de tamanho: comeria no aço!

O sujeito possuía um aliado, e eu não sabia. Chamou-me à porta do xadrez, posicionando-se distante da grade. Como o vi distante, encostei na grade do xadrez para atendê-lo. Nesse momento, fui agarrado pela gola da camisa pelo aliado do negrão. Meu reflexo foi imediato. Saquei do canivete e, mesmo pela grade, cravei-o sem dó na barriga do atrevido. Deu um salto para trás, superassustado, então vi o sangue manchar-lhe a camisa. Saí fora e continuei minha faxina, esperando as consequências.

Quando saíram para tirar fotos, fiquei com um vassourão, fazendo faxina na carceragem, para ver se seria caguetado. Mas a vítima, o Índio, ao me notar ali solto, avançou em cima de mim. De imediato, reagi violentamente: segurei-o à força de vigorosas pancadas com o vassourão. Dei-lhe umas três cacetadas, e ele aterrou.

Os carcereiros me seguraram e acudiram o bobalhão. Então o negrão levantou sua camisa e mostrou o ferimento, entregando-me na maior cara de pau. Os carcereiros quiseram o canivete, e eu o entreguei para não piorar as coisas.

Trancaram-me no xadrez, mas logo vieram me buscar. O maldito delegado queria saber a procedência do canivete. Disse que o encontrara no lixo, quando fazia faxina. O homem bufava, dizia que nós (a minha quadrilha) queríamos causar problemas para ele, mas não iria ser como queríamos. Ele nos racharia ao meio, antes. E lá fui eu, para o pau novamente.

Mas quem me pendurou foram os tiras da equipe que já cansara de me bater. Só me colocaram no cano para cumprir ordens. Eu já era um craque em torturas e tirei de letra. Economizei forças, coloquei o peso numa perna, descansei a outra, revezei os braços, travei os dentes, e fui controlando, administrando.

Quando as pernas começaram a doer de fato, os tiras perceberam meu sacrifício em suportar, tiraram-me. Ajudaram até a massagear e me carregaram até o cartório, onde assinei processo por agressão. Os tiras disseram que era melhor nos mandar para a Detenção, antes que acabássemos com os presos da delegacia.

As garotas novamente ovacionaram-me quando passei, ajudado pelos faxinas. Eu era herói. No xadrez o respeito era imenso. O dono do canivete era todo sorrisos, passara o maior medo de que eu o denunciasse. Ao ter certeza de que eu fora firme, não sabia o que fazer para demonstrar respeito.

Eu estava plenamente disposto a fazer tudo o que fosse necessário para ser respeitado. Julgava que não sairia mais da prisão. Ali seria minha casa, doravante, então teria que viver bem à vontade, sem que ninguém interferisse em meu caminho. Estava disposto a ir até as últimas consequências, se fosse preciso.

Rapidamente fomos sendo levados ao cartório para fazer declarações nos processos e assiná-los. Até que, em agosto de 1972, assinamos o último papel. Era o ciente da decretação de nossa prisão.

Estávamos presos, ilegalmente, desde 18 de maio, passáramos três meses de torturas intensas, agora tudo terminara. O sofrimento havia sido o máximo, envelhecêramos: com exceção do Alemão, estávamos todos com cicatrizes e marcas no corpo e na alma. Ficariam para sempre. Algo fora destruído em nós. Pelo menos o que ainda nos restava de humanidade, pureza e inocência. Agora éramos cobras criadas. O ódio em nós era o mais virulento possível.

Estávamos cientes de que aqueles que nos barbarizaram o fizeram em nome de uma sociedade. Uma sociedade que nos repelia, brutalizava, segregava, e que quase nos destruía. E o pior: uma sociedade que precisava dessas monstruosidades para se manter. A tortura era uma instituição social.

Se estivéssemos em um país menos demagógico e mais civilizado, talvez recebêssemos a pena de morte. Nós seríamos, provavelmente, condenados à morte. Poderia até ser justo. Mas, em nome dessa justiça, teríamos de ter recebido um tratamento que respeitasse as condições existenciais humanas em nossa infância e adolescência.

Éramos ainda adolescentes, tínhamos entre dezoito e dezenove anos, e se não nos mataram fisicamente, roubaram todo o conteúdo que poderia existir em nossas vidas. Nos enterraram vivos. Estávamos mortos, bem mortos. E me pareceu sempre uma enorme incoerência matar gente que mata gente apenas para mostrar que não se deve matar gente.

Fomos passados dos xadrezes correcionais para o de condenados. Estávamos nas mãos da Justiça agora. Remeti meu último olhar de ódio a dois dos tiras que me torturaram e, prometendo-lhes vingança, passei para a condição de preso da Justiça pública. Do xadrez de condenados, o juiz nos requisitou para que declarássemos o caso do latrocínio. Era estratégia do juiz. Sabia-nos ainda intimidados por estarmos na delegacia, ao alcance dos torturadores, e aproveitou-se do fato para tentar arrancar uma confissão.

Fomos levados ao fórum com escolta da Divisão de Capturas. Passamos pelo ritual da revista e fomos sendo chamados pelo juiz, um de cada vez. Havíamos combinado, entre nós,

346

confessarmos os fatos e, desse modo, recebermos a pena mínima. Não havia modo racional de escaparmos à condenação. Eu havia sido preso com o revólver da vítima, fôramos reconhecidos pelo frentista, tudo estava contra nós.

Quando adentrei a sala do juiz, o velho já me lançou um olhar impregnado de ameaças veladas. Ao tomar minha declaração, fez tudo para me intimidar, me amedrontar e distorcer o que eu dizia. Desde a formação do processo, estavam tentando distorcer os fatos. Na delegacia, era preciso assinar a declaração como eles a haviam feito previamente, caso contrário, seria mais tortura. Mas, ali em juízo, sabia que nada me ameaçava fisicamente, pelo menos foi o que julguei na hora. O fato é que queriam que declarássemos que estávamos assaltando o posto de gasolina, quando o guarda entrou para defendê-lo, tipo herói, e nós o matamos friamente. Assim ele não tivera tempo de dar nenhum tiro.

Queriam fazer do infeliz um herói e, de nós, animais predatórios que matavam por prazer. É certo que matamos o homem, de fato todo assassinato é cruel. Mas ele foi estúpido, e não herói. Uma pessoa minimamente inteligente jamais poderia pensar em reagir diante de quatro armas apontadas a cerca de cinco passos de distância. É suicídio, estupidez. Mesmo atirando no infeliz, senti a bala dele zunindo. Quase nos pegou também. Não há justificativa, mas também não fora assim como queriam fazer crer.

O juiz também torturava com suas ameaças e modo extremamente rude, de justiceiro, de nos tratar. Não me intimidei e o enfrentei de igual para igual, para mim ele era um homem como os outros, usava papel higiênico como eu.

O homem não se conformou em ser enfrentado por um reles prisioneiro que, praticamente, estava em suas mãos. Senti que se pudesse, me agrediria. Mas nada podia fazer de imediato. Sua resposta covarde não se fez por esperar. Em tempo recorde exarou a sentença, cunhando-a da mais descarada vingança: vinte e oito anos de reclusão e dois anos de medida de segurança.

Meus companheiros estavam brutalizados. No xadrez do DEIC, o Alemão e o Bala tomaram algumas roupas de um preso mais humilde. O sujeito era otário, apanhou e sofreu nas mãos dos companheiros revoltados.

Sempre foi assim: prendem os trouxas junto com bandidos, e estes os brutalizam, os estupram e judiam deles. E a polícia usava isso para extorquir-lhes dinheiro. Era soltar o otário no xadrez um dia, para no dia seguinte este estar pagando quanto os tiras queriam pela sua liberdade. Conheci vários que saíram da prisão tão revoltados que, em liberdade, viraram bandidos, matadores extremamente perigosos.

Não participei da ação por não concordar com esse tipo de violência e valentia com quem não podia se defender. Eu já fora vítima também. Mas não pude evitar: todos havíamos introjetado as leis do local. Uma delas é que os fracos sempre pagam caro por suas fraquezas.

Quando chegamos de bonde na Casa de Detenção, o sujeito assaltado denunciou-os. Já chegaram tomando a maior surra de pau e borracha dos guardas do presídio. Depois já foram levados para a isolada, onde havia as celas do castigo no pavilhão 5. Eu e o Telinho fomos encaminhados ao pavilhão 8, onde eram lotados os presos reincidentes. Sérgio Costa foi para o pavilhão 9, já que era primário.

Fui levado ao quinto andar e colocado no xadrez de prova. Estávamos em uns dez presos ali espremidos. No dia seguinte, logo cedinho, o Índio, minha vítima na delegacia, colocou a cara no guichê, com os olhos plenos de ameaças.

De chegada, já havia feito contato com pessoas importantes, de influência, ali no pavilhão 8. Afinal, eu era da Vila Maria e era conhecido em vários cantos de São Paulo. Sabia que teria uma cobertura, que não estaria sozinho. Quis me ameaçar verbalmente para que eu, com medo, pedisse seguro de vida. Cortei logo a conversa, dizendo que assim que fosse liberado da prova, resolveríamos aquela questão pendente.

Eu tinha medo. Sabia como eram resolvidas as questões ali. Era sempre com a morte a facadas ou pauladas de um dos implicados. Mas não podia deixar que meu medo fosse percebido. Devia sim explorar o medo dele. Eu já provara que era capaz de atacar e me defender, e sabia, pelo que vira, que ele temia o que lhe acontecera. Logo, o medo dele era minha arma no momento.

Tal como naquele poema de Maiakóvski, eu não podia deixar que pisassem nas flores do meu jardim, para que depois não me cortassem a voz da garganta, e nada mais pudesse dizer.

Consegui descer da prova com a desculpa de estar doente e precisar ir ao médico. Juntei-me aos outros presos e fui ao campo. Encontrei vários conhecidos e um amigo também. O velho Flores. Era lá do bairro e me conhecia desde criança.

Conversamos, ele enrolou um baseado, fumamos, e deu-me outro para que eu levasse. Contei-lhe meu problema com o Índio e lhe pedi uma faca. Iria pegá-lo quando menos esperasse, antes que ele me pegasse da mesma forma.

O Coroa, como nós, jovens, o chamávamos, disse-me que conhecia o sujeito. Estivera preso com ele em Guarulhos. Conversaria com ele, era um bunda-mole, não precisava me preocupar. Convidou-me para que eu fosse morar em seu xadrez. Aceitei com prazer.

O Coroa era um dos malandros mais conceituados do pavilhão 8. Recente havia saído uma reportagem da revista *Manchete*, antes de ele ser preso, estampando-o como um dos dez mais procurados assaltantes do país. Já cumprira pena na Penitenciária do Estado, e era um homem realmente valente e corajoso em suas ações.

Além do quê, tinha capital e propriedades na rua. Era o pico, o máximo que um ladrão podia atingir em termos de periculosidade e conceituação. Era um herói para mim, um paradigma. Meu maior anseio era ser como ele, e era uma honra, um privilégio, gozar de sua consideração e morar em seu xadrez.

Em termos de status, de conceito, eu estava me envolvendo com gente da maior expressão em todo o presídio, através dele. Pouquíssimos presos tinham condições de penetrar naquele círculo fechado de gente de respeito. Eu já chegava sendo admitido no esquema, sem sequer me esforçar.

Voltei radiante para o xadrez. Ali mesmo já senti o efeito de ser um dos integrantes do xadrez do Coroa. Houve uma deferência comigo, uma predominância minha, depois que acendi o baseado e contei as novidades. Na Detenção havia uma estratificação social, um sistema mais ou menos parecido com o feudal. Com condes, barões, duques, mas sem reis. Os plebeus eram massa amorfa, uma maioria sem peso em termos de decisão. Cada xadrez tinha seu conde ou barão, e esses nobres detinham as rédeas do esquema mais ou menos mercantilista da economia dominante. A maconha era o peso ouro, o cigarro a moeda dos plebeus, e o dinheiro, a moeda dos notáveis, embora proibido pela administração.

O Índio nem apareceu mais. Pelos códigos não escritos do crime, ele não teria direito à revanche. Já que eu havia sido delatado por ele e pelo negrão, seu amigo, e assinara processo. Na verdade, ele estava alguns furos abaixo de mim em termos de status, no meio em que vivíamos. As minhas relações e contatos eram muito mais importantes que as dele.

Após quase uma quinzena na prova, fomos encaminhados à carceragem para que o chefe de Disciplina nos distribuísse pelos xadrezes. Subi para o quarto andar, xadrez 405-I, onde morava o Coroa. Fui muito bem recebido.

Era um xadrez pequeno, e quatro presos o habitávamos, em camas suspensas. Estavam preparando o recortado, uma espécie de retempero da comida distribuída na galeria. Já me interessei, colaborei e aprendi rápido, cozinha sempre fora algo fácil para mim. O fogão era um tijolo com ranhuras e, dentro das ranhuras, uma resistência dessas que transformam energia elétrica em calor. Era proibido, resultava até em castigo. Mas na prisão quase tudo era proibido e permitido ao mesmo tempo. Dependia de não deixar o guarda ver, ou, dependendo do guarda, de comprá-lo.

Conversamos bastante, falei de minha via-crúcis na delegacia, concordavam que eu estava enterrado vivo mesmo. Dia seguinte fomos ao recreio. Muita gente conhecida veio me cumprimentar. Senti que havia sido aceito. Rapidamente já fiz amizade com amigos do Coroa que frequentavam o xadrez e passei a frequentar vários xadrezes também.

O Ênio e o Devar eram os outros dois habitantes do xadrez. Ambos eram assaltantes de bancos e de pagamentos de empresas, companheiros de roubos do Coroa. Possuíam dinheiro e propriedades. O problema era que respondiam a muitos processos. A conversa era sempre sobre fuga e meios de conseguir fugir. Para mim seria a resposta ideal, cheguei a me entusiasmar com os planos deles.

Conheci suas esposas, mães, filhos e parentes. Às vezes descia na visita, a pedido deles, e ficava brincando com as crianças, tomando conta, para que os casais pudessem namorar e se conseguissem alguma toca, fazer sexo.

Éramos uma família e como tal nos tratávamos, e eu, o parente pobre. Tudo no xadrez era de todos, era uma vida comunitária. Eu procurava fazer todos os trabalhos para compensar o fato de não estar contribuindo com nada. Fazia faxina, recortado, lavava roupas etc. Não queria, de modo nenhum, usufruir sem contribuir.

O Coroa, com sua inteligência, havia descoberto um meio de colocar a erva para dentro da prisão. Viria no meio das coisas de uso pessoal e comestíveis que as pessoas de fora colocavam em nome deles. Havia descoberto um objeto em que era fácil colocar a droga e que passava pela revista dos guardas sem despertar suspeitas.

Maconha não nos faltava, vendíamos somente o suficiente para cobrir o preço pago na rua, para pagar nossas despesas no presídio e comprar presentes para as visitas. Sofríamos com o fato de estarmos presos, mas passávamos os dias entorpecidos, dopados e sem miséria em nenhum sentido. O Coroa, assim como eu e o Ênio, estava cheio de processos. Fora caguetado por vários parceiros. Constantemente éramos requisitados pelo fórum para sumariar esses processos.

Em menos de um mês, veio a minha primeira condenação.

Trinta anos de prisão pela morte do guarda-noturno. Os outros três companheiros também pegaram a pena máxima. Bala e Alemão já haviam saído do castigo. Bala morava com o irmão no terceiro andar, e o Alemão fora para o pavilhão 9.

Quando assinei o ciente daquela condenação, a realidade da minha situação de homem enterrado vivo atingiu-me com toda a sua violência. O desespero foi completo. Nunca mais sairia da cadeia. E eu só tinha dezenove anos... A revolta feria a alma. Era demais dolorido saber que agora só aquilo, aquele mundinho reduzido de poucos metros, iria ser minha vida.

Arrumei um pedaço de ferro chato e, com um pedaço de lima, fiz uma faca. Passei dias limando-o com o maior cuidado, como se ali estivesse uma força. Era uma espécie de símbolo da minha situação interior. Andava com aquela faca para onde fosse. Aquilo me dava segurança e uma certa força. O meu mutismo avisou aos outros que não se aproximassem por uns dias, até que aquela situação sedimentasse.

Logo vieram outras condenações, e fui me acomodando aos fatos. Havia muitos que, como eu, julgavam que não sairiam mais. Me juntei a esse bando de desesperados. Só entre nós, nos sentíamos bem. Com os outros, que iriam embora e teriam suas chances, não conseguíamos nos juntar.

O Coroa procurava sempre me orientar. Mas eu estava atrás de me entorpecer, esquecer, formar um mundo ilusório. Já que iria viver a vida toda ali, então iria viver à vontade. Que ninguém se atrevesse a se meter em meu caminho.

No pavilhão 8 havia um malandro, o Toninho Magrelo, que eu conhecia, era até do meu bairro. Além de ser um bandido de cadeia perigoso, era um pederasta inveterado. O malandro de cadeia, geralmente, na rua é um pé de chinelo. Na cadeia, escuda-se na violência extrema, pois a liberdade não lhe é importante.

Muitos deles conseguem mesmo ter, na prisão, uma vida muito boa, nem um pouco parecida com a que possuíam na rua. O Toninho era um desses. Vivia causando problemas na cadeia, abusando dos mais humildes e fracos. Vivia nas celas de castigo, tinha até alguns processos por estupro de outros presos. Havia até uma conversa de que ele assaltara um funcionário que fazia transporte de droga para dentro da prisão. Já havia esfaqueado vários outros companheiros de sofrimento, o cara era mesmo perigoso.

Eu já notara que esse sujeito me olhava de um modo até ofensivo. Eu já conhecia aquele olhar libidinoso, carregado na maldade e na malícia. Só via em mim um garoto bonito, liso, sem barba na cara ou pelo nas pernas, por quem se enchera de desejos.

Eu tinha uma certa proteção e amparo do pessoal da Vila, mas ele também era da Vila. Isso anulava os apoios, uma vez que ambos éramos apoiados pela mesma facção. Sempre que ele se aproximava de qualquer lugar em que eu estivesse, eu já saía fora. Ele nada dizia, mas seu olhar, seu sorriso cínico, eram quase um tapa na cara. Eu não lhe dava espaço nem para que conversasse comigo. Mostrava, claramente, a minha contrariedade a seus modos para comigo.

Ele tinha muito mais conceito que eu no crime. Havia construído um status na prisão na ponta da faca, ninguém queria pôr a cara com ele. Além do quê, sabia que se o enfrentasse, mesmo armado, minhas chances não eram muitas. Tinha a fama de encarar o oponente armado e tomar-lhe a faca, brigava muito bem na mão.

Houve uma caguetagem, e os guardas invadiram nossa cela em busca de maconha e faca. Sempre aconteciam essas caguetagens, inexplicavelmente. Somente malandros conceituados sabiam o que se passava em nosso xadrez. Mas sempre há infiltrados na massa. A direção sempre apoia os denunciantes e os premia com mais liberdade na prisão, cargos vantajosos, e até facilita sua remoção para colônias penais, se a denúncia for importante.

É o único meio que eles têm de controlar a prisão. Acharam uma boa porção de erva, apenas. O meu ferro estava muito bem entocado e não foi descoberto. Fomos mandados os quatro para a isolada no pavilhão 5, de castigo.

Era uma cela blindada com chapas de ferro na janela e na porta. Não havia colchão nem água. Uma vez por semana nos deixavam ir para a ducha, e a água era distribuída três vezes ao dia. Passamos trinta dias ali naquela imundice. Não nos faltavam cigarros nem droga. Tínhamos muitos contatos no pavilhão 5, que nos apoiavam o suficiente. Havia alguns malandros do pavilhão 8 que também nos mandavam muita coisa. Havia uma certa solidariedade, sabiam que posteriormente os compensaríamos em grande estilo. Foram trinta longos e monótonos dias, que passávamos lendo gibis ou conversando, às vezes até brigando um pouco.

Vencido o castigo, retornamos ao nosso xadrez, no pavilhão 8. Logo de chegada, já reequipamos o xadrez como antes. Não adiantava os inimigos nos derrubarem. Rapidamente éramos os mesmos.

Logo em seguida, o Coroa recebeu comestíveis que estavam depositados desde o dia em que fôramos para a isolada. E lá estava a droga. Ficaram com ela guardada um mês, sem desconfiar. Já estávamos no movimento novamente, ninguém conseguiu entender.

Tudo era rotina. Vivia entorpecido pela maconha, nem sentia os dias passarem realmente. A realidade era dura demais. Pensar que não sairia mais deixou-me embrutecido, tentando fugir à realidade o máximo que pudesse.

Meu problema atual era o Toninho Magrelo. Seus olhos me acompanhavam jocosos e gulosos. E sempre que podia, se insinuava, dizia que eu era bonito, vivia me elogiando, como se eu fosse uma bicha ou um garoto. Várias vezes me convidou para morar em seu xadrez. Dizia que, lá, droga não faltava, e que se faltasse, mostrava a faca na cinta e dizia que iria buscar onde houvesse. Aquele era seu meio de vida na prisão. Era assaltante de cadeia.

Aquilo foi se tornando insuportável e insustentável. Tentei me esquivar, tentei evitar e, sem querer, cada vez mais cedia terreno à fatalidade. Chegou a um ponto que meus camaradas começaram a me evitar. O sujeito era realmente perigoso, e ninguém queria se interpor à pressão que ele foi imprimindo sobre mim. Eu precisava me manifestar. Era a lei do crime.

Quando me insurgisse contra o agressor, então receberia apoio. Se aceitasse o seu domínio, então seria desprezado, esquecido. Nunca mais poderia levantar a voz para malandro algum. Ele sempre poderia me humilhar, jogando-me na cara que eu já fora montado por alguém. E eu teria que calar, baixar a orelha, porque esse era o costume, o código criminal.

Não encontrava coragem para enfrentá-lo. Julgava poder ir administrando até que algo acontecesse. Se eu questionasse, o enfrentasse, decerto ele tiraria a máscara da cordialidade e me daria uma decisão. Era destemido, não acreditava nas minhas forças nem numa reação de minha parte. Julgava-me fraco e pequeno, não acreditava que pudesse feri-lo seriamente. A ignorância nele era superlativa.

Os dias foram se passando. Conseguimos movimentar o jogo de cartas na rua 10 do segundo andar. O ponto do jogo era do Chiquinho, um amigo lá da Vila que, inclusive, já roubara comigo. Mas a repressão o atingira, e ele fora mandado para o pavilhão 5, de castigo. O jogo ficara parado por meses.

O Chico morava em nosso xadrez. Fora transferido quando cheguei, fiquei com a vaga dele. Por herança, o jogo era nosso. Um manipulador de baralho ofereceu-se para recomeçar a movimentar o jogo a nosso favor, dando-nos cinquenta por cento do lucro. Nós fornecíamos os baralhos e uma cobertura armada, caso houvesse qualquer problema no jogo.

O jogo era de ronda. Jogo de ladrão querendo roubar ladrão, na maior honestidade de propósitos. Podia-se ganhar muito ali, pois que dinheiro era mato, no jogo. Mas a lógica era perder, já que se tratava de um "jogo de azar".

O manipulador, a cada rodada, tirava a taxa da casa. Joguei algumas vezes, achei tão fascinante que me afastei de imediato. Eu não tinha capital para bancar-me. A maconha e o jogo financiavam nosso xadrez em tudo quanto era despesa na cadeia. Nada nos faltava, a não ser o bem maior: a liberdade.

Toninho era viciado em jogo, e não saía da banca de jogo

desde que ela era formada. Também por isso eu me afastara do jogo. O segundo andar era onde moravam os companheiros que trabalhavam no pavilhão. As portas do xadrez eram todas abertas.

Tudo ali era dirigido por presos. Os patronatos da fábrica de costura de bolsas, da fábrica de calhambeques (enfeites), por exemplo, eram de presos. As oficinas, tipo alfaiataria, conservação, faxina geral, também eram controladas e dirigidas por presos.

A polícia (guardas de presídio que, para o preso, exercem função de polícia na cadeia) vendia os patronatos, salas, oficinas para quem pagasse mais. Os donos das oficinas, por sua vez, faziam delas meio de vida. A cadeia funcionava como um relógio automático. Os guardas só abriam e trancavam as portas e faziam contagem, o resto funcionava sob o controle dos presos.

Os guardas também espancavam e torturavam presos. Isso acontecia numa sala, isolada dos prédios da prisão, que ficava na parte de baixo da caixa-d'água do campo de recreação do pavilhão 8. Batiam de cano de ferro, pau, e havia um que só batia de corrente. As vítimas demoravam meses para se recuperar. Quando não ficavam aleijadas ou mesmo morriam.

No final de 1972, alguns presos, condenados a uma infinidade de anos de cadeia, começaram a desesperar-se. Estava incluído nesse meio, minhas penas já somavam mais de setenta anos. Estavam ainda sumariando inquéritos que, na certa, resultariam em mais condenações.

O desespero de não ter perspectivas de liberdade criava um espaço vazio, um buraco negro na mente da gente. Nesse espaço ecoava um grito de pavor que ficava sem resposta.

A revolta, sem outro meio de explosão, era canalizada contra nossos próprios companheiros. Pensar que ficaríamos a vida toda presos, estando em pleno vigor físico, nos alucinava. Não mais curtir garotas, bailes, a velocidade dos carros, o poder das armas e a loucura das drogas era demais para nós. A miséria da cadeia era terrível. À maioria faltavam cigarros, drogas, roupas, e alimentavam-nos muito mal. Sobravam inimigos, olhares agressivos, violência, no ar carregado pela neurose da rotina cotidiana. Sabíamos que quem nos prendera, quem nos mantinha presos, quem nos condenava, nossos algozes, no fundo, em suas ações sociais, eram piores que nós. A diferença era que estávamos presos.

A corrupção nos meios jurídicos era profunda. Estávamos convictos de que só estávamos presos porque não tínhamos capital. E não tínhamos capital porque não roubávamos pelo dinheiro somente. O dinheiro era apenas o veículo de nossa liberdade. Liberdade para vivermos o que estava incutido em nós, desde que nascêramos, como condição para sermos livres. Queríamos as emoções fortes que nossa juventude nos exigia. E a maioria de nós provinha de institutos de menores de idade, e carregava os valores ali adquiridos.

A par disso, havia os desafetos. Muitos não suportavam a tortura e iam buscar companheiros de roubos em casa, enchendo-os de processos e anos de condenação. E isso era imperdoável. Guerras entre quadrilhas que haviam começado na rua estouravam no ambiente pesado da cadeia.

A garota agora era o rapaz novo que chegara inexperiente na prisão e era seviciado, violentado. Acabava sendo obrigado a aceitar que um valente tomasse conta dele, para que os outros, lobos esfaimados, não o maltratassem. E havia disputas e guerras fantásticas, quanto mais bonitos fossem os meninos.

Claro, havia a droga, que exigia que o traficante fosse bandido suficiente para se garantir e não ser tomado. O traficante precisava pagar a mercadoria, o portador e ter seu lucro. Então, o preço ao varejo era um absurdo que a maioria não tinha condições de pagar. Pelo menos não todo dia, e a necessidade do viciado era diária. E quase todos eram viciados.

Além desses problemas, havia as políticas. Ajuntamentos de presos afins que se respeitavam mutuamente e agiam em blocos, defensiva e ofensivamente.

De qualquer pedaço de ferro, com uma lima, se fazia uma faca. Vi facas feitas até de latas de óleo. E eram mortais. Os vitrôs das janelas das celas transformavam-se em facas num piscar de olhos. E saíam facas mais benfeitas que as fabricadas por máquinas. Pesadas, cortando dos dois lados e com pontas enormes, igual a agulhas. Havia os especialistas nessa arte, eram chamados de faqueiros. Produziam facas constantemente para vender, era o meio de vida deles. Às vezes eram mortos com as próprias facas que faziam.

Se precisássemos de alguma coisa que nos beneficiasse realmente, era difícil conseguir. Mas se procurássemos uma faca para matar alguém, apareciam várias. Quase todos gostavam de ver o circo pegar fogo. Quando ocorria um crime, a cadeia se agitava, o comentário era geral, havia movimento, ação. E era disso que quase todos gostavam: de sair a qualquer preço da rotina massacrante que nos era imposta.

Também havia os cabeças-frescas. Eram os desesperados. Para esses, matar um, dois companheiros, de repente, era algo sempre possível. A eles, a cela-forte, a violência total dos guardas e dos anos de prisão que lhes seriam acrescentados, não intimidavam. Como já estavam condenados a longa soma de anos, nada havia que pudesse coibi-los de derramar suas neuroses e revoltas em qualquer companheiro, ao menor motivo.

Alguns queriam fazer nome de bandidos, de matadores de cadeia. Quanto mais matassem, mais respeitados e temidos seriam. Esse também era um meio de vida. Porque, temidos, recebiam oferendas dos que os temiam, ou daqueles que buscavam sua simpatia. Chamávamos isso de pagar pau.

Matadores trocavam o revólver da rua pela faca de cadeia. E andavam armados o tempo todo, assaltando, esfaqueando, ameaçando e assim vivendo suas sanguinárias vidas, até serem mortos. Sempre havia um que, com medo ou com revolta, tocaiava com mais algum amigo o matador, e aí adeus ao valentão: como jacaré, virava bolsa.

Ali tudo era pagar. A semântica do verbo *pagar* era bastante interessante por ali. Tudo o que nos era fornecido pela cadeia trazia uma ideia de pagamento. A comida não era distribuída, era paga. "Pagar um sapo" era fazer uma ameaça.

358

Alguns dos cabeças-frescas às vezes esperavam alguns humildes subirem da visita com a sacola de mantimentos e coisas que a família trazia, para assaltá-los. Muitos desses assaltados, violados ou humilhados não tomavam atitudes em represália, não porque fossem covardes. Na maioria, estavam condenados à pena mínima e dependiam de seu comportamento para serem soltos mais rápido. E se tomassem alguma atitude, esta teria que ser mortal. Caso apenas ferissem, provavelmente seriam mortos no futuro, pois cobra não se fere. E ainda havia o fato de que os cabeças-frescas eram aliados uns dos outros. Matar um deles podia significar morrer nas mãos de seus aliados. "Se correr o bicho pega, se ficar o bicho come" era o ditado popular da prisão.

De uma hora para outra, começaram a ocorrer mortes em série em todos os pavilhões. Assisti, na favela (local onde eram realizadas as peladas, sem compromissos, vai quem quer), a uma terrível e absurda luta de faca entre dois malandros. O Manezinho, que era nosso conhecido, e o Pirulão, traficante da Vila Brasilândia.

Idêntica àquelas liças da Idade Média, só faltava o cavalo e a armadura. Cada um com duas facas, atiraram-se um contra o outro, para logo em seguida se afastarem, ambos ensanguentados. Arrumaram as facas nas mãos, prendendo-as no pulso, quase espadas, e lá se iam para o segundo entrechoque. Então o Manezinho começou a tremer e emborcou no chão. O Pirulão aproveitou-se do fato e, como um animal feroz, enfiou e tirou várias vezes as facas do corpo do oponente já agonizante. Depois, virou o cadáver de frente e atravessou-o com as facas várias vezes. Por fim, passou a mão numa das lâminas cheia de sangue e levou a mão à boca, bebendo o sangue de sua vítima. Tranquilamente, juntou suas facas com as do Mané e foi até a Chefia de Disciplina para entregá-las.

Logo em seguida, dias após, o Paladino, sujeito criado comigo em juizados, matou o Sete Brigas, lavando a galeria do terceiro andar com sangue. Simultaneamente, estávamos no campo, quando vimos passar, vindo do pavilhão 9 para a enfer-

359

maria do pavilhão 5, um carrinho cheio de presos esfaqueados e um morto.

Estava ocorrendo uma rupa (morte ou esfaqueamento de várias pessoas de uma vez só) no pavilhão 9. Três presos estavam matando e esfaqueando vários outros detentos no campo do pavilhão de primários. Era a explosão.

A rapaziada perdera a cabeça. Logo já morreram outros no meu pavilhão, no pavilhão 5, e continuavam a morrer no pavilhão 9. O bicho estava solto, a matança começara. Estava aberta a caça aos caguetes e inimigos. Todo mundo se armou, e a cadeia ficou em pé de guerra. Dias após, passou mais uma carrinhada de companheiros mortos e esfaqueados do pavilhão 9. Outra rupa.

No meu xadrez, todos entramos no clima da prisão. Eu andava armado a todo momento, pronto para qualquer desfecho. Não possuía inimigos. Quer dizer: o Índio havia voltado para Guarulhos, e havia pessoas que não gostavam de mim, mas ninguém que quisesse me matar. O Bala envolvera-se no meio dos cabeças-frescas, futuro candidato a matador.

Toninho continuava mexendo comigo. E, em certo momento, recrudesceu a perseguição, começou a querer intimidar e ameaçar. Já começava a pensar em furá-lo. Nunca havia furado alguém assim, de perto, a não ser o Índio. Temia a força e a destreza dele com a faca. Se não o furasse mortalmente de surpresa, ele me tomaria a faca e me mataria. Não podia pegá-lo pelas costas porque ele era malandro, então teria a censura de todos. Além de ficar sujeito à vingança de seus amigos. Não havia jeito, estava num beco sem saída. A cabeça fervia de preocupação.

Toninho afastou-se um pouco de mim, mas dava para perceber que aquilo era estratégia e que tramava algo contra mim. Ele era obsessivo. Por isso, afiava minha faca todas as noites, deixando-a com um fio que dava para fazer a barba.

Procurava também ficar vigilante, esperando qualquer aproximação sorrateira dele. Sabia que a tendência era de ele armar um xaveco da júlia comigo. Aquilo era como um jogo de xadrez, em que se estudam as possibilidades do adversário, para estar sempre umas jogadas à frente.

360

Em fevereiro de 1973, numa quarta-feira, dia de lavagem e barba, recebi um papel que me requisitava na carceragem. Só podia ser problema. Alguma condenação a assinar, alguma questão a ser resolvida. Não podia ir armado, pois seria revistado.

Desci as escadas para atender ao chamado. Quando cheguei ao segundo andar, um rapaz, que conhecia só de vista, abordou-me dizendo que o Coroa me chamava na roda do jogo. De imediato, adentrei no segundo andar e me dirigi ao ponto do jogo. Não vi o Coroa lá. Um dos jogadores disse-me que ele estava no xadrez 244-E, que era em frente ao ponto. Entrei nesse xadrez, e não havia ninguém. Quando dei alguns passos para dentro, ouvi o barulho do ferrolho da porta sendo fechado por fora. Era a armadilha.

Eu estava trancado ali, pelo lado de fora. Corri à porta, e não havia ninguém na galeria. Assustei-me fortemente, sentia cheiro de fogo no vento. De uma cama, onde estava escondido por uma cortina, sai o Toninho, com a maior facona na mão. Riu do meu desespero ao vê-lo e disse-me que agora eu seria dele.

O pavor tomou conta de mim. Deve ter percebido o medo estampado em meu rosto e julgou-me já dominado, sob seu controle. O mal de todo prepotente é subestimar o oponente, parece. Colocou a faca na mesa e, com a maior arrogância, afirmou que eu teria que matá-lo ou deitar na cama com ele.

Dizia-se apaixonado por mim e que eu teria que ficar com ele de qualquer jeito. Nem percebi, mas de repente já tinha um plano. Fingi mais medo do que realmente tinha. Dei confiança de domínio a ele. E, assim, afastou-se da faca, na conversa, nas ameaças, foi ficando mais longe da mesa que eu. Admiro a coragem de um homem, é preciso ser muito homem para uma atitude daquela. Claro que confiava que, se eu pegasse a faca, a tomaria de mim com facilidade.

O que ele não contava era com a loucura de quem se sente acuado. Sabia que aquele talvez fosse meu último pulo, a última defesa, se não desse certo, ou não viveria mais ou não seria mais o mesmo. Era preciso dar todo o gás à máquina de destruição em que me transformara. Pulei na faca já empunhando-a, quando ele avançou num passo de capoeira, já a recebeu na boca do estômago.

Era uma arma assassina, com cortes afiados, como um enorme punhal. Um espinho. Percebeu, quando puxei a faca de volta, que a facada fora quase mortal. Acho que só então se deu conta de que fora longe demais e não havia volta. Mas em seus olhos eu vi: tentaria escapar.

Correu para o banheiro em busca de algo para se defender, e quando apanhou a vassoura, eu já havia lhe cravado a facona mais uma vez, agora nas costas.

Desistiu da defesa, correu para a porta e gritou por socorro, para que abrissem a porta. Ninguém apareceu. Enquanto isso, eu o furava consecutivamente, como uma fera.

Não podia deixá-lo vivo. Ele me mataria, tinha certeza disso. Se entrasse alguém para defendê-lo, era preciso que ele já estivesse fora de combate. Toninho tentou se agarrar em mim e novamente recebeu toda a lâmina no peito. Caiu, subi por cima e procurei só furar o coração. Só parei quando o vi virando os olhos, estava morrendo. Ofegante, todo sujo de sangue, olhei-o bem, sem dúvida estava moribundo.

Fui à torneira, lavei as mãos, a faca, limpei o sangue que vi em minhas mãos e braços com um pano molhado e fui para a porta. A essa altura, já havia vários presos olhando pelo guichê, curiosos. Não estava bem consciente, meus olhos estavam esbugalhados, a mente muito confusa, embora calma. Só queria que aquilo passasse, e logo.

Consegui pedir que abrissem o ferrolho da porta e saí, com a facona na mão, esperto com algum amigo da vítima. Devia ir à carceragem e me apresentar. Não podia deixar ninguém pagar pelo que eu fizera. Não queria mais inimigos.

Um monte de presos ficaram me olhando assustados, quando atravessei a galeria do segundo andar, todo cheio de marcas de sangue e com a arma na mão. O Coroa veio ao meu encontro e quis saber o que acontecera. Contei que matara o Toninho. Ele balançou a cabeça como dissesse: que pena!

Desci para a carceragem, em choque, mas paradoxalmente calmo. Encontrei o carcereiro-chefe, dei-lhe a faca e contei o que ocorrera. Levou-me ao chefe de Disciplina. Ele não estava. Falei com seu substituto, que ficou contente quando afirmei que matara o Toninho. Ele era fonte de constantes problemas para eles. Mas achou-me muito pequeno e fraco para haver matado aquele tremendo negrão sozinho. A fama dele era enorme. Admirou-se da beleza da faca e não acreditou quando afirmei que era dele mesmo. Mas levou-me para o segundo pavilhão e mandou que levassem o cadáver para o pavilhão 5. Toninho só foi morrer mesmo a caminho do hospital.

Para que acreditassem em mim, resolvi contar que a faca era minha e que o pegara de surpresa. Acreditaram, mas julgaram que tivera ajuda, pois o corpo tomara muitas facadas. Fui irredutível em minha versão. Fui conduzido a uma delegacia, onde fui autuado em flagrante de homicídio. Lá ia eu, cada vez mais profundo no poço.

À noite chegou o chefe de Disciplina. Olhou-me e não me acreditou. Pensei que talvez fosse me torturar. O diretor da Casa de Detenção veio ver-me, perguntou como fora, contei. Não duvidou, mas achou que eu havia sido ajudado. Toninho era conceituado e famoso demais para ser morto por um menino.

Conduziram-me de volta ao pavilhão 8. Pensei que fosse a hora da tortura, estava pronto para apanhar. Colocaram-me numa gaiola. Nessa gaiola estavam todos os do meu xadrez e os que moravam no 244-E, onde morrera o Toninho.

O Coroa me apoiou logo de chegada. Expliquei a todos o que acontecera, e todos foram solidários. Alguns deles eram amigos do Coroa. Diziam que não sabiam que o Toninho iria usar o xadrez deles para aquilo, quando pediu emprestado. Afirmavam que se eu não o houvesse matado, eles o matariam agora por isso.

Quando chegou a noite, o chefe de Disciplina abriu a gaiola e, com guardas armados de porretes, conduziu a todos nós da gaiola para o quinto andar, para a cela-forte. Aquele lugar havia sido interditado por um juiz-corregedor por ser insalubre e permanecera anos fechados. Nesse dia, reinauguramos as celas-fortes. Um em cada cela.

Era uma celinha minúscula em que dava apenas para deitar, para andar não dava. Havia porta de aço e o guichê. Acima o respiradouro, mais nada. No canto, uma privada turca. Aliás, nesse tempo, todas as privadas na Casa de Detenção eram dessas turcas.

Apenas quando me deitei, esgotado de cansaço, no chão gelado, é que fui estar plenamente consciente de mim. Senti o corpo e o espírito quebrados. Tudo o que ocorrera durante o dia, inclusive o crime, parecia um pesadelo do qual houvesse acordado. Jamais foi um fato inteiramente real para mim, assim como a morte do guarda-noturno. Não sentia como tivesse sido realmente eu quem exterminara aquelas vidas. Tudo era nebuloso, meu sistema de autodefesa protegia-me dos fatos como se os envolvesse em casulos de aço e matéria de sonhos.

Acordei no dia seguinte, todo dolorido, sem entender direito o que estava fazendo naquela caixa de concreto. Recebi pão e café de um preso que estava escoltado por um funcionário. O Coroa chamou, e ficamos conversando pelo guichê.

Agora a corrida era para arrumar cobertores, cigarros e maconha e trazê-los ali para nós. Bolamos um esquema. Precisávamos de linhas de costurar bola e duas pilhas pequenas. O Ênio agora estava na faxina e ficava solto, faria a ponte para nós. No dia seguinte, pedimos para ir ao médico, encontramos Ênio e armamos as coordenadas.

À noite, fiz o teste. Joguei do meu guichê a pilha com linha na janela da galeria do quinto andar e dei linha até que chegasse na janela da galeria do quarto andar. Ênio, já alerta, amarrou o que pedíamos. Consegui trazer tudo até minha cela e dali distribuí para os outros.

Ficamos ali no castigo por alguns dias. O sofrimento era suportável, pois conversávamos quando queríamos, líamos bangue-bangue, fumávamos a erva todo dia e tranquilamente.

Depois de alguns dias, removeram o Coroa para a Penitenciária e soltaram todos os outros. Para a diretoria da casa, por ele ser de alta periculosidade, estava envolvido no crime e devia ser o mandante.

Fiquei apenas eu ali. Foi difícil a solidão, cheguei a chorar várias vezes e ainda querer minha mãe. Os anos haviam se passado, e eu ainda era um menino querendo sua mãe. Logo o Licão matou um sujeito que havia batido em seu pai na rua e veio morar ao meu lado.

A cela-forte foi lotando aos poucos. As matanças continuavam. O Ênio me pediu que um amigo dele que chegara da rua, o Zé Luiz, fosse morar em meu xadrez (agora o 405-I era meu, eu era o herdeiro de tudo do Coroa, até drogas e roupas). Deixei, mas com a condição de ele se mudar assim que eu saísse da cela-forte.

Quando deram trinta dias de castigo, fui chamado ao fórum para declarar o homicídio. Encontrei o diretor da Casa de Detenção no caminho e me atrevi a abordá-lo para pedir que me tirasse do castigo. O homem ficou bravo. Deu-me mais trinta dias de castigo por conta disso. Quer dizer, me castigou porque quis conversar com ele, e conversar com o diretor da prisão era um direito meu previsto pela lei.

Quando completei sessenta dias de castigo, voltei ao xadrez de convívio comum. O Mané Bessa havia chegado na cadeia. Como era meu amigo de Mogi-Mirim, trouxe-o para completar a vaga que havia no xadrez. Mané era um palhaço nato, tinha até o apelido de Pateta. Muito gozador, brincalhão, um grande amigo.

Vendi um radinho de uma faixa, clandestino, que havia herdado do Coroa, por um maço de maconha. Vendi parte, e fumamos o resto. No xadrez acabei fazendo uma grande amizade com o Zé Luiz, que era do tipo caladão e enrolado com mulheres. O Devar era vadio, preguiçoso, e rápido fui pegando bronca dele. O Mané já era elétrico como eu.

Vivíamos uma harmonia legal, Mané garantindo o bom humor. Até que o Mané começou a mostrar as unhas. Achou que devia comer o Devar. Acho que porque gostava muito dele e já desgostava do Devar, apoiei-o, tipo para provar o cara.

365

Pressionado, reagiu com firmeza, cortei, automaticamente, o ímpeto do Mané e pedi para o Devar mudar de xadrez. O que fez no dia seguinte: eu queria trazer o Bala para morar conosco.

Desci para o recreio, quando Mané veio conversar comigo. Estava nervoso, algo havia acontecido. Estava querendo voltar para o xadrez para pegar nossas facas para matar um sujeito que o havia humilhado por causa de um gole de café. Não deu para voltar porque, quando eu saíra, o guarda o havia trancado.

Fomos para o campo para o Mané me mostrar o sujeito. Avistou-o de costas, no meio de um grupo. Descontrolou-se, apanhou uma pedra enorme do chão e foi para cima do cara. Quando percebeu sua presença, o companheiro se virou para ver quem era e recebeu a pedra com fé e vontade no meio da cara.

Quando a vítima se levantou, Mané disse um monte de ofensas e, inocentemente, largou a pedra no chão. O sujeito, com o rosto arrebentado e sangrando, apropriou-se da pedra e saiu atrás do Mané. Foi uma correria danada, até os guardas tomarem a pedra do cara e encaminharem-no para ser medicado, e o Mané para a cela isolada do pavilhão 5.

A monotonia era a constante. A não ser as mortes que ocorriam diariamente, o resto era rotina. Fumar maconha, tomar sol, conversar fiado, comer e dormir. Visita, eu não tinha. Ninguém estava interessado em mim. Isso doía, mas procurava anestesiar e seguir.

No dia 27 de abril de 1973, de madrugada, nossa cela foi invadida por funcionários. Chamaram meu nome e o do Bala, mandaram que arrumássemos nossas coisas para sermos transferidos para a Penitenciária do Estado. Era uma novidade excitante. Finalmente iria conhecer a tão falada Penitenciária.

Mais uns vinte elementos estavam sendo transferidos também. A maioria eram os cabeças-frescas, quase todos meus conhecidos. Éramos a juventude mais exaltada da Detenção, que o diretor não estava aguentando mais, em razão de tantas mortes e tentativas de fuga.

Subimos no bonde, supercuriosos e ansiando por novas emoções. Só descemos dentro da Penitenciária. O sino bateu na portaria, de acordo com a tradição, quando entramos.

Havia um pensamento inscrito na entrada, segundo o qual o trabalho e a disciplina reabilitariam o homem para o convívio social. Era a maior demagogia, pensávamos. Havia muito que não acreditava em instituição alguma. Tudo me cheirava a hipocrisia e máscara para enganar o povo.

Considerava a estrutura da sociedade parecida com a da prisão. Uns poucos dominavam, concentrando poderes e gozando dos privilégios. Na prisão, a maioria cumpria suas penas dificultosa e sofridamente. Com a vantagem sobre a sociedade de que na prisão havia pelo menos o mínimo necessário para cada um: a comida (por pior que fosse — e era ruim demais), o teto e o uniforme. Os ricos, para mim, por serem os donos de tudo, eram também os responsáveis pelo meu sofrimento, pois eram eles que comandavam a polícia, o dinheiro e a justiça. Haveriam de pagar cada gota do meu sofrimento. Ah, se pagariam! Sem dúvidas!

22

Adentramos, em fila indiana, um corredor escuro, fúnebre, escutando ameaças que nos faziam guardas enormes e de cacete na mão. Senti calafrios. Ali a violência parecia correr solta como cão vadio. Qualquer escorregadela, por menor que fosse, provavelmente seria triturado por aqueles brutamontes.

Eram os guardas do Choque Penitenciário do Estado. Uma equipe de guardas formada entre os mais fortes e decididos. A finalidade desse corpo especial era reprimir tumultos, fazer revista nas celas e nos presos, além de enfrentar ladrão de faca na mão. Somente aqueles mais ignorantes, severos e rígidos com os presos seriam recrutados para tal trabalho.

Exigiram que ficássemos nus. Um homem nu perde não sei quanto em porcentagem de sua dignidade. É o método mais usado nas prisões para intimidar, desmoralizar o preso e quebrar sua resistência.

Revistaram minuciosamente a nós e nossas coisas. Tomaram tudo o que tínhamos, até as cuecas. Deram um uniforme bege, de brim grosseiro, o mais largo e enorme possível. Parecíamos em trajes espaciais. Depois soube: era grande assim porque encolhia a cada lavagem. Até a cueca era de um pano de saco de farinha, um calção enorme que vinha até o joelho.

Andaram conosco por todos os departamentos. Fizemos fichas de entrada em tudo quanto é setor, sempre tratados com extrema hostilidade. No hospital, um médico nos examinou dos pés à cabeça, até no ânus. Depois vieram as injeções e vacinas. Tantas e todas tão doloridas que perdi a conta; jamais soube para que serviam. Meus braços doíam quando nos conduziram ao segundo pavilhão e jogaram cada um em uma cela.

O pavilhão era assustador. As velhas paredes descascadas de várias camadas de tinta davam um ar de deterioração aos corredores. Aquilo parecia um velho navio encalhado, morrendo, enferrujado, com suas luzes nas janelinhas. Portas de carvalho cheias de trincos e rangidos de castelos mal-assombrados. A cela, em seu interior, trazia as paredes inscritas, em baixo relevo, de cima a baixo; um mundo de nomes e identificações. Tudo era impregnado de mais de cinquenta anos de sofrimento de várias gerações de presos. Era tudo fantasmagórico, amedrontador. Sentíamos qual estivéssemos entrando em um cemitério, e as celas eram os túmulos.

Na cela, encontrei o enxoval de preso: dois cobertores, dois lençóis, duas colchas, travesseiro, outro uniforme novo, uma bacia de alumínio, um prato do mesmo material, colher e caneca igualmente. Nada mais. Em cima de uma cama de ferro que podia ser erguida e enganchada na parede, havia um colchão de palha e capim.

Arrumei a cama com o equipamento que ali estava. Na parede lateral à cama, havia uma mesa de madeira, também móvel. Um armariozinho em cima e um banco de madeira. A privada, dessas comuns, ficava ao lado da porta, vassoura e rodo a um canto. Cela extremamente funcional, nada mais.

A janela, enorme, dava para o terceiro pavilhão. Os presos desse pavilhão estavam nas janelas, nos observando. Éramos a grande novidade. Todos queriam saber quem viera e como estavam seus conhecidos da Detenção.

De repente, o guichê foi aberto. O maior negrão, feio de doer, com olhos vermelhos, me olhava. Não sabia se era preso ou funcionário. Fiquei esperando que falasse. Perguntou-me se era amigo do Flores. Então senti que era um preso e... esquisito, com voz de falsete. Cuspiu na cela uma bolinha plástica, esticou o braço para dentro, e de sua enorme mão preta como que brotou um maço de cigarros e uma caixa de fósforos.

A bolinha plástica era de maconha. A boca era o lugar de transportar droga por ali. Qualquer intervenção da polícia, era só engolir. Aquelas coisas me haviam sido encaminhadas pelo Coroa. Ele estava morando naquele mesmo pavilhão, só que no outro raio. A voz do negrão afinou mais ainda quando ele passou-me uma fita métrica, tirou papel e caneta do bolso e orientou-me sobre como tirar minhas medidas. Ele iria recortar meu uniforme de modo que se ajustasse a meu corpo. Era bicha mesmo, a Demônia, gente finíssima, da melhor qualidade, soube depois.

Fechou o guichê. Enrolei um baseado e, com o maior cuidado do mundo, fumei-o. O guichê foi aberto novamente. Dessa vez era um guarda. A janta. Dois presos com um carrinho cheio de tambores compridos e estreitos encheram meu prato de comida. Antes que começasse a comer, um guarda mal-encarado olhou-me e fechou o guichê. Cheio de fome, atraquei-me com o prato de comida e devorei seu conteúdo. A maconha dava uma fome em mim que eu comeria até pedregulho e acharia saboroso.

Acima do guichê, havia um buraco redondo chamado espia. Comecei a me apavorar. Nunca havia ficado tão só em minha vida. Olhava pela espia, e na galeria não via ninguém, só as portas das celas. Nós estávamos no regime de prova, no qual ficaríamos por sessenta dias, sem contato com outros presos, apenas sendo observados pelos guardas.

Havíamos chegado em má época. A leva que viera antes de nós havia aprontado coisas jamais vistas na Penitenciária. O Carlão e o Jamil, atiçados por alguns presos mais velhos que dominavam a política da cadeia, haviam dado uma rupa ali, recente. Saíram, cada um com uma faca na mão, matando e esfaqueando aqueles do pavilhão indicados como caguetes e informantes. Mataram três e feriram uma meia dúzia.

Jamais ocorrera algo assim na Penitenciária. Fora chocante para o diretor, para os guardas e até para os presos. E iria ocorrer outra rupa logo em seguida, novamente feita por calouros. Foi denunciada a tempo, e os pretensos matadores foram para o castigo antes de realizar sua matança.

Aquilo apavorou a Penitenciária. A direção e os guardas passaram a ter um controle e o máximo cuidado com os jovens que estavam chegando. Era uma nova geração de presos; iriam revolucionar costumes e regulamentos de meio século de existência. No porão, estavam as celas-fortes. Eu morava no primeiro andar. Mas ali o conceito não era andar, e sim pavimento. O primeiro pavimento era o porão, e o meu andar o segundo pavimento.

Quando abria o guichê, dava para ver a cela-forte. Lugar assustador, causava até arrepio de olhar, possuía algo de gélido naquelas paredes brancas. A Penitenciária constituía-se de três pavilhões, e cada pavilhão era dividido em dois raios. Cada raio possuía seu pátio de recreação paralelo ao prédio e, ao fundo da edificação, uma oficina com dois andares, com três enormes salões em cada andar.

Dia seguinte, logo cedo, após o café, fomos novamente levados ao hospital para mais uma sessão de injeções e vacinas. Encontrei pelo caminho vários conhecidos. Não estava só. Nesse mesmo dia, recebi a visita do Xaxu. Um companheiro que cumpria quase vinte anos de prisão, amicíssimo do Coroa, e viera colocar-se à minha disposição para qualquer favor que pudesse me prestar. Era chefe da faxina do pavilhão e tinha trânsito livre. Deu-me um caroço da erva, mas pediu que eu tivesse cuidado. O Choque costumava revistar sempre as celas de provas, preveniu-me.

Alguns conhecidos enviaram-me alguns gibis, bangue-bangue, comecei a me sentir melhor. Os que vieram comigo estavam em pior situação, encontravam dificuldades para estabelecer os contatos que necessitavam.

Os presos, em geral, também estavam preocupados conosco. Nada sabiam de nós. A nossa maioria era composta de gente com homicídios na Detenção e condenada a mais de cem anos de prisão. E eles sabiam do que os acendedores (presos mais velhos que induziam os calouros) eram capazes, tendo uma matéria-prima desesperada como nós. Esses, geralmente, não matavam ninguém. Apenas ficavam colocando, na mente destrambelhada de jovens como nós, que havia muitos ali bons de morrer. Provocavam conspirações, acendiam fogueiras para os outros se queimarem. A população carcerária observava esses tipos já se aproximando de nossos guichês e de conchavo com alguns de nós. Julgavam que já iríamos sair da prova matando, como os que chegaram antes de nós. E, de fato, suas preocupações procediam, havia essas cogitações.

No quinto dia em que estava ali, ainda um pouco assustado, mas já pensando em construir um caminho, antes que pudesse perceber, a porta foi aberta, e adentraram muitos guardas.

Era o Choque todinho. Revistaram a cela em silêncio tenso e mandaram que vestisse minha roupa, já que estava de calção embaixo das cobertas, e os acompanhasse. Intrigado, vesti o uniforme e a japona da casa, e fui atrás de um deles, com os outros me cercando.

Desceram comigo ao porão, abriram uma cela-forte, mandaram que entrasse. Entrei, apreensivo, ordenaram que tirasse toda a roupa. Fiquei nu, esperando que me revistassem. Mas os guardas que entraram comigo nem revistaram nada, saíram chutando a roupa para fora da cela. Quando percebi o que faziam, fui até a porta para protestar e a porta foi batida em minha cara violentamente. Aqueles homens saíram rindo não sei de quê.

O pânico se apossou de mim. A cela estava nua como eu. Não havia nada ali. As paredes vertiam água. O chão era de caquinhos de cerâmica, geladíssimo. O tempo estava gelado, eu já tremia de medo e frio desde os primeiros instantes ali.

Quando vi um guarda pela espia, chamei-o. Perguntei o porquê daquilo, e ele respondeu que eu estava condenado a regime de cela-forte. Não sabia por quê, eram ordens superiores. Quem estivesse naquele regime, teria de ficar os primeiros dez dias, ali, pelado. Era o regulamento da casa.

Andei de um lado para o outro na cela, sem acreditar no que estava acontecendo. Parecia impossível, pelo menos para mim. Cogitava de que fosse um engano que logo seria sanado. Eu nada fizera para que me apenassem com tão bárbaro castigo. Estava amedrontado com o que vira e soubera da cadeia, e já até pensava em começar a estudar, fazer cursos profissionalizantes etc. A repressão era severa demais ali. Uma faca dava seis meses de cela-forte, um baseado quatro meses. Fora o pau violento de cano de ferro que fazia parte da praxe. Não, eu não ia me meter a besta ali, de jeito nenhum.

O frio era enorme. Abriram o guichê, e apareceu a cara de um preso. Mesmo envergonhado de estar nu, fui até a porta. Era o faxina e estava distribuindo água. Deu-me um copo de plástico cheio de água, e disse que ficasse com o copo. Perguntei por que viera parar ali. Não sabia. Afirmou que logo sairia publicado no Boletim Diário e saberíamos. Trouxe o recado de que o Carlão estava dizendo para que eu tirasse a água da privada para ligar o telefone, queria conversar comigo. Explicou que o Carlão morava em frente e que o encanamento das privadas era um canal de ligação, de comunicação.

Seus olhos passearam, gulosos e maliciosos, por meu corpo nu. Aquilo me ofendia profundamente, mas eu nada tinha para me proteger, e dependia do filho da puta. Disse que à noite me traria rolos de papel higiênico para que me protegesse do frio. De manhã, os apanharia de volta, pois que o Choque viria revistar as celas-fortes logo cedo e à tarde. Se pegassem o papel, ele viria nos fazer companhia na cela-forte também.

Ainda surpreso, tirei a água da privada e já escutei o maior burburinho. Uma voz perguntava quem é que estava ligando o telefone. Imaginei que fosse comigo e respondi. Era o Carlão quem perguntava. Era o sujeito que fizera a chacina, a primeira rupa da Penitenciária. Não o conhecia. Como todos, queria saber por que eu estava ali. Não sabia. Pensou um pouco e perguntou-me se eu matara alguém na Detenção. Então era isso. Esse era o motivo. O Tico também, ao chegar, já fora para a cela-forte como eu, sem motivos. Só posteriormente esclareceram, era por conta dos dois crimes que cometera na Detenção.

Mas eu já cumprira dois meses de castigo, estava sumariando o crime, já fizera a declaração no juiz, como podia aquilo? Carlão me fez lembrar que a polícia era assim mesmo: tinham enorme prazer em nos fazer sofrer e não perdiam a oportunidade. Por exemplo, ele já estava condenado a mais de cinco anos de cela-forte.

O frio da noite já estava chegando, eu tremia, os dentes batiam descontrolados, e os ossos do pé doíam em contato com a cerâmica do chão. O que fazer? Estava entrando em desespero, então não era um engano. Mas que injustiça! Carlão me orientou para que, quando o faxina me desse o papel higiênico, me enrolasse como uma múmia para dormir. E, para ter sono, era preciso fazer ginástica o tempo todo. Cansava e mantinha o corpo aquecido. Disse-me que ficaria acordado a noite toda, conversando comigo, e que dormiria de dia. Que o chamasse sempre que quisesse conversar.

A nossa legião de jovens que constituía a nova geração da prisão era muito solidária, embora extremamente violenta, enlouquecida. Conversamos mais um pouco, mas o frio começou a endurecer meus pés. Iniciei uma corrida na cela. Cansei, suei, mas a solidão era pior, voltei para a privada.

Logo apareceram outros companheiros na linha. O encanamento vinha lá do quinto andar do meu lado e do quinto andar do lado do Carlão. As celas eram tipo geminadas. Os encanamentos de água, esgoto e dos fios de eletricidade eram para cada coluna de duas celas por andar até o porão. Então, do meu lado, dava para ligar para dez celas, e do lado do Carlão, para mais dez. Era o telefone, nosso fétido veículo de comunicação. O cheiro era terrível, era preciso ter estômago. Só podíamos nos comunicar de madrugada, quando os guardas dormiam; era proibido e aumentava o castigo, caso fôssemos pegos.

Todos queriam saber por que eu viera para a cela-forte. Esse era o motivo das conversas na prisão. Não conhecia quase ninguém, mas minha posição me fazia conhecido de todos. Cada preso, naquele frio, enrolado em sua manta, pensava em mim nu ali. Todos queriam ajudar, colaborar para minorar meu sofrimento. Os companheiros nos andares diziam que enrolados em cobertores ainda sentiam frio, daí imaginavam como eu estava sofrendo.

Carlão disse que me mandaria um sabonete e um pedaço de linha, pela manhã. Era para pescar. Receber coisas via encanamento do esgoto.

O faxina trouxe-me os papéis. Enrolei-me feito múmia e fiquei ali, encostado na privada, conversando, me lamentando, tremendo de frio e miando feito um gatinho. Depois me desenrolava e saía pulando. Em seguida novamente me enrolava para conservar o calor no corpo. Que noite comprida! Fiquei feliz quando o dia se anunciou pelos buraquinhos da chapa de aço da janela. O faxina veio buscar o papel, não deixando de dar sua olhada libidinosa, e trouxe o café com leite quentinho, além do pão com manteiga. Aquilo desceu qual fora o néctar dos deuses!

Como Lauro (o faxina) alertara, logo em seguida vieram os guardas do Choque, cheios de valentia e canos de ferro nas mãos. Queriam também saber por que eu estava ali. Ninguém sabia. No fundo, ainda acreditava que houvera algum engano e que logo aquilo se resolveria. Iludia-me de que logo sairia daquela geladeira.

Quando foram embora, liguei o telefone. Carlão me ensinou como amarrar a linha no sabonete e fazê-lo descer pelo encanamento sem precisar dar descarga, já que a descarga só podia ser acionada do lado de fora. Então, alguém das celas de cima jogava uma linha de costurar bolas, com uma pilha de rádio na ponta. As duas linhas se embaraçavam no encanamento, com os soquinhos que dávamos, então era só puxar a linha. Com a linha de costura de bola (que é fortíssima) na mão, puxava tudo o que os companheiros mandavam lá de cima. Era assim que conseguíamos café quente, que vinha em vidro, bangue-bangue, cigarros, maconha, papel, caneta etc.

De manhã, tudo era recolhido lá para os andares de cima, para que o Choque não nos apanhasse com nada. A vida ali era dura, mas a gente buscava sobreviver com o mínimo possível de conforto.

No terceiro dia, soube que fora condenado a seis meses de cela-forte e seis meses em regime de observação. Isso por determinação do diretor do antigo DIPE, Departamento dos Institutos Penais do Estado. A causa era o crime da Detenção.

Comecei a me desesperar. Aquilo era injustiça demais. Talvez se eu houvesse cedido ao Toninho eles ficassem mais contentes. O homem nem sabia quem eu era e já me destruía, era demais, a revolta me fazia chorar, um ódio espesso sufocava-me. Com certeza o canalha não conhecia o desespero de uma cela-forte. O frio era de matar. Tinha que ficar pulando o tempo todo para não ser devorado pelo frio.

Já fazia três dias que não dormia. Deitava, enrolado no papel higiênico (santa invenção!), apagava de sono e cansaço. Dez minutos depois, acordava com o lado que encostava no chão todinho congelado, amortecido. Era preciso pular rapidamente para reaquecer. No máximo conseguia dormir trinta minutos, acocorado no canto da cela, coberto com o papel higiênico. Carlão fazia tudo o que podia para me segurar na conversa para que eu não desesperasse.

No oitavo dia, já não aguentava mais. Pedi para ir ao médico. O guarda, ao ver meu estado — eu não comia, não dormia, só pulava e tremia o tempo todo —, teve dó e fez com que me escoltassem ao médico.

Deram-me o uniforme, já recortado pela Demônia, para que saísse. Tremia como vara verde, naquele dia a temperatura havia abaixado muito, e eu era um trapo de gente. Passei pela gaiola, e o Cirane, chefe de Disciplina, e os guardas estavam todos agasalhados, alguns até de touca.

Quando cheguei ao ambulatório, o Xaxu me alcançou e disse que eu estava roxo. Nos olhos dele, havia um mundo de dó de mim, quase chorou ao me falar.

O médico só me olhou e já receitou injeção. O preso que trabalhava lá no ambulatório explicou que eu estava pelado na cela-forte. Na hora o médico já determinou que me autorizassem a usar minha roupa por ordem dele. Mas essa autorização precisava chegar à Chefia de Disciplina para ser cumprida. Tinha toda a possibilidade de ser desviada.

Quando saí do ambulatório, feliz da vida porque me seria dada a roupa, encontrei Xaxu discutindo com o Cirane. Xaxu chamava-o de desumano, mostrando-o todo enrolado em sobretudo e cachecol, em contraste a mim, todo roxo de frio. Cirane saiu nervoso, rapidamente, para o lado da administração. Pensei que fosse colocar Xaxu no castigo, por desacato, fiquei preocupado com o novo amigo.

Voltei à cela, e novamente me foi tomada a roupa. Em segundos, gelei. Esperei, esperei, julguei que o médico houvesse me enganado. Comecei a xingá-lo, em pânico, já entrando em paranoia completa. Gritava palavrões e chorava, loucamente. O frio era desesperador.

Então a porta se abriu, e escutei um guarda do Choque informando que eu estava desesperado, para tomarem cuidado. Lauro foi colocando um colchão, minhas cobertas e minhas roupas para dentro. O Cirane havia exigido do diretor penal que extinguisse aquele castigo ou ele entregaria o cargo. Era um dia histórico na Penitenciária. Dia em que acabava a punição de praxe — ficar pelado durante dez dias — para quem fosse para o castigo.

Estava sem tomar banho havia oito dias. Havia um cascão grosso que até me protegia um pouco do frio. Assim mesmo, caí no colchão, enrolei-me nos cobertores e desmaiei. Passei dois dias dormindo, nem para comer acordava.

Estava feliz: o frio já era! Carlão poderia dormir tranquilo, pouco dormira desde que eu chegara ali. Devo-lhe um favor de valor inestimável, impagável. Muitas vezes me acalmou, me ouviu. Em todos os momentos que o procurei, encontrei-o sempre disposto a me ouvir e apaziguar. Pode ter matado vários (e matou mesmo), mas para mim foi sempre um grande companheiro.

Não podia fumar. Se pegassem uma bituca de cigarro na cela eram mais trinta dias de castigo. Eu era fumante, logo, um dia me pegaram com meio cigarro apagado. Meu castigo, cruelmente, subiu para sete meses de cela-forte. Pensei que jamais sairia dali. Entrei em depressão profunda. Depressão em preso não é doença. É uma constante, um estado de espírito que ele aprende a engolir em seco e aguentar. Não há remédio. Sete meses me pareciam uma eternidade, e pensar nisso moía minha mente na dor.

O esquema era dormir o menos possível de dia, para conseguir dormir à noite. Às nove e meia da noite, em cada gaiola central de cada um dos três pavilhões, um sino badalava nove vezes. Era o sinal de silêncio. As luzes das celas eram apagadas. Só na cela-forte as luzes ficavam acesas.

Fazia uma ginástica puxada de tomar a manhã inteira. Pedia para o Lauro prender o cordão da descarga de modo que a água ficasse correndo direto na privada. Fazia uma bola de pano e tapava o buraco da vazão. Tomava banho de canequinha plástica e lavava a cela minuciosamente. Desse modo, ganhava a manhã toda, até a hora do almoço.

Após o almoço, ficava andando no xadrez, pensando, fazendo castelos de vento, mergulhando fundo na fábrica de ilusões que era minha mente. Pensava como se estivesse na rua, e procurava fazer o que gostava, vivendo intensamente os sonhos que produzia.

Acompanhei muitos companheiros que mergulharam nesse mundo da imaginação e se perderam dentro dele. Eram tidos como loucos, não viviam mais a realidade da prisão. Tudo ali era mentira, e só o que eles projetavam de suas mentes era verdade. O difícil para mim era voltar para aquela cela descorada e úmida, após algumas horas de castelos no ar. Aquela cela impregnada do sofrimento de tantos presos como eu, por décadas, fazia sentir sua força de cela-forte.

À noite, conversávamos muito, ouvíamos rádio que algum companheiro de cima colocava na privada para que escutássemos. Líamos bangue-bangue e fazíamos os transportes. Quando todos iam dormir, era a hora de mergulhar nas lembranças de Isabel e me masturbar. Só então conseguia dormir. Creio que assim surgiu minha insônia, que é uma constante até hoje. Não conseguia dormir, então agonizava em pensamentos negativos. Matava todos aqueles que judiavam de mim e sempre dos modos mais cruéis, só na mente. A rotina estava me esmagando, enlouquecendo.

A administração da prisão sempre procurava meios de sacanear quem estava em regime de castigo. Eles sabiam como nos virávamos com os transportes e como nos comunicávamos. A caguetagem era uma instituição, havia toda uma rede de informantes comandada pelo Cirane. Alguns presos, ali na cela-forte, exerciam altas influências em quase tudo o que ocorria na prisão.

Para a Chefia de Disciplina, essa comunicação privada era um luxo e ao mesmo tempo uma ameaça à autoridade que imaginavam possuir. Resolveram cortar. Um patife, com outro aspirante a patife, é que surgiu com a ideia de como realizar tal intento. Tendo o porquê e o como, esses dois canalhas amigos da polícia se propuseram a executar a genial ideia. E ambos eram presos.

Tiveram o capricho de destruir o piso de cerâmica portuguesa, com mais de cinquenta anos, de toda a galeria da cela-forte. Construíram um encanamento de esgoto particular para cada uma das celas-fortes, eliminando as comunicações com o pessoal dos andares de cima. Foram realizando a tarefa aos poucos. Primeiro fizeram o trabalho nas celas-fortes do outro raio do pavilhão. Depois vieram para o nosso.

A finalidade desses presos era controlar tudo o que adentrava nas celas disciplinares. Dessa forma, poderiam nos roubar, viver às custas de quem estivesse nas celas-fortes. Dali para a frente, tudo o que os companheiros nos mandassem, passaria pelas mãos deles. Nós os odiávamos mortalmente, mas os tratávamos bem porque necessitávamos deles.

Mudaram-me de cela, para inverterem o encanamento do esgoto da cela que eu habitava. Fui lá para o fundão da galeria. Conheci uma nova pessoa, o Índio. Era o único vizinho, e ainda dava para nos comunicar. De cara já percebi que era um sujeito inteligente, lido e muito forte. Estava preso havia muitos anos. Uma boa pessoa, procurou me ajudar realmente. Ensinou-me métodos de ginástica que uso até hoje. Falou em livros, e nos tornamos grandes amigos.

Índio era um sujeito humilde. Passou trinta dias como meu vizinho. Era um tipo de amizade nova para mim. Na verdade, talvez aquela fosse a primeira amizade verdadeira na prisão. Todas as outras relações e amizades haviam sido bastante circunstanciais. Aquela já era de espírito, de um querer bem sem qualquer outro interesse. Acho que foi a primeira pessoa que foi realmente boa para mim sem esperar retornos. Interessou-se por mim como ser humano, sem mácula, sem dúvidas. Confiava integralmente nele, e em trinta dias construímos uma amizade tão possante, que parecíamos nos haver conhecido a vida toda.

Contava-me coisas surpreendentes. Procurava me manter sempre animado. Possuía uma sensibilidade ímpar. Falava sempre em um grande amigo dele, o Henrique Moreno. Elogiava demais a inteligência e capacidade desse sujeito. E ele estava conosco ali, na cela-forte. Fiquei com muita vontade de conhecê-lo.

Logo mudamos de cela novamente. Os dois patifes haviam terminado seu trabalho. As comunicações com os companheiros dos andares de cima estavam definitivamente interrompidas. Dava apenas para nos comunicar entre nós três ou quatro da cela-forte, no máximo, e bem mal.

Fui mudado para uma cela lá da frente, e um dos parceiros

379

possíveis ao telefone era o Henrique. A amizade foi instantânea. Ele e o Claudinho haviam tentado matar o Jorginho, mas esse correra muito, conseguindo escapar. O Claudinho era outro parceiro de comunicação.

Henrique tinha o rosto parecido com o dos antigos patrícios romanos. Estava preso havia cinco anos e tinha muitos outros pela frente. Era assaltante de bancos e estava com quatro latrocínios. Fora um dos maiores assaltantes de São Paulo e era muito respeitado por isso. Era uma pessoa boa, extremamente generosa e despojada. Meu maior e melhor amigo de toda a minha vida. O cara parecia aqueles nobres cavaleiros da Idade Média, estava sempre a tomar o partido dos mais fracos e humildes. Estava na cela-forte porque tentava ajudar o Claudinho, seu amigo de infância, a resolver uma questão que nada tinha a ver consigo.

O novo amigo falava em livros, contava-me romances que lera, falava em poesia, filosofia, um monte de coisas novas para mim. Foi a primeira pessoa no mundo, fora minha mãe, em quem depositei minha confiança total e irrestrita.

As histórias dos livros que contava, eram extremamente fascinantes e belas. Ensinou-me a valorizar livros, a querer conhecê-los todos. Agora ansiava sair do castigo para começar a ler aquelas histórias de que ele falava. Era poeta, e eu também quis ser poeta. Prometeu ensinar-me. Passamos quase três meses no mesmo encanamento de privada, conversávamos todo o tempo que nos era possível. Havia tanto assunto... conversei mais nesses três meses do que em quase toda a minha vida. Seus conceitos de nobreza de propósitos, sua visão moral diversa daquela que aprendera no meio criminal, me falavam ao coração.

Quinta-feira era dia de fazer barba, cabelo e tomar banho. Os guardas do Choque abriam as celas, passávamos pelo barbeiro, que raspava nossa cabeça e cara, e entrávamos na ducha. Numa dessas quintas, que eram como dias de festa para nós, uma vez que saíamos da cela, tomávamos um ar e nos víamos, o Choque nos soltou, e fomos para a ducha. Fiquei no último boxe, como era meu costume, o Carlão ficava em frente. Preso é assim mesmo: cada um estabelece um canto e se acostuma a fazer uso sempre desse mesmo local. Acaba por se sentir proprietário de seus espaços preferidos, e é, de certo modo, respeitado nisso. Cada um estabelece seu território.

Tomava banho quando vi o Carlão apanhar uma faca colocada na parte de baixo do boxe dele. Já fiquei em suspense. Enxaguei o corpo rapidamente, enxuguei-me e já fui saindo. Sabia quem ele iria pegar. Não queria assistir. A gente nunca sabe o que pode acontecer em casos assim. Não é bom ficar perto, no mínimo, podemos ser envolvidos como testemunhas, e testemunha não é bem-vista na prisão.

Fiquei na porta da cela esperando ser trancado. De repente, passa um sujeito todo ensanguentado, pelado, correndo na galeria, e o Carlão atrás com a faca na mão. A vítima entrou no quarto da faxina, já moribunda. Seus gritos atravessavam minha mente como flechas pontiagudas. Carlão entregou a faca para os guardas. Era mais um crime na longa carreira de crimes que o Carlão faria na cadeia. Diferente, o cara, gostava de matar.

Eu o estranhava, não compreendia bem. Era um sujeito inteligente, sensível e prestativo. Fora muito bom e solidário comigo. Jamais esqueceria os dias que ele passara acordado comigo, tentando me ajudar a combater o desespero.

Por conta desse acontecimento, foi feita uma modificação nas celas. Eu, como outros, fui passado para a cela-forte do outro raio desse mesmo pavilhão. A vida prosseguia monótona e devastadora.

Novamente fui flagrado com cigarros, mais trinta dias de castigo. Já estava fazia quase seis meses ali. Recebia uma excelente cobertura do Coroa e outros camaradas, eles não me deixavam em falta de nada. Nesse outro raio, era um outro ambiente, dominado pelo Gordinho, um companheiro que estava preso fazia muitos anos. Um grande enredeiro, sutilmente, mexia com a cadeia toda, era um líder maligno.

Saturnino era o preso que mais se preocupava em nos sustentar nas nossas necessidades. Sozinho, muitas vezes, sustentava a cela-forte toda de cigarro e, às vezes, de maconha. Era um dos presos mais temidos na Penitenciária, com vários crimes na prisão. Cobrava pedágios de muitos bundas-moles que tremiam ao vê-lo.

Recebi carta do Henrique. Havia saído do castigo e estava no terceiro pavilhão. Era, sem dúvida, um grande amigo, não me esquecera.

Constantemente, era chamado para o fórum, que, para mim, virou uma rotina. Numa dessas vezes, já no xadrez do fórum, estranhei ver tanta gente que estava na cela-forte. Aquilo me cheirava a alguma armação séria. Só matadores. Fiquei mais ressabiado ainda quando vi alguns deles arrancando estiletes que estavam grudados com esparadrapo na parte posterior da perna, para passar na revista. Havia até lâminas de tesouras das grandes. Gasolina, um dos matadores, me avisou que aquilo era um plano de fuga. Eles iriam testemunhar sobre um crime ocorrido na prisão e tentariam pegar o juiz de refém para fugir.

O clima no xadrez ficou supertenso. Os que estavam de posse dos estiletes eram matadores de verdade. De repente, poderiam matar qualquer um ali. Nada os impedia, já haviam matado vários. Eu nada temia, conhecia a todos e possuía um bom relacionamento com cada um. Também era tido como um deles — sem o ser —, estava na cela-forte com eles, e por crime igualmente.

Havia os que temiam. Tanto que foi denunciado que havia estiletes ali. Eles não foram atendidos, a audiência em que testemunhariam foi adiada. Os PMs, na saída, foram nos tirando de cinco em cinco para sermos revistados. As armas foram escondidas no encanamento da privada. Fiquei, bestamente, por último, junto com os matadores.

Quando saímos, os últimos cinco, percebi a sala de revista coalhada de soldados. Mandaram que tirássemos a roupa. Quando estávamos nus, trouxeram um espelho grande e queriam que nos agachássemos em cima dele. Era o primeiro de uma das pontas do semicírculo que formávamos.

Foram para cima do Gasolina e pediram que se agachasse. Este recusou-se. Depois todos foram se recusando, até que na minha vez fui obrigado a me recusar também. Não podia destoar. É, na cadeia, a moral estava na bunda. Na época, preso nenhum mostrava a bunda para a polícia. Era como devastassem o último baluarte de nossa honra. Só que os que haviam saído antes de nós cederam, sem qualquer contestação. E isso nos colocava na condição de rebeldes, causadores de distúrbios e, obviamente, os donos dos estiletes denunciados.

Os soldados se agruparam e discutiram a situação. Percebi que rápido se decidiram. Iriam nos revistar na marra. E começaram comigo, que era o mais pequeno e franzino. Um montão de soldados me pegou, ergueu no alto e carregou até uma sala reservada. Viraram-me de bruços no ar e, com um farolete, examinaram meu ânus para ver se eu não carregava nada ali. Em seguida, soltaram-me no chão.

Xinguei, gritei, mas só serviu para que me dessem mais socos e pontapés. Do mesmo jeito, foram pegando um a um. Fomos colocados no bonde e voltamos à Penitenciária. O Choque, avisado, nos esperava para mais revista, ameaças e provações. Os ferros não foram achados.

No dia seguinte, eles voltaram ao fórum e tentaram fazer um buraco na parede, com os ferros. Novamente foram denunciados, e dessa vez acharam o buraco e as armas.

Passados alguns dias, chamaram-me para depor sobre esse problema. Depus, como só havia de acontecer, que não sabia de nada, não vira nada. Por conta disso, sem que de nada tivesse culpa, fui condenado a mais um mês de cela-forte.

Os outros quatro já estavam condenados a anos de cela--forte, e para eles um mês a mais ou a menos nada significava. Mas para mim, que já me aproximava do fim do castigo, essa condenação pesou demais.

Já estava começando a falar sozinho (aliás, descobri depois, a maioria dos presos fala sozinho), meio abestalhado, sofrendo uma depressão cada vez mais difícil de suportar. A masturbação era a única fuga. Já não tinha amigos com quem conversar.

Passava os dias amortecido, sem me sentir vivendo. Doía como uma ferida em carne viva. Estava cansado, esgotado de ficar naquele lugar, e não sabia mais o que fazer.

Completados nove meses de cela-forte, fui solto e conduzido a uma cela do terceiro pavimento no segundo raio do pavilhão. Eu só queria aquilo, mais nada. Continuava no castigo, em regime de observação. Mas poder estar em uma cela com janelas, ver, ouvir, conversar com pessoas, ter acesso a livros, saber o que acontecia, receber ar, enfim, relacionar-me com a vida, era maravilhoso!

A cela-forte era uma relação muito estreita com a morte. Muitos se suicidaram ali. Estava feliz. Sair daquele buraco significava liberdade. Eu ainda amargaria seis meses trancado, sem poder sair para nada. Mas estava bom, eu não reclamava. O negócio era sair da cela-forte.

Em conversa que havia tido com Henrique, havia decidido que escreveria à minha mãe. Sabia que, se pudesse, ela viria me visitar, e eu morria de saudade dela. Às vezes era difícil acreditar que ela realmente existisse. Fazia dois anos que não a via. Muito da nossa ligação havia amortecido. Ainda, nos momentos de dor profunda meu pensamento se voltava para ela. Há momentos na vida do preso em que ele não acredita que exista nada além da prisão. Mesmo vendo a rua pela janela, aquilo parece mais um quadro apenas. Rua é ficção, ilusão.

Achava que meu pai procuraria impedi-la de visitar-me. Sua submissão a ele sempre me magoara muito. Precisava fazer uma carta bastante comovente para chocá-los, então ele não teria condições de impedi-la. O coração a traria. O Henrique se encarregou de fazer um rascunho. Sabia escrever, mas meu vocabulário era reduzido, cheio de gírias, e eu perdera a prática, foram muitos anos sem ler ou escrever nada. Difícil foi guardar na memória, aqueles dois anos, o endereço de casa, e, a muito custo, guardei. Na cela-forte ficava repetindo-o horas seguidas com medo de esquecer. Era meu único contato com o mundo.

Arrumei a nova cela em meu esquema. Os camaradas vieram me procurar, sempre havia alguém me visitando. O Coroa mandou-me uma carta e alguns maços de cigarros. Eu reatava minhas ligações.

Dia seguinte à minha saída da cela, logo cedo, veio um companheiro lá do terceiro pavilhão, com dois pacotes enormes. O Henrique havia me mandado uma pilha de livros, cadernos com poesias e textos dele, papéis, canetas, a carta-rascunho para minha mãe e uma carta dele mesmo. Aquele foi apenas um dos inúmeros atos de amizade dele. Emocionou-me. Fiquei muito feliz em possuir um grande amigo.

Olhei e namorei livro por livro, caderno por caderno. Aquilo era importante demais para mim. Eu iria construir uma nova história de minha vida, doravante. Uma história mais bonita.

Os livros eram aqueles sobre os quais havíamos conversado no encanamento do esgoto. Os cadernos traziam poesias e alguns títulos de livros que o Henrique, Índio e outros conhecidos haviam recomendado, só precisava da numeração deles na prateleira. Conversei com os vizinhos que não liam e fiz uma lista para cada um deles. Assim que o bibliotecário passava, eu pedia ao faxina do andar que recolhesse os livros com eles. Toda semana lia quatro, cinco livros, e preferia os volumosos. Não podia sair da cela, então lia o tempo todo. E que delícia era o mundo dos livros! Cada viagem... Fumava um baseado e ia fundo, viajando da prisão para países estranhos, pessoas diferentes, mundos inteiramente diversos e fascinantes.

Fui me apaixonando por livros. Lia, em média, oito a dez horas por dia. Comecei com os romances. Li todos os clássicos como quem devora o prato mais saboroso. Era extremamente gostoso, um prazer especial, diferente. Não estava mais tão só, as histórias, os personagens ficavam vivos para mim num passe de mágica. Só que, a cada livro terminado, dava uma angústia, um aperto no coração que jamais consegui explicar. Era livro atrás de livro, meu mundo se ampliou de tal modo que às vezes dava pane mental pelo acúmulo de informações.

Ler tornou-se um vício. Li todas as obras de Dostoiévski, Tolstói, Górki, John Steinbeck, Cronin, Scott Fitzgerald, e livros de Guy de Maupassant, Françoise Sagan, Leon Uris, Walter Scott, James Michener, Harold Robbins, Morris West, Irving Wallace, Irving Stone, Irwin Shaw, Henry James, Stendhal, Balzac, Victor Hugo, Somerset Maugham, Virginia Woolf, Arthur Hailey, Sinclair Lewis, Henry Miller, Hemingway, Norman Mailer, Robert Ludlum etc.

Fui ampliando meu vocabulário e, a partir dos romances, comecei a me interessar por livros mais profundos. As relações criminosas já não me satisfaziam mais. Pouco tinham a me acrescentar. Poucos se interessavam pelo que estava começando a me interessar. O submundo do crime começou a me parecer estreito, limitado, e eu já não cabia mais só ali. Voava alto, conhecera novos costumes, novos países, novas relações com a vida.

Minha sensibilidade veio à tona, mais aguçada e requintada. Comecei a compor poesias, produzir textos, discutir ideias de profundidade. Logo já estava indagando o que eu era, quem era, por que era, por que realmente estava preso. Tornei-me um feixe de perguntas cujas respostas procurava. E era uma puta duma dificuldade, principalmente por não ter com quem conversar sobre minhas dúvidas. E no estágio que eu alcançara, não dava para aceitar respostas comuns ou fáceis.

Quando se completaram os seis meses de regime de observação, fui solto. Era um tremendo sábado de sol, e fui ao cinema. Parecia um cinema comum, como esses da rua. Tela grande e cadeiras grudadas ao chão. Havia anos não assistia a um filme, a emoção foi forte demais.

Pude ir ao campo, conversei com vários camaradas, mas não encontrei Henrique. E precisava falar com ele. Mostrar as alterações que sofrera e demonstrar todo o meu reconhecimento por tudo aquilo que ele fizera por mim.

De qualquer modo, estava muito contente. Depois de um ano e três meses de castigo, poder andar (que falta faz poder andar!), tomar sol, conversar com os camaradas, enfim, viver a rotina normal da cadeia, era uma dádiva. Podia, principalmente, conversar sobre livros, procurar novos livros, enriquecer minha vida com mais histórias, com outros mundos.

23

Logo a rotina da prisão encheu o saco. Recebi visita de minha mãe. Entrou no corredor da visita chorando, e quando me viu, atirou-se em meus braços, desesperada. Ah, como a gente se amava! Ao mesmo tempo que havia uma barreira. Algo que se levantara entre nós e impedia a relação total que já possuíramos. Dizia que não me vira crescer e eu já era um homem. Olhava-me como quisesse me fotografar para preservar minha imagem quando saísse dali.

A situação em casa estava boa. O velho havia parado de beber. Havia juntado algum dinheiro e comprara um táxi. Fiquei muito contente com isso. Queria, sinceramente, que fossem felizes.

Visita era recebida num corredor enorme, guarnecido com mesas e bancos. No meio da mesa havia uma tábua de uns vinte centímetros de altura, para que nem nas mãos se pudesse pegar. Na ponta da mesa, um guarda em pé, a observar. Quando o guarda bateu palmas avisando que terminaram os quarenta minutos regulamentares, não havíamos conversado nem a metade do que era preciso. Claro que omiti todo o sofrimento que passara desde a última vez em que me vira. Não havia por que dizer. Separar-nos novamente foi extremamente doloroso. Quis ir junto com ela, e ela queria me levar consigo. Saiu chorando como entrou. Ela viria sempre, jamais me abandonaria. Meu pai podia proibir à vontade, ela não iria abandonar seu único filho.

Voltei à cela abalado. Meu Deus, que dor! E não sabia o que doía, não entendia, só sofria. Escrevi ao Henrique desabafando e recebi resposta que levantou meu espírito caído. Ele sabia como acalmar o tumulto que havia em meu coração. Perdera a mãe fazia bem pouco tempo. Procurava me incentivar a que cultivasse o amor que havia em mim por minha mãe, pois dizia que era a melhor parte da vida. Sempre teve o dom de me fazer enxergar as coisas de novos ângulos.

Havia uma certa perseguição dos guardas do Choque contra mim. Julgavam que eu fosse o mesmo cabeça-fresca de antes, e sempre que me viam, estavam revistando. Apesar de já haver me afastado bastante do meio criminoso, eu conhecia todo mundo, e era conhecido. Quem não conhecia, sabia quem eu era. O fato de ter um relacionamento e trânsito com o pessoal mais feroz e rebelde aguçava o cuidado dos guardas para comigo.

Corria o ano de 1974, e a cadeia estava pegando fogo. Muitas mortes e uma repressão violenta. No raio onde eu morava, concentrava-se a maioria dos matadores e valentões da prisão. Constantemente havia esfaqueamentos, por mais que a polícia reprimisse, com revistas ao sair das celas a todos nós e arrebentando com os agressores no cano de ferro. Já presenciava esses fatos como fazendo parte, também, da rotina. Havia um certo enfado naquilo tudo, cansava.

O problema era que eu sentia uma compulsão, quando assistia a tais carnificinas, a socorrer as vítimas. Várias vezes me sujei todo de sangue para carregar companheiros esfaqueados, correndo, para o hospital. Era algo que não conseguia evitar. Era compulsivo. Crescia uma enorme ânsia dentro de mim, e tinha de me envolver. Daí por que, sempre que sabia, antecipadamente, que iriam acontecer fatos assim lamentáveis, não ia ao recreio.

Se por um lado havia uma certa admiração pelo que fazia, por outro, eu era detestado pelos que gostavam de ver o sangue correr. Não ligava para críticas. Não possuía mais faca e muito menos andava armado. Mas todos sabiam que eu estava condenado à quase prisão perpétua e que, se fosse pressionado, estouraria e faria desgraça. Eu estava muito mais civilizado e não me importava mais com isso de ter nome e fama de bandido. Aliás, começara a perceber o quanto era melhor o anonimato, o sossego de não me importar com o que os outros pensavam de mim.

Aprendera a ser mais humilde e jamais mexia com ninguém, nem com os cabras (caguetes e aliados da polícia) safados que viviam prejudicando companheiros. Aprendera a respeitar o sofrimento de cada um. Estava, finalmente, saindo da adolescência e sendo um homem. Sofria minha solidão, o desespero de ser jovem, saber da vida colorida e iluminada lá de fora e não poder participar. Sofria o fato de só ter minha mãe por mim. Sofria as quatro paredes, a angústia de existir pela metade e a certeza de um futuro negro no meio da estupidez e da miséria humana. Imaginava que cada companheiro passava por isso também, e como tinha dó de mim, tinha dó deles também. Eu estava me modificando muito, e muito rapidamente. Não compreendia, mas o sofrimento dos outros me afetava profundamente, e eu estava pensando sobre tudo, cada fato: cada movimento era razão para reflexões, ponderações.

No dia 5 de maio de 1974, fiquei sabendo que haveria uma guerra entre duas facções rivais. Como nada podia fazer para evitá-la, e como não tinha nenhum amigo em nenhuma das facções rivais, não fui ao recreio.

Quando ocorriam essas guerras, esfaqueamentos ou brigas, os guardas apitavam, chamando o Choque. Fiquei esperando o som dos apitos, na cela. Quando terminou o recreio e nada aconteceu, respirei aliviado. Olhei pela espia os companheiros subindo as escadas e senti, mais que percebi, algo suspeito no ar. O presidiário sente no clima quando há tensões e fatos para acontecer. É um desenvolvimento psicológico de autodefesa muito natural em cada preso. Alguns estavam com olhares tensos, nervosos, e havia muito silêncio no ar, tipo antes de vir a chuva.

Olhei para o andar de cima e vi quando um guarda, bem jovem, abriu as portas das celas para que os companheiros entrassem. De repente, o guarda sumiu de meu campo de visão, então houve uma correria. Chamei meu vizinho, que estava fora da cela, para saber o que estava acontecendo.

Waldemar Maluco estava esfaqueando o guarda do andar de cima. Nunca ocorrera de um preso matar um guarda. Sempre escutei a conversa de que em vez de matar companheiros de sofrimento o preso devia era matar o guarda que o espancava, espezinhava e o fazia sofrer pelo menor motivo. Parecia o mais justo, mas ninguém, até agora, se atrevera. Agora era um fato. O preso estava matando o guarda.

Waldemar foi agarrado por outro guarda, o funcionário esfaqueado foi socorrido por outro preso, então chegou o Choque de cano de ferro nas mãos. Ainda deu para escutar quando estouraram o crânio do Waldemar a cacetadas. Fez um som meio oco, foi morto na hora. Passaram arrastando o cadáver, próximo à minha cela, banhando a galeria de sangue.

Toda a cadeia ficou em suspense. O guarda morrera mesmo. Não sabíamos qual atitude a polícia tomaria, em represália. A prisão silenciou, aguardava-se o desenrolar dos fatos. Passavam-se horas de tensão, e de repente, como num passe de mágica, algumas portas começaram a ser abertas. Em seguida, da cela-forte, subiam urros, gemidos e gritos de dor. Barulho de paus e canos retinindo nas paredes e no chão, ao escaparem ou errarem o corpo dos companheiros escolhidos para a revanche.

Pensei que todos seríamos barbarizados, mas não. Os guardas vieram da administração com uma lista de presos tidos como matadores ou acendedores que todos conheciam. Levaram estes para a cela-forte, e batiam até quase matar, trancavam e saíam à caça dos próximos.

Graças a Deus, nada havia feito de errado na Penitenciária. Então, não me procuraram. Mas fiquei num suspense e numa tensão que valeram pela pior surra de minha vida. Foi o dia todo de berros e urros dos companheiros, sentia como se estivessem batendo em mim. Pela gritaria, imaginei até que alguns morreriam de tanto apanhar. Dava um certo alívio não ter me envolvido em nada desde que saíra do castigo. O sujeito que matara o guarda era meio maluco, psicopata e já estava morto, mas a violência perdurou por toda a noite.

De madrugada, quando pensei que estava tudo já se acalmando, escutei o latido de vários cães. Aquilo me apavorou. Cães na Penitenciária? Só podia ser o Choque da PM, com seus capacetes, escudos, bombas de gás, cassetetes enormes e... cães! Enormes cães com suas bocas vermelhas, dentes brancos e aquela língua comprida para fora. Homens grandes, fortes como touros, e prontos para esmagar.

Estava na cara: iriam arrebentar a gente de tanto bater.

Havia muito tempo eles não entravam na prisão. Vinham com toda a sede dos vingadores da sociedade, carrascos do povo. No quinto andar, as portas começaram a se abrir. A cada uma que se abria, começavam os berros e ganidos de dor. Eles estavam entrando em cela por cela e batendo em um por um, metodicamente. O que mais doía era esperar a minha vez, eu morava no quarto andar. Doía também a revolta, o absurdo da situação. Como é que eles podiam fazer aquilo conosco? Parecia juizado de menores, onde todos apanhavam pelo erro de um. Eles estavam batendo em mil e duzentos homens, um por um. Eram mil e duzentas surras, não era compreensível um absurdo daqueles.

O que acontecera fora um fato isolado, o indivíduo que matara o guarda era louco, e todos sabiam disso. A cadeia estava cheia de presos completamente enlouquecidos. Havia um andar no outro raio do segundo pavilhão onde só habitavam loucos que estavam por conta da biotipologia.

Aceito que o Waldemar Maluco possa ter sido influenciado, mas não foram os mil e duzentos e poucos presos que fizeram aquilo. Não éramos crianças para ficarmos apanhando preventivamente, para não fazer de novo. O que se desenvolvia ali era puro sadismo, vontade insana de bater, e nosso uniforme aceitava tudo. Éramos a escarradeira do mundo.

Jamais houvera qualquer preocupação em nos reeducar. Tudo era vingança social e contenção. As forças policiais estavam nos batendo por vingança, sadismo, para satisfazer seu desejo anormal de esmagar, espezinhar e impor terror. Seria esse mesmo Choque da PM que, anos mais tarde, iria bater nos trabalhadores nas greves do ABC. Batiam, treinavam para depois pegar aqueles cidadãos que pagavam seus salários.

Quando chegaram à minha cela, foi um grande alívio. A tensão de ouvir os estertores, urros e gemidos de dor dos companheiros, sabendo que minha cota de violência total se aproximava, era pior que a própria agressão. Eram homens enormes, cada um deles dava dois de mim. Entraram já arrebentando a cela toda, devastadoramente.

Pareciam bêbados ou dopados, tinham os olhos injetados. Quando me alcançaram, não houve nem palavras, era só vontade louca de malhar, fazer sofrer. O pau comeu solto em cima de mim. Vieram pauladas e pontapés de todos os lados. Nem deu para gritar, foi um sufoco concentrado de cacetadas que nem deu para sentir muito, era uma dor só, assim, manifestando-se qual uma tempestade repentina.

Acho que desmaiei, mas por segundos, pois mal eles saíram da cela, eu já estava lúcido novamente. O corpo todo doía em uníssono, latejava, qual houvesse sido atropelado. A cabeça estava com duas pequenas brechas, e o sangue descia pelo pescoço. As canelas estavam em carne viva, o corpo todo roxo.

Fiz um esforço e me coloquei de pé. Meu pensamento era colocar o colchão na cama, arrumar um pouco a cela e deitar, esperar passar a dor sem me mover. Cada gesto doía intensamente. Então a cela foi aberta novamente. Eram outros soldados, de cassetete nas mãos. Eram aqueles que trabalhavam na muralha. Claro, não podiam deixar de vir deixar suas marcas. Era o rescaldo do incêndio, e eu, coitado de mim, estava de pé.

Entraram com a sede de todos os desertos para bater, quase caíram, tropeçando em minhas coisas esparramadas pelo chão, de tão ansiosos que estavam para malhar o preso indefeso. Me alcançaram quando já me encolhia todo para me proteger. Primeiro, a cacetadas, me achataram no chão, depois, a bicas de coturnos, me fizeram subir no ar.

Dessa vez gritei a plenos pulmões. Havia uma revolta, um desespero por toda a impotência do meu ser diante tamanha covardia e violência. O ódio, mais uma vez, me protegeu da dor. Saltei no meio deles, pulei para o canto da cama onde não havia muito jeito de eles me baterem. Protegi o rosto e a parte genital, me encolhendo todo. Gostaram de minha reação, queriam era bater, não importava onde.

Rápido procurei um modo para que parassem de bater. Fingi que desmaiava. Deram mais umas cacetadas, como não reagi, aguentei firme travando os dentes, passaram a fúria para minhas coisas. Meus livros tomaram borrachadas qual estivessem sendo surrados. Meu radinho de pilhas espatifou-se na parede, tudo foi para os ares. Depois de pisarem em cima de tudo, fecharam a porta e foram embora. Do jeito que me largaram, fiquei. A pancadaria continuou, um a um, com dois turnos de guardas, até chegar ao porão. Então fizeram festa com os companheiros já arrebentados pelos guardas do presídio.

O festim de sadismo passou pelo terceiro e primeiro pavilhões, de cela em cela. Deram umas duas mil surras, sem contar os dois turnos de guardas, o que derrubava e o rescaldo. Passaram mais de dez horas batendo, acho que deve ter sido recorde, merecia entrar no *Guinness Book*. Enquanto meu pavilhão ficou em silêncio, a gritaria explodia lá no primeiro pavilhão. Levantei, no maior sacrifício, olhei pela janela e vi os companheiros apanhando. Arrumei a cama, caí nela e acho que dormi, cansado, esgotado da tensão e das surras.

Dia seguinte, as dores me acordaram. Meu corpo estava todo banhado de largas manchas roxas. Tudo doía. Tudo o que era meu estava esparramado pelo chão, espedaçado. Com imensa dificuldade, comecei a arrumar minhas coisas.

Passei o dia a gemer e colar livros estourados. A cultura, na prisão, era sempre a primeira a sofrer agressões. Os livros do preso sempre foram tratados com o maior desrespeito. Durante o período que passei na Penitenciária, briguei e discuti com os guardas do Choque e da Inspeção (que vistoriavam as celas) centenas de vezes por conta do fato de eu sempre possuir muitos livros e eles quererem tomá-los de mim. Eu amava aqueles livros, e sua quase destruição doía-me mais do que as cacetadas que tomara.

No pátio, havia dois policiais, um deles já mandou que eu fechasse a janela. Estávamos proibidos de abrir as janelas e de conversar. Silêncio na prisão, incomunicabilidade total. Fiquei preocupado. Mais uma vez, teria que me bastar a mim mesmo. A solidão estava se tornando amiga constante. Olhei um monte de livros que ainda não havia lido e os outros que poderia reler, e achei que estava tudo bem. Já não precisava tanto de pessoas ou coisas. Estava me acostumando a não me prender a nada nem a ninguém porque, na certa, iriam faltar.

Precisava era de livros. Eles me bastavam, sempre me salvaram, daí para a frente. Passei a ler noite e dia, tentando economizar páginas como um contabilista. Acabei com os romances, e só me restaram livros mais profundos e complicados. Exigiam mais concentração e cansavam rápido a mente. Passamos três meses trancados e sem visitas, e só um mês depois é que, aos poucos, conseguimos conversar nas janelas. Maior opressão.

Eu fazia milagres trocando livros à noite pela janela, com uma corda fina que chamávamos de teresa. O risco era enorme.

Esse período foi bastante fértil para mim em termos de conhecimentos e autocontrole. Minha mente tornava-se cada vez mais ágil. Não perdi tempo algum. Na verdade, eu só tinha a agradecer aquela concentração involuntária. Aliás, todos os males de minha vida me fizeram bem. O que não mata...

Havia feito um exame de classificação escolar, quando chegara. Fora classificado para o segundo ano primário. Eu regredira. Logo que a prisão começou a funcionar novamente, fui chamado à Seção de Instrução para frequentar aulas. Já no primeiro mês fui passado para a classe do quarto ano. O professor chamava-se Lair Svicero. O sujeito gostava de ensinar, e eu queria aprender. Mas no primeiro teste que se me ofereceu, já fui considerado como tendo o primário completo e fui novamente diplomado. Em três meses já acabavam minhas possibilidades escolares. O supletivo ginasial era à noite. À noite não me deixavam sair porque minha pena se aproximava de cem anos. A diretoria não permitia por questão de segurança. Também, a lógica deles era assim: para que quer estudar se vai ficar preso a vida toda? Decerto deve estar com algum plano de fuga ou coisa assim. Sem chances.

Já, no tempo em que frequentava as aulas, pude conhecer a biblioteca e me enamorei por aquele lugar maravilhoso. Coloquei na cabeça que devia arrumar um serviço para mim ali e, a partir daí, comecei a lutar por isso. Até então estava matriculado na Oficina de Vime e Taboa. O problema era que, embora metade dos presos da cadeia estivessem lotados nessa oficina, só saíam uns vinte presos para trabalhar lá. Estávamos matriculados apenas pro forma, já que havia um dispositivo no regimento interno que rezava que todos éramos obrigados a trabalhar. Mas, presos como eu, tidos como de mau comportamento e que haviam estado no castigo, eram encostados nessa oficina-fantasma.

Conheci, através do Coroa, um senhor bastante idoso chamado Severino. Era um velho estelionatário que já cumprira décadas de condenação. Eu estava procurando corresponder-me com pessoas lá de fora. Em princípio, havia sempre a vontade e a esperança de encontrar uma mulher, mas isso era remoto. Estava mais preocupado em exercitar por escrito o que aprendera em tantos livros lidos, e havia a curiosidade de saber como eram as pessoas tidas como honestas.

O velho Severino, ao me ouvir falar sobre essa minha vontade de me corresponder, disse que podia me ajudar. Deu-me o endereço de um sujeito que dirigia uma pequena entidade denominada Círculo dos Missivistas Amigos. Seu nome era Denir Lopes.

Escrevi de um modo bastante elaborado a fim de causar impressão logo de cara. E acertei no alvo. A resposta veio em seguida, já com promessas de amizade e de enorme curiosidade a meu respeito. Respondi, procurando esmerar-me mais ainda; aos poucos nossa correspondência passou a ser mais íntima. Comecei a realmente gostar do cara. Vivia a me falar de sua filha Natércia, uma graça de menininha, de sua vida simples de operário da siderúrgica de Volta Redonda, cidade onde residia. A afeição foi mútua. De repente, eu estava ansiando suas cartas qual fossem o mais cobiçado tesouro. E ele era mesmo uma riqueza, sempre um grande amigo.

Depois que me conheceu bem, colocou-me em contato com a irmã Mônica Maria. O contato tinha motivo. Denir admirara minhas poesias. Aprendera com Henrique e agora eu era metido a poeta. Irmã Mônica era poetisa, ao receber resposta com algumas construções poéticas, já gostei muito daquela freira.

Ela trazia uma bondade, um amor destituído de objetivos além do amor mesmo. Era uma ternura comovente, chegava a doer em mim o modo doce e carinhoso como me tratava. E ela sabia que eu não suportaria caso viesse com todo o seu potencial de ternura e afeto. Então vinha em doses homeopáticas, acostumando-me aos poucos com sua doçura.

Coloquei logo um apelido nela. Era a tia Monic. Ela gostou, dizia que dava um toque de sofisticação ao seu nome. Nem desconfiava que existiam pessoas assim boas e tão puras de coração. Aquela descoberta foi um choque, uma surpresa difícil de assimilar. Simplesmente não acreditava que alguém assim pudesse gostar de mim. Não acreditava que algo de bom de verdade pudesse me acontecer.

A vida, para mim, era uma sofrença contínua. Viver era uma merda, para dizer a verdade. Eu era um jovem que ao escutar as músicas que curtira nos bailes ou quando em liberdade, chorava. Mas não de tristeza, e sim de revolta. Tudo me parecia ter sido negado, e o que fora bom, ao ser lembrado, só me causava ódio no coração. Odiava a humanidade, todos os que estavam do lado de fora da muralha eram meus inimigos. Tecia castelos de ilusão de um dia sair e me vingar. Mataria tantos quantos pudesse, derramaria o sangue de qualquer um que ficasse em meu caminho. Mesmo preso, estava preparado para estraçalhar quem quisesse me testar.

Às onze horas, todo dia, ficava aguardando cartas. Quando o carteiro trazia carta da tia Monic, era uma alegria imensa. Lia, avidamente, várias vezes. Era minha fonte de amor. Estava totalmente carente e nem sabia que pudesse haver carência afetiva. As ideias religiosas que ela deixava escapar às vezes, não faziam sentido para mim. Apesar de que o fato de ela ser religiosa tivesse me levado a começar a respeitar religião.

Até então, religião para mim era o modo de pessoas espertas ganharem muito dinheiro dos otários. Mas se havia pessoas como tia Monic nas religiões, então talvez não fosse bem assim. Estava distante de qualquer ideia religiosa, embora algo estivesse mudando em mim. Devia haver outras pessoas como ela. Se as encontrasse, quem sabe a vida pudesse ser melhor.

Denir, após me colocar em contato com a tia Monic, deu--me o endereço de duas mulheres, amigas dele. Havia conversado com ambas a meu respeito, e elas queriam me conhecer. Maria Cristina era de São Paulo. Escrevi carta superburilada, afinal era uma mulher, e eu não tinha contato com mulheres havia anos. Claro, a ideia da conquista acendeu-se em minha mente como remota possibilidade. Sutilmente, eu tentaria. A resposta era interessante, mas sem-sal. Faltava calor humano, havia uma certa obrigatoriedade em me escrever. Respondi de modo chocante para que ela reagisse e se mostrasse.

Eneida, já na primeira carta, mostrou-se como pessoa muito especial. Contou-me sua vida, assim, resumidamente, seus objetivos, lutas, família etc. Era casada com um sujeito que me pareceu muito legal, pois que a apoiava em todas as suas realizações. Tinha um filho pequeno e morava com a mãe, marido, filho e uma sobrinha que criava. Estava no último ano do curso de letras e dava aulas de inglês e português. Apaixonada por literatura, amante dos livros como eu. Era cinco anos mais velha que eu e o centro de sua enorme família.

Claro, percebi vários defeitos nela, mas nada assim tão grave a ponto de destoar demais de suas qualidades. De uma semana para outra, éramos os maiores amigos do mundo. A cada dia eu precisava mais dela, passei a lhe escrever cartas diárias. Eram cartas homéricas, de dez folhas ou mais, que ela respondia quase que instantaneamente e no mesmo diapasão.

Ela não tinha carências afetivas, era muito amada, mas tinha dificuldades de dialogar sobre seus novos interesses. O marido era um cara legal, mas limitado intelectualmente. Seu negócio era trabalhar, beber cerveja e assistir futebol. Eneida estava imersa em filosofia, antropologia, religião, pedagogia, literatura etc. Possuía muitos amigos, realizava reuniões enormes em sua casa. Mas era comigo que discutia suas ideias e estudos mais profundos.

Eu quase não tinha base para conversar teorias de profundidade. Mas todos os livros que ela lia e estudava, além dos que já lera, mandava-me pelo correio. Além de estudá-los avidamente para ser capaz de discuti-los com ela, emprestava-os ao Henrique, e este ao Franco, um novo amigo que passara a fazer parte de nossa vida.

A essa altura do campeonato, eu, Henrique e Franco já estávamos morando no primeiro pavilhão, onde estavam os presos mais bem-comportados. Alguns trabalhavam em setores administrativos. Embora também houvesse muitos que haviam fugido do segundo e terceiro pavilhões, às vezes até ameaçados de morte.

Sobre os livros mais complexos, que não conseguia assimilar inteiramente, colhia os comentários de meus amigos e então fazia um aprendizado bastante substancioso. Eu era bem humilde em comparação à inteligência e conhecimentos dos dois amigos.

Eneida colocava-se numa posição de professora e orientadora. Dessa maneira, procurava sempre fazer uma crítica de meus pontos de vista. Questionava a fundo meus conceitos e ideias de revolta. Constantemente, colocava-me contra a parede, deixando-me sem argumentos, dada a precisão de sua crítica.

Em menos de três meses, demoliu ou depreciou todos os valores que eu demorara a vida toda para construir. Quase tudo o que eu acreditava, com muita lógica, destruiu, ridicularizou, e tornou flagrante minha inépcia para conceituar sobre o mundo, a vida. Fiquei sem bases, sem estruturas, nu diante de sua argumentação sólida e equilibrada.

Passei uma fase extremamente difícil com ela. Não me dava trégua. Era só eu escrever algo sem pensar muito, e lá estava ela para indagar e demonstrar minha incoerência. Combatia fervorosamente quase todas as minhas opiniões. Deixou-me tão confuso que já não sabia avaliar o que era verdadeiro ou falso. Fui obrigado a desenvolver uma humildade para admitir que nada sabia com relação ao homem e à vida. Tudo o que imaginava certo estava errado, e ela fazia questão de deixar claro isso. Não sabia mais o que pensar ou de que verdades vestir minha nudez conceitual.

Nessa época, fiz um novo amigo. O Zé Carlos. Um amigo que, como eu, estava cheio de vontade de aprender e possuía uma curiosidade enorme em relação às verdades existenciais. Ele possuía um certo capital lá fora com sua esposa, então adquiriu um monte de livros, de acordo com o que entendíamos como importante em termos de conhecimentos. Lemos tudo aos poucos. Principalmente apanhamos juntos para aprender sozinhos o que não possuíamos bases nem estruturas para entender. Não havia quem nos ensinasse, nem Eneida ou Henrique haviam ido tão fundo.

Zé Carlos comprou os cinquenta e dois volumes da coleção Os Pensadores, em sua primeira edição, quando era muito mais completa. Fomos dos pré-socráticos a Sartre, Merleau-Ponty, passando por todas as escolas filosóficas. E discutíamos tudo, só andávamos juntos, o que criou até um mal-estar com meus amigos. Aprendemos muito, mas era pouco, porque muito mais coisas ficaram sem ser assimiladas por falta de quem nos orientasse.

Eu estava sob três baterias de questionamentos. A do Henrique, que sempre discutiu meus pontos de vista. Do Zé, que questionava comigo. E de Eneida, que vivia a me enquadrar em sua lógica sempre impecável. Foi o período mais fértil de minha vida, em termos de cultura e descoberta de novos valores.

De repente, pressionado pelos meus próprios questionamentos, tomei uma decisão drástica. Quis jogar todo o meu passado no lixo. Os valores de honra, dignidade e nobreza de ações, recém-adquiridos, sobrepujaram e de alguma forma mesclaram-se aos anteriores. Já não poderia mais ser inconsequente. Tudo deveria ser de acordo com o novo somatório de conhecimentos adquiridos. Tudo, em determinados e fundamentais aspectos, era muito diferente do que aprendera com a vida. A maior parte do que aprendera não se sustentava ao menor questionamento.

Errei muito nessa passagem, e a ela credito grande parte da culpa por grandes sofrimentos posteriores. De um radicalismo pessimista, negativista, individualista e primitivamente violento, quis passar para o outro extremo, sem percorrer o caminho que leva de um extremo ao outro. A esperança de que o mundo podia e devia ser melhor do que havia sido a meus olhos tornou-se uma certeza. Investi tudo num otimismo puro, numa mudança radical de mim mesmo. De bandido-homicida--latrocida, quis ser cidadão honesto e até meio santo. Larguei maconha, cigarro, malandragem, contatos no meio criminal, até os amigos envolvidos no submundo aos poucos fui abandonando. Não havia mais afinidades. Dei uma virada total em minha existência.

Queria radicalizar. Aliás, eu sempre fora um radical, e minhas posições sempre haviam sido extremistas. Já era coisa de personalidade, caráter. Até na masturbação dei uma parada. A ânsia era subjugar-me, colocar-me sob o meu comando exclusivo. A vontade devia vencer o desejo.

Eneida e meus amigos aprovavam minha revolução pessoal. Ela começou então a falar em uma tal reforma íntima; nada havia falado nesse sentido até aí. A partir do momento em que me decidi por uma transformação pessoal, nossa relação também sofreu uma transformação. Já não era mais apenas a professora. Sua maneira de tratar-me tornou-se carinhosa, amiga, superprotetora, e ela passou a se interessar profundamente por todos os aspectos de minha luta pessoal pelo autocontrole.

O que acontecia comigo era simples. Possuía um conhecimento do mundo, ao aprender a ler e assim entender melhor esse mundo, tal conhecimento não se sustentava. Só me restava fazer uma releitura e reinterpretação desse mundo. Simples.

Eneida queria ser professora de literatura, portanto, estava reestudando os autores brasileiros. Automaticamente, foi me passando os livros que estudava e suas pesquisas. O primeiro autor que pesquisamos a fundo, porque era o de que mais gostávamos, foi Erico Verissimo. O saudoso autor era vivo na época, e eu me apaixonei por sua obra, tão densamente humana, além de crítica e histórica. Lemos e estudamos toda a obra desse nosso mestre. Discutimos cada movimento de sua ironia fina, sua amarga visão dos homens e suas personagens femininas, fortes e dominantes.

Em Clarissa, nosso personagem favorito, encontrei um apelido ideal para ela, e que pegou: Princesa do Figo Bichado. E ela me apelidou de Gato do Mato. Daí para a frente Luiz e Eneida só existiam no destinatário e remetente de nossas cartas.

Depois fomos para Jorge Amado, Mário Palmério, Machado de Assis, José de Alencar (fomos Peri e Ceci, tranquilamente), Clarice Lispector (que me confundiu muito com sua modernidade), Nelson Rodrigues, e muitos outros. Estudamos nossos maravilhosos poetas e, além de Drummond, Quintana e o maravilhoso Vinicius, elegemos o maior de todos para nós em língua portuguesa, o grandioso Fernando Pessoa. "O poeta é um fingidor..."

Eneida gostava muito de minhas poesias. Vivia me incentivando a que compusesse sempre mais. Pedi para usá-la como musa, com o que ela ficou encantada. Aos poucos, aquilo que eu entendia como amizade tornou-se paixão. Não quis nunca admiti-lo. Mas a transformação que ocorria em minha vida era, em sua maior parte, de origem emocional.

Eu estava apaixonado e queria fazer de mim alguém parecido com o que imaginava que o ser querido gostaria que eu fosse. Simples: como admirava e me apaixonara, queria ser admirado para também ser querido. Mas eu sabia: era ilusão. Ela era uma mulher casada que amava seu marido e filho. Era honesta e séria. Não havia esperanças. Mesmo, a admiração que motivara a paixão vinha também de sua honestidade inabalável.

Mas a poesia nasce da alma. Talvez até do inconsciente reprimido. Se eu procurava segurar a forma e o conteúdo para não demonstrar aquela paixão avassaladora, nas entrelinhas, escapava-me o controle. E ela, como estudante de literatura, pegava toda a gama dos sentimentos que se exprimiam em versos e rimas.

Até que houve o momento da verdade. Ela me encostou na parede. Deixou-me sem saídas e exigiu uma definição: se

401

eu estava ou não apaixonado por ela. Tentei desconversar, sair fora de ser obrigado a mentir ou a falar a verdade. Mas não havia como. Eneida era espertíssima, não me deu campo à fuga. Confessei meu sentimento, assumi minha paixão. Mas já excluindo a possibilidade de uma realização de meus anseios emocionais. Nem sequer pensava em ser correspondido, não havia espaço para ilusões.

Quem era eu, afinal de contas, para ter uma Princesa que, além de tudo, estava comprometida? Se não fora pelo fato de ser casada, eu era um presidiário, um bandido, excluído da sociedade para sempre. Condenado a quase cem anos de prisão, na época, em treze processos por assalto, homicídio e latrocínio. Ela fora muito bem criada, no mel e no leite, paparicada por todos, era uma Princesa de fato. E com um futuro promissor.

A mim, só restavam portas e grades fechadas. Por mais que estudasse e me transformasse, ainda assim seria um preso. Nem homem poderia ser para ela. Não queria importuná-la com o meu sentimento. Que ficasse tranquila quanto a isso.

Em sua resposta, a Princesa, com toda a sua generosidade, foi dizendo que eu era livre para me apaixonar por ela ou por quem quisesse. Não via mal algum em minha paixão. Que ficasse à vontade, pois que aceitava meus sentimentos como algo bastante normal. Falou em termos de transferência psicológica. Estava me dando o carinho, a atenção e o cuidado que nunca tivera, bastante natural que me apaixonasse. Apenas não apoiava a dependência que eu estava criando para com ela. Se bem que fosse inevitável, mas eu devia já ir pensando nisso para, posteriormente, adquirir mais autoconfiança e ser independente.

Definiu que eu me apaixonara por ela porque precisava dela. Eu contestava, porque acreditava que precisava dela porque a amava. Talvez ela tivesse razão. Embora ainda hoje me pareça que a verdade é sempre o equilíbrio entre os extremos. Ela não exprimia seus sentimentos quanto a mim. Não me dava esperanças, não queria alimentar ilusões. Bem que eu queria o amor daquela mulher para mim.

Denir veio a São Paulo e queria me conhecer pessoalmente. Ele viria fazer uma palestra numa reunião espírita na Penitenciária. Arrumei um jeito de comparecer a essa reunião para conhecê-lo. Esses encontros eram aos domingos pela manhã. A frequência lotava uma das maiores salas lá da Seção de Instrução.

Tais reuniões eram coordenadas pelo sr. Gilberto Aielo, um velhinho muito legal. Nesse domingo, falaram Denir e outros. Uma conversa bastante interessante, uma mensagem de paz e fraternidade.

Denir era exatamente como eu imaginara. Aquele amigo bem à vontade, generoso, risonho, de quem a gente fica gostando logo de cara. Conversamos um pouco, nos abraçamos, senti por ele um benquerer infinito. Havia uma alegria enorme em conhecê-lo. Sabia tudo de minha paixão por Eneida, e me apoiava. Trouxe-me um tesouro. Uma foto dela de que se apropriara sem que ela percebesse. Fiquei imensamente grato e feliz. Não sabia como era ela fisicamente, apenas imaginava. Não era exatamente uma beleza, tipo Miss Universo, mas possuía uma beleza diferente, enigmática, um corpo muito benfeito, um tesão de mulher.

Gostei da reunião e passei a comparecer àqueles encontros às vezes. Aproximei-me mais para entender aquela força que movia a Princesa. Era como se isso me aproximasse mais dela. Mas a conversa começou a realmente me interessar. Os assuntos eram bastante diferenciados. Quando me aproximei do sr. Gilberto e dos demais do grupo dele, percebi que eram bastante receptivos.

Vieram expositores magníficos, trazidos pelo sr. Gilberto. De todos, o que mais se destacava era o dr. Rezende, um cirurgião-dentista. O homem era fabuloso, seus temas eram profundos ao mesmo tempo que expostos de uma maneira bem simples, que todos entendiam. Falava com tanta beleza e suavidade que nos emocionava a todos até as lágrimas.

Passei a adorar tais reuniões. Tornaram-se parte importante de minha existência. O ambiente era muito agradável, mas o fundamental e que mais me motivava, era a liberdade que

403

tínhamos ali. Éramos tratados como pessoas capazes de pensar, de compreender e criar. Falávamos o que queríamos, sem medo de censura.

Os companheiros mais assíduos eram meus amigos. Henrique, Franco, Samuca, Zé Roberto, Vilela, Armandinho, Moringa e outros que fui conhecendo nas reuniões. Era um espaço nosso. As religiões haviam se tornado o único espaço de liberdade, de debate, manifestação. Todo o resto era repressão violenta. Estávamos todos envolvidos na luta para preservar aquele nosso espaço único. E o padre Geraldo, o pastor Rubens e o sr. Gilberto eram nossos aliados, nossos defensores e nossos professores.

Em pouco tempo conseguimos ocupar esse espaço. As capelanias eram nossas, era ali nosso território livre. Os que vinham de fora chegavam e saíam nos abraçando com sorriso de profunda consideração. Eles sentiam-se satisfeitos por descobrirem que nós não éramos os monstros que a mídia pintava. A mídia queria era vender jornais ou os produtos que propagandeava, mesmo que fosse desumana em seu afã. Só nos desumanizando aos olhos de seu público é que causava sensação e impacto para vender seus produtos.

Éramos totalmente receptivos a essa gente de fora que vinha nos conhecer. Alguns até nos beijavam no rosto, e nós gostávamos sinceramente de todos.

O seu Gilberto conseguiu uma salinha para entrevistas pessoais durante a semana, como o padre e o pastor possuíam. Ficamos com três espaços culturais nossos. Os presos encarregados das salas eram nossos aliados.

O pastor Rubens vinha todo dia lá pelas cinco horas da tarde, e criou uma rotina que nos era superagradável. O chá das cinco com o pastor. Ele era formado em três faculdades e professor universitário. Conhecera Lampião quando criança e já passara dos oitenta anos fazia tempo. Imagina o quanto esse homem pôde acrescentar a nós, diariamente, nos debates ferrados que travávamos no chá das cinco. O padre Geraldo já era assim, mais rígido, mas nosso amigo de coração; como capelão oficial, ganhava um salário. Gastava conosco e com os demais presos em cópias de processos, com nossas famílias e nos ajudando o quanto podia.

Os debates na sala com o sr. Gilberto eram intensos e fortíssimos. Ele era pessoa de coração enorme e nos amava de verdade. Mas, culturalmente, era bastante limitado para nós, que estávamos efervescentes, cogitando em teorias filosóficas e psicológicas diariamente. Nos passava seu feijão com arroz e nos deixava viajar nas ideias.

Nem sempre soube avaliar a importância de sua dedicação por nós. Ele possuía posições reacionárias e conservadoras, e procurava participar defendendo seus pontos de vista como certos. Eu o combatia sempre que trazia suas posições descabidas e ultrapassadas. Estávamos em plena ditadura militar, e nossos debates eram eminentemente políticos. Abominávamos os militares, para nós eles eram a polícia, isto é: nossos inimigos viscerais. Se eu houvesse sido mais ponderado, teria reconhecido o valor do bom velhinho e quem sabe aprendido mais.

Com Eneida, tudo encaixava. Era pessoa libertária, sem preconceitos e sempre progressista. Nossas afinidades cresceram mais ainda à medida que a razão me levava a convicções parecidas com as dela. Continuávamos a estudar literatura e incluímos a filosofia no nosso roteiro.

Filosofia era algo extremamente difícil para mim pela minha falta de bases culturais. Os raciocínios eram muito complicados e técnicos demais para meus parcos conhecimentos. Mas, com a ajuda da professora e de meus amigos da Penitenciária, comecei a me desenvolver nesse campo, vagarosamente. E me apaixonei.

Era uma luta fantástica contra meus limites quando pegava um texto filosófico para estudar. Apanhei e sofri muito para assimilar o que seria e para que servia, em termos de aplicação, a teoria do conhecimento e a teoria do ser. Aquilo era abstrato demais para minha cabeça pragmática. Como entender sozinho — porque, na verdade, mesmo os que entendiam não sabiam explicar convincentemente para mim, que era tão burrinho — o idealismo de Hegel em conflito com o realismo escolástico?

Era o eterno conflito de Aristóteles e Platão. Esses pensadores discutiam isso há dois mil e quinhentos anos, e até hoje é preciso estudá-los se se quer realmente saber.

O pior de tudo era que, logo depois de ficar convencido das ideias e vida de algum filósofo (eu era altamente influenciável), estudava outro com ideias diametralmente opostas. Entrava em conflito, não sabia qual a posição mais coerente e não possuía a balança do bom-senso para poder dimensionar com correção. Rapidamente, tive dificuldades para estabelecer uma ideia própria. Acumulava conhecimentos e não extraía deles uma visão pessoal do mundo.

Aos poucos fui me definindo pelos filósofos mais contestadores e revolucionários. A lógica foi se impondo ao meu raciocínio, e as peças foram se encaixando de modo sistemático.

O que mais gostava, era da história da filosofia. Estudei vários livros e coleções, compêndios mesmo, sobre a matéria. Não me importava muito com a verdade. Meu negócio era acumular conhecimentos, pois acreditava que isso me valorizaria para os outros. Eu carecia de importância, e queria chocar com um tal volume de conhecimentos e informações que me destacasse da minha condição prisional.

Hoje sei que algo que me motivava profundamente em meus estudos era também a dificuldade de penetrar no pensamento dos grandes sábios e de assimilá-lo. Sua imensa complexidade me fascinava. Era desafio. Sempre adorei ser desafiado, porque minha vontade tornava-se poderosa, colocando meus desejos periféricos como secundários, até desimportantes. Ficava altamente receptivo e reunia forças desconhecidas para vencer o desafio.

A Princesa não me acompanhou muito nessas pesquisas. Talvez por falta de tempo ou pelo grau de dificuldade para o entendimento; saíam um pouco de sua área de conhecimento. O que a fez cair um pouco do trono, para mim. Percebi que não era tudo aquilo que minha mente apaixonada imaginava.

Quem mais me ajudou nisso foi o Franco. O Henrique e o Zé Carlos também. Franco era filho de judeus alemães imigrados pós-Segunda Guerra Mundial, era superdisciplinado como todo o povo alemão. Um geniozinho. Aprendeu alemão, francês, italiano, inglês, espanhol, além de grego e latim, sozinho, sem ajuda de ninguém. Pegava uma gramática de um idioma qualquer, destrinchava-a e em pouco tempo já dominava com quase perfeição aquela língua.

Lia livros complexos, como, por exemplo, *O ser e o nada* de Sartre (por quem sempre fui apaixonado), ou qualquer livro de Hegel, no original ou em português, em questão de horas. Assimilava cem por cento e em seguida já estava ensinando, discutindo e discursando a respeito. Eu demorava semana e às vezes mês para conseguir entender e concatenar o que lia, e só assimilava trinta, quarenta, no máximo cinquenta por cento, e me sentia realizado. Era, sem dúvida, uma mente privilegiada. Aprendi muito com ele e me arrependo de não ter aproveitado mais de sua capacidade de ensinar. Orgulho é foda!

Eu queria ser respeitado e conhecido como uma pessoa culta e sábia. O que eu queria mesmo era impressionar os outros. E aprender cultura era o único meio viável de atingir meus anseios. Nada me parecia mais lógico.

Ao perceber que tal atitude resultava, já que possuía uma grande coleção de amigos que me escreviam e admiravam meus conhecimentos e cultura, reforcei-a mais ainda. Eu estava obtendo sucesso em meu intento, estava me dando bem. Possuía uma curiosidade enorme por pessoas cultas e bem-falantes e as admirava muito, esse era meu ideal de ser.

O crime, a malandragem, a ideia que perseguira desde a infância, de ser bandido, malandro, foram se afastando do meu foco de visão. Agora aquilo era muito pouco para mim, diante dos horizontes que divisava. A cultura, o aprendizado, levavam-me a fazer uma releitura do mundo. Havia um lado melhor, e eu queria pertencer a ele. Claro, a cultura do crime que assimilara desde a adolescência ainda era, de certa forma, dominante em mim, mesmo que então não conseguisse perceber. Estava no meu sangue, nos meus ossos, demoraria a vida toda para conseguir um certo equilíbrio com a cultura social.

EPÍLOGO

Estou preso, como sempre, agora na Casa de Detenção de São Paulo. O ano é 2000, o milênio virou esses dias. Somo agora quarenta e sete anos de idade, cumprindo vinte e sete anos de prisão. Consegui escapar duas vezes e fui recapturado em ambas, poucos meses ou dias após as fugas. Nos últimos vinte e sete anos, não consegui ficar nem cem dias solto, com fugas e tudo.

Já passei por um primeiro ano de direito na PUC (Pontifícia Universidade Católica) de São Paulo, e dois anos de prisão em regime semiaberto. Tive algumas companheiras, nesse tempo. Quase me casei duas vezes, e por fim casei, efetivamente. Sou pai de dois meninos. Um nascido há poucos dias, Jorlan, e outro, Renato, um lindo menino de quatro anos.

Continuo condenado a um montão de anos de prisão, sem perspectivas de quando vou sair, como sempre. Amadureci, evoluí e cresci muito e muitas vezes. Minha luta atual é no sentido de sustentar meus filhos, mesmo estando preso. Meus pais faleceram, e não há muito tempo.

Passaram-se mais de vinte anos do final do relato que fiz de minha vida. Muita água rolou por baixo da ponte, nesse tempo. Daria para fazer um novo livro. Talvez até venha a fazê-lo, não se sabe do futuro. A intenção é escrever sempre e para sempre. Mas não sei... a vida me ensinou a nunca esperar fluidez contínua, e sim descontinuidade, tanto na vida de cada um, como na de todos em geral. Não só estamos ao sabor da história que fazem os homens, mas fazemos a história também.

Ainda sou aquele, mas sou também outros. Sim, embora não acredite muito em mudanças do que somos, julgo mais correto pensar em aperfeiçoamento do que somos através de processo sedimentar. Quer dizer: sempre mudamos, mas funcionamos dentro de um eixo, o núcleo do que somos. A tendência é crescer, nos desenvolver, nos especializar e abranger, ao mesmo tempo. Embora, não sei em que porcentagem, talvez possamos regredir, afundar, chafurdar, fracassar, destruir e sermos destruídos. Sempre é possível levantar e caminhar, só é preciso motivação que alimente a vontade.

Bem, mas não estou aqui para filosofar. Sou de opinião que os fatos, a vida, falam por si mesmos e não carecem de explicações, e sim, e tão somente, de narração acurada. As conclusões e ilações, sem dúvida, são pessoais.

Esse relato de parte de minha vida foi feito por volta de dez anos atrás. Estava dormindo no fundo de uma gaveta há tempos. Desisti de levá-lo a público, aliás, nem tentei chegar a editoras. Parecia impossível uma publicação, não me perguntem por quê, tirem as conclusões que desejarem.

Então, num dia em que fui dar minhas aulas (sou professor aqui há quatro anos) no pavilhão 9, vi, na parede de entrada ao prédio, um cartaz. O texto convocava a quem gostasse de escrever para comparecer às quartas-feiras, depois da uma da tarde, num espaço lá no pavilhão 6.

Fazia algum tempo que vinha com uma ideia de tentar criar um movimento literário aqui. Minha ideia era montar um concurso para poesias, crônicas e contos. A partir do concurso, selecionar aqueles que apresentassem um talento real e então desenvolver com eles reuniões literárias.

O problema era a premiação. Seria necessário que os prêmios fossem interessantes para que houvesse procura. Tentei me apoiar em entidades que se afirmam de proteção e amparo ao preso. Houve uma excelente receptividade, até despertou interesses. Mas não havia verba.

Depois de me informar como e para que aconteciam aquelas reuniões às quartas no pavilhão 6, e quem era responsável por elas, fui lá para conferir. Chegando, encontrei um sujeito vestido de preto, de óculos, parecendo bem comum. Conversava com alguns companheiros de prisão, o assunto parecia ser interessante. Resolvi tentar.

410

Chamava-se Fernando Bonassi, escrevia para o jornal *Folha de S.Paulo*, tinha escrito alguns livros e parecia bem à vontade. De cara já gostei de seu jeito despojado, humilde e educado. Se educação não servir para mais nada, pelo menos para uma coisa serve: para a gente gostar de quem a tem.

Deu-me espaço, então relatei todo o meu projeto de um concurso literário com a finalidade de criar um movimento literário aqui dentro. O cara entendeu tudo só com meu argumento. Consultaria bases sobre a verba para a premiação, e daríamos curso àquele projeto.

Começamos a nos reunir às quartas, com o objetivo de amarrar todas as pontas para realizarmos o concurso. Dessas reuniões, nasceu uma grande amizade. Fernando possui uma mente aberta, como só há de acontecer a um escritor. Fomos longe em nossos diálogos, o entrosamento foi completo.

Falei sobre este livro engavetado. Ele quis conhecê-lo. Mais por amizade, assim para ter algo a oferecer ao novo amigo, mandei vir de casa o livro. O cara começou a ler, e os comentários eram de muito entusiasmo. Estava gostando de fato, dando valor ao meu texto. Não era só a história, mas o estilo também o agradava bastante. Fiquei imensamente contente por isso. Mas o amigo foi mais longe: queria que o livro fosse publicado. Me incentivou a que fizesse uma revisão do texto, do começo ao fim, atualizando-o, e se comprometeu a correr atrás de ajuda para publicá-lo.

Eu sempre soube que meu livro era interessante e que merecia ser editado. Só era preciso encontrar quem o valorizasse. Pronto, ali estava, agora era só trabalhar no texto para dar-lhe mais ritmo e limpar as idiossincrasias.

Comecei a revisão no início de setembro. Acabei agora, no final de dezembro. Entrementes, Fernando conseguiu a verba para o concurso, graças à intermediação do dr. Drauzio Varella, junto à Unip (Universidade Paulista).

Dr. Drauzio é nosso amigo, dos presos aqui. Esse médico vem nos prestando assistência médica, voluntária e gratuita, há mais de dez anos. Além disso, junto com o sr. Valdemar (funcionário encarregado do Setor de Esportes aqui), há anos vem promovendo nesta prisão a campanha de prevenção contra a AIDS.

Fernando, agora um grande amigo pessoal, veio para cá desenvolver um trabalho literário, convidado pela Sophia. Catherine Sophia criou um projeto chamado Talentos Aprisionados, para aplicação neste estabelecimento prisional. Divide-se em três partes: teatro, literatura e pintura. Com o tempo, Sophia foi ampliando suas atuações por aqui, como pessoa dinâmica e realizadora que é, na nossa escola e em cursos profissionalizantes. Hoje o projeto tornou-se abrangente e busca verba para sua aplicação completa.

De dentro de nossas reuniões literárias, surgiu a ideia de escrevermos contos para publicação em jornais e revistas. Nós escreveríamos, e o jornalista amigo os levaria aos jornais e revistas. Produzimos muitas histórias. Desenvolvemos nossas capacidades de expressão e temos um material que deve ter algum valor, já que todos a quem apresentamos gostaram muito, mas que continua inédito.

Particularmente, recomecei a escrever em setembro e não parei mais. Nem sei quantos contos já criei. Alguns em parceria com o amigo João Bosco, que comigo acompanhou esse projeto literário e dele participou, até ser removido para o regime semiaberto. Fernando tem me injetado ânimo e me fez acreditar que eu posso realmente vir a ser um escritor. Para ele, eu já sou escritor. Eu ainda espero a publicação deste livro para me considerar como tal.

O concurso realizou-se. Era uma ideia e hoje já está na fase de premiação dos ganhadores. Ganhei o primeiro lugar na categoria Conto, com "Cela-forte". Vou ganhar mil duzentos e cinquenta reais de prêmio, o que vai ser ótimo, dadas as minhas necessidades. A ideia de Fernando é garantir que, neste ano que se inicia, façamos um novo concurso e que esse movimento perdure até quando for possível.

Nos últimos quatro meses, revivi este livro todinho, página por página, palavra por palavra. Foi uma viagem muito difícil.

Houve momentos em que pareceu que tudo estava acontecendo de novo. Particularmente, nos instantes de maior sofrimento. Doeu, doeu fundo, mas eu precisava mergulhar naquilo de novo.

Aprendi algumas coisas sobre mim. Principalmente percebi que me tornei mais humano. Os sofrimentos podem causar diversas reações e consequências. Reagimos diferentemente, cada um à sua maneira. Mesmo dentro de nós mesmos; reagimos hoje de um modo, e, amanhã, diante o mesmo sofrimento, será de outro modo que nos manifestaremos.

Não se planeja sofrer, por isso quando acontece, apenas podemos reagir, e na maioria das vezes, atabalhoadamente. Ninguém e nenhuma escola nos ensinam como sofrer. Aprendemos sozinhos a nos virar diante da dor, cada um a seu modo. Já nascemos sofrendo: fala-se muito da dor que a mãe sente no parto, mas não se fala da dor do nenê ao nascer. Não deve ser fácil ser espremido, esmagado, para passar por aquele canal.

A dor submete. A dor humilha até nos fazer qual pó de estrada, tapete do mundo. Dizem que ensina. Sem dúvida, ensina. Principalmente a não querê-la mais, de modo nenhum, por mais que contenha qualquer ensinamento. Mas, né, quem somos nós, míseros mortais, para querer ou não?

Imagino que uma pessoa honesta, correta, sem erros, enfim, perfeita, não sofra por si mesma, já que não erra (se é que o sofrimento venha do erro). Mas quem é assim? Somos sacudidos pelo peso de nossas dificuldades, limites, falhas, defeitos que parecem infinitos. Só se ficássemos parados, imóveis, sem pensar e sem agir, então talvez conseguíssemos escapar à dor. Assim mesmo, se tivéssemos filhos, inevitavelmente, sofreríamos por nossos filhos. O quanto sofre um pai por um filho... Feliz ou infelizmente, estamos vivos e não podemos, nem um milésimo de segundo, deixar de pensar. Há quem diga que vivemos porque pensamos, já outros afirmam que pensamos porque vivemos, vai entender esses loucos...

Mas, com certeza, não vale a pena bater de frente com a dor

e o sofrimento, como fiz. Agora, fugir da dor é não viver, também. O medo da dor limita possibilidades. Milhares de vezes, desejei morrer. Cheguei ao cúmulo de implorar para ser morto porque não suportava mais. De qualquer forma, se a dor não me fez bem (e não fez mesmo!), pelo menos não me destruiu. Pelo menos não totalmente, e não na parte de mim de que mais gosto.

Acompanhei muitos serem destruídos, quais folhas ao vento. A maioria, a dor estupidificou, desumanizou, e os fez piores do que já eram. A mim, sinceramente, não sei por quê, tornou mais sensível, mais humano, mais compreensivo e capaz de perceber o sofrimento alheio. A dor dos outros já não me é indiferente, já me preocupa e faz sofrer também, se nada posso fazer para minorá-la.

Não recomendo a ninguém o caminho das pedras que segui. Até muito pelo contrário. Se é que segui mesmo, porque até onde sei, quando percebi já estava atolado até o pescoço. Cometi algumas ações que duraram minutos, segundos, e paguei com anos, décadas e consequências muitas vezes mais terríveis que a própria ação. Não parece um tanto quanto injusto? Então dá para entender o porquê da não recomendação.

A intenção do livro não foi a de ter uma mensagem. Não tenho essa pretensão. Apenas escrevi para ter uma sequência que permitisse que eu mesmo entendesse o que havia acontecido realmente. Pois, afora poucos momentos em que estive no comando de minha existência, a maior parte de minha vida transcorreu em uma roda-viva, descontrolada e descontínua. Eu queria ordenar momentos e acontecimentos, ações e reações, para ver se entendia um pouco dessa balbúrdia que foi minha existência.

Confesso que o resultado não foi muito satisfatório, por esse lado. Talvez eu tenha ficado sem entender ainda mais. Ao desenrolar núcleos dessa história, fui envolvido pelas emoções e não consegui ficar de fora, no ponto de observação. Revivi, sofri, chorei de dó e até de raiva de mim mesmo. Acho que me perdi na história.

Por outro lado, foi maravilhoso, porque pude perceber que, por mais que eu mesmo, burro, idiota, jogasse pelo ralo todas as oportunidades que a vida me ofereceu para me reerguer, elas continuaram a surgir, como que do nada. Se bem que eu continuasse a me desfazer delas feito um perdulário. Isso me fez confiar na vida e saber que há algo, sei lá o quê, ou quem, que deve nos querer bem, apesar de nós mesmos, e que nos ajuda, sei lá como.

Há também o fato de que, boa ou ruim, esta é a minha história. Quer dizer: sou o que resulta daí. E há substância em minha história. As pessoas podem gostar ou não, mas é óbvio que existe uma consistência nisso tudo. Pelo menos, acho, e tomara que os outros também achem, além daqueles que já leram, que é uma história que merecia ser escrita. Não é lá dessas histórias muito edificantes, até muito pelo contrário, mas quem se der ao trabalho de ler, e tomara que sejam muitos, vai sentir que é apenas a história de um ser humano.

No final, o que posso dizer? Que estou bem, que apesar de tudo o que aconteceu, das mil vezes que desisti e das mil e uma que retomei, eu estou legal. Claro que há mazelas, hábitos e nervos em frangalhos, ninguém vive o que vivi impunemente. Há que pagar o preço, e confesso que é muito, mas muito mesmo, alto. Mas estou tranquilo e em paz. Aprendi algumas coisinhas. Aprendi, principalmente, a gostar de pessoas e até a amá-las, às vezes. Claro que existem as que detesto, e algumas, mais que apenas detesto. Mas acho que consegui entender um pouquinho desse tumulto, desse aparente caos e loucura que é o ser humano.

Há uma tristeza, e profunda. Constato que o Brasil evoluiu muito da minha infância e adolescência até agora, mas, em termos sociais, parece que as coisas continuam as mesmas.

Meu livro conta uma história de trinta anos atrás, mas que pode ser atualíssima. Nós, a molecada abandonada ou foragida, nos reuníamos na praça da República em bandos. A sobrevivência era uma luta árdua. Pois hoje a molecada se reúne na praça da Sé, e a luta pela sobrevivência talvez seja pior ainda. A diferença é que nós tínhamos doze, treze anos, no mínimo. Hoje essas crianças da Sé têm oito, nove anos de idade e, enquanto éramos centenas, hoje somam milhares. Os anos, as décadas, se passaram, e quase nada mudou, as coisas até pioraram, como no caso da FEBEM (Fundação Estadual para o Bem-Estar do Menor) de São Paulo.

No final deste livro, o que mais posso dizer? Que não vou parar de escrever; acho que deve ter ficado claro que não vou mesmo, por mais que em nada resulte.

Principalmente preciso dizer que ainda estou na luta, que ainda quero ser feliz, e mesmo que não seja, jamais me conformarei com menos. Vou morrer tentando. Claro que agora mais maduro, mais sofrido e mais experiente, não que isso signifique muita coisa (como diz Renato Russo, somos crianças como as crianças o são), mas não vou mais seguir caminhos que já se provaram — exaustivamente — de dor. Mas também não vou dar mole, quero mais que simplesmente estar vivo.

Muito lhes agradeço a atenção dispensada.

LUIZ ALBERTO MENDES nasceu em 1952, no bairro paulistano de Vila Maria. Autodidata, passou boa parte da vida em reformatórios e penitenciárias do estado de São Paulo. Além dessas *Memórias de um sobrevivente* (2001), escrito na prisão, lançou também *Às cegas* (2005), no qual conta a experiência que o levou à escrita e ao trabalho voluntário, e mostra como encontrou nas amizades e nas relações amorosas um antídoto contra o desespero. Escreveu algumas peças de teatro. Atualmente é colunista da revista *Trip* e promove oficinas de leitura e escrita em penitenciárias e na periferia de São Paulo.

COMPANHIA DE BOLSO

Jorge AMADO
Capitães da Areia

Hannah ARENDT
Homens em tempos sombrios

Philippe ARIÈS, Roger CHARTIER (Orgs.)
História da vida privada 3 — Da Renascença
ao Século das Luzes

Karen ARMSTRONG
Uma história de Deus

Paul AUSTER
O caderno vermelho

Marshall BERMAN
Tudo que é sólido desmancha no ar

Jean-Claude BERNARDET
Cinema brasileiro

David Eliot BRODY, Arnold R. BRODY
As sete maiores descobertas científicas
da história

Jacob BURCKHARDT
A cultura do Renascimento na Itália

Italo CALVINO
O barão nas árvores
O cavaleiro inexistente
Fábulas italianas
Por que ler os clássicos

Bernardo CARVALHO
Nove noites

Jorge G. CASTAÑEDA
Che Guevara: a vida em vermelho

Ruy CASTRO
Chega de saudade
Mau humor

Louis-Ferdinand CÉLINE
Viagem ao fim da noite

Jung CHANG
Cisnes selvagens

Catherine CLÉMENT
A viagem de Théo

Joseph CONRAD
Coração das trevas
Nostromo

Charles DARWIN
A expressão das emoções no homem e nos
animais

Jean DELUMEAU
História do medo no Ocidente

Georges DUBY (Org.)
História da vida privada 2 — Da Europa
feudal à Renascença

Rubem FONSECA
Agosto
A grande arte

Meyer FRIEDMAN, Gerald W.
FRIEDLAND
As dez maiores descobertas da medicina

Jostein GAARDER
O dia do Curinga
Vita brevis

Jostein GAARDER, Victor HELLERN,
Henry NOTAKER
O livro das religiões

Fernando GABEIRA
O que é isso companheiro?

Luiz Alfredo GARCIA-ROZA
O silêncio da chuva

Eduardo GIANNETTI
Auto-engano
Vícios privados, benefícios públicos?

Edward GIBBON
Declínio e queda do Império Romano

Carlo GINZBURG
O queijo e os vermes

Marcelo GLEISER
A dança do Universo

Tomás Antônio GONZAGA
Cartas chilenas

Philip GOUREVITCH
Gostaríamos de informá-lo de que amanhã seremos mortos com nossas famílias

Milton HATOUM
Dois irmãos
Relato de um certo Oriente

Eric HOBSBAWM
O novo século

Albert HOURANI
Uma história dos povos árabes

Henry JAMES
Os espólios de Poynton
Retrato de uma senhora

Ismail KADARÉ
Abril despedaçado

Franz KAFKA
O castelo
O processo

John KEEGAN
Uma história da guerra

Amyr KLINK
Cem dias entre céu e mar

Jon KRAKAUER
No ar rarefeito

Milan KUNDERA
A arte do romance
A identidade
A insustentável leveza do ser
O livro do riso e do esquecimento

Danuza LEÃO
Na sala com Danuza

Paulo LINS
Cidade de Deus

Gilles LIPOVETSKY
O império do efêmero

Claudio MAGRIS
Danúbio

Naghib MAHFOUZ
Noites das mil e uma noites

Javier MARÍAS
Coração tão branco

Ian McEWAN
O jardim de cimento

Heitor MEGALE (Org.)
A demanda do Santo Graal

Evaldo Cabral de MELLO
O nome e o sangue

Patrícia MELO
O matador

Luiz Alberto MENDES
Memórias de um sobrevivente

Jack MILES
Deus: uma biografia

Ana MIRANDA
Boca do Inferno

Vinicius de MORAES
Livro de sonetos
Antologia poética

Fernando MORAIS
Olga

Toni MORRISON
Jazz

Vladimir NABOKOV
Lolita

Friedrich NIETZSCHE
Além do bem e do mal
Ecce homo
Genealogia da moral
Humano, demasiado humano
O nascimento da tragédia

Adauto NOVAES (Org.)
Ética
Os sentidos da paixão

Michael ONDAATJE
O paciente inglês

Malika OUFKIR, Michèle FITOUSSI
Eu, Malika Oufkir, prisioneira do rei

Amós OZ
A caixa-preta

José Paulo PAES (Org.)
Poesia erótica em tradução

Georges PEREC
A vida: modo de usar

Michelle PERROT (Org.)
História da vida privada 4 — Da Revolução Francesa à Primeira Guerra

Fernando PESSOA
Livro do desassossego
Poesia completa de Alberto Caeiro
Poesia completa de Álvaro de Campos
Poesia completa de Ricardo Reis

Décio PIGNATARI (Org.)
Retrato do amor quando jovem

Edgar Allan POE
Histórias extraordinárias

Antoine PROST, Gérard VINCENT (Orgs.)
História da vida privada 5 — Da Primeira Guerra a nossos dias

Darcy RIBEIRO
O povo brasileiro

Edward RICE
Sir Richard Francis Burton

João do RIO
A alma encantadora das ruas

Philip ROTH
Adeus, Columbus
O avesso da vida

Elizabeth ROUDINESCO
Jacques Lacan

Arundhati ROY
O deus das pequenas coisas

Salman RUSHDIE
Os versos satânicos

Oliver SACKS
Um antropólogo em Marte

Carl SAGAN
Bilhões e bilhões
Contato
O mundo assombrado pelos demônios

Edward W. SAID
Orientalismo

José SARAMAGO
O Evangelho segundo Jesus Cristo
O homem duplicado
A jangada de pedra

Arthur SCHNITZLER
Breve romance de sonho

Moacyr SCLIAR
A majestade do Xingu
A mulher que escreveu a Bíblia

Dava SOBEL
Longitude

Susan SONTAG
Doença como metáfora / AIDS e suas metáforas

I. F. STONE
O julgamento de Sócrates

Drauzio VARELLA
Estação Carandiru

Caetano VELOSO
Verdade tropical

Erico VERISSIMO
Clarissa
Incidente em Antares

Paul VEYNE (Org.)
História da vida privada 1 — Do Império Romano ao ano mil

XINRAN
As boas mulheres da China

Edmund WILSON
Os manuscritos do mar Morto
Rumo à estação Finlândia

Simon WINCHESTER
O professor e o louco

1ª edição Companhia das Letras [2001] 1 reimpressão
1ª edição Companhia de Bolso [2009]

Esta obra foi composta pela Verba Editorial
em Janson Text e impressa pela Prol Editora Gráfica
em ofsete sobre papel Pólen Soft da Suzano Papel e Celulose